분쟁의 세계지도

분쟁의 세계지도

초판 1쇄 발행 2019년 9월 2일
초판 6쇄 발행 2024년 3월 18일

지은이 이정록·송예나
펴낸이 김선기
펴낸곳 (주)푸른길
출판등록 1996년 4월 12일 제16-1292호
주소 08377 서울특별시 구로구 디지털로 33길 48 대륭포스트타워 7차 1008호
전화 02-523-2907, 6942-9570~2
팩스 02-523-2951
이메일 purungilbook@naver.com
홈페이지 www.purungil.co.kr

ISBN 978-89-6291-812-0 03900

분쟁의
세계지도

이정록 · 송예나 지음

푸른길

'돌담집' 패밀리에게

머리말

필자가 세계 분쟁과 갈등 지역을 주제로 강의한 지 제법 됐다. 1997년부터 관련 내용을 강의했으니 올해가 벌써 23년째다. 일명 '분쟁의 세계지리'라는 교양 과목을 만들어 가르치기 시작한 것은 고인이 된 래리 브라운Lawrence A. Brown 영향이 컸다. 필자 멘토였던 그는 미국지리학회 회장과 오하이오주립대 지리학과 교수를 지낸 세계 지리학계가 알아주는 학자였고, 한국 지리학자들과 매우 특별한 관계를 유지한 교수였다. 브라운 교수는 평소 지구촌에 대한 지리학적 이해, 쉽게 말해 세계지리 교육 중요성을 필자에게 자주 말했다. "글로벌 사회에서는 다른 나라와 지역을 이해하고, 차별적인 그 사람들 문화를 존중하는 세계시민global citizens 양성에 지리학자가 일정한 역할을 해야 한다."고 강조했다. 브라운 교수는 지지地誌 교육을 강조한 학자답게 정년 때까지 대학 초년생을 위한 '세계지리' 강의를 손에서 놓지 않았다. 젊은 시절 미국평화봉사단 일원으로 중앙아메리카 니카라과에서 활동한 이력 때문만은 아닐 테다.

지금 세계 여러 곳에서는 많은 일들이 벌어지고 있다. 세계화된 지구촌답게 그 소식이 실시간으로 우리에게 전달된다. 한일 간 역사적 갈등으로 무역 보복에 나선 일본, 북한 비핵화 관련 트럼프 미국 대통령과 김정은 위원장 간 판문점 회동, 기상 이변으로 폭우와 폭설로 많은 피해가 발생하는 뉴스 등이 그것이다. 이런 뉴스를 들으면 대충 이해하고 짐작할 수 있다. 하지만 그렇지 않은 월드 뉴스들도 엄청 많다. 이라크와 시리아 내전 중 등장한 이슬람 극단주의 세력 'IS(Islamic State)' 근거지가 어디이고, 소말리아 해적이 빈번하게 출몰하는 '아덴만'이 어디를 말하고, 내전 중 '블러드 다이아몬드' 산지로 유명세를 탄 시에라리온이 서아프리카 어디쯤인지는 지도책을 펴지 않고는 잘 알 수가 없다. 통일된 예멘이 왜 남북으로 나뉘어 내전을 치르고 있는지, 대한大韓의 건아 황영조 마라토너가 금메달을 딴 1992년 바르셀로나 올림픽이 개최된 카탈루냐 지방이 스페인에서 왜 분리 독립하려는지, 2014년 러시아가 자국 영토로 합병시킨 크림반도를 둘러싼 우크라이나와 러시아 간 갈등 속사정은 무엇인지 등은 더더욱 잘 모른다.

게다가 세계시민을 자처하는 우리는 분쟁과 갈등 지역을 알려고도 하지 않는다. 사실 월드뉴스의 헤드라인을 장식하는 세계 분쟁과 갈등 지역을 이해하기란 그렇게 간단하지 않다. 민족·종족·종교 집단 간 이질성, 역사적 유산과 상흔, 정치 세력 간 이해관계와 대립, 지리적 위치성과 지정학적 관계 등이 복잡하게 얽히고설켜 일어난 분쟁과 갈등이 대부분이기 때문이다. 뿐만 아니라 특정 민족 집단 간 오랜 시간에 걸쳐 축적된 갈등이 원인이 돼 일어난 분쟁, 내전, 분리주의 운동 등을 이해하려면 상당한 품을 팔아야 한다. 예를 들어 북아일랜드 가톨릭계 주민이 앵글로색슨에서 벗어나려는 이유, 시리아에서 알라위파가 수니파에게 정권을 내주고 싶지 않은 까닭, 우크라이나인들이 탈脫러시아를 외치며 친러파 대통령을 탄핵한 배경, 세계 최대 도서국 인도네시아에서 분리주의 운동이 많은 이유 등을 이해하려면 그 땅의 지리가 만들어 낸 역사를 시계열적으로 살펴봐야 한다. 하지만 그렇지 못한 경우가 다반사다. 그러니 우리는 정작 세계 곳곳에서 현재 무슨 일이 벌어지고 있는지 잘 모르는 것과 진배없다. 이 책을 펴내는 이유이다.

이 책에서는 세계의 분쟁과 갈등 지역을 지리학적·지정학적 관점에서 접근하였다. 아리스토텔레스는 '지리적 환경이 인간 활동과 생활 방식과 문화'에 중요한 영향을 미친다고 말했고, 독일 지리학자 프리드리히 라첼은 '지리는 민족 존재와 번성에 필요한 생존 공간Lebensraum'이라고 규정했으며, 미국 정치학자 니콜라스 스파이크맨은 "특정 국가에서 정권은 바뀌어도 갈등의 심연에는 지리가 있다."고 했듯이, 지리는 분쟁과 갈등을 이해하는 필수 요소라는 시각에 동의하기 때문이다. 또한 지리적 환경, 즉 위치·지형·민족·종교·문화 등은 집단 간 차별성과 유사성을 만드는 원천이고, 특히 생존 공간의 위치와 환경은 해당 국가와 주변 국가 정치에 중요한 영향을 미치기 때문이다. 그렇다고 지리 결정론적 사고로 세계의 분쟁과 갈등 지역을 설명하지는 않았다. 분쟁과 갈등을 지리로만 설명하는 것은 어불성설이지 않는가. 그리고 이 책에서는 분쟁과 갈등 지역에 쌓인 역사적 맥락을 중시했다. '지리는 그곳 사람의 역사를 만드는 중요한 배경'이 된다는 미국 지리학자 팀 마샬 지적처럼, 분쟁과 갈등이 벌어진 땅에 살았던 사람들의 역사를 알아야 분쟁과 갈등의 근원을 이해할 수 있어 그렇다.

이 책은 세계 각지에서 발생한 분쟁과 갈등의 배경·원인·전개 등을 종합적으로 정리한 것이다. 이 책이 나오게 된 연조年條는 상당히 길다. 세계지리 교육을 강조한 브라운 교수 특명을 받은 필자는 '분쟁과 갈등'이란 키워드로 세계지리를 강의하고 싶었다. 하지만 적당한 책, 특히 지리학 및 지정학적 시각에서 세계 여러 곳의 분쟁과 갈등 지역을 개관한 책이 없었다. 물론 지금은 관련 서적이 많지만 1990년대 중반에는 그랬다. '목마른 사람이 우물을 파는 법'이라고 필자가 중심이 되어 『20세기 지구촌의 분쟁과 갈등』이라는 책을 1997년 펴냈다. 이를 토대로 2005년에는 『세계의 분쟁지역』을 두 번째로 냈고, 2016년에는 필자 강의 노트를 바탕으로 공동 저자들과 정보를 업그레이드한 『세계 분쟁 지역의 이해』를 세 번째로 펴냈다. 그러니 이 책은 22년 전 필자가 대표저자로 펴낸 처녀작의 네 번째 버전인 셈이다. 아마도 이 책이 필자가 대표저자로 펴내는 마지막 책이 될 듯싶다. 눈이 말을 잘 듣지 않아 오랫동안 연구실에 앉아 있을 자신이 없어 그렇다. 무엇보다 '무돌길'은 필자를 변심한 애인 취급하니 달래야 하고, 무등산과 월출산과 지리산은 필자 발길을 손꼽아 기다린다는 전언이니 어쩌겠는가.

이 책에서는 중동·아시아·유럽·아프리카·라틴아메리카 등지에서 발생한 분쟁과 갈등 지역을 수록했다. 아시아에 속한 중동을 따로 분리한 것은 이곳이 '세계적 화약고'이자 기독교와 이슬람교, 이슬람 수니파와 시아파 간 충돌이 앞으로도 계속될 것 같아 그렇게 했다. 그리고 이 책에서는 세계에서 발생한 많은 분쟁과 갈등 중 과거에 주목을 받았거나 지금도 세계시민들이 관심 있게 지켜보는 사례를 선정해 역사적 맥락에 의거하여 비교적 상세하게 다루려고 했다. 하지만 책 분량 때문에 세계에서 발생한 크고 작은 분쟁과 갈등을 다 담지 못한 것을 필자도 무척 안타깝게 생각한다. 그런 작업은 이 분야에 관심 있는 후학들 몫으로 남겨 둔다. 또한 이 책은 주요 분쟁과 갈등 지역을 설명하는 데 많은 한계를 갖고 있다. 자료 수집 한계와 필자의 짧은 지식 탓으로 복잡하게 얽혀 있는 분쟁과 갈등 원인을 일목요연하게 설명하지 못했고, 향후 분쟁 전망은 더더욱 내놓지 못했다. 분쟁과 갈등이 민족·종교적 차이에 기반한 국내 정치 세력 간 갈등에 더해 주변국의 지정학적 이해관계까지 복잡하게 얽혀 있는 경우에는 특히 그랬다. 이런 한계는 전적으로 필자 몫이며, 할 수 있다면 후속 개정 작업을 통해 지속적으로 보완할 생각이다.

이 책은 여러 사람들 도움과 격려로 만들어졌다. 지리학 전문 출판사 (주)푸른길 김선기 사장님은 그동안 필자 책을 많이 출판해 줬는데 이번에도 출판을 흔쾌히 수락해 뭐라고 감사를 드려야 할지 모르겠다. 원고 편집과 교정, 지도 제작 과정에 작업을 해 준 최지은 씨를 비롯한 편집부 여러분께도 고맙게 생각한다. 원고 핑계로 '일요일 교회'를 밥 먹듯 빠지고 연구실에 나가는 필자를 배려해 준나의 아내에게 감사의 헌사를 올린다. 같은 학과에서 20여 년 동고동락의 우정을 쌓은 안영진 교수, 원고 작성과 편집 방향에 아이디어를 제공한 대한지리학회장을 지낸 손일 교수, 서울에 가면 밥과 술을 흔쾌히 사 주는 (주)지트리비앤티 양원석 사장 등의 격려는 집필 과정에 큰 힘이 됐다. 특히 '혼술'하면 안 된다고 막걸리 대작을 함께하고 힘든 산행에도 기꺼이 동행해 준 '돌담집' 패밀리, 이석윤·김형국·이영철·오영민 등에게 고마움을 전한다.

이 책이 세계의 분쟁과 갈등 지역에 대한 정보를 제공하고 해결의 실마리를 찾아가는 데 유용한 길라잡이가 되었으면 한다. 또한 이 책을 읽은 열혈 청년들이 분쟁과 갈등으로 삶의 터전을 잃고 세계 곳곳의 난민 캠프에서 힘겹게 살아가는 난민들에게 '세계시민의 책무는 이런 것이고, 이렇게 하는 것이다'를 직접 보여 주면 더욱 좋겠다. 분쟁과 갈등, 내전과 테러, 대립과 반목 등으로 얼룩진 월드 뉴스가 들리지 않는 평화로운 글로벌 사회를 염원하면서 보잘것없는 이 책을 독자들에게 내놓는다.

2019년 8월
무등산이 보이는 연구실에서 이정록

제1부

세계의 분쟁과 갈등 지역

Chapter 01　세계의 분쟁과 갈등 지역

세계의 분쟁과 갈등 지역

우리는 매일 매시간 다양한 월드 뉴스를 접하고 있다. 월드 뉴스에 등장하는 단골 메뉴는 세계 곳곳에서 발생한 분쟁과 갈등과 테러에 관한 것이다. 우리는 분쟁과 갈등에 관한 뉴스를 접하면서도 그 원인을 쉽게 이해하지 못한다. 하나의 원인이 아닌 여러 요소들, 예를 들어 민족·종교·역사·문화·정치권력·이데올로기 등이 복합적·중층적으로 얽히고설켜 있기 때문이다.

하지만 세계 곳곳에서 벌어지고 있는 다양한 유형의 분쟁·내전·갈등의 이면에는 집단 간 복잡한 차이성이 존재한다. 즉, 민족·언어·종교 등이 직간접적으로 영향을 미쳐 집단의 정체성이 만들어지고 이렇게 형성된 집단 정체성과 문화가 서로 달라 분쟁과 갈등이 나타난 것이다. 중동의 팔레스타인에서 벌어지는 유대인과 아랍인 간 갈등, 스페인에서 카탈루냐인이 벌이는 분리 독립 요구, 내전의 늪에서 빠져나오지 못하고 있는 소말리아, 미얀마 동부 지역에서 테러 대상이 되고 있는 이슬람계 소수 민족 로힝야족 등의 문제는 모두 집단 간 차이성이 만들어 낸 현상이다.

세계 여러 곳에서 발생하고 있는 대부분의 분쟁과 갈등은 인종적·민족적·종교적 차이성이 국내 정치적 이해관계 및 국제 지정학적 관계 등과 복잡하게 얽혀 나타난 결과이다. 따라서 지구촌에서 일어난 다양한 종류의 분쟁과 갈등의 특징을 이해하기 위해서는 분쟁과 갈등 지역에 거주하고 있는 주민의 인종적·

민족적·종교적 배경에 대한 이해가 선행돼야 한다.

인종과 인종 문제 발생

인종race에 대한 개념을 명확하게 규정하는 것은 쉽지 않다. 그러나 일반적으로 인종이란 골격, 피부 색깔, 머리와 코의 형태, 눈의 색깔 등 공통의 유전적인 신체적 특성에 의해 구분한 인간 집단을 의미한다. 즉, 인종이란 인류의 생물학적 구분을 뜻한다.

오늘날 지구상에 거주하는 인류는 '호모 사피엔스 사피엔스Homo sapiens sapiens'들이다. 오늘날의 인류를 생물학적 기준으로 구분하면 최소 세 가지부터 200여 가지의 인종까지 다양하게 분류할 수 있지만, 인종 구분 방법은 학자에 따라 차이가 있다. 19세기 초 독일 인류학자 요한 블루멘바흐Johann F. Blumenbach는 문화적 특징을 배제한 신체적 특징을 기준으로 코카서스 인종, 몽골 인종, 에티오피아 인종, 말레이 인종, 아메리카 인종 등 5가지 인종으로 구분하였다. 또한 일부 학자들은 아시아 인종, 아프리카 인종, 유럽 인종, 오스트레일리아 인종, 아메리카 인디언 등 5가지 인종으로 구분하였다. 가장 일반적인 인종 구분은 몽골로이드(황색 인종, 아시아 인종), 니그로이드(흑색 인종, 아프리카 인종), 코카소이드(백색 인종, 유럽 인종) 등 세 가지 인종이다.

그러나 우리가 일반적으로 사용하는 아시아 인종, 유럽 인종, 아프리카 인종 등의 구분은 다음과 같은 몇 가지 문제와 한계를 내포하고 있다. 첫째는 전술한 세 가지 인종이 유형학적인 구분이라는 점이다. 즉, 초기 인종은 생물학적으로 순수한 존재였지만 후에 많은 혼혈에 의해 무수한 개체 변이가 일어나 오늘날의 인종이 형성·존재하기 때문에 생물학적 관점에서 세 가지 인종을 구분하는 것은 근본적인 문제와 한계가 있다는 것이다. 한국인 아버지와 리투아니아인 어머니, 아프리카계 아버지와 유럽계 어머니, 유대인 아버지와 일본인 어머니 사이에서 각각 태어난 사람을 3대 인종으로 구분하는 것은 불가능하다. 둘째는 피부색, 신장, 머리형, 머릿결과 머리 색깔, 코의 형태 등 외형적인 신체적 특징에 의한 구분은 문제라는 지적이다. 인종 구분의 주요 지표가 되는 신체적 특징은 기후를 비롯하여 식생·식량작물·식습관 등에 적절하게 적응하면서 진화된 결과인데, 이를 무시하고 생물학적 형질 요소만을 강조하는 구분 방법은 한계가 있다. 셋째는 인종을 구분하는 명확한 생물학적 기준과 지표가 없고, 연구자의 주관에 따라 분류가 다양하다는 점이다. 뿐만 아니라 3대 인종 구분은 주요 거주지가 되었던 지리적 지역을 기반으로 한 것이고, 이는 비과학적이라는 비판도 있다. 그래서 최근 자연인류학에서는 인종 구분을 할 필요가 없고, 인종이라는 개념조차 성립할 수 없다는 견해를 밝히는 학자들이 많다.

이런 인종 구분의 문제점과 한계에도 불구하고, 세계 여러 곳에서는 과거에 인종 갈등이 발생했고, 지금도 여전히 인종 갈등은 여러 곳에서 나타나고 있다. 근세 이전에는 인종 간 차별이 그렇게 심하지 않았고, 인종 문제도 많이 발생하지 않았다. 인종 차별과 갈등은 제국주의가 등장하면서 본격적으로 나타난다. 백인들이 식민지 지배 체제를 강화하면서 인종 차별과 특정 인종에 대한 편견을 갖게 되었는데, 주로 백인과 유색 인종 간 갈등이 많았다. 제2차 세계대전 이후 대부분의 식민지가 독립하면서 인종 문제는 많이 사라졌지만, 남아프리카공화국과 모잠비크에서 일어난 흑백 갈등은 국제적인 뉴스가 됐고. 미국에서도 1960년대까지 흑인에 대한 차별 정책으로 인해 흑백 간 갈등이 사회적 문제가 되기도 하였다.

민족과 민족 국가

민족民族이란 인종보다는 작은 인간 집단으로, 다른 집단과 구별되는 독특한 문화적 특성을 공유하면서 상호 간 전통적으로 연결되어 있다고 생각하는 집단이자 다른 집단에 의해 그렇게 인정되는 집단을 말한다. 민족은 일차적으로 일정한 지리적 범위라는 특정한 공간적 영역에서 오랜 공동생활을 통해 언어·종교·풍습·정치·경제 제도 등의 문화 요소를 공유하면서 형성된 역사적·문화적 공동체를 지칭한다. 따라서 인종이 신체적 특징에 의한 구분이라면 민족이란 문화적 특징에 의한 구분으로, 민족을 '사회적 인종'이라고 표현한다.

민족은 매우 복잡한 의미를 함축하고 있기 때문에 객관적인 지표를 가지고 민족을 명확하게 정의하고 구분하는 것은 사실상 불가능하다. 일반적으로 민족은 분포 지역, 언어와 경제활동의 공통성, 공통의 관습적 특성을 공유하는 종족·부족·씨족 등과 혼용되는 경우가 많지만, 이들 집단과 민족은 뚜렷하게 차이가 있다. 종족種族은 조상이 같고 유사한 언어와 문화를 가진 사회적 집단을, 부족部族은 같은 조상과 언어와 종교를 가진 지역적 생활 공동체를, 씨족氏族은 조상이 같은 혈연적 공동체를 말하며, 씨족보다 하위 집단을 일족一族이라고 한다. 종족·부족·씨족 등은 지리적·생물학적·문화적 공통성을 매개로 서로 연합하여 종족이나 부족 연합을 형성하게 되고, 이렇게 만들어진 다수의 연합체가 정치적·경제적·문화적으로 통합 또는 통일되어 하나의 민족으로 발전하게 된다. 민족 형성의 일반적인 과정이다.

민족 국가Nation State는 민족을 단위로 구성된 국가로, 일명 '국민 국가'라고도 말한다. 즉, 민족 국가란 혈연적 관계 또는 의식에 기초하여 공동의 사회·경제적 생활을 영위하고, 동일한 언어·관습·제도에 근거하여 만들어진 인간 집단의 공동체를 의미한다. 고대에는 민족 국가라는 개념 자체가 존재하지 않았는데, 고대 이집트·중국·바빌로니아 등지에서 출현한 국가는 민족 국가가 아니라 왕이 여러 집단을 이끌고 지배했던 왕정 국가라 할 수 있다.

민족 국가 출현은 중세 말기 상업 발달, 자본주의적 생산양식 확산 등과 밀접한 관련이 있다. 대항해시대가 전개된 14~15세기부터 생산과 교환이 활발해지면서 신흥 상공업자가 등장하고, 이들 신흥 상공업자와 연대하여 서부 유럽의 여러 나라에서는 왕권이 급속히 확대되고 강화되었다. 그리고 새롭게 등장한 왕권 세력이 봉건 귀족의 세력을 눌러 민족의 국가적·정치적 통일을 이룩하고, 시민 혁명을 거치면서 자연스럽게 민족의식이 만들어진다. 오늘날 말하는 민족 국가는 17세기 이후 유럽에서 등장했고, 19세기에 국가의 통일과 정치적 자유를 희망하는 민주주의 운동이 전개되면서 출현한 정치적 공동체이다. 제1차 세

분쟁의 세계지도

계대전 후 민족 자결주의 흐름에 편승하여 유럽에서는 많은 민족 국가가 만들어졌고, 제2차 세계대전 후에는 과거 식민지였던 나라들이 제국주의로부터 독립하면서 아시아와 아프리카에서도 많은 민족 국가가 등장하였다.

민족과 언어의 관계

일반적으로 민족을 형성하는 데 가장 중요한 요소는 언어이다. 언어란 말하기를 통해 인간의 의사를 전달하는 기본 요소로, 언어를 사용하는 사회 집단의 구성원인 인간은 언어를 통해 의사를 전달한다. 그렇기 때문에 언어는 오랜 공동생활에서 형성된 중요한 문화적 유산이자 인간의 의사를 전달하는 수단이며, 동시에 문화를 계승·전파하는 속성도 있다. 이렇듯 언어는 특정 민족 또는 문화 집단을 규정하는 가장 명확하고 중요한 기준이다.

언어는 그 언어를 사용하는 집단과 더불어 소멸하거나 발전하며, 인구 이동과 문화 확산에 의해 언어를 사용하는 지역이 확대된다. 영어와 스페인어는 인구 이동에 의해 세계의 여러 지역으로 전파되어 많은 사람들이 사용하는 세계적인 언어가 되었다. 아랍어는 중동과 북아프리카 지역에서 이슬람교 확산과 함께 이동하였다. 반면에 민족 소멸과 함께 사라져 버린 언어도 많은데, 산스크리트어와 같이 화석 언어로 남아 있는 경우도 있다. 또한 언어는 민족 이동이나 문물 교류에 의해 다른 지역으로 전파되기 때문에 언어 분포는 민족 이동을 이해하는 중요한 지표를 제공한다.

오늘날 지구상에는 3,000여 종 언어가 분포한다. 중국어와 같이 10억여 명의 인구가 사용하는 언어가 있는가 하면, 태평양의 작은 섬에서는 불과 200여 명이 사용하는 언어도 있다. 오늘날 1,000만 명 이상이 사용하고 있는 언어는 약 50여 종에 이르는 것으로 보고되고 있다. 언어는 종류와 분포가 매우 복잡하고 다양하지만, 일반적으로 그 구조나 어법에 따라 공통적인 특성을 갖는 몇 개의 어족, 즉 인도·유럽 어족, 중국·티베트 어족, 우랄·알타이 어족, 셈·함 어족, 오스트로네시아 어족 등으로 분류된다. 세계 인구의 절반 정도는 인도·유럽어

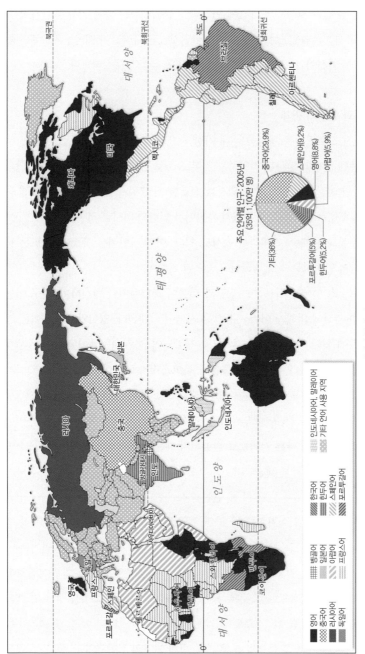

세계의 언어 지도

주요 언어별 인구: 2005년
(35억 1,100만 명)

중국어(29.9%)
스페인어(9.2%)
영어(8.8%)
아랍어(5.9%)
힌두어(5.2%)
포르투갈어(5%)
기타(36%)

영어
중국어
러시아어
독일어
벵골어
일본어
아랍어
프랑스어
한국어
힌두어
스페인어
포르투갈어
인도네시아어, 말레이어
기타 언어 사용 지역

분쟁의 세계지도

족에 속하는 언어를 사용하고 있다.

　언어는 지배와 피지배 구도가 성립되면 피지배 민족의 언어가 지배 민족의 언어로 통합되거나 그런 과정을 거쳐 사라지는 경우도 있다. 그러나 특정 민족이 지배와 피지배 관계 속에서 새로운 언어를 수용했다고 해서 그 민족이 소멸되었다고 단정하기는 곤란하다. 영국이 스코틀랜드와 아일랜드를 지배하고 통합하는 과정에서 켈트어가 많이 소멸됐지만, 스코틀랜드와 아일랜드에서는 켈트 문화가 계승·보존되고 있기 때문에 켈트족이 존재한다고 말할 수 있다.

　언어는 집단의 문화적 정체성에 중요한 영향을 미치는 요인이기 때문에 민족 집단을 분류하는 중요한 척도 중 하나이다. 따라서 같은 언어를 사용하는 집단은 같은 민족으로 분류되며 한국어를 사용하는 한민족이 대표적인 사례이다. 또한 같은 어족Family of Languages 집단에 속하는 하위 언어를 사용하면 문화적 정체성이 유사한 집단으로 분류할 수 있는데, 투르크어족Turkic Languages 은 터키를 비롯하여 중앙아시아의 '탄' 나라, 러시아 볼가강 중류 일대, 중국 신장 웨이우얼 자치구 등지에 분포하며, 이 지역에서는 투르크어족의 하위 언어들 예를 들어 터키어, 우즈베키스탄어, 아제르바이잔어, 위구르어 등이 분포하지만 투르크어족의 문화적 정체성은 유지하고 있다. 하지만 동일한 언어를 사용한다고 해서 반드시 동일한 민족으로 분류되는 것은 아니다. 아랍어를 사용하는 중동 지역에서는 민족이 서로 다른 경우가 매우 많다. 남아메리카에서는 스페인어와 포르투갈어를 사용하는 원주민이 많지만, 이들은 스페인 민족이나 포르투갈 민족이 아니다.

민족과 종교의 관계

　민족 특성을 구성하는 중요한 두 번째 요소는 종교이다. 종교는 특정 집단의 문화·생활양식·예술·정치·사회 제도 등에 커다란 영향을 미치며, 집단의 정체성 형성과 강화에 결정적인 역할을 한다. 그 대표적인 사례가 유대교와 이슬람교이다. 유대교는 유대인의 민족성 형성과 계승의 핵이며, 이슬람교는 중동과 북아프리카 지역에 거주하는 서로 다른 집단을 하나의 아랍 민족으로 통일시키는 데 결정적인 기여를 하였다.

종교가 집단의 문화적 정체성에 미치는 영향 때문에 같은 민족이라도 종교가 서로 다른 경우에는 상이한 문화적 속성을 갖는다. 발칸반도 보스니아 헤르체고비나에 거주하는 세르비아계 주민이 좋은 사례이다. 이 지역에 거주하는 세르비아계 주민은 원래 그리스 정교를 믿었는데 오스만 제국 지배를 받으면서 그리스 정교에서 이슬람으로 개종하였고, 후에는 세르비아 민족이 아닌 '이슬람을 믿는 세르비아 민족'을 의미하는 '보스니아 민족' 또는 '세르비아계 투르크인'으로 자신들의 정체성을 규정하면서 1994년 내전을 일으키기도 하였다.

종교 분포는 뚜렷한 경계가 없기 때문에 종교는 민족 분포와 서로 복잡하게 연관되어 있다. 그래서 과거에 발생하였거나 현재 발생하는 다양한 유형의 분쟁과 갈등 이면에는 항상 '종교'라는 보이지 않는 실체가 자리 잡고 있다. 영국에서 가톨릭을 믿는 스코틀랜드·아일랜드의 켈트족 후손과 영국성공회(개신교) 집단 후손 간 내전과 갈등, 수단과 차드에서 발생한 북부 지방의 이슬람과 남부 지역의 기독교 간 내전과 갈등, 캅카스산맥에 거주하는 체첸족의 내전, 인도네시아 동티모르의 내전 등이 그렇다. 뿐만 아니라 같은 민족이 같은 종교를 믿지만 종파가 서로 달라 갈등하는 경우도 있다. 시리아 내 알라위파(시아파)와 수니파 간 갈등, 이라크 내 남부 지역 시아파와 중부 지역 수니파 간 갈등, 소말리족이 이슬람 강온파로 나뉘어 내전 중인 소말리아 등도 이 사례에 해당한다.

종교는 지금까지 세계 곳곳에서 발생했거나 현재도 진행 중인 분쟁과 갈등에 '약방의 감초'처럼 빠지지 않고 관련되어 있다. 특히 구소련 사회주의 체제가 붕괴되면서 동서를 갈라놓던 이데올로기 벽이 허물어지자, 종교가 크고 작은 규모의 분쟁과 갈등의 방아쇠 역할을 하고 있다. 그러므로 세계 곳곳에서 발생하고 있는 민족 간 분쟁과 갈등의 실체적인 모습에 접근하고, 그 특징을 이해하기 위해서는 종교적인 배경에 대한 이해가 선행돼야 한다.

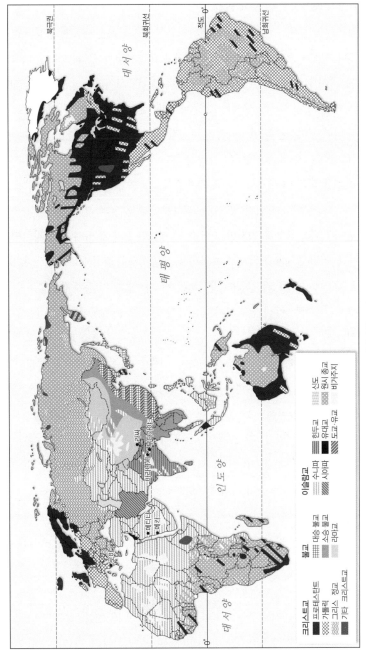

세계의 종교 지도

크리스트교
프로테스탄트
가톨릭
그리스 정교
기타 크리스트교

불교
대승불교
소승불교
라마교

이슬람교
수니파
시아파

힌두교
유대교
도교·유교

신도
원시 종교
비거주지

민족의식 형성과 민족 문제 발생

민족 또는 민족체가 민족 국가로 전환되면서 민족의식은 새롭게 형성되고 구체화된다. 일반적으로 민족의식이 형성되고 고착화되는 과정을 보면, 다음과 같은 세 가지 특징이 있다. 첫째, 민족의식은 비선택적이라는 점이다. 즉, 개인이 자발적인 의사에 의해 선택한 것이 아니라, 태어나면서부터 본질적으로 선택될 수밖에 없다. 둘째, 민족의식은 이성적인 속성보다 감정적인 속성이 강하다. 민족의식은 지적 판단보다는 감정적 측면이 강하고, 역사적으로 축적된 감정적 속성에 의해 더욱 강화되는데 민족주의 운동의 등장도 그런 경우이다. 셋째, 민족의식은 매우 작위적이고 정치적인 속성을 갖는다. 민족의식은 자율적으로 받아들이는 측면도 있지만, 인위적인 제도와 교육에 의해 더욱 강화되기 때문이다. 이런 과정을 거쳐서 민족의식 또는 민족성이 형성되고 축적된다.

세계 곳곳에서 민족 간 갈등이 발생하는 경우는 크게 두 가지 유형으로 구분할 수 있다. 첫째는 동일한 지리적 범위에서 이민족 간 갈등과 대립이다. 같은 영토 안에서 서로 다른 민족이 거주하는 경우에는 민족 간 종교적·문화적 특성 차이로 인하여 민족 문제가 발생한다. 소수 민족이 다수 민족에게 오랜 기간 핍박과 차별을 받은 경우에 주로 나타난다. 유고슬라비아 연방공화국 붕괴, 영국 스코틀랜드와 북아일랜드 내 갈등, 아랍 민족을 대표하는 이라크와 페르시아 민족을 대표하는 이란 간 갈등, 중앙아프리카 르완다에서 벌어진 다수 후투족과 소수 투치족 간 갈등, 시리아 내전을 이어 가고 있는 소수 알라위파(시아파)와 다수 수니파 간 갈등 등이 여기에 해당한다.

둘째는 동일한 민족이 서로 다른 국가에 거주하면서 하나의 국가를 건설하려고 할 때 발생한다. 주로 강대국 침입과 이익에 따라 국경선이 결정되어 하나의 민족이 둘 또는 그 이상의 국가로 분리되어 분포하는 경우이다. 이들 민족은 하나로 통합된 독립 국가 건설을 위하여 다른 민족 집단과 갈등하고, 그 갈등과 대립이 유혈 충돌과 내전으로 표출된다. 쿠르디스탄에 분포하는 쿠르드인, 조지아 내 오세티야인, 아제르바이잔 내 아르메니아인, 러시아 내 카렐리아인, 카슈미르 지방에서 벌어지는 모슬렘과 힌두교도 간 갈등, 지중해 키프로스에서 벌어지는 그리스계와 터키계 간 갈등 등이 이 유형에 속한다.

아시아의 분쟁과 갈등 지역

아시아는 동양 문화권에 속하는 동아시아, 남아시아, 동남아시아, 중동으로 불리는 서남아시아, 중앙아시아 등으로 세분되는데, 우리나라와 중국·일본 등을 포함하는 동아시아는 한자 문화권이라는 공통성을 지니고 있어 집단 간 분쟁과 갈등이 많지 않다. 반면에 동남아시아는 대륙과 해양 문화가 혼재하고 인종·언어·종교가 매우 복잡해 집단 간 이질성으로 갈등이 속출하며, 인도반도를 포함하는 남아시아는 불교·힌두교·이슬람교가 공존하고 인종과 언어가 매우 복잡하여 민족·종교 집단 간 분쟁과 갈등이 상대적으로 많다. 아랍어와 이슬람교를 공유하는 이슬람 문화권인 중동은 인종·종교·종파 등이 복잡하게 얽힌 지구촌의 화약고이다. '탄' 국가로 구성된 중앙아시아에서는 아시아 내 다른 지역에 비해 분쟁과 갈등이 상대적으로 적다.

'세계의 화약고'라는 별칭을 가진 중동에서는 분쟁과 갈등이 많이 발생한다. 팔레스타인·시리아·예멘·레바논·쿠르디스탄 등이다. 팔레스타인은 종교와 민족과 땅이 복합적으로 얽혀 유대인과 아랍인이 갈등하는 곳이다. 쿠르디스탄에 분포하는 쿠르드인들이 정부와 갈등하는 이유도 땅 때문이다. 분리 독립에 필요한 영토를 확보하기 위해 터키·시리아·이라크·이란 등을 상대로 정치적 또는 투쟁적 저항 활동을 벌이고 있다. 시리아와 예멘에서 벌어지는 내전은 이슬람 내 종파 싸움, 즉 시아파와 수니파 간 종교적·정치적 주도권 싸움이 내전으로 비화된 경우이다. 레바논에서는 오스만 제국 지배와 프랑스 위임 통치를 거치면서 기독교(마론파)와 이슬람 간 갈등이 잉태되었고, 1960년대 후반부터 내전으로 비화되어 1990년대 초에 일단락됐지만 갈등 요인이 여전히 잠복 중이다.

남아시아에서 대표적인 분쟁 지역은 인도반도 서북부의 카슈미르 지방이다.

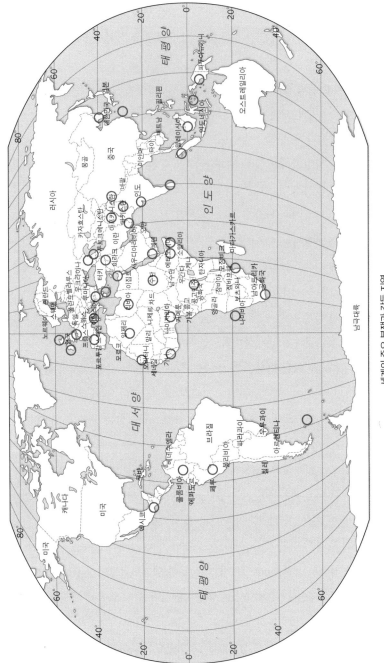

세계의 주요 분쟁과 갈등 지역

분쟁의 세계지도

인도와 파키스탄이 영국에서 독립한 1947년 이후 잠무 카슈미르에 분포하는 이슬람계 주민은 힌두교 국가 인도가 아닌 이슬람 국가 파키스탄으로의 합병을 요구하고 있어 인도와 파키스탄 간 화약고가 되었다. 영국 식민지 지배의 어두운 유산이다. 파키스탄과 인접한 인도 서부 구자라트주에서는 힌두교계 주민과 이슬람계 주민이 자주 충돌하고 있고, 인도 남부에 거주하는 드라비다계 주민도 인도 정부를 상대로 정치적·문화적 분리주의 운동을 전개하고 있다. 인도는 아크사이친, 시킴주, 아루나찰프라데시주 등지에서 국경선 획정 때문에 중국과 대립 중이다. 스리랑카에서는 1970년대부터 북동부에 분포하는 힌두교계 타밀족이 불교계 싱할리족 정부를 상대로 분리주의 운동을 벌였으나 40여 년에 걸친 내전이 2009년 종식되었다. 언어·민족·종교가 얽혀서 일어났던 내전이었다. 아프가니스탄에서는 종교적 신념 차이로 이슬람 수니파 근본주의 세력과 온건한 세력 간 내전이 진행 중이다.

동남아시아에서 대표적인 갈등 지역은 인도네시아이다. 1만 7,000여 개 섬에 300여 종족과 700여 언어가 통용되는 국가이기 때문에 집단 간 이질성이 매우 강하다. 다종족·다언어 집단으로 구성된 인도네시아에서 동티모르는 2002년 분리 독립에 성공했다. 이에 자극받은 수마트라 북서부 아체 지방과 오스트레일리아와 인접한 이리안자야(파푸아) 지방에서도 정부를 상대로 분리주의 운동을 벌이고 있고, 향신료 보고였던 말루쿠 제도에 위치한 암본에서는 과거 기독교계와 이슬람계 주민 간 종교 갈등이 일어났다. 필리핀에서 두 번째로 큰 섬인 남부 민다나오섬에 분포하는 이슬람을 믿는 모로족은 독자적인 국가를 수립한다는 명목으로 분리·독립 운동을 전개하고 있다.

중국은 소수 민족의 분리주의 때문에 골머리를 앓고 있다. 실크로드의 주요 길목인 서쪽 변경에 위치한 신장 웨이우얼(위구르) 자치구에 분포하는 투르크계 위구르족은 1930년대부터 소규모 민족 운동을 전개했고, 1990년대 이후 활발한 분리 운동을 펼치고 있다. 라마교(티베트 불교)로 알려진 시짱(티베트) 자치구에 분포하는 티베트인들도 분리주의 운동을 펼치고 있다. 한편 중국과 일본은 동중국해에 위치한 조어도(센카쿠, 댜오위다오)를 놓고, 일본과 러시아는 쿠릴열도 남단 4개 섬을 놓고 각각 영토 분쟁 중이다.

유럽의 분쟁과 갈등 지역

유럽은 코카서스 인종, 인도·유럽 어족, 기독교라는 문화적 공통점을 가지고 있다. EU와 유로화로 대변되는 경제적·정치적 공동체를 지향하면서도 지역별로 상세하게 들여다보면 분열성을 조장하는 이질적인 역사·문화적 요소가 상당히 많이 내포된 곳이 유럽이다. 유럽은 민족에 따라 게르만족 중심 서유럽 문화권, 라틴족 중심 남유럽 문화권, 슬라브족 중심 동유럽 문화권 등으로 구분되지만, 이런 동일한 문화권 내에서 서로 다른 문화적·역사적 배경을 가진 곳이 많다.

유럽에서 과거 발생했고, 지금도 진행 중인 분쟁과 갈등은 민족적 정체성에 바탕을 둔 분리주의 운동이다. 분리주의가 가장 활발한 곳은 영국이다. '연합왕국UK'이라는 국가 명칭에서 알 수 있듯이, 북아일랜드와 스코틀랜드는 민족과 종교, 억압과 차별이라는 역사적 배경 때문에 분리주의가 활발하다. 특히 북아일랜드에서는 가톨릭계 주민과 개신교계 주민 간 내전으로 혼란을 겪기도 했다. 스페인에서는 바스크어를 사용하는 바스크 지방과 카탈루냐어를 사용하는 카탈루냐 지방이 분리주의 운동을 벌이고 있다. 특히 카탈루냐 지방이 벌이는 열성적인 분리주의 운동은 유럽인 이목을 집중시키고 있다. 프랑스 서부 브르타뉴 지방과 지중해에 위치한 코르시카섬, 이탈리아 북부 지방에서 '파다니아공화국'을 만들려는 세력, 과거 오스트리아령이었고 독일계 주민이 많이 분포하는 이탈리아 북부 남티롤South Tirol, 14세기 덴마크에서 스웨덴으로 통합된 스웨덴 남부 스코네Skåne 지방 등지에서도 분리주의 운동이 꿈틀거리고 있다. 지중해에서 세 번째로 큰 섬인 키프로스는 민족과 종교 차이로 남과 북으로 분단되어 여전히 갈등 중이다. 벨기에서는 북부 플랑드르Flemish와 남부 왈롱Wallons 지방 간 언어적 차이로 분열이 예고되어 있다.

동유럽에도 민족·종교 간 차이로 내전을 겪고 갈등하는 곳이 많다. 사회주의 체제 붕괴와 구소련 와해로 다민족 연방체였던 유고슬라비아 연방공화국은 지도책에서 완전히 사라져 버렸다. 연방공화국이 6개 공화국으로 분리 독립했기 때문이다. 1993년 1월 두 개 국가로 분리된 체코슬로바키아도 같은 사례에 속한다. 특히 구소련 붕괴로 과거 소비에트연방USSR에 속했던 일부 회원국은 국가 내에서 벌어지는 분리주의 때문에 몸살을 앓고 있다. 캅카스 남부에 위치한 조지아는 친러 세력들이 펼치는 분리주의로 몇 차례 내전을 치렀다. 세계의 '빵 바구니' 우크라이나에서는 친러 세력과 친서방 세력이 동부와 서부 지방으로 나뉘어 갈등하고 있으며, 친러 세력이 주도한 분리주의 운동으로 크림반도는 2014년 러시아로 편입됐고, 동부 돈바스 지방에서는 친러시아계 독립공화국이 선포되어 사실상 국가 노릇을 하고 있다. 발트해에 면한 에스토니아·라트비아·리투아니아 등 발트 3국도 친러 세력 활동 때문에 긴장하고 있다. 러시아 남부 캅카스 지방에 분포하는 체첸인이 벌이는 분리·독립 운동은 '공룡 러시아'를 힘들게 하고 있다.

아프리카의 분쟁과 갈등 지역

아프리카는 복잡 다양한 언어와 종교를 가진 부족과 씨족 중심 문화가 발달한 곳이다. 19세기 후반 아프리카가 유럽 열강 식민지로 전락하기 전까지 아프리카 내에서 집단 간 갈등은 그렇게 많지 않았다. 물론 정복과 침략 과정에서 지배와 피지배 계급 간 갈등은 존재했지만 오늘날처럼 부족 또는 씨족에 종교와 정치권력이 결합돼 분쟁과 내전을 일으킨 경우는 그렇게 흔하지 않았다.

사하라 사막 이남 '블랙 아프리카'에서 과거 벌어졌거나 현재도 진행 중인 분쟁과 내전은 대부분 유럽 제국주의가 만든 식민 지배 유산에서 비롯되었다고 해도 틀리지 않다. 유럽 열강들은 식민지를 지배하면서 기존의 종족·부족·씨족 간 영역을 고려하지 않고 통치에 필요한 행정 구역을 설정해 지역별로 분할해 통치하거나 특정 부족과 씨족을 내세운 간접 통치 전략을 택했다. 그런데 식민지가 독립한 이후, 많은 국가에서 제국주의가 취한 분할·간접 통치 전략의 후유증이 지역 및 집단 간 내전과 갈등으로 비화되었다.

영국은 나이지리아·수단·차드 등지에서 전술한 지역별 분할 통치와 간접 통치 방식을 채택한다. 나이지리아와 수단에서 일어난 남부 기독교계 주민과 북부 이슬람계 주민 간 내전이 그 후유증이다. 프랑스도 영국과 동일한 방식을 차드에서 실시했고, 독립 후 남북 간 내전으로 이어졌다. 중앙아프리카에 위치한 르완다에서 1990년대 중반 벌어진 소수 종족 투치족과 다수 종족 후투족 간 내전은 벨기에가 소수 투치족을 내세워 식민지를 간접 통치한 결과였고, 인접한 콩고민주공화국에서 일어났던 내전도 벨기에 식민 지배 유산이다.

유럽 열강이 구축·설정한 식민지 국가 영역이 독립한 후 내전과 갈등을 추동한 경우도 많다. 독립한 식민지에서는 과거 식민지 시절 영토를 단일 국가로 유지해야 한다는 논리 때문에 정치 세력 간 권력 다툼과 내전으로 이어진다. 콩고민주공화국·나이지리아·앙골라 등지에서 벌어진 내전이 여기에 해당한다. 지금도 진행 중인 소말리아 내전도 영국령 소말릴란드와 이탈리아령 소말리아가 하나의 독립국으로 통합된 이후 특정 지역을 기반으로 하는 씨족 간 권력 다툼으로 일어난 것이다.

특히 유럽 열강의 식민 지배 유산으로 흑백 갈등을 유발한 경우도 있다. 남아프리카에서는 17세기 후반 이주한 네덜란드계 후손들이 제2차 세계대전 후 정권을 잡고 '아파르트헤이트'라는 거주지 분리 정책을 취하면서 흑백 갈등이 일어났다. 1975년 포르투갈로부터 독립한 모잠비크도 사회주의를 표방한 흑인 정부와 식민지 시절 기득권을 누리려는 백인 반군 세력 간 내전이 16년간 지속되기도 했다. 1994년 남아프리카공화국 최초 흑인 정부인 만델라 정권이 출범하면서 인종 차별 정책은 폐지됐지만, 후유증은 여전히 상존해 있다. 모잠비크 내전도 1992년 종식되었다.

아메리카 분쟁과 갈등 지역

남북 아메리카는 다른 대륙에 비해 분쟁과 갈등이 비교적 적다. 이유는 15세기 이후 유럽 열강의 식민 지배를 오랫동안 받으면서 아메리카 원주민의 정체성이 대부분 사라지고 유럽 기독교 문화가 대륙에 깊숙이 스며들었기 때문이다. 특히 유럽에서 이주한 후손들이 만든 기독교 문화로 채색된 앵글로아메리카, 이베리아반도 가톨릭 문화가 그대로 이식된 라틴아메리카에서는 민족·종교·언어적 갈등과 대립이 애초부터 존재할 수 없었다. 또한 원주민 노동력 부족을 대체하기 위한 대규모 흑인 이주와 백인·원주민·흑인 간 혼혈로 라틴아메리카에서는 인종·민족적 갈등이 싹틀 수 있는 환경이 원초적으로 제거돼 버렸다. 물론 미국 대도시에서 종종 벌어지는 유색 인종과 백인 간 갈등, 유색 인종 간 충돌 등이 간혹 발생하지만, 이들 갈등은 민족·종교·언어·정치권력 등이 복잡하게 얽혀 발생하는 다른 대륙의 갈등과는 다르다.

남아메리카, 특히 콜롬비아·멕시코·과테말라·엘살바도르 등지에서 과거에 발생했고, 현재 페루에서 일어나고 있는 반정부 활동은 전술한 종교·언어 등을 포함한 민족적 문제가 아닌 국내 정치·사회적 문제 때문에 등장한 갈등이다. 가장 오랫동안 내전이 이어졌던 곳은 콜롬비아이다. 콜롬비아는 남아메리카에서 유일하게 6.25 전쟁 당시 우리나라에 5,000여 명 군대를 파견했던 국가이다. 하지만 1930년대부터 활동한 좌익 정당들이 1960년대부터 반정부 활동을 벌이면서 내전이 시작되었다. 우파 정부와 좌파 반군 세력으로 나뉜 내전은 50여 년 지속되다가 2016년 일단 종료됐지만 여진은 계속되고 있다. 중앙아메리카 엘살바도르에서 1980년대 벌어졌던 정부군과 반군 간 내전도 국내 문제 때문이었다. 멕시코 남부 치아파스주 농민들이 벌이는 '사파티스타 운동', 현재 페루에서 반정부 활동을 펼치고 있는 '빛나는 길'을 뜻하는 반군 조직 '센데로 루미노소Sendero Luminoso' 등도 정치·사회적 문제가 갈등을 야기한 경우이다.

한편 아르헨티나 남동쪽 해상에 위치한 섬인 포클랜드는 아르헨티나와 영국이 자국 땅이라고 주장하는 영토 분쟁의 현장이다. 1982년 영국-아르헨티나

간 전쟁 이후, 현재 영국이 포클랜드를 실효적으로 지배하고 있고 아르헨티나는 반환을 요구하고 있지만 해결 기미는 보이지 않는다. 몬트리올이 주도인 캐나다 퀘벡주에는 프랑스어를 사용하는 주민이 다수를 차지하는데, 이들 프랑스계 주민들은 캐나다 정부를 상대로 온건한 분리주의 운동을 벌이고 있다.

글로벌 시대의 세계에서 분쟁과 갈등은 왜 계속되는가?

제2차 세계대전 이후 세계 곳곳에서는 좌우로 나뉜 이데올로기 차이로 크고 작은 분쟁과 내전과 갈등이 일어났다. 1950년 발발한 우리나라 6.25 전쟁을 비롯하여 스페인 내전, 중앙아프리카 일부 국가에서 벌어진 내전과 쿠데타, 중앙아메리카 및 남아메리카에서 일어난 내전과 갈등은 대부분 이데올로기가 주요 원인이었다. 미국 하버드대 새뮤얼 헌팅턴Samuel P. Huntington 교수가 저서 『문명의 충돌』에서 지적한 것처럼, 냉전 체제가 해체되고 구소련이 붕괴되면서 문화적 동질성과 이질성이 새로운 대립의 촉매제가 되어 세계 곳곳에서 민족 분쟁과 문명 충돌이 일어나고 있다.

탈냉전 시대의 지구촌은 정보화와 세계화라는 거대한 흐름에 힘입어 '글로벌 스탠다드Global Standard'라는 문화를 공유하는 상황에 난데없이 '우리는 누구이고 어디에 속하는가?'라는 정체성 논란에 휩싸이게 되었다. 그리고 그 과정에 '다름difference'을 인식한 집단이 민족적·종교적 동질성과 정체성을 내걸고 다른 집단과 정체성 논란을 일으키고, 이는 크고 작은 분쟁과 내전과 갈등으로 번졌다. 영국 스코틀랜드와 북아일랜드, 스페인 카탈루냐 지방, 발칸반도 구유고슬라비아, 캅카스 지역 체첸과 조지아, 시리아와 예멘, 소말리아와 중앙아프리카의 르완다·부룬디·콩고민주공화국 등지에서 발생한 분쟁과 갈등은 정체성 논란에 더해 오랫동안 축적된 역사적 감정과 상처가 정치적 이해관계와 얽히고 설켜 나타난 것이다.

정보화·개방화·세계화는 전 세계를 실질적으로 하나의 지구촌으로 만들고 있다. 특히 세계화 경제는 세계를 하나의 지구촌으로 통합시키고 있음에도 불구하고 일부 국가와 지역에서는 특정 민족적·문화적 정체성을 이유로 다른 집단과 통합이 아닌 분리와 분열을 획책하고 있고, 특정 민족과 종교 집단을 중심으로 새로운 국가가 출현하면서 분쟁과 갈등이 벌어지고 있다. 일부 미래학자와 문화학자는 이데올로기가 사라진 세계 곳곳에서는 향후 민족과 종교에 기반한 문화적 갈등이 새로운 글로벌 이슈가 될 것이라고 전망한다.

만약 그런 예측대로 지구촌이 굴러간다면 세계 곳곳에서는 문화적 갈등과 대립, 민족적 충돌과 분쟁이 더 자주 발생할 것이고, 지구촌 평화는 요원해질 것이다. 글로벌 시대의 세계 여러 곳에서 왜 분쟁과 내전과 갈등이 계속될까? 그 배경과 이유는 무엇일까? 이 책의 각론에서 그 해답의 실마리를 찾아보자.

제2부

중동의 분쟁과 갈등 지역

팔레스타인

유대인과 아랍인 간 갈등, 종교 때문인가? 땅 때문인가?

현재 팔레스타인에는 이스라엘Israel과 '팔레스타인국State of Palestine'이라는 두 개 국가가 존재한다. 팔레스타인은 역사적으로 유대인과 아랍인이 사이 좋게 동거한 땅이었다. 기원전에도 그랬고, 기원후에도 그랬다. 19세기 후반 시온이즘이 등장하면서 팔레스타인은 '갈등의 땅'으로 변한다. 1948년 5월 14일 이스라엘 건국을 주변 아랍인들이 반대하면서 본격적인 갈등과 대립이 시작되었고 팔레스타인은 '중동의 화약고'라는 별칭을 가지게 되었다.

팔레스타인에서 전개되는 유대인과 아랍인 간 갈등은 종교로 포장된 땅 싸움이라고 볼 수 있다. 두 집단 간 갈등은 팔레스타인에 시온주의자들이 들어오면서 시작된다. 오늘날 쟁점은 이스라엘 건국 후 일어난 4차례 전쟁으로 난민이 된 아랍인 귀환과 정주 문제이다. 세계에 뿔뿔이 흩어진 유대인이 팔레스타인으로 들어오면서 토박이였던 아랍인이 반대로 난민이 되어 타국 땅에서 방황하는 '역사의 반대 현상'을 어떻게 지혜롭게 해결할 것인가 하는 것이 핵심이다.

우여곡절 끝에 팔레스타인해방기구Palestine Liberation Organization, PLO는 팔레스타인국으로 전환되었고, 국제사회 인정을 받는 국가가 되었다. 그러나 팔레스타인국은 여전히 절음발이 국가 신세를 면치 못하고 있다. 팔레스타인국은 웨스트뱅크West Bank(요르단강 서안지구) 내에서 완전한 통치권을 행하지 못하고 있고, 정치 세력 간 갈등으로 가자지구Gaza Strip와 웨스트뱅크가 사실상 분리되어 있기 때문이다. 아브라함이 하나님으로부터 부여받은 땅이었던 팔레스타인은 현재 유대인과 아랍인 간 갈등 현장이다. 왜 팔레스타인에서 갈등이 발생했는지 살펴보자. 종교 때문인가, 아니면 땅 때문인가.

지중해와 페르시아 세력 간 각축장, 팔레스타인

팔레스타인Palestine은 영어식 표현으로, 그리스어 '필라스틴Filastin'에서 유래한다. 로마 시대에는 시리아 팔레스티나Syria Palaestina, 비잔틴 시대에는 팔레스티나 프리마Palæstina Prima, 아랍 제국 시대에는 알샴Al-Sham에 속하는 필라스틴Filastin 등으로 불렸다. 또한 역사적으로 샴Sham, 가나안Canaan, 유대 Judea, 사마리아Samaria 등의 남부 지방으로 알려졌다. 성경에는 팔레스타인이 '이스라엘의 땅'을 뜻하는 '에레츠 이스라엘Eretz Yisrael' 또는 '약속의 땅', '성지 Holy Land' 등으로 기록되어 있다.

팔레스타인 지리적 영역을 설정하는 것은 쉽지 않다. 통상적인 영역은 웨스트뱅크(요르단강 서안지구)에서 지중해 해안 지역에 이르는 범위를 지칭하지만, 경우에 따라서 요르단을 포함하기도 한다. 팔레스타인은 역사적으로 이집트 나일강 삼각주와 메소포타미아 평원을 연결하는 '비옥한 초승달 지역'의 중간 부분을 차지하는 곳이다. 팔레스타인은 지중해 연안의 평야, 예루살렘에서 '일곱 우물'을 뜻하는 베르셰바Beersheba까지 펼쳐지는 스텝 평원, 남부 네게브Negev 사막 등으로 이루어져 있다. 전반적으로 온화한 지중해성 기후가 나타난다.

팔레스타인은 종교적으로 이슬람 세계Islamic World에 떠 있는 유대교라는 섬이자, 민족·문화적으로 아랍 세계Arab World 한복판에서 유대인이 사는 땅이다. 구약 성경에 의하면 팔레스타인은 아브라함·이삭·야곱과 그 후손들의 땅이자, 모세와 여호수아가 정복한 영토였다. 하지만 팔레스타인 중심 도시 예루살렘은 유대교·기독교·이슬람교 성지로 알려져 있다. 팔레스타인에 거주하는 민족 구성은 유대인·팔레스타인인·아랍인 등이다. 여기에서 팔레스타인

팔레스타인 지도

인이란 팔레스타인 출신이며 팔레스타인에 사는 아랍인을, 아랍인은 팔레스타인 출신이 아닌 아랍인을 말한다. 팔레스타인과 아랍인을 합쳐서 팔레스타인인 Palestinian이라고 표현하는 경우가 있는데, 이는 아랍 제국이 팔레스타인을 지배할 때 이슬람을 수용하고 아랍어를 사용한 아랍인 또는 그 후손을 말하며, 유대인과 구별하기 위한 민족 집단을 지칭할 때 주로 사용된다.

팔레스타인은 지리적으로 유럽·아랍·아프리카 등지를 연결하는 교차로에 위치한다. 지중해와 홍해를 연결하는 해로海路 중간 지점에 위치하고, 소아시아 Asia Minor (터키)와 다마스쿠스와 알렉산드리아를 남북 방향으로, 지중해 연안 텔아비브와 메소포타미아를 동서 방향으로 연결하는 중간 지점에 해당한다. 팔레스타인의 이런 지리적 위치 때문에 이집트, 아시리아, 바빌로니아, 페르시아,

알렉산더 제국, 로마 제국, 비잔틴 제국, 오스만 제국 등 강대국들은 이곳을 차지하려고 경쟁했고, 많은 전쟁이 팔레스타인에서 일어났다. 팔레스타인의 지리적 위치가 만들어낸 비극이다.

유대 왕국 패망과 바빌론 유수, 디아스포라

비옥한 초승달 지역 중간에 위치한 팔레스타인에 유대인이 거주한 역사는 매우 오래되었다. 유대인 선조가 팔레스타인으로 이주하기 전 이곳에는 유대인이 아닌 선先주민이 살고 있었다. 유대인 선조는 메소포타미아 하류 지방에서 팔레스타인으로 이주해 온 히브리어를 쓰는 사람들이다. 구약 성경에 따르면, 하느님이 아브라함과 그 후손들에게 주기로 약속한 '젖과 꿀이 흐르는 가나안 땅'이 팔레스타인이다. 기원전 17세기경 아브라함·이삭·야곱의 시대를 거쳐 13세기경 이집트에서 탈출한 일명 '출애굽 시대'를 거치면서 유대인이 팔레스타인에 본격적으로 정착하기 시작한다. 기원전 1020년 사울Saul을 초대 왕으로 하는 군주제가 성립되고, 기원전 1000년경 다윗 왕국 수도로 예루살렘이 건설된다. 기원전 960년경 솔로몬 왕이 시온 언덕에 성전을 건축하면서 전성기를 구가한다. 하지만 솔로몬이 사망한 후 내란이 발생해 헤브라이 왕국은 북쪽 이스라엘 왕국과 남쪽 유대 왕국으로 분열된다.

이스라엘 왕국은 기원전 720년대 아시리아 제국에게 정복당한다. 기원전 586년 유대 왕국도 신바빌로니아 왕국 네부카드네자르 2세 침입으로 멸망한다. 그리고 유대인은 신바빌로니아 수도 바빌론(지금의 이라크 바그다드)에 강제로 끌려가 약 50년 동안 집단생활을 하는 고난을 겪는다. 이 역사적 사건을 '바빌론 유수幽囚, Babylonian Captivity'라고 한다. 세계적인 보컬 그룹 보니엠 Boney M이 부른 '바빌론 강가에서Rivers of Babylon'는 이때를 회상한 노래이다. 신바빌로니아 왕국은 페르시아(아케메네스 제국)에 멸망하고, 기원전 538년 키루스 2세BC 559~529는 유대인을 팔레스타인으로 귀환시켜 준다. 이후 유대인은 신바빌로니아 침공으로 파괴된 성전을 예루살렘 시온 언덕에 재건한다. 팔레스타인에 대한 페르시아 지배는 알렉산드로스 동방 원정까지 계속된다.

　기원전 332년 팔레스타인은 알렉산드로스가 이끄는 그리스 군대에게 정복당한다. 기원전 63년 로마 폼페이 장군이 예루살렘을 점령하고 이후 로마 제국 지배로 들어간다. 73년 로마를 상대로 한 유대인 최후 항전이 마사다Masada에서 펼쳐지지만 패배한다. 팔레스타인을 지배한 알렉산드로스는 유대교 종교 활동을 금지하고, 로마 제국은 유대인을 유난히 탄압한다. 그리스 지배 이후 유대인은 팔레스타인을 떠나기 시작하고, 마사다 항전 후 예루살렘에서 유대인은 거의 자취를 감춘다. 유대인은 팔레스타인을 떠나 아라비아반도, 북부 아프리카, 남부 유럽, 동부 유럽, 구소련 등지로 이주한다. 이렇게 흩어진 유대인을 '디아스포라Diaspora'라고 부른다. 이후 팔레스타인은 614년경 페르시아 침입을 받고 636년경 아랍 지배로 들어가며, 691년경 유대인 성전이 세워졌던 자리에 바위돔 사원The Dome of the Rock이 만들어진다. 1291~1516년 맘루크 지배를 받고, 1517년 이후 오스만 제국이 팔레스타인을 지배한다. 아랍과 오스만 제국이 팔레스타인을 지배하는 기간에는 팔레스타인 내 유대인 공동체가 인정되었지만 그 규모는 매우 작았다.

중세의 유대인 수난사와 프랑스에서 벌어진 드레퓌스 사건

　아프리카와 유럽 전역에 흩어진 유대인은 중세 전기까지 여러 도시에서 안정적인 생활을 영위한다. 특히 지중해 연안 도시에서 유대인들은 상업과 교역 활동에 종사하면서 많은 부를 축적한다. 하지만 11세기 말 십자군 전쟁이 시작되면서 유대인에 대한 차별과 억압이 본격적으로 이루어진다. 당시 가톨릭교회는 유대인을 차별하고, 농업·수공업·무역업 등 모든 생업에서 유대인을 배척하면서 유대인은 고리대금업 또는 행상으로 생계를 유지하지만, 일부 유대인은 왕실과 귀족의 집사 역할을 하며 상류 계층으로 활동한다. 1078년 교황 그레고리우스 7세가 유럽 기독교 국가 내 유대인 공직 추방령을 내리자, 이를 계기로 유대인들은 금융업으로 진출한다.

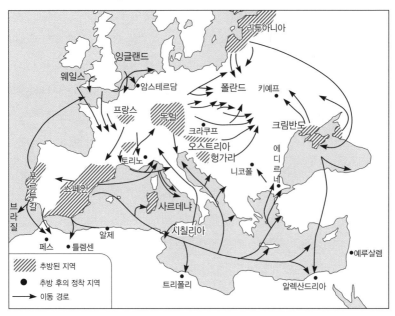

중세 유대인 추방 지역과 정착 지역

　한편 이베리아반도에서는 유대인에 대한 차별과 억압이 거의 없었다. 8세기 이후 이베리아반도 절반 정도를 차지한 이슬람 세력은 유대인에게 관용적이었다. 하지만 1492년 이베리아반도에서 이슬람 세력을 축출하는 재정복운동Re-conquista이 완성된 후 스페인은 유대인 국외 추방령을 선포한다. 추방된 유대인을 히브리어로 스페인을 의미하는 '세파르디'에서 유래한 세파라딤Sefaradim이라고 부른다. 세파라딤은 인접한 포르투갈로 이주하고, 이후 포르투갈에서도 유대인에 대한 차별이 행해지자 상대적으로 차별이 약한 신교 국가였던 벨기에와 네덜란드 등지로 다시 이주한다. 특히 암스테르담 일대에 거주한 유대인은 암스테르담을 세계적인 보석 가공·판매 중심 도시로 만들고, 네덜란드 동인도회사 설립 주역으로 활동하면서 유럽 금융·자본 시장을 장악하기 시작한다.

　중세 시절 유대인이 탄압당했던 대표적 사례는 '돈을 밝히는 탐욕스러운 이교도'라는 사회적 멸시와 거주 지역 분리였다. 중세 가톨릭 교리에 의하면 이자 취득은 중요한 죄로 간주되었는데, 유대인이 주로 고리대금업(전당포·환전상 등)에 종사했기 때문에 사회적 멸시와 차별 대상이 되었다. 셰익스피어 희극 『베니스의 상인』에 나오는 고리대금업자 샤일록이 유대인이라는 것도 이런 역사적 배경에서 비롯된 것이다. 또한 중세 말 유럽 전역에서는 유대인 추방과 함께 게토Ghetto 정책이 행해진다. 게토 정책이란 유대인 거주지를 특정한 곳으로 제한하는 일명 '거주지 격리'를 말한다. 게토가 유럽 전역으로 급속히 확산되면서 많은 유대인이 동부 유럽과 러시아 등지로 이주한다. 동부 유럽 국가 중 폴란드는 유대인에게 비교적 관대하여 많은 유대인이 바르샤바를 비롯한 폴란드 내 여러 도시로 이주한다. 폴란드와 독일을 비롯한 동부 유럽 출신 유대인을 히브리어로 독일을 뜻하는 '아슈케나지'에서 파생된 아슈케나짐Ashkenazim이라고 부른다. 하지만 안타깝게도 이들 아슈케나짐은 제2차 세계대전 중 홀로코스트로 큰 희생을 치른다.

18세기 시민 혁명을 전후로 서부 유럽 국가에서 유대인 차별에 대한 인식이 변화하기 시작한다. 시민 혁명을 통해 봉건적 신분제가 붕괴되고 국민 국가가 등장하면서 유대인을 차별하는 제도들이 폐지되기 때문이다. 1796년 네덜란드가, 1848년 독일 프랑크푸르트가, 1856년 영국이 각각 유대인 해방령을 내린다. 프랑스에서는 유대인에 대한 법적 차별을 폐지하고 기독교 주민과 동등한 시민권을 부여한다. 독일에서도 유대인을 '유대교를 믿는 독일인'으로 간주하고 공동체 일원으로 수용하는 정책을 편다. 이런 움직임은 유럽 여러 나라로 확산되고, 19세기 후반까지 유럽 대부분 국가는 유대인에 대한 제도적 차별을 폐지한다. 덕분에 유대인들은 유럽 사회에서 정치계와 경제계로 진출하면서 두각을 나타낸다.

그런데 역설적으로 19세기 후반 유럽 여러 국가에서 반反유대주의가 등장한다. 유대인을 '국민 국가의 국민'으로 받아들일 수 없다는 인종론적 인식이 확산되었기 때문이다. 특히 19세기 말 경제적 불황에 처한 프랑스와 독일 등지에서는 빈부 격차 등 사회적 모순을 유대인 탓으로 돌리면서 반유대주의가 기승을 부린다. 러시아와 동부 유럽에서 벌어진 '유대인 집단 학살(러시아어로 포그롬 Pogrom)'을 피해 서부 유럽으로 이주하는 유대인이 많아지면서 반유대주의 행태는 더욱 심화된다. 이 와중에 1894년 프랑스에서 발생한 '드레퓌스Dreyfus 사건'은 반유대주의를 상징하는 대표적 사례로 꼽힌다.

드레퓌스 사건이란 유대인 출신 프랑스 육군 대위 알프레드 드레퓌스Alfred Dreyfus, 1859~1935를 간첩 혐의로 체포하여 종신형을 선고한 사건을 말한다. 1894년 10월 프랑스 육군 참모본부에 근무하던 드레퓌스 대위가 독일 대사관에 군사 정보를 제공했다는 간첩 혐의로 체포된다. 드레퓌스는 무죄를 주장하지만 12월 군법회의는 종신형을 선고한다. 이후 드레퓌스가 아닌 다른 사람이 범인이라는 사실이 밝혀지지만 군부는 이런 사실을 은폐한다. 당시 프랑스 지성으로 추앙받던 유명한 소설가 에밀 졸라Emile Zola, 1840~1902는 1898년 1월 13일자 로로르L'aurore 신문 1면에 "나는 고발한다"라는 칼럼을 기고하고, 드레퓌스의 무죄를 주장한다. 후에 드레퓌스는 무죄로 석방되지만, 드레퓌스는 당시 프랑스에서 벌어진 반유대주의 희생자였다. 이 사건으로 유럽에 사는 유대인들, 특히 유대인 지도자들은 엄청난 충격을 받는다. '톨레랑스tolerance'를 최고 가치로 존중하는 프랑스 시민들이 보여 준 반유대주의적 행태에 크게 실망하였기 때문이다. 드레퓌스 사건은 시오니즘 확산의 촉매제가 된다.

유대 민족주의 시오니즘 등장과 '가나안'으로의 귀환 운동

18세기 후반 유럽에서 등장한 민족주의 운동으로 유대인에 대한 박해와 탄압이 계속되자 유대인은 조국 없는 민족의 서러움을 뼈저리게 느낀다. 민족주의·포그롬·반유대주의 등의 불길이 치솟은 상황에서 19세기 말 유대인 일부 지도자들은 유대 민족만의 국가를 만들어 보자는 '유대 민족주의' 운동을 펼친다. 이런 상황에서 신문사 통신원 자격으로 파리에 체류하던 헝가리 부다페스트 출신 유대인 테오도르 헤르츨Theodor Herzl, 1860~1904은 드레퓌스 사건을 접하고 정신적 충격을 받는다. 시민 혁명 본거지 파리에서 발생한 반유대주의 흐름을 목격한 그는 유대인을 위한 '세계 게토World Ghetto'의 필요성을 절감한다. 헤르 츨은 1896년 『유대인 국가Der Judenstaat』라는 책을 만들어 유럽 전역에서 활동하는 유대인 지도자들에게 보낸다. 그의 책은 유대인 지도자들에게 게토 건설에 대한 일정한 공감대를 형성하는 데 크게 기여한다. 헤르츨은 팔레스타인에 게토를 건설하는 방안을 오스만 제국 술탄에게 제안하기 위해 면담을 시도하지만 만남은 끝내 이루어지지 않았다. 영국 내 유대인 지도자들은 헤르츨 구상을 영국 정부에 제시하고, 영국은 아프리카 우간다 지역을 대안으로 내놓지만, 유대인 지도자들은 영국 제안을 수용하지 않았다.

1897년 8월 29일 헤르츨이 주도한 제1차 시오니스트 대회가 스위스 바젤 Basel에서 열렸다. 이 회의에서 '조국 시온(팔레스타인)의 언덕으로 되돌아가 새로운 국가를 건설하자'는 바젤 선언이 채택된다. 또한 종교·언어 등 문화적 유산이나 역사적 기억과 장소를 공유하는 것은 하나의 민족을 형성하는 데 불가결한 요소이기 때문에 모국어인 히브리어를 부활시키는 운동을 전개하기로 결의한다. 바젤 회의를 계기로 시작된 '조국 귀환 운동'은 유대인을 하나로 뭉치게 하였고, 이스라엘을 건국하는 정신적인 모체가 된다. 이런 일련의 사상운동을 '시오니즘Zionism'이라고 한다. 헤르츨이 '시오니즘의 아버지'라 불리는 이유가 여기에 있다. 헤르츨은 1904년 사망하고, 이스라엘 건국 후 그의 유해는 예루살렘 국립묘지에 안장된다.

시오니즘이라는 유대 민족주의는 19세기 유럽의 민족주의와 자유주의 소산이라는 이율배반적인 의미를 가지고 있다. 시오니즘은 당시 유럽에서 유행한 민족주의 풍조가 유대인 민족의식을 자극해서 생겨난 것이다. 유대인 국가 건설 구상은 솔로몬 왕이 신전을 건립한 예루살렘 시온 언덕에 대한 종교적인 동경과 연결되어 '가나안으로의 귀환 운동'으로 구체화된다. 1881년 알렉산드르 2세Aleksandr II 암살사건 이후 러시아에서 발생한 포그롬을 피해 팔레스타인으로 이주하는 유대인이 생기고, 시오니스트 대회 이후 이민자는 더욱 증가한다. 이민자가 증가하자 팔레스타인에서는 아랍인과 유대인 간 갈등이 표출된다. 유대 민족 국가 건설을 기치로 내건 시오니즘이 없었다면 팔레스타인에서 아랍인과 유대인 간 갈등은 존재하지 않았을까? 꼭 그렇지만은 않다. 19세기 후반부터 대영 제국은 자국 이익이라는 전략적 관점에서 중동 지역에 접근하였고, 오스만 제국 붕괴 후에는 자국과 우호적인 관계를 유지할 기독교 국가 건국을 옹호했기 때문에 유대 민족 국가 건설은 예고된 것이라고 해도 무리는 아니다.

오스만 제국 붕괴와 밸푸어 선언

오스만 제국1299~1922은 제국 내에 분포하는 비非모슬렘 공동체, 즉 '밀레트Millet'의 자치권을 인정하는 정책을 취한다. 이 정책에 의해 제국 내에는 유대 교회, 아르메니아 정교회, 그리스 정교회 등 이슬람을 믿지 않은 종교·종파 공동체인 밀레트가 만들어진다. 그리고 중동에 관심을 갖는 유럽 열강들은 이들 밀레트를 측면 지원하면서 자국 영향력을 확대하려고 한다. 프랑스는 가톨릭 관련 밀레트를, 러시아는 그리스 정교 관련 밀레트를 각각 지원한다. 영국은 자국 종교와 관련한 밀레트가 없어 대안으로 유대인과 드루즈파 관련 밀레트를 지원한다. 유럽 열강들이 지원하는 서로 다른 밀레트는 오스만 제국 분열을 부추기고, 제1차 세계대전 후 중동을 여러 영역으로 쪼개는 원인이 된다.

1914년 시작된 제1차 세계대전에서 오스만 제국은 독일·오스트리아·불가리아 등 동맹국 편에 서서 영국·프랑스·러시아 등 연합국과 맞선다. 전쟁이 시작되면서 전황은 영국에게 유리하게 전개되고, 영국은 팔레스타인을 점령한다. 영국은 전쟁 중 서로 다른 세 가지 정책을 취한다. 1915년 5월부터 1916년 7월 사이에 영국 외교관 맥마흔은 메카 수호자 역할을 자임한 후사인 빈 알리Hussein bin Ali 측과 여러 통 편지를 교환한다. 연합국이 승리하면 아랍 민족의 독립 국가를 보장할 테니 오스만 제국을 상대로 반란을 일으키라는 내용이었다. 이를 '후사인·맥마흔 협정Hussein-McMahon Correspondence'이라고 한다. 편지에는 독립 국가 영역과 명칭이 제시되지 않지만, 아랍 민족들은 1916년 6월부터 여러 지역에서 반란을 일으킨다. 한편 후사인·맥마흔 간 서신 교환과 별도로 1916년 5월 영국과 프랑스는 '사이크스·피코 협정Sykes-Picot Agreement'을 체결한다. 협정 핵심은 전쟁 후 오스만 제국이 지배한 중동을 영국과 프랑스가 각각 지배한다는 내용이다.

그리고 1917년 11월 2일 영국 외무장관 아서 밸푸어Arthur Balfour는 런던에 있는 로스차일드 남작Baron Rothschild에게 편지를 보낸다. 편지 내용은 '영국 정부는 팔레스타인에 유대인을 위한 민족적 고향National Home 수립을 찬성하고 이를 위해 최선을 다하겠다'는 것이었다. 아랍 민족을 의식해 '국가state'가 아닌 '고향Home'이라는 애매모호한 표현을 사용하였다. 당시 유럽 금융계 큰손이었던 유대인 출신 로스차일드에게 편지를 보낸 이유는 전쟁 비용을 조달하기 위한 목적이었다고 한다. 이 편지 내용을 '밸푸어 선언'이라고 부른다. 로스차일드는 이 편지를 영국에서 활동하는 시오니스트들에게 전달하고, 유대인들은 팔레스타인에 민족 국가를 설립할 수 있다는 꿈을 갖게 된다. 반면에 아랍인은 밸푸어 선언에 심한 배신감을 느낀다. '후사인·맥마흔 협정'과 반대되는 내용이었기 때문이다.

밸푸어 선언이 나오게 된 배경에는 영국에서 활동한 시오니스트들의 큰 공헌이 있었다. 그중 한 사람이 차임 바이츠만Chaim Weizmann, 1874~1952이다. 바이츠만은 벨라루스 모톨Motol 출신이다. 1904년부터 맨체스터대 화학과 교수로 재직하면서 영국 내 시오니스트 활동을 주도하였고, 맨체스터를 선거구로 둔 밸푸어 외상과 1906년부터 자주 만나 팔레스타인에 유대인 국가를 설립해야 하는 당위성과 논리를 제공하고 설득한다. 바이츠만은 1916년 옥수수에서 아세톤을 추출하는 방법을 고안하고, 아세톤이 영국군 화약 제조에 사용되면서 제1차 세계대전 승리에 크게 기여한다. 바이츠만은 1921년 열린 제12차 세계 시오니스트 회의에서 의장으로 선출되고, 제1대 이스라엘 대통령1949~1952을 역임한다.

'알리야' 전개와 영국의 팔레스타인 위임 통치 포기

밸푸어 선언은 알리야Aliyah를 알리는 신호탄이었고, 아랍인과 유대인의 민족 대립을 촉발한 시작이었다. 알리야란 히브리어로 '오르다'를 뜻하며, 유대인의 대규모 이민 행렬을 일컫는다. '알리야'라는 이름으로 유대인 이주는 여러 차례 진행된다. 제1차 세계대전 전 1882년부터 1903년 사이에 소규모 알리야가 있었지만, 1920년 영국이 팔레스타인을 위임 통치하면서 본격적인 이주가 이루어진다. 러시아와 폴란드 출신이 이주한 제2차1904~1914, 러시아 출신이 이주한 제3차1919~1923, 폴란드 출신이 이주한 제4차1924~1932, 독일 출신이 이주한 제5차1933~1939 알리야 등이 차례로 행해진다. 1882년 팔레스타인에 거주하는 유대인은 5만여 명에 불과했으나, 1914년 6만 명(전체의 7.6%), 1922년 8만 3,790명(전체의 11.1%), 1931년 17만 4,606명(전체의 16.9%), 1941년 47만 4,102명(전체의 29.9%)으로 증가했고, 1946년에는 65만여 명이나 되었다.

유대인 이주와 정착은 토지를 현금으로 매입하는 합법적인 방식으로 이루어진다. 시오니스트들은 '유대민족기금'을 모금하여 이주자를 지원했기 때문이다. 유대인 토지 매입에 위기감을 느낀 아랍인은 강력하게 반발하며, 유대인에게 땅을 팔지 말라는 캠페인을 벌이지만 큰 효과를 보지 못한다. 팔레스타인에 살지 않는 부재지주들이 비싼 값으로 땅을 팔면서 정착촌 조성은 그렇게 어렵지 않게 진행된다. 알리야는 팔레스타인에서 '아랍 대 유대'라는 예전에 없던 새로운 민족적 대립 구도를 만든다. 1920년 4월 예루살렘과 1921년 5월 텔아비브에서 아랍인 반란이 일어나고, 1929년 예루살렘 '통곡의 벽'을 둘러싸고 유대인과 아랍인 간 대규모 충돌이 발생한다. 1936년 4월부터 1939년 9월 사이에 팔레스타인 전역에서 영국 위임 통치 반대와 유대인 이주 반대 등을 요구하는 대규모 봉기가 일어난다.

1930년대 후반 아랍인과 유대인 간 대립과 갈등이 확대되자 영국은 팔레스타인에 거주하는 아랍인에 대한 탄압과 함께 유대인 이주 및 토지 매입 제한 정책을 실시한다. 팔레스타인 내에 거주하는 유대인 인구를 35% 이내로 제한하

UN에 의한 팔레스타인 분할(1947년)

는 정책도 발표한다. 동시에 영국은 팔레스타인을 아랍인 영토와 유대인 영토로 분할하는 방안을 검토하고, 유대인과 아랍인 공동정부 구성 방안을 제시하지만 두 집단 모두 이를 거절한다. 이런 영국 정부의 활동에 불만을 가지던 유대인들은 영국이 밸푸어 선언을 파기시켰다고 판단하고 이르군Irgun·하가나Haganah 등 시오니스트 무장 군사 조직을 만들어 팔레스타인 내 영국인과 영국군을 상대로 테러를 벌인다. 테러 소식을 접한 영국 시민들은 팔레스타인 문제에 손을 떼라고 정부에 요구하고, 영국 정부는 난감한 상황에 처한다.

제2차 세계대전 후 홀로코스트에서 살아남은 유대인은 팔레스타인으로 다시 이주하기 시작한다. 1947년 2월 18일 영국은 팔레스타인 위임 통치를 포기하고, 팔레스타인 지위 문제를 UN으로 넘긴다. 영국이 아랍인과 유대인 간 갈등이 첨예한 팔레스타인 문제를 해결할 능력이 없다는 것을 선언한 것이다. UN은 1947년 11월 29일 팔레스타인 특별 위원회를 구성해 팔레스타인에 국가를 건립하는 두 가지 방안, 즉 '유대·아랍연방 국가를 건설하는 방안'과 '아랍 국가와 유대 국가를 개별적으로 건립하는 방안'을 제안한다. 그리고 표결을 통해 두 개 국가로 분할하는 방안(팔레스타인 영토의 55%를 유대인에게, 나머지 45%를 아랍인에게 제공하는 결의안)과 예루살렘·베들레헴은 UN이 관할하는 내용을 최종 의결한다. UN 결정으로,

팔레스타인 북쪽 지역을 비롯하여 갈릴리 지방과 남쪽 네게브 사막 등의 영역은 유대인 국가 영토로, 가자지구와 웨스트뱅크(일명 요르단강 서안지구)를 포함한 나머지 영역은 아랍인 국가 영토로 분할된다.

하지만 아랍인들은 UN의 영토 획정에 거세게 반발한다. 역사적으로 팔레스타인을 비롯해 인접한 요르단·레바논·시리아 등지는 한 명의 통치자가 다스렸기 때문에 아랍인들은 이들 영역과 분리된 '팔레스타인 아랍인 국가'를 상상하지 못했고, 그렇게 해서는 안 된다고 판단했다. 반면에 유대인들은 독립 국가 건설이 가능하다고 판단하고 UN 결정을 수용하며, 1948년 5월 14일 텔아비브에서 이스라엘 독립을 선포하고 벤구리온Ben-Gurion을 초대 총리로 선출한다. 이로써 유대인은 1800여 년에 걸친 오랜 방랑 생활을 청산하고 선조들의 고향인 '젖과 꿀이 흐르는 가나안 땅'에 국가를 만들게 된다. 헤르츨이 소망한 '팔레스타인 게토'가 설치된 것이다. 만약 아랍인이 UN 분할 방안을 수용했더라면, 현재 갈등 관계는 애초에 만들어지지 않았을까? 단정적으로 말하기 곤란한 주제이다.

이스라엘 건국과 4차례 발생한 중동 전쟁

UN 결의안에 대해 팔레스타인·아랍인은 물론이고 주변 아랍국들이 거세게 반발하고, 이스라엘 건국과 동시에 전쟁이 일어난다. 이를 제1차 중동 전쟁 1948~1949이라고 한다. 1948년 5월 14일 이스라엘이 건국을 선언하자 미국은 이스라엘 건국을 승인한다. 하지만 그날 밤 이집트·요르단·레바논·시리아·이라크 등 아랍 연합군이 이스라엘을 침공한다. 전쟁은 진즉 예견되었던 것이다. 주변 아랍국들은 만약 이스라엘을 건국하면 전쟁을 일으킬 것이라고 경고한 상태였기 때문이다. 전쟁은 1949년 1월 7일 이스라엘의 일방적인 승리로 끝난다. 전쟁으로 팔레스타인 인구 약 5,700여 명이 사망하지만, 이스라엘은 영국이 위임 통치하던 서부 팔레스타인의 80%를 차지하게 된다. UN 분할 영토보다 넓은 땅을 점령한 것이다.

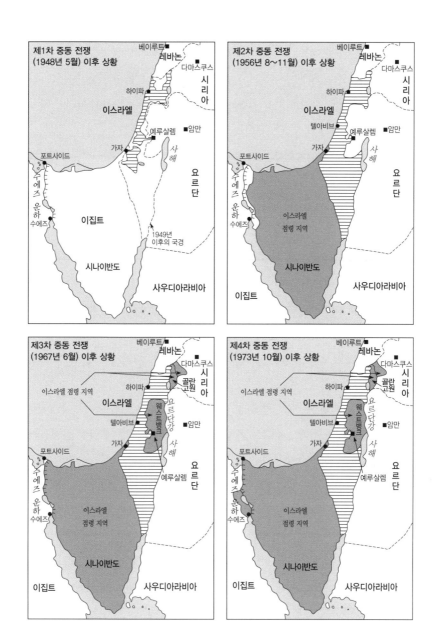

제1차 중동 전쟁
(1948년 5월) 이후 상황

베이루트
레바논
다마스쿠스
시리아
하이파
이스라엘
예루살렘
암만
가자
사해
요르단
포트사이드
수에즈 운하
수에즈
이집트
1949년 이후의 국경
시나이반도
사우디아라비아

제2차 중동 전쟁
(1956년 8~11월) 이후 상황

베이루트
레바논
다마스쿠스
시리아
하이파
이스라엘
텔아비브
예루살렘
암만
가자
사해
요르단
포트사이드
수에즈 운하
수에즈
이스라엘 점령 지역
시나이반도
이집트
사우디아라비아

제3차 중동 전쟁
(1967년 6월) 이후 상황

베이루트
레바논
다마스쿠스
시리아
골란고원
이스라엘 점령 지역
하이파
이스라엘
웨스트뱅크
요르단강
텔아비브
암만
가자
사해
요르단
포트사이드
수에즈 운하
수에즈
예루살렘
이스라엘 점령 지역
시나이반도
이집트
사우디아라비아

제4차 중동 전쟁
(1973년 10월) 이후 상황

베이루트
레바논
다마스쿠스
시리아
골란고원
이스라엘 점령 지역
하이파
이스라엘
웨스트뱅크
요르단강
텔아비브
암만
가자
사해
요르단
포트사이드
수에즈 운하
수에즈
예루살렘
이스라엘 점령 지역
시나이반도
이집트
사우디아라비아

4차례 중동 전쟁과 이스라엘 국경선 변화

1956년 일명 '수에즈 전쟁'으로 불리는 제2차 중동 전쟁1956~1957이 일어난다. 이집트가 수에즈 운하를 국유화하고 이스라엘 선박 통행을 금지하면서 1956년 10월 29일 전쟁이 시작된다. 이스라엘은 수에즈 운하 공동 소유국이었던 영국과 프랑스 지원을 받아 이집트를 공격하여 승리를 거둔다. 하지만 미국과 소련 압력으로 1957년 3월 휴전을 하고, 점령 지역에서 철수한다.

1967년 6월 일명 '6일 전쟁'이라 불리는 제3차 중동 전쟁이 일어난다. 1967년 6월 5일 시작된 전쟁은 6월 10일 이스라엘의 일방적인 승리로 끝난다. 이스라엘은 이집트와 요르단, 시리아를 기습 공격하여 시나이반도는 물론 웨스트뱅크, 골란 고원 등을 점령한다. 이스라엘 영토가 4배 정도 확대된 상태로 전쟁이 끝난다. 그러나 40만여 명 아랍인 난민이 새로 발생하면서 이스라엘에 대한 인접 국가들의 적개심은 더욱 깊어진다. 제3차 중동 전쟁 이후, 팔레스타인에 대한 영향력은 영국에서 미국으로 완전히 전환된다. 6일 전쟁에서 패한 아랍 국가들은 와신상담 끝에 1973년 제4차 중동 전쟁1973.10.6~1973.10.25을 일으킨다. 전쟁 초기에는 구소련 원조로 군사력을 강화한 아랍 국가들이 승기를 잡지만, 이스라엘 반격으로 궁지에 몰려 휴전한다.

4차례 중동 전쟁 후, 1977년 11월 미국 카터Carter 대통령 중재로 이스라엘 베긴Begin 총리와 이집트 사다트Sadat 대통령이 '캠프데이비드 협정'을 체결한다. 이 협정에서 이스라엘은 점령지였던 시나이반도를 이집트에게 반환하는 대신, 자국 선박이 수에즈 운하를 이용할 수 있는 권리를 부여받는다. 이스라엘이 점령한 가자지구, 골란 고원, 웨스트뱅크, 동예루살렘 등은 이스라엘이 계속 관리한다. 이를 계기로 이스라엘과 아랍국 간에 표면적인 평화는 조성되지만, 난민 문제가 해결되지 않아 유대인과 아랍인 간 갈등의 골은 더욱 깊어진다. 팔레스타인 아랍인 난민에 대한 정확한 집계는 없으나, UN 팔레스타인 난민 구호기구UNRWA 자료(2018년 1월 기준)에 의하면, 총난민 수는 약 544만 명이고, 요르단(220만 명), 가자지구(139만 명), 웨스트뱅크(83만 명), 시리아(55만 명), 레바논(47만 명) 등지에 분포하는 것으로 추정된다.

팔레스타인해방기구 결성과 인티파다, 오슬로 평화 협정 체결

아랍인들은 1964년 '팔레스타인해방기구PLO'를 조직하고 잃어버린 땅을 되찾기 위한 투쟁 활동을 전개한다. 팔레스타인해방기구 목적은 팔레스타인에 아랍인 독립 국가를 건설하는 것이다. 1969년 팔레스타인해방기구 의장으로 취임한 야세르 아라파트Yasser Arafat, 1929~2004는 무장 투쟁 조직을 결성하고, 게릴라전을 통하여 이스라엘을 상대로 끊임없이 대항한다. 팔레스타인 아랍인의 집단적인 저항 운동은 1987년 '인티파다Intifada'로 구체화된다. 인티파다란 아랍어로 '봉기 또는 반란'을 뜻하며, 가자지구 피난민 수용소에서 시작된 반反이스라엘 투쟁을 일컫는다. 1987년 시작된 인티파다는 팔레스타인 전역으로 확산되어 1990년까지 지속되며, 그 과정에서 약 1,000명 사망자가 발생한다.

인티파다를 시작으로 반이스라엘 투쟁이 격화되는 과정에서 1988년 11월 15일 팔레스타인해방기구는 가자지구와 웨스트뱅크를 기반으로 하는 팔레스타인 국가 독립을 일방적으로 선포한다. 1988년 11월 UN은 팔레스타인 아랍인 독립 국가 결의안을 채택하지만 미국과 이스라엘은 반대표를 던진다. 이에 아

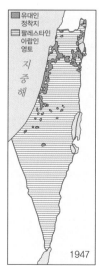
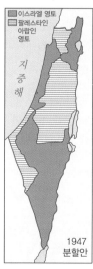

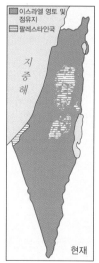

이스라엘, 팔레스타인국(國) 관할 구역 변화

랑곳하지 않고 1989년 4월 아라파트가 초대 대통령으로 취임한다. 1991년 발생한 걸프 전쟁과 구소련 붕괴는 팔레스타인 아랍인 독립 국가 건설에 중요한 전환점이 된다. 팔레스타인해방기구가 이스라엘과 협상을 시도하려는 변화를 보이기 때문이다. 1993년 1월 미국 중재로 노르웨이 오슬로에서 이스라엘과 팔레스타인해방기구 간 비밀 협상이 시작되고, 1993년 9월 13일 완성된다. 이를 '오슬로 협정Oslo Accords'이라고 한다. 주요 내용은 팔레스타인 임시 자치정부 수립, 국경 확정, 예루살렘 지위, 난민 문제, 유대인 정착촌 문제 등을 향후 논의해 합의하기로 한다는 것이다. 협정의 핵심은 팔레스타인해방기구가 이스라엘에 대한 무장 투쟁을 중지하고, 이스라엘은 팔레스타인해방기구 국가 수립을 위한 땅을 단계적으로 되돌려 준다는 이른바 '평화 공존과 땅의 교환'이라 할 수 있다.

오슬로 협정에 의해 1994년 9월 팔레스타인 자치정부Palestinian National Authority, PNA가 출범하고, 가자지구와 웨스트뱅크의 예리코Jericho에서 자치가 행해진다. 1995년 9월 일명 '오슬로 협정Ⅱ Oslo-Ⅱ Accords'가 체결된다. 협정의 핵심은 자치 지역을 가자지구와 예리코 외 웨스트뱅크 다른 도시, 즉 헤브론 Hebron, 나블루스Nablus, 툴카름Tulkarm, 칼킬야Qalqilyah, 제닌Jenin, 베들레헴 Bethlehem, 라말라Ramallah 등지와 450개 마을로 확대하고, 이스라엘이 점령하고 있는 웨스트뱅크를 세 지역(A·B·C 등)으로 구분하는 것이다.

하지만 이스라엘 극우파들이 오슬로 협정에 반대하면서 이스라엘 라빈 총리가 1995년 11월 암살을 당하는 비극이 일어난다. 1996년 1월 20일 팔레스타인 자치정부 구성을 위한 총선거가 실시되고, 야세르 아라파트가 초대 대통령으로 선출된다. 하지만 가자지구를 기반으로 하는 하마스Hamas 등 과격 단체들이 자치정부 출범에 반대하며 테러를 벌이면서 평화 협정을 위태롭게 만든다.

이스라엘의 가자지구 철수와 표류하는 오슬로 협정

1998년 10월 오슬로 협정의 세부 실천사항을 보다 구체화시킨 '와이리버 협

분쟁의 세계지도

정Wye River Memorandum'이 체결된다. 제3차 중동 전쟁에서 점령한 웨스트뱅크를 팔레스타인에 단계적으로 양도하고, 자치 지역 범위를 웨스트뱅크의 40%로 확대하며, 팔레스타인 자치정부 헌장에 명시된 '이스라엘 전복' 규정을 삭제한다는 것이 핵심이었다. 1999년 9월 '수정 와이리버 협정'도 만들어진다. 하지만 전술한 일련의 평화 협정 체결에도 불구하고 2000년 9월 28일부터 아랍인 거주 지역에서 제2차 인티파다2000~2005가 일어나 많은 유혈 사상자가 발생하면서 이미 체결된 협정 내용들이 흔들리기 시작한다.

아라파트 대통령은 팔레스타인 내 평화 공존을 위해 최대 무장 단체인 하마스에 내각 참여를 제의하지만 하마스는 이를 거절한다. 1987년 창설된 하마스는 제1차 인티파다를 주도한 단체이다. 제2차 인티파다가 일어나자 2002년 6월 이스라엘은 팔레스타인 무장 세력 공격을 막는다는 명분으로 웨스트뱅크와 이스라엘 간 총연장 730㎞에 달하는 분리 장벽을 설치하기 시작하고, 아랍인은 분리 장벽 설치에 격렬하게 반대한다.

이스라엘 총리와 팔레스타인 자치정부 수반 간 평화 협정 서명(1999년 9월 6일)

2004년 팔레스타인 평화는 큰 기로를 맞는다. 2004년 3월 이스라엘이 시도한 가자지구 공습으로 하마스를 창설한 지도자인 아메드 야신Ahmed Yassin이 사망하기 때문이다. 이를 계기로 이스라엘과 하마스 간 '피의 보복'이 한동안 계속된다. 2004년 11월 야세르 아라파트가 사망한 후, 마무드 아바스Mahmoud Abbas가 대통령으로 선출되며, 2005년 9월 가자지구에 주둔한 이스라엘 군대가 철수하면서 38년 동안 지속된 이스라엘의 가자지구 점령이 끝난다.

하지만 2006년 치러진 팔레스타인 총선에서 하마스가 집권당이었던 파타Fatah당를 누르고 승리하면서 평화 협정의 진행이 주춤거린다. 이스라엘은 하마스 정부를 견제하기 위해 웨스트뱅크와 가자지구를 봉쇄하는 조치를 취한다. 그러자 경제 제재로 어려움에 처한 하마스는 이란 등에 경제 원조를 요청한다. 2008년 12월 28일 이스라엘이 하마스 본거지 가자지구에 폭격을 가하고, 하마스는 이스라엘에 로켓 공격을 가하면서 충돌은 확대되지만 2009년 1월 종료된다. 그러나 2010년 2월 이스라엘이 두바이에서 하마스 지도자를 표적 암살하고, 2012년 11월 이스라엘이 가자지구를 공습하면서 유혈 사태는 꼬리에 꼬리를 물고 반복된다.

강온으로 양분된 팔레스타인국 내 정치 지형과 불투명한 평화 공존

2012년 11월 UN은 팔레스타인을 옵서버 국가Observer State로 지위를 격상시킨다. 팔레스타인 자치정부가 독립 국가 자격으로 국제회의에 참여할 수 있는 길이 열리게 된다. 2013년 1월 팔레스타인 자치정부는 국가 명칭을 '팔레스타인국State of Palestine'으로 변경한다. 팔레스타인국 관할 영토는 6,020㎢으로 팔레스타인 전체 면적의 22.5%를 차지하며, 웨스트뱅크(5,660㎢)와 가자지구(360㎢)로 구성된다. 인구2017는 약 478만 명이고, 웨스트뱅크 288만 명, 가자지구 190만 명이다. 명시적 수도는 예루살렘이지만 실질적 수도는 웨스트뱅크에 위치한 라말라Ramallah이다.

팔레스타인국 행정 구역은 16개 자치주로 이루어져 있다. 16개 자치주 중 11

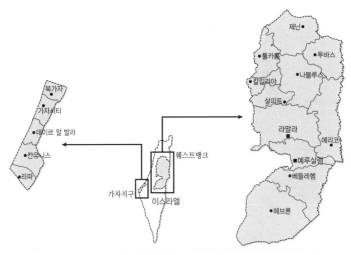

팔레스타인국 16개 자치주 현황

개 주는 웨스트뱅크에, 나머지 5개 주는 가자지구에 위치한다. 하지만 이들 자치주에서 100% 자치가 행해지지 않고 있다. '오슬로 협정 II'에 따라 세 지역으로 구분되어 자치가 시행되기 때문이다. 즉, 'A 지역'은 웨스트뱅크 18.2% 영역으로 팔레스타인 자치정부가 행정과 보안을 담당한다. 'B 지역'은 웨스크뱅크 21.8%이며, 행정은 자치정부가 담당하고 보안은 이스라엘이 맡는 구역이다. 웨스트뱅크 60%를 차지하는 'C 지역'은 이스라엘이 행정과 보안을 담당하는 구역으로 팔레스타인국 행정이 전혀 미치지 않아 사실상 이스라엘 영토나 다름없다.

현재 팔레스타인국 정치 상황은 온건파인 파타당 중심 자치정부Palestine Authority, PA와 강경파인 하마스로 나뉘어 있다. 2007년 이후 가자지구는 하마스가, 웨스트뱅크는 파타당이 관할하고 있다. 팔레스타인국 내에 두 개 정부가 존재하는 셈이다. 2017년 자치정부는 하마스에게 가자지구 통치권을 넘기고 통합정부를 구성하자고 제안하였지만, 하마스는 이에 응하지 않고 있다. 문제는 팔레스타인국 내 정치 지형이 온건파인 자치정부와 강경파인 하마스로 양분되면서 이스라엘과 팔레스타인국 간 평화 협정에서 결정된 각종 세부 사항 실행이 지연되고 있다는 점이다. 전문가들은 이스라엘과 팔레스타인국의 평화 공

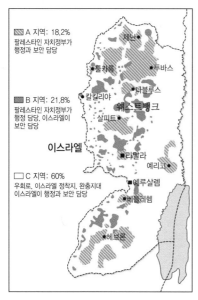

오슬로 협정 II(1995년)에 의해 구분된 자치 구역
출처: PASSIA

존을 위한 로드맵에 해당하는 오슬로 협정이 사실된 중단·표류하고 있다고 진단한다. 왜냐하면 오슬로 협정에서 논의된 의제의 세부 사항에 대해 각국 정치 세력이 반대하거나 이의를 제기하면서 진도가 나가지 못하기 때문이다.

이런 상황에서 2017년 12월 미국 트럼프 대통령이 예루살렘을 이스라엘 수도로 인정한다고 발표하면서 중동의 아랍 국가들은 물론이고 하마스를 비롯한 강경파 세력까지 반발하였다. 또한 2018년 5월 이스라엘 주재 미국 대사관을 예루살렘으로 이전하면서 범이슬람교도 반발도 확대되었다. 만약 팔레스타인에서 이스라엘과 팔레스타인국, 이스라엘과 주변 아랍국들, 팔레스타인국과 미국 등 서방 세계 간 이런저런 이유와 사건으로 긴장이 고조되는 구도가 만들어진다면, 오슬로 협정에서 목표로 한 이스라엘과 팔레스타인국의 평화 공존과 팔레스타인국의 완전한 독립 국가 출범은 요원하기만 할 것이다.

쿠르디스탄

4,000여 년간 국가 없이 살고 있는 세계 최대 민족

　쿠르드인은 터키 아나톨리아고원의 동부 지방을 중심으로 시리아·이라크·이란 등과 인접한 산악지대에 분포한다. 4,000여 년이라는 오랜 역사, 쿠르드어, 산악 민족의 고유한 정체성 등을 가진 쿠르드인은 아랍인·페르시아인·터키인에 이어 중동에서 네 번째로 큰 민족 집단이다. 하지만 쿠르드인은 여태껏 독립 국가를 갖지 못하고 아나톨리아고원 일대에서 터키 등 여러 국가로 나뉘어 셋방살이를 하는 비운의 민족이다.

　쿠르드인에게도 독립 국가를 건설할 기회가 있었다. 오스만 제국이 붕괴된 후 체결된 세브르 조약Treaty of Sevres, 1920에서 쿠르드인에게 독립 국가를 만들어 주기로 한 것이다. 하지만 이 기회는 영국의 무관심으로 무산된다. 1946년 구소련 지원을 받아 이란에서 독립 국가가 건국되지만 1년도 못 가고 사라진다. 2003년 미국―이라크 전쟁 때 미국을 도운 이라크 내 쿠르드인은 독립 국가 수립이라는 실낱같은 희망을 품지만 자치정부로 만족해야 했다. 시리아 내 쿠르드인도 시리아 내전 중 등장한 IS 격퇴에 1등 공신 역할을 하지만 독립국 수립은 여의치 않는 상태이다.

　쿠르드인 독립 국가 건설을 가로막는 장애물은 많다. 분포 지역을 중심으로 형성된 부족·씨족 중심의 폐쇄적 문화, 분리 독립 운동 세력 간 분열성, 전체 쿠르드인을 통합시킬 지도자 부재, 주변국과 서방 세계 무관심, '중동의 젖줄'인

유프라테스강과 티그리스강 발원지라는 지리적 조건 등이 그것이다. 이런 장애물 때문에 중동 최대 유랑 민족 쿠르드인의 독립 국가 건설은 요원하다.

산악과 고원으로 이루어진 '쿠르드인의 땅', 쿠르디스탄

쿠르드인은 터키 아나톨리아고원, 아르메니아 캅카스산맥, 이란 엘부르즈산맥, 이란고원 중앙부 등 주로 해발 3,000m 이상의 고원과 산악지대에 분포한다. 이 일대를 쿠르디스탄Kurdistan이라고 부르며, 이는 다분히 지리적 경계와 문화적 동질성에 근거한 범위이다. 하지만 구체적인 쿠르디스탄 범위를 획정하는 것은 쉽지 않다. 쿠르디스탄에는 쿠르드인만 독점적으로 거주하는 공간이 아니라 다른 종족·민족이 혼재되어 있고, 뚜렷한 경계가 있는 것도 아니기 때문이다.

그렇다고 쿠르디스탄의 대략적인 범위 설정이 불가능한 것은 아니다. 동쪽은 이란고원에 위치한 하마단Hamadan, 남쪽은 이란 자그로스산맥 북서부 케르만샤Kermanshah~이라크 아르빌Arbil~시리아 알 하사카Al Hasakah~만비즈Manbiji(시리아 알레포와 인접한 곳) 등, 서쪽은 터키 가지안테프Gaziantep~카흐라만마라스Kahramanmaras~시바스Sivas 등, 북쪽은 조지아 국경과 인접한 카르스Kars 등을 연결하는 내부 영역으로 전체적인 모양은 초승달 형태이다.

쿠르디스탄 전체 면적은 약 39만 2,000㎢로 한반도의 1.8배 크기이며, 터키 19만㎢(48.5%), 이란 12만 5,000㎢(31.9%), 이라크 6만 5,000㎢(17%), 시리아 1만 2,000㎢(3.1%) 등에 걸쳐 있다. 쿠르디스탄에 거주하는 인구에 대한 정확한 통계는 없지만, 파리 쿠르드연구소The Kurdish Institute of Paris 2016년 자료에 의하면, 대략 3,520만~4,410만 명이 쿠르디스탄에 분포한다. 국가별로는 터키에 1,500만~2,000만 명(터키 인구의 19~25%), 이란에 1,000만~1,200만 명(이란 인구의 13~17%), 이라크에 800만~850만 명(이라크 인구의 25~27%), 시리아에 300만~360만 명(시리아 인구의 12~15%), 아르메니아와 아제르바이잔에 40만~50만 명 등이 분포하는 것으로 추계된다.

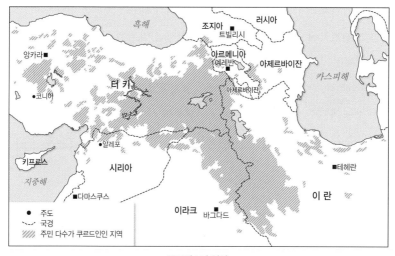

쿠르디스탄 영역
출처: M. R. Izady

　쿠르디스탄 지리는 전형적인 산악과 고원지대로 이루어져 있다. 쿠르디스탄 범위의 40% 정도는 터키 아나톨리아고원에 걸쳐 있고, 남쪽 경계는 토로스산맥이다. 쿠르디스탄 대부분을 차지하는 아나톨리아는 그리스어로 '해가 뜨는 동쪽'을 뜻하며, 그리스·로마 시대에는 소아시아Asia Minor로 불렸다. 아나톨리아고원 평균 해발은 600~1,200m이고, 최고봉은 이란과 국경을 이루는 아라라트산(5,137m)이다. 터키에서 가장 큰 호수 반Van호는 쿠르디스탄 중심을 형성한다. 동부 쿠르디스탄은 아라라트산에서 이란 동남쪽 페르시아만Persian Gulf으로 뻗은 자그로스산맥 한복판에 위치하며, 남부 쿠르디스탄은 이라크 키르쿠크와 아르빌 등을 제외하면 대부분 자그로스산맥과 연결된 아라비아고원에 속한다. 반면 서부 쿠르디스탄은 대부분 평지로 이루어져 있다.

　쿠르드인은 예로부터 용맹스러운 산악 민족으로 알려져 있다. 환경결정론적 관점에서 보면 추정 가능한 성향이다. 일반적으로 높고 험준한 산지로 둘러싸인 분지에 거주하는 사람은 평지에 사는 사람에 비해 외부와 접촉과 교류가 차단되어 개방성보다는 폐쇄성을, 유순함보다는 용맹함을 갖는 성향이 강하다고 알려져 있기 때문이다. 이런 인식은 환경이 인간 사고와 행동에 영향을 미친다는 환경결정론에 근거한 것인데, 독일 철학자 임마누엘 칸트Immanuel Kant와 지리학자 프리드리히 라첼Friedrich Ratzel, 미국 지리·지질학자 엘즈워스 헌팅턴Ellsworth Huntington 등이 이런 견해에 동의하였다. 쿠르드인 민족적 속성, 즉 다른 집단에 대한 폐쇄성과 다른 집단으로부터 자신들을 보호하려는 용맹성은 쿠르드족 분리 독립에 긍정적 또는 부정적으로 영향을 미치는 양면성을 제공하는 요소이다.

불운했던 쿠르드인 민족사

쿠르드인은 역사 시대 이전부터 '비옥한 초승달 지역'에서 농경 생활을 하거나 주변 고원과 산악지대에서 유목 생활을 하며 거주한 민족이다. 기원전 2000년경 고대 수메르인 기록에 '쿠르드'와 비슷한 이름을 가진 산악 부족들이 자주 언급되는 것을 고려하면 쿠르드인은 중동에서 매우 오랜 역사를 가진 집단임에 분명하다.

전통적으로 쿠르드인은 부족 단위로 양과 염소를 사육하는 유목 생활을 하며, 강한 통치권을 가진 부족장(아가)을 중심으로 일정한 영역을 형성하면서 거주하였다. 지금은 도시화와 주변 국가의 동화 정책으로 부족 형태 생활 방식은 많이 약화되었지만 종교보다도 가족·씨족·부족을 중시하는 문화가 여전히 유지되고 있고, 일부 고립된 산악지대에서는 부족 단위로 생활하는 경우도 많다. 또한 쿠르드인 사회에서는 전통적으로 족내혼族內婚이 성행하며, 일족一族을 비롯한 가족 구성원 간 결속력과 유대감이 매우 강한 것이 특징이다.

쿠르드인 기원에는 두 가지 설이 있다. 하나는 고대 이란 북부 메디아인 Medes(메데스족)과 관련된 것이다. 메디아인은 기원전 7세기 말 이란고원과 고대 아시리아 영토를 중심으로 메디아 왕국BC 728~550을 세운다. 아스티아게스Astyages 국왕은 후사가 없자 딸을 페르시아 장군과 결혼시키는데 그 외손자가 바로 페르시아 아케메네스 제국을 번성시킨 왕으로 추앙받는 키루스 2세이다. 기원전 550년 메디아 왕국은 페르시아 아케메네스 제국BC 550~330에 편입된다. 다른 하나는 기원전 3000년 중반에 있었던 쿠티Cuti족에서 시작된다. 이들은 지금의 이라크를 기반으로 바빌로니아를 정복한 집단이다. 이후 쿠르디스탄은 알렉산드로스, 로마 제국, 파르티아 제국 등의 지배로 이어진다. 특히 로마 제국과 이란계 파르티아BC 247~AD 224와 사산조 페르시아226~651의 지배를 받으면서 쿠르디스탄은 서쪽 비잔틴과 동쪽 페르시아 문화권으로 각각 분할된다.

7세기 아랍 제국이 등장하면서 쿠르디스탄은 우마이야 왕조와 아바스 왕조 지배를 받고, 이슬람을 받아들인다. 10세기 후반 아바스 왕조 칼리프 통치 능력이 약화되면서 쿠르드인은 작은 부족 국가들로 나눠지지만 이후 셀주크 튀르크와 몽골 제국 침입을 받는다. 16세기에 들어와 쿠르디스탄의 2/3는 오스만 제국으로, 1/3 영역은 페르시아 사파비 왕조1502~1736 영토로 다시 분할된다. 오스만 제국은 동부 쿠르디스탄에 산재한 쿠르드 부족의 족장에게 자율적인 통치권을 부여하는 대신 이란 사파비 왕조 침입을 견제하는 첨병 역할을 수행하도록 한다. 사파비 왕조도 서부 쿠르디스탄에 위치한 부족 국가에게 같은 임무를 부여한다. 결과적으로 동부 쿠르디스탄은 오스만 제국과 페르시아 간 충돌을 방지하는 완충 지대로 전락한다.

쿠르드인 유전자적 원형은 메디아인과 가깝다. 그러나 고대 메소포타미아 평원에서 세력을 펼친 여러 종족과 혼혈되고, 이후 아랍·아르메니아·투르크·몽골 등의 침입으로 혼혈은 광범위하게 이루어진다. 이 때문에 중동을 연구하는 문화·역사학자들은 쿠르드인을 뚜렷한 생물학적 특성에 기초한 민족적 집단이라기보다는 이란과 아나톨리아고원에 분포하는 사회적 집단으로 규정한다. 게다가 이슬람 수니파 오스만 제국과 시아파 신정 국가 사파비 왕조의 지배를 받으면서 서부 쿠르디스탄(터키·이라크)과 동부 쿠르디스탄(이란) 집단의 이질성은 더욱 뚜렷하게 구분되었다.

로잔 조약으로 좌절된 쿠르드인의 독립 국가

제1차 세계대전1914~1918은 쿠르드인에게 희망과 좌절을 동시에 안겨 준다. 1890년대 후반 쿠르드인 사이에서 등장한 민족주의 움직임은 여러 국가로 나뉘어 나타나기 때문에 별 효과를 거두지 못한다. 제1차 세계대전이 발생하자 오스만 제국은 쿠르드인을 아르메니아 집단 학살을 비롯한 여러 전투에 참여시킨다. 제1차 세계대전 후 1918년 1월 미국 윌슨 대통령은 자유주의와 민족주의에 입각한 전후 처리 문제를 주장한다. 윌슨 대통령이 제시한, 전쟁 관련 이해당사국 간 세력 균형보다는 민족자결권을 우선시한 국경선 재조정 원칙은 쿠르드인에게 독립 국가 건설이라는 실낱같은 희망을 갖게 한다.

제1차 세계대전이 끝나고 연합국은 오스만 제국 영토 분할을 추진한다. 이 와중에 그리스는 1919년 3월 동부 트라키아와 아나톨리아 남서부 이즈미르를 차지하기 위해 터키를 침공하는 그리스-터키 전쟁1919~1922을 일으킨다. 터키 무스타파 케말Mustafa Kemal, 1881~1938(1923년 터키공화국 초대 대통령으로 취임하며, '터키의 아버지'라는 뜻의 아타튀르크로 불림)을 비롯한 터키인들은 1919년 5월부터 터키 독립 전쟁1919~1923을 시작한다. 1920년 8월 10일 과거 오스만 제국 영토를 분할·획정하는 조약이 프랑스 파리 근교 세브르에서 열린다. 세브르 조약에서는 보스포루스·다르다넬스 해협과 마르마라해에 대한 국제적 개방, 이스탄불 주변 트라키아 지방을 그리스로 합병, 터키 이즈미르 지방에 대한 위임 통치, 아나톨리아 남서부에 대한 이탈리아 위임 통치, 이라크·팔레스타인에 대한 영국의 위임 통치, 시리아·레바논에 대한 프랑스의 위임 통치, 아르메니아와 쿠르디스탄 독립 국가 인정 등이 결정된다. 하지만 당시 터키 지도자 케말은 오스만 제국 술탄이 비준한 세브르 조약을 거부한다.

세브르 조약에 대한 터키 반대에 직면한 영국은 민족자결권을 고려한 국경선 재조정 원칙을 수용하고, 독립을 승인한 아르메니아와 쿠르디스탄에 대한 식민 통치를 미국에게 제안하지만 미국은 이를 거부한다. 결국 영국은 쿠르디스탄 독립과 자치권을 포기하는 결정을 내린다. 여기에는 여러 이유가 복합적으

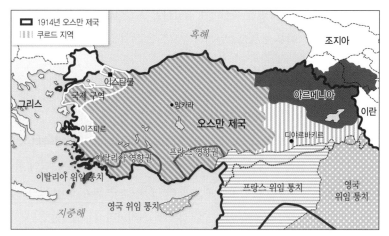

세브르 조약(1920년)에 따른 오스만 제국 영토 획정
출처: ICDS

로 작용했지만 핵심은 두 가지이다. 하나는 터키의 새로운 지도자로 등장한 케말이 지향하는 터키의 서구화·세속화, 친서방 외교 노선 등이 쿠르디스탄 독립국가보다 중요하게 고려됐다는 점이다. 다른 하나는 터키가 쿠르디스탄 독립과 이라크 북부 핵심 유전지대인 모술 지방을 영국령 이라크에 편입시키는 계획 두 가지 모두를 반대했기 때문에 영국은 쿠르디스탄 독립을 포기하고 대신 모술을 택한 것이다. 석유 자원 확보라는 경제적 이해관계를 선택한 것이다.

이런 이유로 1923년 7월 세브르 조약을 대신한 로잔조약이 다시 체결되고, 로잔 조약 내용에는 쿠르디스탄 독립 국가 수립이 사라져 버린다. 영국이 내걸었던 민족자결권과 소수 민족 보호라는 대의명분은 제국주의 이익에 따라 폐기되고, 쿠르디스탄은 터키·시리아·이라크·이란 등으로 쪼개진다. 1927년 터키에 분포하는 쿠르드인은 '아라라트공화국Republic of Ararat'을 선포하지만, 1930년 터키 정부는 이를 무력으로 진압하고 터키로 합병시킨다. 제2차 세계대전 직후인 1945년 12월 이란 북동부를 중심으로 구소련 지원을 받은 '마하바드 쿠르드공화국Kurdish Republic of Mahabad'이 수립되지만 이 또한 1년 만에 좌초한다. 1930년대 이후 터키·이라크·이란 등은 자국의 민족주의를 구현하는 정책에 반대하는 쿠르드인을 철저하게 탄압하고 억압하는데 그중 터키가 가장 심하게 탄압한다. 이후 쿠르디스탄에서 쿠르드인 독립 국가 수립 뉴스는 들리지 않는다.

쿠르드인 분리 독립의 내부 걸림돌과 냉담한 인접국

쿠르드인은 터키·이라크·이란·시리아 등 4개국 셋방살이에 자족하지 않고, 분리 독립 운동을 벌이고 있다. 역사적으로 오스만 제국은 쿠르드인의 민족적 정체성을 인정하지 않았고 동부 지역에 거주하는 소수 민족 '산악 터키인'으로 간주하였다. 터키 건국 이후에도 같은 입장을 견지한다. 터키는 전체 인구의 20~25%를 차지하는 쿠르드인이 민족주의에 입각해 분리주의 운동을 벌이면 국내 안정을 해친다는 이유로 분리주의 운동을 철저히 탄압한다. 터키 정부는 쿠르드어 사용은 물론이고 쿠르드 전통 의상 착용 금지 등 쿠르드 문화 말살 정책을 지속적으로 추진하였다. 그럼에도 불구하고 1970년대 후반부터 쿠르드인의 분리주의 운동은 활발하게 일어났다. 1978년 압둘라 오잘란Abdullah Öcalan을 중심으로 쿠르드노동자당Kurdistan Workers' Party, PKK을 조직해 분리 독립 운동을 벌이고, 1984년경 본격적인 무장 투쟁으로 전환한다. 하지만 터키 정부의 강경진압으로 투쟁 활동은 약화되고, 이 과정에서 약 4만여 명의 쿠르드인이 사망한다. 1999년 2월 오잘란이 체포되면서 활동은 더욱 위축되지만, 2000년대에도 반군 활동은 계속되었다. 2010년대에 들어 터키는 쿠르드노동자당에 유화책을 제시하고, 2013년 휴전이 성사된다. 그러나 2012년부터 시작된 시리아 내전으로 시리아계 쿠르드인 난민이 터키 동남부로 들어오면서 상황은 복잡해지고 있다.

이라크는 쿠르드인 분리 독립 운동이 가장 활발한 곳이다. 1946년 결성된 쿠르드민주당Kurdistan Democratic Party, KDP과 1975년 조직된 쿠르드애국동맹Patriotic Union of Kurdistan, PUK은 1960년대 말부터 1970년대 중반까지 반정부 활동을 활발하게 전개하였다. 1970년 당시 이라크 바트당 정부는 쿠르드인에게 제한적인 자치를 허용한다. 하지만 이라크 정부는 쿠르드인이 이란-이라크 전쟁1980~1988 때 이란이 제공한 무기로 이라크군을 공격하자 전쟁 후 쿠르드인 거주 지역에 화학 무기를 살포해 5,000여 명이 사망하거나 다치게 하는 비인도적 행위를 자행했으며, 이에 많은 쿠르드인이 인접국으로 피난을 간다. 1990년 8월 이라크가 쿠웨이트를 침공하는 걸프 전쟁이 일어나자 쿠르드인은 내전을 일으키고, 2003년 3월 미국-이라크 전쟁에는 쿠르드인이 미국을 지원한다. 하지만 후세인 정부 붕괴 후에도 쿠르드인 독립 국가 건설은 성사되지 못한다.

이란에서는 1945년 쿠르디스탄 자치를 내걸고 이란 쿠르드민주당Kurdish Democratic Party of Iran, KDPI이 조직된다. 1979년 이슬람 혁명 후 반정부 투쟁을 전개하지만, 1990년대에 들어와서는 소강 상태로 접어든다. 터키에서 반군 활동을 하는 쿠르드노동자당 분파로 알려진 쿠르드자유생명당Partiya Jiyana Azad a Kurdistanê, PJAK이 2004년 창설되어 반정부 활동을 벌이고 있다. 그러나 이란 쿠르드인이 벌이는 분리 독립 운동은 터키나 이라크에 비해 소극적인 편이다.

쿠르드인 분리 독립 요구에도 불구하고 독립 국가를 이루지 못하는 장애물은 많고 복합적이다. 첫 번째 장애물은 내부에 있다. 쿠르드인에게는 종교보다 부족·씨족을 중시하는 폐쇄적인 문화가 내재되어 있어 전체 쿠르드인에 대한 동질감과 유대감은 상대적으로 낮다. 이는 산간·고원 지역에서 유목생활을 하면서 형성된 개별적·폐쇄적 집단성 때문이다. 터키·이라크·이란·시리아로 나뉜 쿠르드인이 서로 통합·협력해도 여의치 않을 상황에서 특정 장소와 지방을 기반으로 하는 쿠르드인 집단 간 폐쇄성과 비연결성이 독립 운동에 장애가 되고 있는 것이다. 실제로 국가별로 조직된 쿠르드인 정치 세력 간의 협력은 원활하지 않은 편이고, 국가 내에서 활동하는 정치 세력 간 협력과 통합도 마찬가지이다. 예를 들어 1970~1980년대 이라크 내 쿠르드민주당과 쿠르드애국동맹은 서로 대립·경쟁하는 관계였고, 자치정부 출범 후에는 내전을 치르기도 하였다. 게다가 세분된 쿠르드인 정치 세력들을 통합할 지도자가 없다는 사실도 또 다른 내부 장애물 중 하나이다.

두 번째 장애물로는 주변 국가 방해와 무관심, 서방 세계의 소극적인 태도를 들 수 있다. 터키는 쿠르드인을 자국 내에 거주하는 소수 민족으로 인식하고 있어 쿠르드인 독립 국가는 어불성설이라는 입장이다. 뿐만 아니라 터키는 인접한 시리아·이라크·이란 등지에서 쿠르드인 독립 국가가 출현하는 것도 반대한다. 자국 내 쿠르드인에 미칠 동요와 반정부 활동 확산을 고려한 판단이다. 한편 미국을 비롯한 서방 세계는 터키가 자행하는 쿠르드인 인권 탄압과 문화 말살 정책에 대해 애써 무관심한 태도를 견지하고 있다. 제1차 세계대전 후 중동 국가 중 이스라엘과 함께 터키가 친서방 외교 노선을 추구하면서 터키 국내 정책에 개입하지 않으려는 의도이다. 서방 세계뿐만 아니라 중동 국가 대부분도 같은 입장이다.

세 번째 장애물은 쿠르디스탄이 '중동의 젖줄'인 유프라테스강·티그리스강 발원지라는 지리적 조건이다. 두 하천의 수자원에 이해관계를 갖는 중동 국가들은 쿠르드인 독립 국가 출현을 원천적으로 봉쇄하려는 입장이다.

이라크 쿠르드 자치정부의 독립 가능성은?

쿠르디스탄에서 쿠르드인 독립 국가 건설은 쉽지 않지만 이라크 상황은 다른 국가에 비해 많이 다르다. 현재 이라크 북부에는 '쿠르드 자치정부Kurdistan Regional Government, KRG'가 만들어져 자치가 행해지고 있다. 자치정부는 이라크 헌법에 따라 만들어진 법적 기구로 자치정부 면적은 40만 643㎢이다. 다후크Dahuk, 아르빌Arbil, 술라이마니야Sulaymaniyah 등 3개 주로 구성되어 있으며, 자치정부 수도는 아르빌이다. 자치정부 영역의 지형은 언덕과 산악지대로 이루어져 외부와 단절되어 있어 쿠르드인 정체성을 유지하기에 용이한 지리적 조건이다. 자치정부 인구는 2002년 기준 375만 명 정도이며, 군대 역할을 하는 약 20만 명의 민병대 '페시메르가Peshmerga'가 국방과 치안을 담당하고 있다. 자치정부는 쿠르드민주당KDP과 쿠르드애국동맹PUK을 연합한 형태로 운

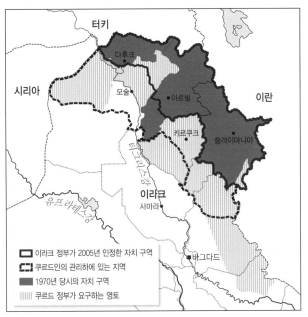

이라크 내 쿠르드인 분포와 이라크가 인정한 쿠르드인 자치정부 영역
출처: Foundation institut kurde de Paris

영하고 있다. 쿠르드민주당은 북부를 쿠르드애국동맹은 남부를 기반으로 하는
정당이며, 서로 경쟁적인 관계이다.

자치정부 역사는 1992년으로 거슬러 올라간다. 걸프 전쟁1991 후, 미국·영
국·프랑스 등은 북부 쿠르드인과 남부 시아파 거주 지역을 이라크(당시 사담
후세인 정부) 공군 폭격으로부터 보호하기 위해 북위 36°선 이북 영공과 북위
32°선 이남 영공에서 이라크 공군이 비행할 수 없도록 제한하는 '비행금지 구
역'을 두 곳 설정한다. 북부 비행금지 구역이 설정되면서 인접국으로 피난을
간 쿠르드인이 돌아오고, 1992년 정당 연합체인 이라크 쿠르디스탄 전선Iraqi
Kurdistan Front, IKF이 의회와 대통령 선거를 실시해 자치정부를 출범시킨다. 하
지만 1994년 쿠르드민주당과 쿠르드애국동맹이 권력 다툼으로 내전이 일어나
쿠르드민주당은 북부 아르빌에, 쿠르드애국동맹은 남부 술라이마니야에 각각
별도의 행정부를 만들어 통치하다가 1998년 내전은 끝난다.

2003년 미국-이라크 전쟁 때 쿠르드인 민병대 '페시메르가'는 미국을 포함한 연합군 일원으로 참전해 사담 후세인 정권을 붕괴시키는 데 크게 기여한다. 미국-이라크 전쟁 후 사담 후세인 정부가 붕괴되고 2005년 새로운 이라크 헌법이 제정되면서 쿠르드인 자치정부와 쿠르드인 의회가 승인된다. 2006년 5월 쿠르드민주당과 쿠르드애국동맹이 연합해 자치정부를 출범시키고, 본격적인 쿠르드인 자치가 행해진다. 2013년과 2018년 치러진 선거에서도 선거 연합을 통해 두 정당이 자치정부를 운영한다. 한편 자치정부는 2017년 9월 분리 독립에 대한 주민 투표를 추진해 압도적인 찬성 결과를 얻는다. 이라크 정부는 중앙정부 승인을 받지 않은 불법 투표행위 자체를 반대하며 2017년 10월 자치정부의 핵심 경제 기반인 키르쿠크Kirkuk 유전지대 전역을 점령한다. 자치정부 입장에서는 뼈아픈 실책이었다.

쿠르드 자치정부가 이라크에서 독립공화국으로 발전할 수 있을까? 몇 가지 걸림돌이 존재하기 때문에 쉽지 않다는 견해가 지배적이다. 첫째, 정치 세력 간 의견이 통일되어 있지 않다. 자치정부를 공동 운영하는 쿠르드민주당은 분리 독립에 적극적이지만 쿠르드애국동맹은 상대적으로 적극적이지 않다. 둘째, 인접국과 국경선 획정이 더 큰 걸림돌이다. 특히 터키와 경계 설정은 쉽지 않고, 설령 독립에 성공한다고 해도 도로를 통한 통행·통관에 따른 제약은 구조적으로 풀기 어려운 문제이다. 셋째, '기름 위에 떠 있는 도시'로 알려진 키르쿠크의 관할권 문제이다. 키르쿠크는 이라크 석유 매장량의 40% 정도를 차지하는 경제적 요충지이고, 쿠르드인보다 아랍계 주민 비율이 높은 도시이다. 1970년대 후반부터 1980년대까지 당시 이라크 정부가 키르쿠크에 거주하던 쿠르드인을 다른 곳으로 강제 이주시키고 대신 아랍계 주민을 대거 이주시킨 결과이다. 이라크 중앙정부 입장에서는 절대 포기할 수 없는 곳이라는 점이 결정적 걸림돌이다. 넷째, 미국과 터키 등이 자치정부 독립에 반대한다. 미국은 쿠르드 독립이 주변국과 군사적 긴장을 유발하는 촉매가 된다는 점에서, 터키는 자국 내 쿠르드인에 미치는 영향 때문에 미국보다 더 강경한 반대 입장을 고수하고 있다.

쿠르드 자치정부 군대 '페시메르가'는 미국 지원을 받아 이라크 내에서 활동하는 IS 격퇴에 결정적인 역할을 하였고, 이라크를 안정시키는 데도 크게 기여하였다. 그럼에도 불구하고 독립 국가 건설에 대한 인접국의 태도는 싸늘하다. 무엇보다도 이라크 중앙정부가 반대한다. 쿠르드인이 분리 독립하면 이라크 경제력이 크게 약화되기 때문이다. 만약 쿠르드 자치정부가 분리 독립을 주장하지 않고 현상을 고수한다면, 자치정부는 순항할 수 있다. 지금 이라크는 남부 시아파, 중부 수니파, 북부 쿠르드인 영역으로 사실상 3등분되어 있고, 권력을 분점하는 의원내각제를 유지하고 있다. 상징적 역할을 하는 대통령은 쿠르드계, 실권을 가진 총리는 시아파, 의회 의장은 수니파가 각각 맡고 있기 때문이다. 쿠르드 자치정부의 고민과 한계가 여기에 있다.

시리아에서도 이라크 '쿠르드 자치정부' 방식이 가능할까?

2012년 시리아 내전이 본격적으로 발생하자 쿠르드인은 반정부 세력에 가담한다. 쿠르드인은 알아사드 정권으로부터 많은 탄압과 차별을 받았기 때문에 정권 퇴진 투쟁에 적극 동참한 것이다. 시리아 인구2018의 9.5%(175만여 명) 정도를 차지하는 쿠르드인은 다마스쿠스, 알레포, 터키와 인접한 북부 코바니Kobane·아프린Afrin, 북동부 카시밀리 등지에 주로 분포한다. 역사적으로 시리아에 거주하는 쿠르드인은 박해와 탄압의 대상이었다. 1960년대 이후 쿠르드인약 30만 명은 시민권을 박탈당한다. 특히 시리아 정부는 쿠르드인 분포 지역에 대한 아랍화 정책을 실시해 쿠르드인 토지를 몰수해 아랍계 주민들에게 재분배하면서 쿠르드인을 철저하게 탄압한다.

이런 이유로 내전이 일어나자 쿠르드인이 내전에 적극 참여한다. 쿠르드인은 내전 초기에는 시리아 정부군을 상대로 전투를 치르다가 IS가 등장하자 IS를 상대로 전투를 벌인다. 2013년 중반 IS가 북동부 쿠르드인 거주 지역을 공격하자, 쿠르드인 정치 조직인 민주연합당Democratic Union Party, PYD이 2004년경 만든 무장 단체 인민수비대Yekîneyên Parastina Gel, YPG가 IS 격퇴의 선봉장 역

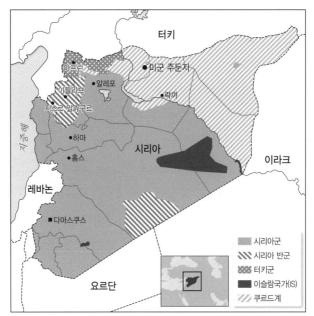

터키

아프린
이들리브
알레포
●미군 주둔지
지스르 알슈구르
●락까

지중해

●하마
시리아
이라크
●홈스

레바논

■다마스쿠스

요르단

시리아군
시리아 반군
터키군
이슬람국가(IS)
쿠르드계

시리아 내 쿠르드인 점령 지역(2018년 12월)
출처: Aljazeera

할을 하였다. 2015년 10월 쿠르드인을 주축으로 소수 아랍계·투르크계와 함께 만든 시리아민주군Syrian Democratic Forces, SDF은 IS 수도 락까 함락을 비롯해 IS 격퇴에 가장 큰 공을 세운다. 이 과정에서 미국은 인민수비대와 시리아민주 군을, 터키는 미국 요청으로 인민수비대를 지원한다.

쿠르드인은 IS를 격퇴시키면서 자신들 세력권을 확대한다. 그리고 민주연합 당을 포함한 쿠르드인 정당들은 2014년 1월 알레포Aleppo주 아프린과 코바니, 북동부 터키 국경과 인접한 알하사카Al Hasakah 등 3개 도시에서 '자치 행정' 을 펼치겠다고 선언한다. 2016년 3월 민주연합당 등은 이들 세 개 지역에서 자 치정부 수립을 선언하고, 향후 IS로부터 되찾을 투르크메니스탄 지방을 포함해 '연방제 자치정부'를 설립할 계획도 밝힌다. 시리아 내전이 쿠르드인에게 준 절 호의 기회를 활용하겠다는 속셈이었다. 시리아 전체 영토 30% 정도를 차지한 쿠르드인이 알아사드 정부 붕괴 이후 영토 분할을 고려한 선제적 움직임을 보인 것이다. 하지만 쿠르드인 연방제 자치정부 선포에 시리아 정부는 물론이고 인접한 터키가 강력 반발하고, 미국마저도 거부 입장을 표시하면서 쿠르드인은 사면 초가에 빠진 상태이다.

특히 터키는 시리아 쿠르드인에게 우호적이지 않다. 터키 정부는 인민수비대가 터키 내 분리주의자 세력인 쿠르드노동자당PKK과 연계된 조직이라고 인식하기 때문이다. 그럼에도 불구하고 터키는 미국 입장을 고려해 2016년 8월 IS 격퇴를 위해 시리아 내전에 참전한다. IS 격퇴에 어느 정도 성과를 거둔 터키는 시리아 쿠르드인이 주도하는 민주연합당과 인민수비대를 쿠르드노동자당과 연계된 테러 단체로 규정하고 전투의 타깃을 쿠르드인으로 돌린다. 터키에 위협이 되는 자치정부 또는 분리 독립 형태의 이른바 '시리아 쿠르드국國' 출현을 근원적으로 차단하겠다는 의도이다.

한편 2013~2015년 IS가 시리아와 이라크에서 위세를 떨치면서 영역을 확장할 때, 중동 지역 전문가들은 시리아와 이라크를 알라위파 국가(시리아 서부), IS(시리아와 이라크), 쿠르드 자치 지역(이라크 북부와 시리아 동북부), 시아파 국가(이라크 남동부) 등 4개 국가로 분할하는 시나리오와 시리아를 3개 국가(알라위파, 시아파, 쿠르드 등)로 분할하는 방안을 예상하였지만 러시아가 시리아 정부를 지원하기 위해 2015년 내전에 참전하면서 상황은 바뀐다. '시리아+헤즈볼라(이란 지원)+러시아' 등 정부군과 '시리아 국민동맹+인민수비대+시리아 민주군+터키+미국' 등 연합한 반군이 IS 퇴출과 붕괴를 위한 총력전을 전개하면서 IS 세력이 많이 약화되었기 때문이다. 게다가 시리아 정부가 영토 상당 부분(70~80%)을 되찾으면서 전술한 분할 시나리오가 수면 아래로 가라앉았다.

이런 상황에서 2018년 12월 미국이 시리아에서 철수를 선언하면서 쿠르드인은 비상이 걸렸다. IS 격퇴에 결정적인 기여를 한 쿠르드 정치·군사 세력이 미국에게 '토사구팽' 당할 수도 있는 상황에 직면한 것이다. 만약 미군 철수 후 터키 군이 시리아 내로 들어오면 쿠르드 자치 지역은 치명적인 피해를 입는다. 이런 상황에 직면한 쿠르드인은 시리아 정부 및 러시아에 도움을 요청하고 있다.

적이었던 세력에게 도움을 요청하는 고약한 상황이 연출된 것이다. 쿠르드인이 국가 없는 민족의 설움을 시리아에서 또다시 실감하게 될 것 같아 안타깝다.

시리아 북동부에 사는 쿠르드인이 이라크의 '쿠르드 자치정부' 방식을 채택하는 것은 현실적으로 무리일 듯싶다. 자치정부 출범은 향후 분리 독립으로 가는 첫 번째 관문을 통과하는 셈인데, 시리아 내 주류 집단인 시아파가 이를 수용할 리 만무하다. 자국 영토 축소를 반길 리 없기 때문이다. 게다가 북동부 국경을 접하는 터키는 쿠르드인 자치정부 출범을 적극적으로 저지할 것이 분명하다. 미국도 동의할 가능성이 적다. 시리아에 사는 쿠르드인이 셋방살이를 청산할 수 없는 까닭이다. 여러 국가에 흩어져 살고 있는 민족 집단의 한계가 시리아는 물론이고 쿠르디스탄 전역에서 나타나 안타깝다.

시리아

알라위파 장기 집권에서 잉태된 종파 간 내전과 'IS' 등장

영국 역사가 아널드 토인비는 고대 시리아는 유럽과 아프리카와 아시아의 문명을 연결하는 교통로이며, 북부 도시 '알레포Alepo'가 톨게이트라고 주장한 적이 있다. 알레포~홈스~팔미라(지금의 타드무르Tadmur)~바그다드로 연결되는 육상 실크로드가 시리아 국토 중앙을 관통한다. 이런 지리적 위치는 고대 시리아에 찬란한 문명을 선사하였지만, 반대로 이런 위치적 속성 때문에 시리아는 고대 왕조와 제국들의 수많은 침공에 시달려야 했다. 지리의 축복과 저주를 동시에 받은 곳이 시리아이다. 제1차 세계대전 후 이 땅의 주인은 오스만 제국에서 프랑스로 바뀐다.

시리아의 지리적·지정학적 위치는 시리아를 다민족·다종교·다종파 국가로 만들었다. 역사적으로 다수인 이슬람 수니파는 소수 알라위파를 이단으로 간주하여 무시하고 차별한다. 그런데 프랑스 위임 통치 이후 알라위파가 주류 계층으로 부상하면서 종파 간 갈등이 시작된다. 1963년 이후 정권을 잡은 알라위파는 세속주의 정책을 펼쳐 수니파의 거센 반발을 산다. 알라위파가 주도하는 '세속화된 시리아'에 반대해 '원리주의 시리아'를 고수하려는 수니파와의 이념적 싸움은 2012년 시리아 내전으로 폭발한다.

시리아 내전은 일반적인 내전 사이클과 다르게 펼쳐졌다. 내전이 발생하면 장기 집권 세력은 대부분 붕괴되고 새 정권이 출범하면서 내전은 종료되는 것이 일반적인 흐름이었다. 하지만 시리아 내전은 전혀 다른 방향으로 펼쳐졌다. 시리아 북부 락까Raqqah를 수도로 한 이슬람국가Islamic State, IS(이하 IS)가 등장하면서 내전 상황이 한층 복잡해진 것이다. 따라서 시리아 내전이 언제 종식될지 쉽게 예단할 수 없다. 지리적 조건에 종파 간 갈등과 이념적 대립이 얽혀 있는 분쟁은 쉽게 끝나지 않는다는 역사 교훈을 익히 알고 있기 때문이다.

다민족 · 다종교 · 다종파 국가, 시리아

시리아라는 명칭은 아라비아반도 메카에서 '북쪽에 있는 나라'라는 뜻이다. 국가 정식 명칭은 '시리아아랍공화국Syrian Arab Republic'이다. 현재의 시리아 영토는 제1차 세계대전 후 영국과 프랑스가 인위적으로 설정한 구역으로, 전쟁 전에 시리아라는 획정된 영역은 존재하지 않았다.

시리아 면적은 18만 5,180㎢로 우리나라 크기 1.7배 정도이다. 남부 골란고원의 1/3은 제3차 중동 전쟁 후 이스라엘이 점령하고 있다. 수도는 역사적인 고도 古都 다마스쿠스Damascus이다. 기원전 2500년경 만들어진 다마스쿠스는 아랍 제국의 문을 연 우마이야 왕조의 수도로, 오랫동안 이슬람의 정치적·문화적 중심지 역할을 하였고 동방과 아프리카 무역의 요충지였다.

시리아 지형은 산지와 저지대가 각각 절반 정도이다. 산지는 드루즈Druze산맥과 골란고원을 중심으로 남부에 집중 발달하며, 해발 1,000~1,500m의 안티레바논Anti-Lebanon산맥이 레바논과 국경을 이룬다. 북쪽은 토로스Toros산맥 영향으로 산지가 분포한다. 지중해 연안 서부는 산지와 저지대가 혼재하며, 중부와 동부 대부분은 저지대이다. 하천은 북부 중앙에서 남동 지역을 흘러 이라크로 들어가는 유프라테스Euphrates강과 레바논에서 발원해 서쪽을 북류해 지중해로 들어가는 오론테스Orontes강이 있다. 헬라어로 '커다란 강'을 뜻하는 유프라테스강은 중동 최대 하천이자 메소포타미아 문명을 잉태시킨 강이다. 1973년 완공된 중류의 타브카 댐(일명 아사드 댐)을 놓고 이라크와 종종 '물 분쟁'을 일으키고 있다. 유프라테스강 일대에는 넓은 농경지와 초원이 발달하지

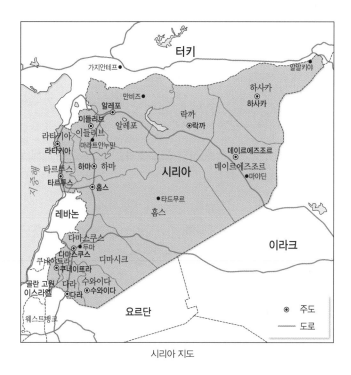

시리아 지도

만, 중남부에는 암석과 초원으로 이루어진 시리아 사막이 분포한다.

유프라테스강 일대와 서부 지중해 연안 지역을 제외한 국토 60%가 강수량 250㎜ 내외인 건조 지역이다. 전체적인 토지 이용은 초원 45%, 건조 지역 20%, 비옥한 농경지 32%, 삼림 3% 등으로 이루어져 있다. 특히 20세기 초에는 삼림 면적이 30%를 차지하였으나 최근 3%로 감소하여 국가적 문제가 되고 있다. 삼림 면적 축소에서 알 수 있듯이 국토의 건조화 현상, 즉 삼림 벌채, 과도한 방목, 토양 침식, 사막화, 물 부족, 수질 오염 등 환경 관련 문제가 내전 못지않게 중요한 국내 문제 중 하나이다.

시리아는 대표적인 다민족·다종교·다종파 국가이다. 문명의 교차로에 위치한 시리아 지리가 만든 작품이다. 시리아 전체 인구는 약 1,840만 명2018이다. 행정 구역은 14개 주로 구성되어 있으며, 홈스Homs주 면적이 4만 2,223㎢

로 가장 넓다. 민족 구성은 아랍계 시리아인(74.0%), 쿠르드인(9.5%), 투르크인(4.5%), 아시리아인(3.5%), 키르기스인(1.5%), 아르메니아인(1%), 기타 민족(6%) 등으로 매우 복잡하다. 시리아 인구 50%는 지중해 연안 서부 지방에 분포하지만, 민족별 분포 지역은 뚜렷하게 나뉜다. 아랍계 시리아인은 국토 전역에 고르게 분포하는 반면 소수 민족은 다르다. 터키와 국경을 이루는 북부 지방에는 투르크인, 유프라테스강 동쪽 지방에는 아시리아인, 북동부 지방에는 쿠르드인이 각각 분포한다.

종교는 더욱 복잡하다. 이슬람과 기독교가 공존하며 종파는 제각각이다. 종교는 이슬람이 90% 정도를 차지하며, 이슬람 수니파 74%, 시아파에 속하는 알라위파 9~10%, 드루즈파(시아파 중 이스마일파의 이맘 드루즈를 추종하는 종파) 3%, 시아파에 속하는 이스마일파 1% 등이다. 기독교는 10% 정도이고, 그

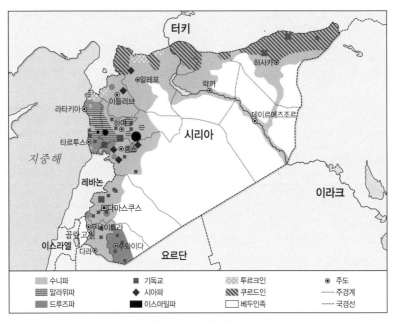

시리아 종교 및 민족 분포
출처: News Deeply

분쟁의 세계지도

리스 정교회, 가톨릭, 마론파, 시리아 정교회 등 다양하다. 다수를 차지하는 수니파와 달리 소수 종파 분포도 지역별로 나뉜다. 알라위파는 지중해 연안과 레바논과 인접한 산악지대에 많이 거주하며, 라타키아Latakia주와 타르투스Tartus주 등 오론테스강 서쪽 지중해 연안 지역에도 분포한다. 드루즈파는 요르단 국경과 인접한 드루즈산 일대에 주로 분포한다. 알라위파와 드루즈파는 11세기경 페르시아와 유프라테스강 하류에 살던 시아파들이 이주해 정착한 후손들이다. 기독교도들은 서북쪽 알안사리야산맥과 오론테스강 사이 하마Hama주와 이들리브Idlib주에 주로 분포한다.

한편 알레포와 다마스쿠스를 연결하는 남북 축선에 위치한 홈스Homs와 하마Hama는 수니파 색채가 매우 강한 도시이다. 반면 북쪽에 위치한 알레포는 아랍인, 터키인, 쿠르드인, 아르메니아인, 기독교 주민 등이 혼재한다. 콘스탄티노플과 알렉산드리아, 로마와 바그다드를 동서·남북으로 연결하는 교통로의 톨게이트라는 지리적 위치성이 알레포를 국제도시로 만들었다.

'문명의 교차로'라는 지리가 만든 이민족 피지배의 역사

문명의 교차로에 위치한 시리아 역사는 '이민족 지배의 역사'라 해도 과언이 아니다. 1919~1920년 기간을 제외하면 1946년 프랑스에서 독립하기까지 전체 역사가 피지배의 역사였다. 고대 아카드를 시작으로 가나안, 페니키아, 아람, 아시리아, 바빌로니아, 페르시아, 그리스, 로마, 나바테아(고대 도시 페트라를 세운 요르단 유목민), 비잔틴 제국, 아랍, 유럽 십자군, 오스만 제국 등의 침입과 지배를 받았다. 제1차 세계대전 후 1920~1946년까지는 프랑스 지배를 받는다. 시리아 최대 도시 알레포는 비잔틴~안티오크~알레포~팔미라~바그다드~테헤란으로 연결되는 육상 실크로드가 통과하는 길목이었고, 수도 다마스쿠스는 비잔틴~안티오크~알레포~다마스쿠스~예루살렘~알렉산드리아로 이어지는 남북 교통로의 중간 지점이었다. 남북·동서 방향을 이어 주는 교차로라는 지리적 위치가 이민족 지배를 받게 만든 것이다.

시리아 고대 역사는 아담의 14대손 에벨Eber까지 거슬러 올라간다. 기원전 3500년경 에벨은 오늘날 시리아 알레포에 둥지를 틀고, 에블라Ebla 왕국을 건국한다. 기원전 2400년경 에블라 왕국은 아나톨리아·메소포타미아·이집트·에게해 등을 연결하는 거대한 상업 네트워크 한복판에 위치해 메소포타미아와 맞먹은 찬란한 고대 문화를 꽃피운다. 그러나 에블라 왕국은 수메르 도시 국가들을 정복한 아카드 제국BC 2350~2150 침입을 받아 멸망하고, 이후 피지배의 역사는 1946년 독립할 때까지 이어진다.

기원전 17세기 이집트인이 시리아에 들어온 후 페니키아인이 지중해 무역 네트워크에 시리아를 편입시킨다. 기원전 13세기 말경 '대륙의 상인'으로 알려진 아르메니아인이 시리아에 정착해 아랍 교역에 참여하면서 당시 다마스쿠스는 아랍 무역의 핵심 도시로 성장한다. 이후 페르시아와 알렉산드로스 지배를 받았고, 알렉산드로스 사망 후에는 마케도니아(안티고노스 왕조), 시리아(셀레우코스 왕조), 이집트(프톨레마이오스 왕조) 등 세 나라로 분열된다. 일명 시리아 왕국으로 알려진 셀레우코스Seleucid(알렉산드로스 부하였던 셀레우코스 1세가 만든 왕국BC 312~AD 63) 수도가 다마스쿠스가 되면서 다마스쿠스는 바그다드와 함께 아랍의 정치·문화 중심지로 부상한다.

아랍 제국을 만든 우마이야 왕조 등장은 다마스쿠스를 이슬람의 본향本鄕으로 만든다. 4대 칼리프 무함마드 알리가 사망 후, 당시 시리아 총독이었던 무아위야 1세재위 661~680가 5대 칼리프로 선출된다. 우마이야 왕조661~750가 시작된 661년 무아위야는 제국의 수도를 메카에서 다마스쿠스로 옮기면서 다마스쿠스는 아랍 제국 중심이 된다. 하지만 750년 우마이야 왕조를 이어받은 아바스 왕조750~1258가 수도를 바그다드로 옮기면서 다마스쿠스의 화려한 영화는 끝나고, 십자군 침입 후 시리아는 오스만 제국으로 편입된다. 제1차 세계대전 후 1918년 파이살 빈 후세인Faisal bin Hussein이 주도해 다마스쿠스를 점령하고 1920년 3월 '시리아 아랍 왕국'을 선포하지만 7월 프랑스에 항복한다. 프랑스 위임 통치와 식민지 지배는 1920년부터 1946년까지 계속된다. 독립 후

1958년 2월 시리아는 이집트와 함께 연합 국가인 '아랍연합공화국(일명 통일아랍공화국)'을 만들지만, 이집트의 주도권 행사에 불만을 가진 시리아가 1961년 탈퇴하면서 막을 내린다.

프랑스 위임 통치 시절 기지개를 켠 알라위파

현재 시리아 지배 세력은 알라위Alawi파이고, 시아파에서 갈라진 분파로 결속력이 매우 강하다. '알라위'는 아랍어로 알리Ali의 형용사로 '알리를 따르는 사람들'을 뜻한다. 10세기경 10번째 이맘과 11번째 이맘을 열심히 추종했던 지도자였던 '무함마드 이븐 누사이르Muhammad ibn Nusayr'의 가르침을 받은 사람들, 즉 '누사이르를 따르는 사람들'이라는 뜻에서 '누사이르Nusayri파'로 알려졌는데 1920년대 이후 알라위파로 불린다. 시아파 주류에서는 알라위파를 인정하지 않았지만 1973년 이후 시아파의 한 분파로 수용한다.

알라위파는 오랜 세월 동안 서쪽 지중해 연안에 위치한 최대 항구 도시 라타키아Latakia 일대와 인근 산악지대에 분포하며 주로 농업에 종사한다. 주류 시아파는 알라위파를 이단으로 간주해 오랫동안 차별하고 배척한다. 알라위파가 알리를 지도자가 아닌 신으로 추앙하기 때문이다. 이슬람 원리주의자에게 이념적 논리를 제공한 중세 이슬람 학자 이븐 타이미야Ibn Taymiyah, 1263~1328는 알라위파를 "유대인·기독교도보다 더한 불신자들이고 해악을 끼친 사람들"이라고 혹평한다. 이집트에 기반한 맘루크 왕조는 시리아를 통치할 당시 알라위파를 이단으로 간주해 공개적으로 탄압했고, 오스만 제국 시절에도 다마스쿠스·홈스·하마 등지의 수니파 지도자 지배를 받으며 소작농 신세를 면치 못한 최하위 계층이 알라위파였다. 역설적으로 알라위파는 수니파의 계속된 탄압과 차별을 받으면서 자신들이야말로 '알라를 따르는 진정한 모슬렘'이라는 정체성을 갖게 된다. 이렇게 형성된 수니파에 대한 알라위파의 증오와 적개심은 프랑스로부터 독립한 후 알아사드 정권이 등장하면서 시리아 내 갈등 원천이 된다.

알라위파에 대한 사회적 변화는 프랑스 식민지 시절에 나타난다. 프랑스는 종교와 종족 분포를 고려하여 분할 통치 전략을 택하였는데, 프랑스 분할 통치 전략은 알라위파가 수니파 지배에서 벗어나 독자적인 자치국을 만들게 한다. 프랑스는 제1차 세계대전 후 사이크스·피코 협정에 따라 1920년부터 시리아와 레바논을 위임 통치하면서 민족과 종교를 고려해 6개 자치국state으로 분할하여 통치한다. 1920년 다마스쿠스국, 알레포국, 알라위국State of Alawi, 대大레바논Greater Lebanon(지금의 레바논)국 등 4개 자치국이 설치되고, 1921년 자발 드루즈Jabal al Druze와 산자크 알렉산드레타Sanjak of Alexandretta(지금의 하사카주)가 설치된다. 1922년 이들 자치국은 느슨한 형태의 '시리아연방Syria Federation'을 이루며, 1924년 시리아국State of Syria으로 통합되고, 1930년 시리아공화국Republic of Syria으로 바뀐다.

1920년 설립된 알라위국은 1922년 시리아연방에 편입되지만, 1924년 연방

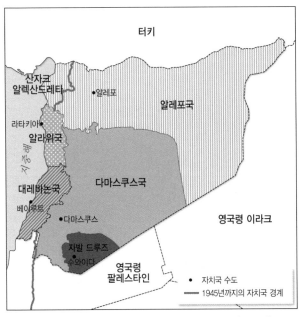

프랑스 위임 통치 당시 설정된 시리아와 레바논 내 자치국(1922년)
출처: ⓒDon-kun_Wikimedia Commons

　　　　　　　　　　　　　　　　　　　　　　분쟁의 세계지도

에서 빠져 알라위국을 유지한다. 그 후 1930년 '라타키아독립정부Independent Government of Latakia'로 명칭이 변경되고, 1936년 시리아공화국으로 통합된다. 통합 과정에 불만을 가진 알라위파는 프랑스를 상대로 몇 차례 반란을 일으키지만 실패한다. 하지만 알라위국은 1920년부터 시리아공화국으로 편입된 1936년까지 프랑스에 협조하면서 과거에는 상상도 할 수 없는 자치권과 행정권을 누린다. 프랑스가 위임한 자치권과 행정권에 의해 다마스쿠스·홈스·하마 등지 수니파 지도자들 눈치를 보지 않는 독립된 정부를 운영할 수 있었는데, 사실상 알라위파 민족 국가나 다름없었다. 1930년대 알라위국 인구는 대략 27만 8,000여 명이었다. 특히 프랑스 총독부는 1921년 창설된 레반트 군대에 알라위파 청년을 대거 입대시키는 정책을 취한다. 알라위파 군인들이 시리아를 지킨다는 관념과 군인을 중시하는 알라위파 전통은 이때 만들어진 것이다. 1946년 프랑스에서 독립한 이후 알라위파가 군부를 장악할 수 있었던 배경은 이 때문이다.

시리아 독립과 알라위파 알아사드 가문의 장기 집권

1963년 바트당Baath Party이 군부 쿠데타를 일으켜 정권을 잡고 사회주의 노선을 채택한다. 바트당 공식 명칭은 '아랍사회주의부흥당'이다. 명칭이 시사하는 것처럼 단일 아랍 사회주의 국가 건설을 추구하는 정당으로 1947년 4월 다마스쿠스에서 창립되었다. 이라크·레바논·요르단·예멘 등에 지부를 두는 범아랍 정당이지만 1966년 이후 이라크 바트당은 시리아 중심의 바트당과 결별한다.

1966년 시리아 바트당 내 급진파로 알려진 살라 자디드Salah Jadid와 하페즈 알아사드Hafez al-Assad가 주도한 쿠데타가 성공하면서 알라위파는 시리아 정치의 핵심 세력으로 부상한다. 쿠데타에 성공한 알라위파 하페즈 알아사드는 35세의 젊은 나이에 국장장관을 맡는다. 그리고 1970년 11월 하페즈 알아사드는 쿠데타를 일으켜 정권을 탈취하고 1971년 대통령에 취임해 2000년까지 장

기 집권한다. 2000년 이후에 아들 바샤르 알아사드Bashar al-Assad가 대통령
직을 수행한다.

'시리아모슬렘형제단Syrian Muslim Brotherhood'은 알아사드 정권 등장에 불
만을 가졌다. 모슬렘형제단은 "새로운 칼리프(지도자) 아래 모든 모슬렘을 결속
시키자."고 주창한 이슬람 신학자 하산 알반나Hasan al-Bannā, 1906~1949가
1928년 이집트에서 만든 조직이다. 이들은 외세 침입으로 이슬람 세계 근본 문
제인 부패와 타락이 생겼기 때문에 서구 사상과 생활 양식을 포함한 외세를 배
격하자고 주장한다. 수니파 중에서도 원리주의를 표방하는 보수파에 해당하는
단체이다. 초기에는 민주적 과정을 통해 권력을 장악하려고 했지만, 9·11 테러
이후 무장 투쟁을 통한 정권 장악으로 운동 방향을 변경한다. 시리아·레바논·
사우디아라비아 등지에 동조 세력이 활동하고, 아프가니스탄의 탈레반, 알카에
다, IS 등은 모두 모슬렘형제단이 지향하는 이념을 공유한다.

시리아모슬렘형제단이 불만을 갖는 이유는 알라위파가 이슬람 원리주의에
반하는 세속주의를 지향하기 때문이다. 시리아 내 수니파는 알라위파를 이단으
로 여기고 사회 최하위 계층으로 천시하였는데 이들이 정권을 잡은 후 급진적
인 사회주의 정책을 취하자 반발한 것이다. 특히 수니파 지도자, 대토지 소유자,
도시 상공업자 등이 알라위파 정권에 불만이 많았고, 이들이 모슬렘형제단 활
동을 지원한다. 1964년 모슬렘형제단이 주도한 첫 번째 지하드가 하마Hama에
서 일어난다. 이를 '제1차 하마 사태'라고 한다. 모슬렘형제단은 알라위파·이스
마일파·드루즈파 등이 주축인 바트당 정권을 용인할 수 없다고 대규모 봉기를
벌이지만 제1차 하마 사태는 모슬렘형제단 완패로 끝난다.

1971년 대통령으로 취임한 하페즈 알아사드는 수니파를 포용하는 정책을
취함과 동시에 사회주의적 경제 정책에서 시장 개방형 경제 정책으로 전환한
다. 하지만 모슬렘형제단은 1982년 하마에서 제2차 투쟁을 펼친다. 1982년 2
월 모슬렘형제단을 추종하는 시리아 내 수니파 원리주의자들은 하마를 '알라
위파 지배로부터의 해방구'로 선포하고 대대적인 투쟁을 벌인다. 일명 '제2차

하마 사태'이다. 하지만 정부의 대규모 군사 작전으로 도시의 1/3이 파괴되고, 35,000~50,000명 사상자를 내며 유혈 사태는 끝난다. 모슬렘 하마 사태에 가담했던 세력들은 시리아를 빠져나와 구소련을 상대로 성전을 펼치는 아프가니스탄으로 들어가 압둘라 아잠Abdullah Azzam, 1941~1989과 오사마 빈라덴Osama Bin Laden이 만든 병영 캠프에 참여한다. 이후 시리아에서는 알라위파가 주도하는 집권 세력에 반항하는 수니파 원리주의 세력 움직임은 잠잠해진다.

2000년 7월 바샤르 알아사드가 아버지를 이어 대통령에 취임하고, 2007년 재선에 성공한다. 안과의사 출신 약관 34세 바샤르 알아사드 대통령은 취임 초 제한적인 개혁·개방 정책을 실시하고, 정치범 석방을 포함한 민주화 정책을 추진해 일명 '다마스쿠스의 봄'을 맞는다. 하지만 2010년 12월 북아프리카 튀니지에서 시작된 '아랍의 봄'으로 명명된 민주화 운동의 여파는 피하지 못한다. 노점상 청년이 분신자살하면서 시작된 튀니지 민주화 운동, 일명 '재스민 혁명'은 23년간 장기 집권한 튀니지 대통령을 퇴진시키고, 인접한 리비아를 거쳐 홍해 너머 시리아까지 확산되기 때문이다.

민주화 운동에서 내전으로 확대

튀니지와 리비아 상황을 SNS와 인터넷을 통해 실시간으로 접한 시리아에서도 2011년 1월부터 바트당 퇴진을 요구하는 반정부 시위가 일어난다. 튀니지에서 시작된 재스민 혁명이 시리아까지 상륙한 것이다. 3월 초 요르단 접경과 가까운 남부 지방 다라Daraa에서 정부를 비판하는 낙서를 쓴 중학생들이 체포되어 고문까지 당한 사실이 알려지면서 3월 중순 시리아 여러 도시에서 대규모 반정부 시위가 일어난다. 시위 과정에 일부 시민이 사망하면서 반정부 시위는 알아사드 정권 퇴진을 요구하는 민주화 운동으로 번지고, 2012년 6월경 전면적인 내전으로 확대된다.

내전 초기에는 알라위파 정부군과 수니파 반군의 싸움이었지만 이후 범시아파와 범수니파 간 종파 전쟁으로 확대된다. 시리아 정부군과 싸우는 반군 세력은 크게 세 집단이었다. 수니파 중심 자유시리아군Free Syrian Army, FSA과 일부 동조 집단, 쿠르드민병대, IS 등이다. 자유시리아군은 2011년 8월 결성된 시리아국민회의Syrian National Coalition, SNC 산하에 만들어진 민병대로 연합군 성격이 아닌 독자적인 개별 집단으로 활동하는 느슨한 조직이다. 쿠르드민병대는 알아사드 정권과 비교적 우호적인 관계를 유지한 시리아 민주연합당Democratic Union Party, PYD 산하에 만들어진 무장 단체 인민수비대People's Protection Units, YPG와 쿠르드 정당 연합체인 '쿠르드국민회의' 소속 민병대로 이루어졌다. 인민수비대를 비롯한 쿠르드 민병대는 IS 세력을 약화시키는 데 결정적인 역할을 한다.

2012년 시작된 내전이 장기화되는 몇 가지 이유가 있다. 첫째, 범수니파와 범시아파 간 종파 전쟁이라는 점이다. 소수 집단 시아파는 다수를 차지하는 수니파에게 정권을 내줄 수 없다는 입장이다. 특히 군부를 장악한 알라위파를 비롯한 시아파 세력이 수니파 정권 등장을 원하지 않는다. 내전이 계속되지만 알아사드 정권이 붕괴되지 않는 까닭이 여기에 있다. 둘째, 부족 간 내전 성격이 강하다. 시리아는 역사적으로 일족·부족·종파 간 공동체적 정체성이 강한 국가이고, 그중에서도 일족一族에 대한 유대감과 충성심은 특히 대단하다. 일족과 부족 간 이해관계가 친정부와 반정부로 나뉘고, 친정부 세력은 알아사드 정권을 방어하고 있다. 셋째, 미국과 러시아 간 대리전 성격도 있다. 미국은 내전 초기 알아사드 정권 퇴진을 요구하는 반정부 세력 편을 들지만, IS가 득세하면서 이슬람 극단주의 세력이 시리아에 출현하는 것을 원치 않아 IS 세력 퇴출로 방향을 틀면서 시리아 정부와는 어정쩡한 관계가 되었다. 반면에 러시아는 타르투스 항구에 해군을 주둔시킬 정도로 우호적인 관계를 유지한 시리아 정부를 지원하였다.

시리아 내전이 잉태한 Islamic State(IS)

2014년 6월 29일 과격 이슬람 무장 단체는 '아부 바크르 알바그다디Abu Bakr

al Baghdadi, 1971~?'를 칼리프로 하는 이슬람국가Islamic State, IS(이하 IS)를 선포한다. IS는 시리아에서 6번째로 큰 도시이며, 유프라테스강 중류에 위치한 락까를 수도로 한다. 50여 년 장기 집권한 알아사드 정권을 몰아내려고 시작한 민주화 운동이 아이러니컬하게도 알아사드 정권과는 비교할 수 없을 정도로 잔인무도한 극단적인 단체를 만들어 낸 것이다. 독 안에 있는 쥐를 잡으려다 쥐는 잡지도 못하고 오히려 독을 깨 버리는 꼴이 돼 버렸다.

IS 기원은 9·11테러를 일으킨 알카에다Al-Qaeda로 거슬러 올라간다. 1979년 구소련이 아프가니스탄을 침공하자 아프가니스탄에 살던 이슬람 제 종파들은 연합하여 '무자헤딘'이라는 저항군을 만들어 성전聖戰을 치르자 세계 각지에서 활동하던 이슬람 원리주의 단체와 조직원들이 아프가니스탄으로 들어간다. 사우디아라비아 출신 거부 오사마 빈라덴과 빈라덴의 사상적 멘토였던 압둘라 아잠도 마찬가지였다. 사우디아라비아 킹압둘아지즈 왕립대학King Abdulaziz University 학생이었던 빈라덴은 당시 교수였던 압둘라 아잠을 만나고, 그가 주창하는 칼리프 국가 건설 논리에 매료되어 스승으로 모신다. 두 사람은 1979년 아프가니스탄으로 들어가 알카에다를 조직한다.

아프가니스탄에 들어간 압둘라 아잠과 빈라덴*은 무자헤딘에 참여해 성전을 치를 전사를 양성하는 군사 학교를 만들어 운영한다. 그런데 이 병영 캠프에 1982년 제2차 하마 사태로 쫓겨난 수니파 원리주의자 청년 지하디스트Jihadist(성전을 치르는 이슬람 전사들을 지칭)가 대거 입교한다. 군사 교육 후 무자헤딘에 참여한 이들을 '시리아 지하디(성전을 수행하는 전사를 뜻함)'라고 부른다. 시리아 지하디들은 대부분 중산층 가정 출신이고 교육을 받은 젊은이였다. 이 과정에서 알카에다라는 비밀 결사 조직이 만들어지고, 빈라덴이 조직의 최고 실력자로 활동하며, 압둘라 아잠 또한 알카에다의 사상적 지도자 역할을 한다. 1989년 구소련이 아프가니스탄에서 철수하자 시리아 및 이라크 출신 지하디스

---

* 오사마 빈라덴의 어머니는 알라위파에 속하는 시리아 출신이다.

트들은 이라크 바그다드로 돌아온다.

한편 요르단 출신 아부 무사브 알자르카위Abu Musab al Zarqawi, 1966~2006는 다마스쿠스에 칼리프 국가를 만드는 것이 꿈인 지하디스트였다. 아프가니스탄에서 무자헤딘에 참여하였고, 1999년 이라크에서 '유일신과 성전Jamaat al Tawhid wa al Jihad'이라는 무장 조직을 만들어 외국인 납치와 폭탄 테러 등을 벌인다. 조직 구성원 대부분은 이라크 출신이었고, 요르단 국왕을 폐위시키는 것이 목표였다. 2004년 알자르카위는 조직 명칭을 '탄짐 카이다트 알지하드 피 빌라드 알라피다인(이라크 지하드를 위한 조직 기지로, 일명 '알카에다 이라크 지부'로 불림)'으로 변경하고, 2003년 미국의 이라크 침공으로 실각한 사담 후세인 전 이라크 대통령이 주도한 바트당 출신 군인들을 포섭해 조직에 참여시킨다. 이들은 알자르카위와 마찬가지로 미국이 지원하는 이라크 정부를 전복시키는 것을 원했기 때문에 자연스럽게 알카에다 이라크 지부에 참여하게 된 것이다.

2006년 2월경 알자르카위는 동료 알바그다디와 함께 '이라크이슬람국가Islamic State of Iraq, ISI'(이하 ISI)를 만든다. ISI 단기 목표는 이라크 중부와 서부 지역에 독립된 수니파 이슬람 정통 국가를 만드는 것이었고, 주요 공격 목표는 미국이 지원하는 이라크 시아파 정부였다. 시리아 알아사드 정권은 공격 목표가 아니었다. ISI를 만든 알자르카위는 2006년 6월 미군 공습으로 사망한다. ISI가 이라크에서 활동하는 과정에 2012년 시리아에서 내전이 발생한다. 시리아 내전으로 ISI 활동 영역은 시리아까지 확대되고, 공격 목표에 시리아 알라위파 정부 전복까지 포함된다. 그리고 아프가니스탄 무자헤딘에 참여한 경험을 가진 시리아 출신 지하디들이 ISI에 합류하면서 세력은 급속하게 확장된다. 그래서 조직 명칭도 '이라크·레반트이슬람국가Islamic State of Iraq and Levant, ISIL'(이하 ISIL), '이라크·시리아이슬람국가Islamic State of Iraq and Syria, ISIS'(이하 ISIS)로 불리었다. ISI가 등장한 주요 배경으로는 유럽 열강 식민지로 전락한 아랍 제국의 부흥, 실패로 끝난 범아랍 민족주의 부활에 대한 기대, 세계 경제 확대로 인해 신新식민지로 전락한 아랍의 빈곤과 실업 문제 등을 들 수 있다.

2014년 6월 ISIL과 ISIS의 명칭은 IS로 통일된다. 우마이야 왕조 이후 시리아를 기반으로 칼리프가 지배하는 두 번째 이슬람국가가 탄생한 것이다. IS 목표는 샤리아법에 의해 칼리프가 지배하는 정통 이슬람국가를 건설하는 것이다. 살라피즘Salafism을 주창한 중세 이슬람 신학자 이븐 타이미야, 시리아에서 하마 사태를 주도한 모슬렘형제단 등과 똑같은 이데올로기를 공유한다는 공통점이 있다. IS는 풍부한 자금력, 조직 동원력, 첨단 무기 등을 보유한 것으로 알려졌다. 2015년 3월 나이지리아 보코하람이 IS에 충성을 맹세하면서 극단적 이슬람 무장 단체들의 글로벌 네트워크가 구축되기 시작한다. 하지만 여기서 유념해야 할 중요한 사실은 IS는 이라크와 시리아에서 실패한 바트당, 즉 '아랍식 사회주의 국가 건설'을 기치로 출현하였고, 바트당 자리를 대신하려고 한다는 점이다.

출구를 찾지 못하는 시리아 내전과 향후 시나리오

시리아 내전은 이슬람 수니파와 시아파 간 종파 싸움이지만, 근본 원인은 '세속주의 시리아'와 '원리주의 시리아' 간 신앙적·이념적 싸움이다. 수니파는 소수 알라위파가 정권을 잡아 취한 일련의 세속화 정책을 폐기해야 한다고 주장한다. 한때 아랍 제국의 중심지였던 시리아가 세속화되는 것을 용납할 수 없다는 것이다. 내전이 발생하자 원리주의를 신봉하는 수니파들은 알아사드 정권을 전복시키기 위해 지하드를 수행한다는 심정으로 내전에 참여한다. 여기에 분리 독립 또는 보다 많은 자치권 확보 가능성을 엿본 쿠르드인이 가세하고, 이슬람 근본주의를 주장하는 수니 강경파 'IS'가 등장한 것이다.

특히 북동부에 거주하는 쿠르드인은 시리아 내전이 시작되면서 IS 격퇴에 적극적으로 참여한다. 알아사드 정권이 실각하면 '쿠르드인 자치 국가' 건립이 가능하고, 만약 자치 국가 수립이 불가능하다면 최소한 '쿠르드 자치정부'도 나쁘지 않다고 판단하고 내전에 적극 참여한다. 시리아 쿠르드인 판단은 틀리지 않지만 설령 수니파가 정권을 잡는다고 해서 자국 내에 쿠르드인 국가 건설을 용인할 리 만무한데 쿠르드인들은 그렇게 판단한 것이다. 게다가 만약 쿠르드인들이 자치 국가를 건설하면 시리아의 영토가 축소되는 상황에서 이를 용납할 정치 세력이 어디 있겠는가. 터키도 국경과 인접한 곳에 쿠르드인 독립 국가의 등장을 원치 않기 때문에 시리아 쿠르드인의 꿈은 쉽게 성사되기 어렵다.

시리아 내전은 현재 진행형이다. 여전히 정부군을 '공동의 적'으로 하는 세 개 반군 세력이 활동하고 있다. 하지만 민주화 운동이 내전으로 비화된 2012년에 비해 상황은 많이 단순해졌다. 무엇보다 2014년 6월 칼리프 국가를 선포한 IS는 2017년 이후 활동 근거지의 95% 정도를 잃고 세력이 급속히 약화되었는데, 이는 쿠르드인이 일궈 낸 성과이다. 2017년 9월 알아사드 정권은 러시아 도움을 받아 국토의 90% 정도를 장악한다. 이런 혼란 속에 2011년 이후 2018년까지 시리아에서 발생한 난민은 100만여 명에 달하는 것으로 알려졌다.

내전 초기에 많은 서방 전문가들은 '아랍의 봄'으로 장기 집권 세력이 퇴장한 튀니지·리비아·이집트 사례가 시리아에서도 재현될 것으로 예상하였다. 하지만 예상은 과녁을 빗나가 전혀 새로운 방향으로 전개되었다. 종파와 부족 간 대립, IS 등장에 따른 전선의 복잡화, 시리아 및 중동에 이해관계를 갖는 국가의 개입 등으로 내전 종말은 예측할 수 없는 상황이 된 것이다. 더구나 2018년 12월 미국 트럼프 대통령은 'IS 격퇴에 승리'했으니 미군을 철수하겠다고 발표한다. 트럼프 대통령 발표에 시리아·러시아·이란은 웃음을, 용맹스런 전과를 확보한 쿠르드인 반군은 실망하는 눈치가 역력하다. 이후 터키가 쿠르드 세력을 진압한다는 이유로 쿠르드인 점령 지역을 공격하면서 내전은 더욱 미궁으로 빠져들고 있다.

시리아는 비옥한 초승달 지역에서 역사적으로 중요한 역할을 담당해 메소포타미아 문명을 만든 곳이다. 또한 시리아는 한때 아랍 제국 중심지였고, 다마스쿠스는 중동의 역사적·문화적 중심지 역할을 하였다. 이런 시리아가 언제 '정상 국가'로 되돌아갈 수 있을지, 세력이 많이 약화된 IS는 이대로 소멸의 길을 걷을 것인지, 3만여 명 군사를 보유한 IS가 재기해 시리아 동부와 이라크 서부·중부를 기반으로 '수니파 칼리프 국가'를 만들 것인지, 쿠르드인 독립 국가 염원이 이라크가 아닌 시리아 북동부 지방에서 실현될 수 있을 것인지 등등이 여전히 안갯속이다. 시리아 내전은 위치와 지리라는 변할 수 없는 물리적 조건에 종교라는 이데올로기가 깊게 내포되어 있기 때문에 쉽게 끝날 것 같지 않다. 지리의 축복과 저주를 동시에 받은 땅, 시리아의 운명이지 싶다.

예멘

찬란한 시바 여왕의 왕국에서 남북 간 내전 국가로

예멘Republic of Yemen은 성경에 나오는 시바 왕국 땅으로 예루살렘 솔로몬 왕과 사랑을 나눈 시바 여왕이 지배한 곳이었다. 아라비아반도 끝단에 위치한 예멘은 아랍어로 '축복받은 땅'을 뜻한다. 로마인은 이곳을 '행복한 아라비아 Arabian Felix'로 불렀다. 여기에는 그럴 만한 이유가 있다. 예멘은 고대부터 유향frankincense과 몰약myrrh이라는 향료 생산 본거지로 알려졌기 때문이다.

예멘은 커피의 메카로도 알려진 곳이다. 에멘 내륙 산악 지방에서 재배되는 아라비카 종의 모카Mocha 커피는 자메이카산 블루마운틴Blue Mountain, 하와이산 코나Kona와 함께 세계 3대 커피로 손꼽는다. 커피 원산지로 알려진 에티오피아를 비롯한 주변 국가에서 생산된 커피가 모카 항으로 반입되었고, 이곳에서 영국과 네덜란드 등 유럽 국가로 반출되었다. 그래서 당시 유럽 사람들은 커피 생산지와 무관하게 모카 항을 통해 들어온 모든 커피를 총칭해서 '모카 커피'로 불렀다.

예멘은 우리에게 익숙한 나라는 아니다. 2018년 5월 500여 명 예멘 출신 난민이 제주도에 입국해 난민 신청을 하면서, 예멘이란 나라가 국민적 관심을 받았다. 고대 찬란한 문명을 꽃피운 시바 왕국은 오스만 제국과 영국 지배를 받았고, 독립 후 자본주의 국가 북예멘과 사회주의 국가 남예멘으로 각각 분리된다. 1990년 남북 예멘이 통일되지만, 현재 예멘은 남부와 북부 종파 갈등으로 내전이 발생하고 있는 분쟁 지역이다. 축복받은 땅이 아닌 아라비아반도 최빈국으로 전락한 '슬픈 땅'이 지금 예멘 상황이다.

아라비아와 아프리카를 연결하는 '눈물의 관문'에 위치한 예멘

예멘 면적은 52만 7,968㎢로 우리나라보다 5배 정도 크다. 예멘 북쪽 국경은 사우디아라비아와, 동쪽 국경은 오만과 접한다. 북서쪽 사우디아라비아와 접한 국경선은 2000년에 확정됐다. 인구는 2,825만 명2017이고, 행정 구역은 22개 주로 구성되어 있으며, 수도는 사나Sanaa이다. 주민 대부분은 아랍인이지만 소수의 에티오피아계와 유대계 주민도 있고, 해안 지역에는 아프리카계 흑인과 혼혈도 많다. 공용어는 아랍어이다.

종교는 대부분 이슬람교이고, 수니파가 56%, 시아파가 43%를 차지한다. 수니파는 대부분 샤피Shafi'i파에 속하고 주로 남부에 분포한다. 시아파는 대부분 자이드Zaidi파이고 열두 이맘파와 이스마일파도 소수 분포하며, 사다Sadah를 비롯한 북서부 고지대에 주로 거주한다. 897년 자이드파 지도자(이맘)가 라시

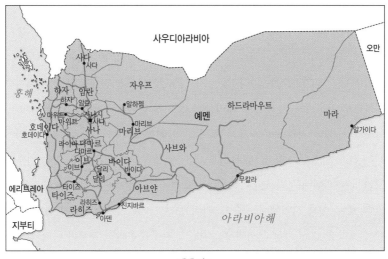

예멘 지도

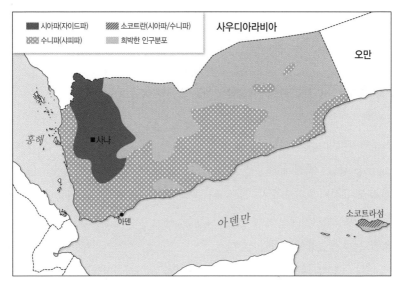

예멘의 종교 분포

드Rassids 왕조를 수립하고, 수니파 부족을 차별하면서 종파 간 갈등이 시작된다. 종파의 지역적 분포와 차이는 독립 후 남부 사회주의 국가와 북부 민주주의 국가로 나뉘는 배경이 되었고, 현재 진행 중인 내전은 전술한 종파 갈등의 역사적 산물이다. 유대교와 기독교도 소수 분포한다.

예멘 지형은 서남부 해안 저지대, 중앙 및 북서부 고지대, 동북부 룹알할리 사막 등으로 이루어져 있다. 국토 전역이 건조 기후에 속하지만, 내륙 고지대는 온화한 온대 기후가 발달해 있다. 해안 지역은 인도양에서 만들어진 몬순 계절풍 영향으로 겨울에도 비가 많이 내리는 스텝 기후가 나타나 일찍부터 농업이 발달하였다. 해안 지역에서는 보리·밀 등의 농업이 행해지고, 서부 내륙 지역에서는 관개 수로를 이용해 바나나·망고 등 열대작물이 재배된다. 이런 기후적 조건 때문에 예멘은 건조한 아라비아반도에서 '녹색green 예멘'이란 별칭을 얻었다. 중부 내륙 지역에서는 수수·커피 등이 재배된다. 예멘은 아라비아반도에서 해발 2,000m 이상 고지대가 많지만 고지대에 온화한 기후가 나타나 인구밀도가 비교적 높은 곳이 많다. 중앙에 위치한 마리브Marib주는 주요 석유 산지이다.

예멘은 해안선 길이가 1,906㎞에 달할 정도로 일찍부터 아라비아반도와 아프리카·페르시아 등지를 연결하는 무역의 중계기지 역할을 한다. 예멘은 아랍어로 '눈물의 관문'이라 불리는 바브엘만데브Bab-el-Mandeb 해협을 사이에 두고 아라비아반도와 아프리카 대륙 간 거리가 26㎞ 정도로 최단 거리이고, 아덴은 천연적인 양항 조건을 갖춘 항구이다. 영국은 인도양과 홍해를 연결하는 중간 지점이라는 지리적 위치와 영국 식민지 관리에 유용한 전략적 위치를 가진 아덴을 1839년 점령하고, 인도양 진출을 위한 거점 항구로 활용한다. 아덴은 지금도 아라비아반도에 있는 항구 중 최대 규모이다.

향료 무역 중심지였던 시바 여왕이 지배한 땅

고대 예멘 북부에는 시바Sheba라 불린 번창한 왕국BC 955~115이 있었다. 왕국을 통치한 시바 여왕은 이집트 클레오파트라 및 핫셉수트와 함께 중동 고대사에 등장한 유명한 여왕으로 손꼽힌다. 시바 왕국은 기원전 10세기에 등장해 약 1,500년 동안 예멘을 포함한 아라비아반도 남부를 지배한 강력한 왕국이었다. 시바 왕국 주민은 원래 유목 생활에 종사했지만, 농업과 무역으로 부를 축적한다. 기원전 8세기에 수도 마리브Marib에 댐을 만들어 관개를 하면서 농업도 일찍 발달한다.

시바 왕국은 역사적으로 유향과 몰약 등 향료 주산지로 유명하다. 유향은 예멘을 비롯하여 인접한 오만Oman 서남부와 소말리아, 몰약은 예멘 동부와 소말리아 등지에서 많이 생산되었고 지금도 마찬가지이다. 유향 나무와 몰약 나무에서 채취한 수지 형태 유향과 몰약은 단봉낙타를 통해 아라비아반도 전역은 물론이고 지중해 연안과 메소포타미아 지역까지 수송되었다고 한다. 당시 유향과 몰약은 종교 의식과 방부제로 사용되면서 수요가 늘었다. 시바 왕국은 아라비아반도 내륙 수송로(마리브~메카~메디나~예루살렘 등)를 개척해 일찍부터 남북 무역을 주도하고, 아라비아·아프리카·페르시아 등을 연결하는 해상 무역 요충지라는 위치적 장점을 향유하였다. 특히 시바 왕국은 주요 세력 간 영토 전쟁이 치열한 비옥한 초승달 지역과 지리적으로 멀리 떨어져 있고, 아라비아 사막이란 자연적 장애물 때문에 페르시아 등 외부 세력 침입을 받지 않은 덕분에 독특한 문화와 안정적인 생활권을 유지하며 발달된 문명을 꽃피운다. 기원전 13세기 이후 예멘에는 시바 왕국 외에 마인·카타반·하드라마우트 등 소왕국이 출현한다.

시바 왕국이 당시에 앞선 문명을 가진 왕국이었다는 점은 시바 여왕의 예루살렘 방문기에 일부 나타난다. 구약 성경 『열왕기상』에는 시바 여왕이 예루살렘에 방문한 것을 이렇게 적고 있다. "세바라는 곳에 여왕이 있었는데, 솔로몬의 명성을 듣고는 그를 시험해 보려고 아주 어려운 문제를 준비하여 방문한 일이 있었다. 여왕은 예루살렘을 방문할 때 많은 시종들을 거느리고 왔을 뿐 아니라 각종 향료와 엄청나게 많은 금과 보석을 낙타에 싣고 왔다. 여왕은 솔로몬 왕을 만나자 미리 생각했던 문제들을 모두 물어 보았다. 솔로몬은 여왕 질문에 하나도 막히지 않고 다 대답해 주었다." 솔로몬 왕의 총명함에 반한 시바 여왕이 솔로몬 왕과 사랑에 빠져 훗날 에티오피아 왕국의 시조가 된 메넬리크Menelik를 낳았다는 전설도 있다.

시바 왕국은 기원 전 2세기에 등장한 힘야르BC 110~AD 520 왕국에 의해 멸망한다. 힘야르 왕국 중심지는 사나 아래에 위치한 자파르Zafar였고, 왕국 영역은 예멘을 포함해서 아라비아반도 50% 정도에 달하였으며, 메카와 메디나도 세력권에 포함됐다고 한다. 380년경 힘야르 왕은 기독교를 국교로 정한 에티오피아 악숨 왕국Aksum Kingdom 영향을 받아 다신교를 포기하고 유대교로 스스로 개종한다. 비유대인이 유대교도가 된 것이다. 525년 로마 유스티니아누스 1세 요청을 받은 악숨 왕국의 침입으로 힘야르 왕국은 멸망한다.

북부 시아파와 남부 수니파 간 종파 갈등과 차별화

아랍 제국 우마이야 왕조 때 예멘은 작은 주州에 불과했다. 818년 남부 부족이 반란을 일으키자 지야디드족에게 대리 통치를 위임한다. 이후 서남부 자비드Zabid를 중심으로 등장한 지야디드Ziyadid 왕조는 200여 년 유지된다. 9세기에 등장한 시아파 계열 자이드족 중심 라시드 왕조897~1596는 부족 내에서 지도자를 배출하고 1500년대 후반까지 존속하면서 예멘 일대를 통치한다. 남부 지역에서는 나바흐 왕조1159~1174, 라술 왕조1229~1454, 타히리 왕조1454~1517 등이 출현한다. 아랍 제국 이후 예멘은 북부 시아파 왕조, 남부 수니파 왕조로 사실상 남북 정치·생활 체제가 분리된다.

남예멘은 1517년 이후 맘루크 왕조의 지배를 받고, 이어서 1538~1635년까지 오스만 제국 지배로 들어간다. 1597년 자이드족 출신 이슬람 지도자 알카심al Quasim이 사나를 중심으로 세력을 키워 오스만 세력을 몰아내고 '카심Qasimids 왕조'를 세운다. 카심 왕조는 시아파와 수니파 통합을 꾀하지만, 1600년대 후반에는 남부 야파족이, 1730년대에는 아덴이 카심 왕조에서 각각 떨어져 나가 독자적인 왕조를 구축하고 카심 왕조는 1872년까지 존속한다. 1720년경 예멘은 '커피의 메카'로 부상하고 유럽 상인들이 모카에 커피 가공 공장을 만들면서 세계 커피 시장을 독점하기 때문이다. 하지만 커피나무가 인도네시아와 브라질 등지로 밀반출되고, 이들 지역에서 커피가 생산되면서 1740년대 이후 예멘산 커피 인기는 시들해진다.

19세기에 들어서면서 영국과 오스만 제국은 예멘에 눈독을 들인다. 아라비아반도 남부를 장악해 홍해와 아라비아 해상 무역 패권을 차지하려는 의도였다. 영국은 1799년 바브엘만데브 해협에 위치한 페림Perim섬을 장악하고, 1839년 아덴을 점령해 인도 총독 관할로 편입시킨다. 그리고 1854년 오만 남부 해역에 위치한 작은 섬 쿠리아 무리아Kuriamuria도 차지한다. 이로써 영국은 아덴항을 기점으로 아라비아해와 인도양을 거쳐 인도로 가는 안정적인 해상 루트를 완성시킬 수 있었다.

한편 오스만 제국도 홍해 무역을 장악할 목적으로 아라비아반도 서부 티하마Tihamah 해안에 진출한다. 1869년 수에즈 운하가 개통되자 예멘 서부 지역을 점령하고, 1872년 카심 왕조를 무너뜨려 북서부 지역도 지배한다. 하지만 오스만 제국은 남부 지역 군주국에 대해 영향력을 제대로 행사하지 못한다. 당시 남부 해안 지역에는 아덴을 제외한 20여 개 독립된 작은 이슬람 군주국(토후국)이 존재하는 상황이었다. 반면에 영국은 1882~1914년까지 이들 군주국들과 외부 침략을 받으면 영국이 지원한다는 보호 협정을 맺고 이들 군주국을 영국 영향권 내로 묶어 둔다. 그리고 1914년 영국은 오스만 제국과 예멘에 대한 국경선 협정을 체결해 남부 예멘에 대한 영향력을 확실하게 구축한다.

한편 1911년 북부 산악지대를 기반으로 자이드파 지도자인 이맘 야히야 무함마드 하미드 에드딘Yahya Muhammad Hamid ed-Din이 오스만 제국을 상대로 반란을 일으키면서 오스만 제국 지배 영역은 북서 해안 지역으로 축소된다. 제1차 세계대전 후 자이드파는 사나를 수도로 이슬람 군주국(예멘 왕국)을 건국한다. 이로써 예멘 왕국은 오스만 제국 지배를 받은 국가 중 아라비아 지역에서 독립한 최초의 국가가 된다. 이후 예멘은 북부 예멘 왕국과 남부 영국 식민지로 분리된다. 북예멘과 남예멘의 분리와 차별화하는 이렇게 시작된 것이다.

독립한 예멘과 남아라비아연방이 된 남예멘

1918년 출범한 예멘 왕국 영토는 영국이 지배하는 아덴을 비롯한 남부 지역을 제외하고 북부와 중부 지역으로 한정된다. 영국을 비롯한 유럽의 일부 국가는 예멘 왕국을 인정하지 않지만 예멘 왕국은 이탈리아와 통상조약1927을, 소련과 우호 협정1928을 각각 맺는다. 그리고 소련의 지원을 받은 예멘 왕국은 아덴을 차지할 목적으로 영국과 군사적 충돌을 벌이지만 실패한다. 1934년 예멘 왕국은 영국을 지지하는 사우디아라비아와 전쟁을 벌이지만 패배하면서 북부 국경에 해당하는 아시르Asir와 나지란Najran 지역을 사우디아라비아에 빼앗긴다. 전쟁 후 예멘 왕국은 영국-오스만 제국이 체결한 남예멘 국경선에 동의하고, 영국은 예멘 왕국 독립을 인정하는 협정을 맺는다. 하지만 제2차 세계대전 후 예멘 왕국은 영국 보호령 아덴과 국경 분쟁을 자주 일으킨다. 1962년 자이드과 지지를 받은 젊은 장교들이 쿠데타를 일으켜 왕정을 폐지하고 '예멘아랍공화국'을 수립한다.

예멘아랍공화국 등장은 내전으로 비화한다. 실각한 왕정파가 북부 산악지대를 거점으로 정부군을 상대로 내전을 벌인다. 사우디아라비아·이란·영국 등은 왕당파를 지원하고, 정부군은 이집트·이라크·소련·중국 등의 지원을 받는다. 8년 동안 계속된 내전은 왕당파 패배로 끝난다. 내전 후 사우디아라비아는 왕당파가 정부에 참여한다는 조건을 달아 예멘아랍공화국과 평화 협정을 체결한다. 이후 사우디아라비아는 예멘아랍공화국에서 좌익 세력이 준동하지 못하도록 내정에 간섭하기 시작한다. 사회주의 물결이 자국 내로 확산되는 것을 방지하기 위한 목적이었다.

그러나 남예멘은 북예멘과 다른 길을 걷는다. 예멘 왕국 독립 후, 영국은 남예멘 군주국들을 간접 통치하고, 1937년부터 아덴을 직할 통치로 전환한다. 이 과정에서 일부 부족이 반영反英 폭동을 일으키지만 이내 진압된다. 그러나 제2차 세계대전 후에는 상황이 달라지고 영국에 저항하는 조직적인 폭동이 일어나자 영국은 제한적인 유화책을 취한다. 1952년 조직된 '남아라비아연맹South Arabian League'이 민족주의 운동을 확산시키며, 많은 지지를 얻지는 못하지만 1950년대 말부터 아덴 지역 노동자들이 반영 운동을 일으키고, 1962년에는 인민사회당이 출범한다.

1962년 4월 영국은 보수적인 15개 군주국(토후국)을 연합해 '남아라비아연방 Federation of South Arabia'을 만들어 반영 운동을 저지하지만 여의치 않는다. 1963년 영국은 직할 통치하던 아덴을 연방에 편입시킨다. 1966년 아덴을 기반으로 한 노동자·학생 중심의 민족주의 세력이 '남예멘해방전선Front for the Liberation of Occupied South Yemen, FLOSY'을 만들어 독립 운동을 전개하고, 1967년 11월 아덴을 수도로 하는 '남예멘인민공화국'이 수립된다. 남예멘 정부는 사회주의 노선을 견지하면서도 이슬람을 국교로 채택하고, 사유 재산을 허용하는 정책을 펼친다. 1970년 12월 국가 이름을 '예멘인민민주공화국'으로 변경한다.

1970년대에는 두 개 예멘이 존재한다. 북예멘은 이슬람교 중심 입헌 공화제 국가였고 남예멘은 사회주의를 지향하는 공산주의 국가였다. 1970년대 초 남북 예멘 간에는 국경 분쟁이 간혹 발생한다. 1974년 북예멘에서 친사우디아라비아 성향의 군부 쿠데타가 발생하지만 이후 안정된다. 반면 1970년대 남예멘은 다른 공산주의 국가보다 급진적인 성향과 정책을 취하면서 심각한 내부 갈등을 겪는다. 갈등은 이데올로기 차이에 의한 정치적 갈등보다도 부족 간 권력 투쟁 성격이 강했다.

남북 예멘 통일과 다시 불거진 갈등과 내전

1980년대 중반 구소련 개혁·개방 정책으로 예멘에서도 통일에 대한 목소리가 높아진다. 하지만 예멘은 남과 북이 역사·문화적으로 서로 다른 길을 걸어 통합이 쉽지 않은 곳이었다. 중세부터 부족적·종교적 차이로 많은 소왕국이 출현하였고, 후에는 오스만 제국과 영국 지배를 받으면서 남북 지역 간 이질성이 뚜렷해졌기 때문이다. 그럼에도 불구하고 고대 찬란한 문명을 꽃피운 시바 왕국 후손이라는 자부심은 이들에게 공동체적 동질성을 제공하면서 통합에 대한 인식을 공유하는 분위기가 형성된다. 1980년대 중반 남북 국경 주변에 대규모 유전이 발견되면서 공동 개발이 필요해졌고, 상대적으로 낙후된 남예멘은 북예멘의 경제적 도움이 절실했다. 이런 상황에 남북 국민들이 통합을 원하면서 통일 논의는 급물살을 타게 된다.

하지만 통일 작업은 순탄하지 않았다. 남북 내부에서 강경과 저항이 심했고, 특히 사우디아라비아는 예멘 통일에 매우 비판적이었다. 사우디아라비아가 통일을 반대한 이유는 남북 예멘이 통일되면 인구가 사우디아라비아보다 많아지고, 홍해 입구 통제권을 예멘이 행사해 사우디아라비아에 위협적인 존재로 부상할 수 있다는 판단 때문이었다. 국내외 많은 장애물에도 불구하고 1990년 국경선이 해체되고 자유 왕래가 허용되면서 1990년 5월 북부 사나를 정치 수도로, 남부 아덴을 경제 수도로 하는 '예멘공화국'이 선포된다. 통일 국가 초대 대통령은 북예멘(알리 알둡라 살레Ali Abdullah Saleh)이, 부통령은 남예멘(살렘 알베이드Salim Al-Beidh)이 맡았으며, 1991년 통일 헌법도 공포된다.

그러나 1993년 4월 총선거 후 대통령과 부통령 간 권력 배분 문제로 갈등이 표출된다. 이후 부통령이 국정 참여를 거부하면서 1994년 5월 내전이 일어난다. 이라크와 수단은 북부를, 사우디아라비아는 남부를 지원하면서 내전은 확대된다. 이 와중에 알베이드 부통령이 남부를 기반으로 '예멘민주공화국'의 분리 독립을 선포한다. 하지만 7월 내전은 북부 승리로 끝나고 예멘은 재통일된다. 1999년 9월 살레 대통령이 재선되면서 예멘 국정은 안정된다.

후티 반군 등장과 재분단된 예멘의 불안정한 미래

2000년대 예멘의 정치적 불안정은 북서부 사다주에서 시작된다. 2004년부터 북부 지역에서 시아파 세력이 정부 전복을 위한 무장 투쟁을 벌인다. 2011년 튀니지에서 일어난 재스민 혁명에 고무된 자이드파 지도자 바드레딘 알후티Al Houthi가 반군을 조직해 30여 년 예멘을 통치한 살레 대통령 퇴진을 요구하며

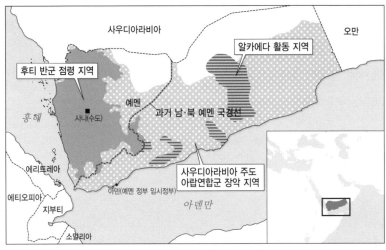

예멘 내전의 세력 분포(2018년 1월)

세력을 확장한다. 사우디아라비아가 정부군을 지원하지만 2015년 후티 반군은 대통령궁을 점령하고 살레 후임으로 취임한 대통령 만수르 하디Mansur Hadi, 재임 2012~2015를 축출시킨 후 정권을 차지한다.

후티 반군의 정권 장악은 예멘 내전을 복잡하게 만들었다. 실각한 하디 전 대통령은 본인이 합법적인 대통령이라고 주장하며 아덴을 임시정부 수도로 정하고 후티 정권을 상대로 내전을 벌였기 때문이다. 시아파 후티 반군과 적대적인 관계인 사우디아라비아·아랍에미리트·쿠웨이트·카타르 등이 연합군을 편성해 하디 전 대통령을 지원하기 위해 내전에 참여한다. 이후 알카에다가 예멘으로 들어와 중부와 남부 해안 지역을 중심으로 세력을 확대하면서 후티 반군과 대치하게 되고 IS도 내전에 참여해 내전 상황은 세 개의 세력으로 확대된다.

예멘은 현재 북부 후티 반군권, 남부 하디 정부로 다시 분단된 상태이다. 사우디아라비아를 비롯한 아랍연합군은 수니파 하디 정부를, 이란과 헤즈볼라 등은 시아파 후티 반군을 각각 지원하고 있다. 여기에 알카에다와 IS까지 합세해 복잡한 구도를 만들고 있어 예멘 내전은 쉽게 끝날 것 같지 않다. 예멘은 통일의 기쁨도 잠시, 내전으로 인해 30여 만 명 난민이 발생했고, 2,000만 명이 식량과 의료품 부족에 시달리고 있다. 2018년 12월 13일 UN 중재로 하디 정부와 후티 반군은 호데이다항에서 양측 병력을 철수하고 1만 5,000명 규모의 포로를 교환한다는 협정을 맺지만 내전을 끝낼 수 있을지는 아직 단정하기 힘들다.

남북이 통일된 예멘에서 재현되고 있는 남북 간 갈등과 내전을 보면서 향후의 한반도를 그려본다.

제3부

아시아의 분쟁과 갈등 지역

아프가니스탄

문명의 교차로에서 복잡한 지정학의 중심지로

2001년 9월 11일 미국은 아수라장이었다. 뉴욕 맨해튼에 있는 세계무역센터 쌍둥이 빌딩으로 아메리칸 항공과 유나이티드 항공 여객기가 돌진하고, 워싱턴에 있는 국방부 청사 펜타곤이 테러 공격을 받았다. 일명 '9·11 테러 사건'이다. 테러가 발생한 후 세계적인 이목은 내륙 산악국 아프가니스탄으로 집중된다. 테러 배후로 지목된 알카에다Al-Qaeda와 알카에다의 실질적 지도자 오사마 빈 라덴Osama Bin Laden이 아프가니스탄 탈레반Taliban 정부의 보호를 받고 있는 것으로 알려졌기 때문이다.

역사적으로 아프가니스탄은 동서 교역로였던 실크로드 중간에 위치한다. 실크로드에 위치한 덕분에 아프가니스탄 일부 주요 도시들은 동양과 서양 문화의 연결 고리 역할을 하면서 성장했다. 동시에 교역로는 이민족과 제국이 아프가니스탄을 침공하는 고속도로 역할도 했다. 그러나 아프가니스탄은 무수히 많은 외세 침입에도 굳건하게 자신들의 고유한 산악 문화를 지켰다. 19세기 초부터 100여 년에 걸쳐 영국과 러시아가 아프가니스탄을 놓고 벌인 그레이트 게임 The Great Game에도 불구하고 식민지가 되지 않고 꿋꿋하게 버텼다.

1979년 구소련 침공 후 지금까지 아프가니스탄은 내전 중이다. 아프가니스탄 주민들은 구소련을 상대로 성전을 펼쳤고, 구소련은 1980년 패배를 인정하고 아프가니스탄에서 철수한다. 그다음이 문제였다. 구소련 철수 후 여러 종족과

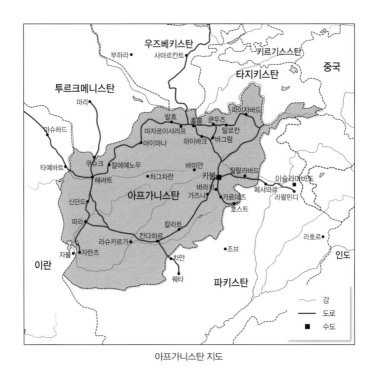

아프가니스탄 지도

종파 간 권력 투쟁은 내전으로 이어지고, 마침내 청년들로 구성된 탈레반 세력
이 정권을 잡아 이슬람 원리주의 정치를 펼치면서 혼란에 빠진다. 미국이 아프
가니스탄을 침공해 탈레반 정권은 붕괴됐지만 여전히 남부 지역을 중심으로 부
활을 모색하고 있다. 폐쇄적인 산악 민족 특성과 지정학적 위치 등을 고려할 때,
아프가니스탄 순항은 쉽지 않을 듯하다.

얄궂은 지리적 위치, 문명의 교차로에서 테러리스트의 은신처로

스티븐 태너Stephen Tanner는 자신의 저서 『아프가니스탄: 알렉산더 대왕에
서 탈레반까지의 전쟁사』에서 9·11 테러 이후 아프가니스탄이 주목받는 이유
를 지리적 조건으로 설명한다. 지형을 포함한 지리가 정보화·개방화·세계화
된 세계로부터 아프가니스탄을 고립·단절시켜 발생한 사건이라는 해석이다.

아프가니스탄 지형은 깊은 계곡과 해발 2,000~4,000m 이상의 높고 험준한 산지가 대부분이고, 이런 지리적 조건은 테러리스트들에게 서방 정보국 감시망을 피할 수 있는 최고 은신처를 제공했다. 탈레반 정권 보호를 받은 알카에다가 숨어 있기 좋은 장소였던 셈이다.

이렇듯 아프가니스탄이 테러리스트 은신처가 된 이유는 국토 3/4 정도가 산지이기 때문이다. 아프가니스탄 중앙에는 힌두쿠시Hindu Kush산맥이 동서 방향으로 자라 잡고 있다. 힌두쿠시산맥은 '세계의 지붕'이라고 불리는 히말라야 산맥과 연결되며, 파미르고원에서 남서 방향으로 카슈미르~파키스탄~아프가니스탄으로 이어진다. 힌두쿠시산맥 동서 길이는 약 900㎞, 남북 길이는 약 240㎞, 평균 고도는 4,500m이다. 힌두쿠시산맥 동쪽 끝자락 해발 1,797m에 수도 카불이 위치한다. 힌두쿠시산맥에서 뻗은 지맥과 연결된 산지만 해도 아프가니스탄 면적의 절반 정도를 차지한다. 그래서 아프가니스탄은 전형적인 산악 국가로 분류된다.

아프가니스탄은 고대 동양과 서양을 연결한 육상 실크로드 중 '남방 루트'의 중요한 길목이었다. 실크로드라는 용어는 독일 지리학자 페르디난트 폰 리히트호펜Ferdinand von Richthofen, 1833~1905이 처음 사용한다. 그는 1868년부터 1872년에 걸쳐 중국을 일곱 차례나 답사하고, 1877년에 그 결과를 5권으로 이루어진 『중국China』으로 펴낸다. 그는 제1권에서 중국 비단이 인도와 유럽으로 팔려 나간 길을 독일어로 '자이덴슈트라쎄Seidenstraße'라고 명명하고, 이 용어가 영어로 번역되어 실크로드Silk Road로 통용된다. 리히트호펜은 실크로드 영역을 중국에서 서투르케스탄West Turkestan과 인도 서북 지역까지 연결하는 도로로 한정하였지만 오늘날에는 중국에서 서쪽 유럽까지 비단이 팔려 나간 경로, 즉 아시아와 유럽을 잇는 교통로를 실크로드라고 통칭한다. 실크로드는 중앙아시아 오아시스 도시들을 연결하는 '오아시스길Oasis Road'이 주 통로였지만, 유라시아 초원 지대 도시들을 연결하는 '초원로(일명 스텝로Steppe Road)'와 중국 남부와 인도차이나, 인도반도, 아라비아해 등을 연결하는 '바닷길(일명

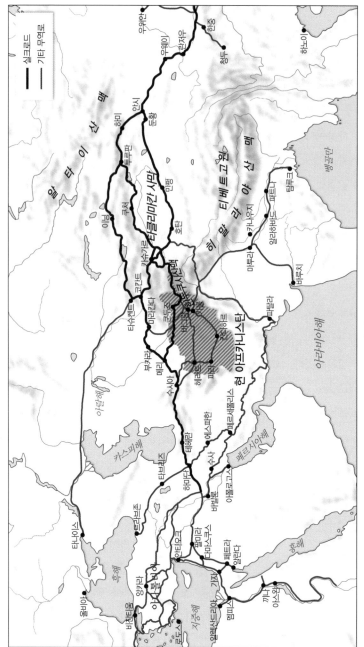

실크로드와 아프가니스탄(기원전 300년~기원후 100년)

분쟁의 세계지도

남해로)'까지 포함한 3대 통로를 실크로드로 총칭한다.

또한 아프가니스탄은 인더스강 유역과 우즈베키스탄 사마르칸트Samarkand를 남북으로 연결하는 교통로의 한복판에 해당한다. 중앙아시아 사마르칸트에서 인도로 내려오려면 힌두쿠시를 반드시 넘어야 한다. 힌두쿠시를 통과하는 유일한 방법은 산맥 북사면 끝자락 초원 지대에 위치한 북부 최대 도시 마자르이샤리프Mazār-i-Sharīf를 지나 바그람Bagram과 카불, 잘랄라바드, 힌두쿠시 동사면 끝자락 초원 지대에 위치한 페샤와르, 이슬라마바드 등을 거쳐 인더스강으로 접근하는 것이다. 중앙아시아 초원과 바로 연결되는 이 통로를 따라 몽골 제국 등이 손쉽게 아프가니스탄으로 들어왔다. 인도 불교도 이 통로를 따라 중앙아시아로 전파되었다고 해서 일명 '불타로buddha road'라고도 불렸다. 실크로드와 불타로는 고대 아프가니스탄에서 문물과 문명이 흐르는 고속도로 역할을 했다. 그런데 이 문명의 고속도로가 군대와 병력 이동을 용이하게 만들어 제국 침입로가 됐다는 사실은 흥미롭다.

아프가니스탄 바그람도 그런 도시 중 하나이다. 파르완주에 속하는 바그람은 힌두쿠시 북사면 중턱 해발 1,492m에 위치한다. 영국 역사가 아널드 토인비Arnold Toynbee가 "이라크에서 보면 구세계 길의 절반은 시리아 알레포Aleppo로 향하고, 나머지 절반은 아프가니스탄 바그람으로 향한다."고 말한 그 바그람이다. 고대에 알레포가 비잔틴과 연결되는 서쪽 관문이었다면, 바그람은 중국 시안西安으로 들어가는 동쪽 관문 역할을 하여 통행량이 많았다는 비유적 설명이다. 바그람은 아케메네스 왕조 페르시아 제국을 건설한 키루스 2세가 건설한 요새였다. 알렉산드로스도 아프가니스탄 헤라트~칸다하르Kandahar~카불~바그람~박트리아(지금의 발흐Balkh)를 거쳐 사마르칸트로 들어가고 바그람을 식민도시로 만들어 '캅카스에 있는 알렉산드리아Alexandria in the Caucasus'라고 명명한다. 1세기경 쿠샨 왕조 수도였으며, 1950년대에 비행장이 만들어진다. 1979년 구소련 침공 후에는 바그람에 구소련 공군기지가 있었고, 9·11 테러 후에는 미군이 사용하는 공군기지가 생겼다. 고대 도시 바그람이 중국으로 들어가는 동쪽 관문이었다면, 지금의 바그람에는 군사 비행장이 있다.

아프가니스탄은 페르시아 제국을 시작으로 그리스·아랍·몽골·티무르·무굴 제국 등과 이란 사파비 왕조 지배를 받는다. 그리고 19세기 약 100여 년에 걸쳐 영국과 러시아는 아프가니스탄을 놓고 대립하는 일명 '그레이트 게임'의 시기를 거친다. 20세기에 들어와서는 구소련과 미국이 각각 영향력을 행사했으며, 21세기에는 미국 영향권 내에 있다. 동양과 서양을 연결하고 중앙아시아와 인도반도를 각각 이어 주던 아프가니스탄의 지리적 조건이 어떤 시기에는 문명의 교차로 역할을, 또 다른 시기에는 제국들의 침입·침공로 역할을 담당했으며, 21세기에는 알카에다를 비롯한 이슬람 테러리스트들 은신처라는 새로운 역할을 하였다.

산악 국가라는 지리적 조건과 복잡한 종족 구성

아프가니스탄 정식 국명은 아프가니스탄이슬람공화국Islamic Republic of Afghanistan이다. 면적은 65만 2,864㎢로 한반도 크기의 세 배 정도이다. 아프가니스탄은 전형적인 내륙국으로 동쪽은 중국, 남쪽과 남동부는 파키스탄, 서쪽은 이란, 북쪽은 투르크메니스탄·우즈베키스탄·타지키스탄 등 6개 국가와 국경을 맞대고 있고, 국경선 길이가 약 5,826km에 이른다. 인구는 대략 3,500만 명2018이다. 아프간Afghan은 페르시아어로 '사나운' 또는 '조용하지 않는'이란 뜻이라고 한다.

아프가니스탄은 국토 전체 3/4 정도가 해발 1,000m 이상의 고원에 속한다. 힌두쿠시가 국토 중앙에 자리 잡고 있어 국토 중부·동부·동남부는 고산지대에 속하며, 이란과 국경을 접하고 있는 남서부에는 사막이 발달한다. 힌두쿠시 북사면 가장자리에 해당하는 북부는 중앙아시아 초원지대로 연결되는 저지低地이다. 경작 가능한 토지는 전체 국토 12% 정도에 불과하다. 국토 전역이 건조 기후에 속하고, 대륙성 기후 영향으로 기온 차가 크며, 연 강수량은 약 300㎜ 정도이다. 이런 열악한 지형과 기후는 인간 정주 생활을 어렵게 만들지만, 동시에 씨족과 협력하여 불리한 자연환경을 이겨 내고 살아가는 강한 생존 본능을 아프가니스탄 사람들에게 부여한 측면도 있다.

아프가니스탄 공용어는 아프간·페르시아어라고 하는 다리어Dari어와 파슈토어 2개이고, 모두 인도·유럽 어족의 인도·이란어파에 속한다. 다리어 계통 주민이 50%, 파슈토어 계통 주민이 35% 정도를 차지하고, 아프가니스탄 사람 대부분은 이 언어들을 구사할 줄 안다. 언어 분포는 지역적으로 뚜렷하게 구분되는데, 다리어는 힌두쿠시 중앙과 북사면에, 파슈토어는 힌두쿠시 남사면에 해당하는 남부와 남동부에 각각 분포한다. 11% 정도를 차지하는 우즈베크어와 투르크멘어는 북부 국경지대에 주로 분포한다. 종교는 수니파가 85~90%, 시아파가 10~15% 정도이다. 시아파 이슬람을 국교로 내세운 이란 사파비 왕조1502~1736가 지배했던 헤라트Herat주를 비롯한 서부 지역에 시아파가 많이 분포한다. 아프가니스탄 공식적인 종족 집단은 14개이다. 2013년 센서스 자료에 의하면, 파슈툰족(42%)이 가장 많고, 그다음으로 타지크족(33%), 하자라족(9%), 우즈베크족(9%), 아이마크족(4%), 투르크족(3%), 발루치족(2%) 등 순이다.

아프가니스탄 최대 종족 파슈툰Pashtuns족은 동부·남부 지역, 발루치스탄Baluchistan 북부, 이란·투르크메니스탄과 인접한 북서 변경 지역 등지에 분포하며, 대부분 이슬람 수니파에 속한다. 두 번째로 많은 타지크족은 타지키스탄과 인접한 북동부 지역과 카불·마자르이샤리프·헤라트·가즈니 등지에 분포한다. 타지크족은 파슈툰족보다 종족·씨족의 유대감이 상대적으로 약하다. 칭기즈칸의 후손 하자라Hazaras족은 13세기부터 아프가니스탄에 거주했고, 대략 350~520만 명 정도가 중앙 고원 지대에 분포하며, 이 일대를 '하자라족의 땅'을 뜻하는 하자리스탄Hazaristan이라고 한다. 하자라족은 이란 북동부(약 50만 명)와 파키스탄 발루치스탄(약 90만 명) 등지에도 약간 분포한다. 하자라족은 대부분 시아파이며, 종파가 다르다는 이유로 수니파를 믿는 파슈툰족 차별을 많이 받았다.

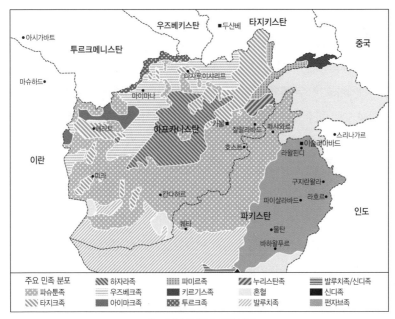

아프가니스탄 종족·언어 분포
출처: National Geographic

아프가니스탄에는 파슈툰족이 가장 많이 거주하여 아프가니스탄을 '파슈툰의 나라'라고 말하며, 파슈툰족을 '아프간족'이라고도 한다. 파슈툰족 전체는 아프가니스탄에 27%, 파키스탄에 61%가 거주하며, 파키스탄 전체 인구의 17% 정도를 파슈툰족이 차지한다. 그래서 힌두쿠시 남쪽 아프가니스탄과 인더스강 중류 파키스탄 일대를 '파슈투니스탄Pashtunistan'이라고 부른다. 파슈툰족은 기원전 1세기경 중앙아시아와 러시아 남부에 살던 유목 민족 스키타이가 힌두쿠시 남쪽으로 이주하여 아리안계 원주민과 혼혈된 종족이다. 파슈툰족의 용맹스러운 기질이 스키타이 유전자 때문이라는 설은 여기에서 유래한다. 파슈툰족은 종족과 씨족 관계를 매우 중시하며, 친족 집단에 피해를 준 상대자를 보복하는 것을 집단의 주요 덕목으로 간주하는 문화가 있다. 외세 침입에 굳건하게 맞서는 아프간 사람들의 용맹성은 이런 민족적 특성에 기인한다고 해도 틀리지 않다.

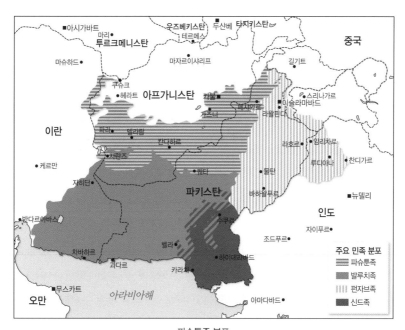

파슈툰족 분포
출처: U.S. Central Intelligence Agency

  파슈툰족은 크게 두 개의 씨족 집단, 길자이Ghilzai족과 두라니Durrani족으로
나뉘며, 이들은 서로 대립적 관계이다. 두라니족은 칸다하르 중심 남부 지역에,
길자이족은 카불 중심 동부 지역에 많이 분포한다. 두라니족 출신 아흐마드 샤
두라니Ahmad Shah Durrani, 약 1722~1772가 1747년 칸다하르를 수도로 '두라
니 왕국Kingdom of Afghan Tribes'을 건국한다. 두라니 왕국에 길자이족이 협조·
참여하면서 1762년경 북쪽으로 아무다리야Amu Darya강, 서쪽으로 이란 동부
마슈하드, 남쪽으로 파키스탄 발루치스탄, 동쪽으로 인더스강 상류 카슈미르,
중류 펀자브Punjab, 하류 신드Sind 지방까지 국경을 넓힌다. 오늘날 아프가니스
탄과 파키스탄 전역, 카슈미르와 이란 동부 지방을 지배하는 제국의 모습을 갖
춘 것이다. 1772년 샤 두라니가 사망한 후 수도가 칸다하르에서 카불로 옮겨지
고, 파키스탄 서쪽에 있는 페샤와르Peshawar가 겨울 수도로 정해진다. 이후 북
쪽 부하라 공국과 란지트 싱이 1799년 동쪽 인더스강 중류에서 건국한 시크 왕

국 등의 침입으로 1820년대 후반에는 지금의 카불과 파르반주 및 가즈니주 등으로 두라니 제국 영토는 대폭 축소된다.

중앙 산지와 고원을 중심으로 나뉘는 세 개 지방

아프가니스탄은 국토 중앙에 힌두쿠시가 자리 잡고 있어 동서 간 연결이 불편하다. 힌두쿠시 동쪽 카불에서 서쪽 헤라트를 관통하는 중앙도로가 있지만 간선도로 기능은 못 한다. 이 때문에 중앙부 고원지대를 피해 북쪽과 남쪽으로 우회하는 간선도로가 타원형 형태로 발달했으며, 이 도로를 따라 역사가 오래된 도시들이 분포한다. 수도 카불은 동쪽에, 2위 칸다하르는 남쪽에, 3위 헤라트는 서쪽에, 4위 마자르이샤리프는 북쪽 간선도로에 각각 위치한다. 남과 북 간선도로는 고대 실크로드의 아프가니스탄 지선支線 구간에 해당한다. 아프가니스탄 행정 구역은 수도 카불을 제외하고 34개 주Provinces로 구성되어 있다.

아프가니스탄은 지역적·역사적 특성에 따라 힌두쿠시 북사면에 해당하는 북부 지방, 중부 고원 지방, 힌두쿠시 남사면에 해당하는 남부 지방으로 구분된다. 북부 지방은 초원지대가 펼쳐지는 힌두쿠시 가장자리로 농경지가 많다. 고대 그리스 사람들이 옥수스Oxus강으로 불렀던 아무다리야강을 경계로 투르크메니스탄과 국경을 맞댄다. 북부 지방은 실크로드의 '북로'에 해당하는 곳으로 역사가 오래된 도시들이 많다. 중심 도시 마자르이샤리프는 이슬람교 제4대 칼리프 알리 무덤이 발견되었다는 전설 때문에 시아파 성지 중 하나이며, 탈레반과 노선을 달리하는 '북부 동맹' 중심지이다. 마자르이샤리프 서쪽에는 박트라Bactra로 알려진 조로아스터교 중심지 발흐가 있다. 일설에 의하면 발흐는 알렉산드로스가 기원전 327년경 박트라 왕국 공주 록사나와 결혼식을 올렸던 곳으로 알려졌고, 알렉산드로스 사후 그리스인이 세운 박트리아BC 246~138의 수도였다. 마르코 폴로는 『동방견문록』에서 "발흐는 훌륭하고 거대한 도시이지만, 침략자들이 약탈하고 파괴했다."고 적고 있다. 투르크메니스탄과 국경을 이루는 파르야브주의 주도 마이마나Maymanah는 새끼양 모피 산지로 유명하다.

중부 고원 지방은 하자라족이 많이 거주한다. 동쪽에는 수도 카불이, 서쪽에는 제3의 도시 헤라트가 위치한다. 고대 실크로드에 위치한 카불에는 약 450만 명2016이 거주하며, 1774년 이후 아프가니스탄의 수도 역할을 하고 있다. 카불은 타원형 간선 교통로 오른쪽 끝에 위치하기 때문에 카불을 점령하면 간선도로상에 위치한 주요 도시들을 차지하는 것이 어렵지 않다. 하지만 카불 동서남북 방향에 관문 역할을 하는 4개 도시, 바그람(북), 잘랄라바드(동), 가즈니(남), 바미안(서) 등이 있어 점령이 쉽지 않다. 바미안Bamyan은 하자라족의 대표적인 거점 도시이다. 중부 지역에는 아프가니스탄과 미국이 공동으로 사용하는 바그람 공군기지가 있으며, 중부 지역 서쪽 끝에는 '풍부한 물이 흐르는 하천'이라는 뜻을 가진 고도古都 헤라트가 하리루드강과 인접해 있다. 헤라트는 고대 실크로드에서 중요한 역할을 한 교역 도시였고, 사마르칸트에 이어 티무르 제국의 두 번째 수도였던 곳으로 타지크족이 많이 거주한다.

남부 지방은 실크로드 '남로'가 통과하는 구간이다. 파슈툰족이 많이 분포하며, 인접한 파키스탄의 발루치스탄에는 발루치족이 거주한다. 중심 도시는 탈레반 세력의 근거지인 칸다하르이다. 칸다하르는 알렉산드리아가 건설한 식민 도시로 고대에는 '아라코시아의 알렉산드리아Alexandria in Arachosia'로 불렸으며, 두라니 제국 수도였다. 2001년 개봉된 영화 〈칸다하르Safar E Ghandehar, 2001〉 배경이 된 곳이며, 지금도 부활을 모색하는 탈레반 세력의 중심 도시 역할을 하고 있다.

매킨더와 머핸 주장과 지리적 요충지로서 아프가니스탄

영국 출신 세계적인 지리학자인 해퍼드 매킨더Halford Mackinder, 1861~1947는 런던에서 발행된 『지리학 잡지The Geographical Journal』 1904년 12월호에서 "역사에서 본 지리적 주축The Geographical Pivot of History"이라는 논문을 발표한다. 매킨더는 논문에서 "중유럽과 동유럽을 지배하는 자가 유라시아 심장

지역Heartland를 지배하고, 심장지역을 지배하는 자가 세계 섬을 지배하고, 세계 섬을 지배하는 자가 세계를 지배한다."고 주장한다. '역사의 지리적 주축' 개념에 기초한 '심장지역이론Heartland Theory'이다. 지정학 창시자라고 일컬어지는 매킨더가 말한 심장지역은 우크라이나에서 중앙 시베리아고원까지 이르는 중앙 저지대를 말한다. 우크라이나 서쪽 루마니아와 경계를 이루는 카르파티마산맥에서 동쪽으로 드네프르강~돈강~볼가강~이르티시강~예니세이강을 지나 중앙 시베리아고원에 이르는 영역으로, 우랄산맥을 제외하면 편평한 평야와 구릉성 지형이 연속적으로 펼쳐지는 초원지대이다.

당시 유라시아 심장부를 차지한 국가는 러시아 제국이었다. 매킨더 논리에 따르면 러시아 제국이 세계를 제패할 수 있는 잠재적 국가였던 셈이다. 그러나 러시아는 매킨더가 말한 지정학적 이점을 누릴 수 없었다. 러시아 해군이 바다로 자유롭게 드나들 수 있는 해로가 제한적이었고, 발트해와 흑해에 해군 기지를 확보하였지만 이곳을 통해 대서양과 지중해로 진출하기가 쉽지 않은 상황이었다. 그래서 러시아는 차선책으로 페르시아나 아프가니스탄을 거쳐 인도양으로 나가는 통로를 확보해야 했다. 그렇게 해야 세계의 섬을 지배할 수 있었기 때문이다. 러시아가 가진 지리적 숙명을 극복하기 위해서는 어쩔 수 없는 일이었다.

매킨더와 같으면서 약간 다른 견해를 주장하는 지정학자가 있다. 미국 해군 대령 출신 앨프리드 머핸Alfred Mahan, 1840~1914은 어떤 국가가 제국으로 발돋움하려면 육지 세력보다 해양 세력이 중요하다는 인식을 갖는 전쟁사학자였다. 그는 영국이 해상 무역을 위한 제해권을 확보해 다른 국가보다 산업혁명을 먼저 시작할 수 있었다고 주장하였다. 머핸은 1890년 펴낸 『해양력이 역사에 미치는 영향The Influence of Sea Power Upon History, 1660~1783』이란 책에서 강력한 해군력을 보유한 국가가 세계를 지배하는 제국으로 부상할 수 있다는 해양 지향의 지정학을 주장하고, 제국의 지리적 주축은 유라시아 심장지역이 아니라 인도양과 태평양이라고 강조한다.

사실 러시아 제국은 해군 중요성을 일찍부터 간파했다. 매킨더의 심장지역이론과 머핸의 인도양 중시 지정학이 발표되기 이전부터이다. 러시아는 큰 바다로 나가기 위해서는 부동항이 필요하다고 판단한다. 스페인과 영국처럼 제해권을 갖는 제국으로 부상하기 위해서는 러시아 지리의 한계인 부동항이 필요하다고 인식한 것이다. 표트르 대제가 1700년대 초 발트해 상트페테르부르크로 진출하고, 1783년 예카테리나 2세가 흑해에 있는 크림반도를 러시아로 합병시킨 것은 러시아의 지리적 한계를 극복하려는 시도였다고 해도 틀리지 않다.

한편 중앙아시아에 대한 러시아 제국의 지배권 강화는 알렉산드르 1세재위 1801~1825부터 시작된다. 카잔 칸국과 아스트라한 칸국을 정복한 이반 4세재위 1533~1584를 시작으로 이후 러시아 황제들은 중앙아시아 내부로 깊숙이 진격한다. 1783년 크림반도를 자국 영토로 편입시킨 러시아 제국은 이후 페르시아 제국 영향권 아래에 있는 중앙아시아로 눈을 돌린다. 1830년대에 접어들어 중앙아시아로 세력을 뻗친 러시아와 인도반도에서 식민지 개척을 추진하던 영국과 긴장·경쟁 관계가 형성된다. 특히 영국은 자국 식민지 인도가 러시아 중앙아시아 국가와 국경을 접하지 않기 위해서는 중간에 완충지대를 만들어야 한다는 인식을 하게 된다. '그레이트 게임'은 이런 지정학적 인식에서 출발한다.

그레이트 게임의 완충지대, 아프가니스탄

1804년 페르시아는 캅카스 일대를 차지할 목적으로 러시아를 상대로 전쟁을 벌인다. 페르시아는 프랑스에 지원을 요청하지만 거절당하자 인도로 진출하려는 유럽 국가를 막아 준다는 조건으로 영국에 손을 내민다. 영국 지원을 받은 페르시아는 러시아와 제4차 러시아-페르시아 전쟁1804~1813을 벌인다. 하지만 예카테리나 2세 계승자를 자처한 손자 알렉산드르 1세가 전쟁에서 승리하고, 1813년 10월 굴리스탄 조약이 체결된다. 아제르바이잔·다게스탄·동조지아 등의 영유권과 카스피해 권리를 러시아에게 양도한다는 내용이었다. 절치부심한 페르시아는 다시 제5차 러시아-페르시아 전쟁1826~1828을 일으키지만 역시

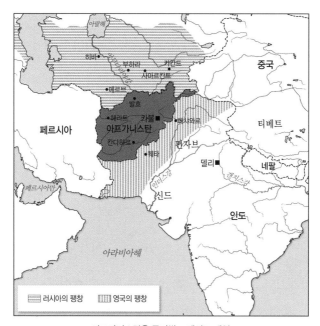

아프가니스탄을 둘러싼 그레이트 게임
출처: 스티븐 태너, 2010, 『아프가니스탄: 알렉산더 대왕부터 탈레반까지의 전쟁사』, p.208

러시아에 패한다. 이후 중앙아시아에 분포하는 소왕국들은 러시아 제국으로 편입된다.

영국은 중앙아시아로 세력을 확장하는 러시아 제국에 긴장한다. 러시아가 남진해 인도양으로 진출하는 것을 차단하는 방책이 필요했다. 러시아가 힌두쿠시를 넘어 인도양으로 진출하면 1767년 이후 영국 동인도회사가 관리하는 인도의 안전에 문제가 생긴다고 판단한 것이다. 대안은 러시아와 인도 사이에 완충지대를 설정하는 것이었다. 영국은 높고 험준한 산악 지형으로 이루어진 힌두쿠시가 완충 역할을 할 수 있는 최적의 지리적 조건을 가지고 있다고 판단한다. 이를 위해 영국은 아프가니스탄을 자국 영향권으로 편입시키는 전략을 취한다. 동서 문명의 교차로에서 영국령 인도를 보호하는 완충지대로 그 역할이 전환되는 역사적 시점에 직면한 것이다. 19세기부터 20세기 초까지 100년간에 걸쳐 대영 제국과 러시아 제국이 힌두쿠시를 포함한 중앙아시아 패권을 차지하기 위해 벌인 경쟁과 다툼, '그레이트 게임'은 이렇게 시작된다.

1837년경 아프가니스탄 지배권을 놓고 러시아와 영국은 외교적·군사적 긴장 관계를 연출한다. 위기를 감지한 영국은 아프가니스탄 침공을 결정한다. 『아프가니스탄』을 쓴 스티븐 태너는 이 역사적 사건을 "마르코 폴로 이후 세계에 닫혀 있던 은둔의 땅이 열리는 순간"이라고 말한다. 1838년 지금의 파키스탄 신드Sind를 출발한 영국 원정대는 칸다하르를 거쳐 1839년 8월경 카불에 입성한다. 카불을 점령한 영국은 카불 일대에서 일정한 세력을 형성하던 도스트 무함마드Dost Muhamad에게 통치권을 위임하고 1842년 1월 카불에서 철수한다. 그런데 철수 과정에서 영국군 제44이스트 에섹스 보병 연대 소속 4,500여 명과 인도인 군인·가족 등을 포함한 1만 2,000여 명이 몰살당하는 영국 육군 전쟁사상 최악의 사건이 발생한다. 이에 따라 제1차 영국−아프가니스탄 전쟁1838~1842에서 카불을 점령했지만 실패한 전쟁으로 기록된다.

러시아는 흑해 크림전쟁1853~1856에서 오스만 제국과 영국 등 연합군에 패한 후 중앙아시아를 거쳐 인도양으로 진출을 시도한다. 이를 위해 1865년 우즈베키스탄 타슈켄트Toshkent 차르에게 항복을 받아 내고 1868년 사마르칸트와 산스크리트어로 사막을 뜻하는 부하라Buxoro를 점령하고, 1870년에는 우즈베키스탄 서쪽 호레즘주의 주도 히바Khiva까지 확보한다. 1873년경 러시아는 아프가니스탄 국경까지 세력 범위를 넓힌다. 또한 러시아는 중앙아시아에 대한 지배를 강화하기 위해 여러 도시를 연결하는 철도를 건설하고, 1886년경 실크로드 중심 도시 투르크메니스탄 메르브(지금의 메리Mery)까지, 1888년경 사마르칸트까지 철도를 연결한다. 1857년 인도에서 발생한 '세포이 항쟁' 후 인도를 직할 통치하는 영국 입장에서는 러시아 남진을 두고 볼 상황이 아니었다. 영국은 1878년 11월 아프가니스탄에 대한 자국 영향력을 강화하기 위해 카불을 다시 침공한다. 제2차 영국−아프가니스탄 전쟁1878~1880이 시작된 것이다. 많은 영국군 사상자가 발생하지만, 아프가니스탄은 영국 보호령이 된다. 그리고 제3차 영국–아프가니스탄 전쟁1919 후 아프가니스탄은 외교권을 되찾아 독립하면서 그레이트 게임은 종료된다.

현재 아프가니스탄 국경선, 특히 파키스탄 쪽 국경선은 그레이트 게임의 결과물이다. 북쪽 '~탄' 나라들과 서쪽 이란 쪽 국경선은 하천을 경계로 그어졌기 때문에 별다른 문제가 없다. 북쪽 경계는 파미르고원에서 발원해 아랄해로 들어가는 약 2,540㎞ 길이로 중앙아시아에서 가장 긴 아무다리야강이다. 서쪽 국경은 힌두쿠시산맥 북서부 코이바바산에서 발원해 투르크메니스탄으로 들어가는 하리루드Hari Rud강이다. 하지만 남동쪽 파키스탄과 접한 국경선은 그렇지 않았다. 파슈툰족 분포를 고려하지 않고 인도 식민지 통치에 유리한 방향으로 국경선이 획정되었기 때문이다.

아프가니스탄과 파키스탄 간 국경선을 일명 '듀랜드 라인Durand Line'이라고 한다. 영국령 인도의 외무장관 모티머 듀랜드Mortimer Durand, 1850~1924가 설정했다고 해서 붙여진 이름이다. 1893년 듀랜드는 아프가니스탄 국왕 압둘 라흐만과 약 2,640㎞에 달하는 국경선 협약을 맺는다. 인더스강 양안에 분포하는 파슈툰족을 고려하지 않고 토바 카카르Toba Kakar산맥을 따라 국경선을 획정한다. 그 결과 듀랜드 라인은 파슈툰족 거주지 한복판을 가로질러 동북–남서 방향으로 그어졌다. 파슈툰족 분포보다도 인도를 방어하는 영국군의 작전 수행 용이성을 고려한 결정이었다. 그리고 북동쪽 일명 '아프가니스탄의 손가락'으로 불리는, 길이 350㎞ 남북 넓이 13~65㎞의 와칸 회랑Wakhan Corridor은 타지키스탄과 파키스탄를 분리하는 영역으로, 영국령 인도와 러시아가 지배하는 타지키스탄 간 국경이 맞닿지 않게 하기 위해 설정한 인위적인 완충지대이다. 현재 아프가니스탄 바다흐샨Badakhshan주에 해당하는 와칸 회랑은 제국주의 국가들이 자기들 마음대로 국경을 획정한 대표적인 사례로 꼽힌다.

1979년 구소련 침공과 철수, 지금도 진행 중인 내전

1947년 파키스탄이 영국에서 독립하자, 아프가니스탄은 파키스탄에게 듀랜드 라인의 재획정을 요구하지만 동의를 얻지 못한다. 또한 아프가니스탄 파슈 툰족은 파키스탄에 사는 파슈툰족과 함께 '파슈투니스탄' 창설을 제안하지만 이 또한 성사되지 못한다. 영국이 인도반도에서 철수하자 구소련은 아프가니스 탄에 대한 영향력을 행사하고, 아프가니스탄에 친러시아 정권을 수립하려고 노 력한다. 그레이트 게임에서 영국에게 뒤처졌던 당시 상황을 역전시켜 보려는 의도가 내포되어 있었던 것이다.

아프가니스탄은 1972년까지 기존 왕조 체제가 유지되지만, 1973년 국왕 친 족인 모하메드 다우드Mohammed Daoud 전 총리가 쿠데타를 일으켜 '아프가니 스탄민주공화국'을 수립한다. 친소 성향을 보인 다우드 대통령은 1977년부터 자주 노선을 선언하고 친소 성향 공산당원을 대거 숙청한다. 이에 친소 성향의 일부 장교들이 1978년 4월 쿠데타를 일으켜 다우드 정권을 무너뜨리고 타라키 정권을 내세우고, 1979년 9월에 다시 쿠데타가 일어나 아민 정권이 수립된다. 이런 상황에 1979년 이란에서는 이슬람 혁명(일명 이란 혁명)이 성공하고, 이에 영향을 받은 아프가니스탄 사람들은 구소련을 상대로 반란을 자주 일으킨다. 러시아 입장에서는 아프가니스탄에 대한 영향력도 행사하고, 이란에서 성공한 이슬람 혁명 물결이 중앙아시아 국가들을 거쳐 러시아 남쪽 변경 지역으로 확 산되는 것을 차단할 필요를 느낀다. 그렇게 하기 위해 구소련은 아프가니스탄 을 침공한다.

1979년 12월 구소련군은 카불에 입성한다. 친러시아 카르말 정권이 수립되 지만, 1980년 3월부터 아프가니스탄 내 다수 온건파와 수니파 원리주의자들이 '이슬람 전사'라는 뜻의 '무자헤딘Mujahidin'을 결성해 구소련을 상대로 성전을 펼친다. 이슬람 원리주의자들이 주축인 무자헤딘은 전 세계에서 활동하는 이 슬람 원리주의자들에게 성전 참여를 촉구하고, 많은 지하디Jihadi(지하드를 수 행하는 사람)들이 대거 아프가니스탄으로 들어온다. 알카에다Al-Qaeda를 만 든 오사마 빈라덴Osama Bin Laden과 그의 정신적 스승 압둘라 아잠Abdullah Azzam도 같은 이유로 아프가니스탄으로 들어와 무자헤딘에 참여한다. 특히 두 사람은 1982년 시리아에서 발생한 '하마 사태'로 난민 신세가 된 '시리아 지하디'를 자신이 만든 군사 학교에 입교시키고 훈련시켜 무자헤딘이 벌이는 성전에 투입한다. 아프가니스탄의 험준한 산악 지형과 깊은 계곡은 아프간 사람들이 성전을 치르기에 최적의 자연적 조건을 제공했다.

1989년 2월 구소련은 아프가니스탄에서 철수하기로 결정한다. 무자헤딘에 구소련이 굴복한 것이다. 여러 요인이 복합적으로 작용해 구소련은 무자헤딘을 제압하지 못하였다. 깊은 계곡과 높은 산지로 이루어진 지형적 조건, 지하드를 수행한다는 종교적 임무, 파슈툰족을 비롯한 산악 민족 특유의 용맹성과 상무尚武 정신, 러시아에 대한 역사적 감정 등이 복합적으로 작용한 결과이다. 특히 파슈툰족은 역사적으로 러시아인에 거부감을 갖고 있었고, 레닌과 스탈린의 사회주의 정치를 피해 이주해 온 북부 지역에 사는 타지크인과 우즈베크인도 마찬가지였다. 이 때문에 구소련 군대가 아프가니스탄을 손아귀에 넣겠다는 발상은 근본적으로 성취가 불가능한 것이었는지도 모른다. 그레이트 게임 당시 영국이 아프가니스탄을 식민지로 만들지 못한 역사가 러시아에게 그대로 재현된 것이라 해도 틀리지 않다.

하지만 구소련군의 철수는 아프가니스탄을 내전의 소용돌이로 빠지게 만들었다. 구소련군 철수 이후 무자헤딘에 참여한 제 정파·종파 간 권력 쟁탈전이 벌어졌기 때문이다. 1994년부터 남부 칸다하르를 중심으로 세력을 키운 탈레반Taliban이 등장하면서 내전 방향은 보수 이슬람 세력과 이슬람 원리주의 세력 간 대립으로 증폭된다. 마침내 탈레반이 1996년 9월 카불을 점령하면서 '탈레반의 아프가니스탄'이 수립된다. 탈레반이 정권을 장악하자 시아파는 북부 도시 마자르이샤리프를 거점으로 '북부 동맹(일명 아프가니스탄 구국 이슬람 통일전선)'을 결성해 내전을 계속 이어 간다.

탈레반은 파슈토어로 '학생 조직'을 뜻하며, 정통 이슬람국가 건설을 지향한다. 탈레반이 내건 샤리아법이 행해지는 정통 이슬람국가 건설에 전 세계 이슬람 원리주의자들이 환호하고 적극 지원한 배경이 여기에 있다. 정권을 쟁취한 탈레반 세력은 '도덕심 함양과 악덕 행위 방지부'라는 정부 조직을 만들어, 이슬람 율법의 전면적 시행, 주류·마약 판매 금지, 여성의 부르카(온몸을 감싸는 옷) 착용 의무화, 여학교 폐쇄, 여성 공직 참여 금지, 석불(불상) 파괴 등 급진적인 정책을 취한다. 이런 정책에 대한 아프가니스탄 사람들 평가는 찬반으로 엇갈린다. 그러나 2001년 9·11 테러 후 미국이 아프가니스탄을 침공하면서 탈레반 정권은 붕괴한다.

　2004년 10월 미국과 서방 세계 지원을 받은 새 정부가 아프가니스탄에 탄생한다. 그리고 칸다하르 출신 파슈툰족인 하미드 카르자이Hamid Karzai가 대통령으로 선출된다. 1979년 구소련 침공 이후 거의 20여 년 만에 평화가 정착되고, 여성들 사회 참여도 재개되며, 폐쇄된 학교도 다시 문을 연다. 국가 재건을 위한 다양한 경제 개발 사업도 진행된다. 하지만 2006년 이후 탈레반 세력이 남부 지역을 중심으로 부활하면서 현재 아프가니스탄은 정부가 관할하는 카불과 북부 지역, 탈레반이 영향력을 행사하는 중·남부 지역으로 사실상 나뉘어져 있

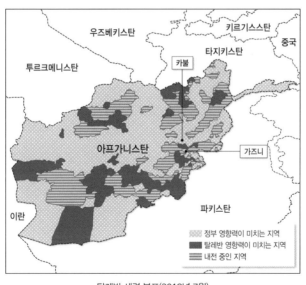

탈레반 세력 분포(2018년 7월)
출처: BBC

다. 알카에다 지도자 오사마 빈라덴은 2011년 5월 미국에 의해 사살된다.

아프가니스탄은 지금도 내전 중이다. 정부군 및 정부를 지원하는 다국적 연합군이 탈레반 세력을 상대로 전투를 이어 가고 있다. 탈레반 세력 영향권은 남부·중부 지역으로 한정되지만 국토 면적 30~40%가 탈레반 손아귀에 있는 상황이다. 탈레반 세력을 완전히 소탕하는 것은 어려울 수 있다. 이는 아프가니스탄의 역사적 현실이다. 미국은 2015년부터 아프가니스탄에 주둔하는 병력 철수를 계획했지만 여의치 않아 철수를 미룬 상태이다. 내전이 오랜 기간 지속되면서 미국을 비롯한 서방 세계 관심이 줄어들고 있다. 긴 내전으로 아프간 사람들도 고통을 받고 있다. 생계를 위해 어린 딸을 내다 판다는 뉴스는 세계인들 가슴을 아프게 하였다. 우리나라는 2002년부터 2007년까지 아프가니스탄에 다산부대와 동의부대를 파견해 치안과 경비를 담당하기도 했다.

세계적인 석학 아널드 토인비가 말한 것처럼, 아프가니스탄은 고대 동서 문명을 연결하는 고속도로의 오른쪽 톨게이트였다. 그리고 인도반도에서 중앙아시아 초원지대로 확산된 불교 확산의 주요 루트였고, 그레이트 게임의 현장이었다. 열악한 자연적 조건에도 불구하고 강한 종족·씨족 공동체 의식을 바탕으로 특유의 산악 민족 문화를 꽃피운 아프가니스탄 사람들은 '아프가니스탄의 지리'가 만든 운명의 덫에서 여전히 헤어 나오지 못하고 있다. 지리적 조건이 부여하는 숙명의 그늘에서 벗어나려면 그 땅을 떠나면 그만이다. 하지만 그렇게 할 수 없는 것이 아프가니스탄 사람들의 숙명이다.

Chapter
07

인도네시아
세계 최대 도서 국가에서 벌어지는 분리주의

인도네시아는 세계 4위 인구 대국大國이고, 면적은 세계 15위이다. 1만 7,000여 개의 섬으로 구성된 인도네시아가 하나의 국가가 될 수 있었던 것은 이 일대를 네덜란드가 단독 식민지로 점령하였기 때문에 가능했다. 만약 유럽 열강들이 수마트라Sumatra·자바Java·칼리만탄Kalimantan·술라웨시Sulawesi·이리안자야Irian Jaya(지금의 파푸아) 등 5개 섬을 사이좋게 나눠 가졌다면 인도네시아라는 세계 최대 도서 국가는 오늘날 지도책에 존재하지 않을 것이다.

포르투갈은 인도양 무역로를 개척하고 향신료 보고로 알려진 말루쿠Maluku 제도에 가장 먼저 도착한다. 포르투갈이 기독교 포교와 브라질 식민지 개척에 치중하면서 네덜란드 무역상들이 향신료 무역에 참여할 틈새가 생긴다. 네덜란드 동인도회사는 말루쿠 일대를 장악하고 자바섬에 바타비아(지금의 자카르타)라는 요새를 만들어 포르투갈·스페인·영국 등을 배제시키면서 인도네시아를 자국 식민지로 편입한다. 그리고 네덜란드는 인도네시아를 식민 통치하는 과정에서 철저하게 도서별 분리 정책을 취한다.

세계 최대 도서 국가인 인도네시아 지리는 본질적으로 도서별 차이성과 분열성을 조장하는 속성을 내포한다. 1만 7,000여 개 섬에 300여 종족이 살고, 700여 언어가 통용되며, 섬 내에 분포하는 종족들 역사와 문화가 각각 달라서 그렇다. 이슬람이라는 종교적 동질성이 있지만, 종족 간 이질성을 통합시키지는 못

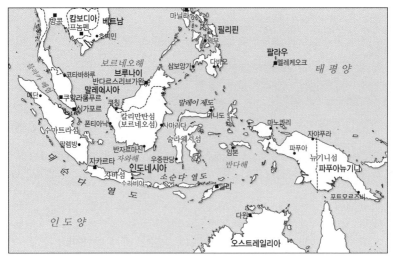

인도네시아 지도

했다. 다도서·다종족·다종교의 땅을 통합된 하나의 독립 국가로 출범시켰으니 분열과 갈등이 나타나는 것은 당연하다. 아체와 이리안자야가 독자적인 종족 국가를 만들려는 이유가 여기에 있다.

동방으로 가는 '빗장의 열쇠'였던『동방견문록』

『동방견문록』의 원래 제목은『세계의 서술Le Divisament dou Monde』이다. 마르코 폴로Marco Polo가 1298년 이탈리아 제노바 감옥에서 피사 출신 이야기 작가 루스티첼로Rustichello에게 구술한 내용으로, 유럽에서는 "마르코 폴로의 여행기The Travels of Marco Polo"로 알려졌다. 마르코 폴로는 1254년 이탈리아 베네치아에서 동방 무역에 종사하는 상인 아들로 태어난다. 아버지가 무역을 위해 다른 도시를 방문하고 없을 때 어머니까지 타계해 그의 유년 생활은 어려웠다. 마르코 폴로는 쿠빌라이 칸재위 1260~1294이 로마 교황에게 보내는 사신 자격으로 다시 베네치아로 돌아온 아버지(니콜로 폴로)와 삼촌(마페오 폴로)을 1269년 처음 만난다. 그의 나이 15세였다.

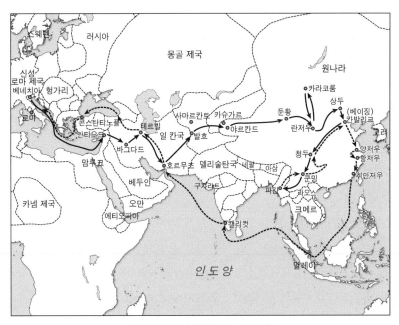

마르코 폴로 이동 경로(1271~1295년)
출처: ⓒSY_Wikimedia Commons

1271년 17세였던 마르코 폴로는 아버지와 삼촌을 따라 중국으로 향한다. 베네치아를 출발해 배로 지금의 이스라엘 아크레Acre에 도착한 후 육상 실크로드 루트를 이용한다. 터키 아나톨리아고원과 이란의 타브리즈·케르만을 거쳐 호르무즈 해협에 도착한다. 인도양을 통과하는 해로를 모색하지만 여의치 않자 육로를 택해 호르무즈에서 북동쪽으로 방향을 틀어 아프가니스탄의 헤라트·발흐를 거친다. 파미르고원을 넘어 중국의 카슈가르Kashgar(카스Kashi라고도 함)·란저우르州·내몽골 상두商都를 거쳐 마침내 1274년 여름 베이징에 도착한다. 베네치아를 출발한 지 3년 6개월 만이었다. 이후 마르코 폴로는 쿠빌라이 신하로 17년간 생활한다. 중국에 체류하는 동안 미얀마 파간Pagan Kingdom을 비롯해 항저우·광저우·시안 등지를 방문한다. 특히 마르코 폴로는 『동방견문록』에서 중국 항저우를 '하늘의 도시'라고 칭송한다.

마르코 폴로 일행은 지금의 이란과 이라크 일대에 만들어진 일 칸국1256~

1335으로 시집가는 원나라 공주를 호송하는 사절단 일원으로 1292년 중국 취안저우泉州에서 출발한다. 싱가포르와 말라카 해협(지금의 믈라카 해협), 인도 코일루(지금의 콜람kollam)·뭄바이 등을 거쳐 약 21개월 만에 이란 호르무즈에 도착한다. 이후 육상 실크로드를 따라 이란 케르만, 터키 트라브존과 콘스탄티노플 등을 거쳐 1295년 그의 나이 45세 때 베네치아로 다시 돌아온다. 베네치아와 제네바 간 전쟁으로 1298년 제노바 감옥에 갇히게 되고 그곳에서 『동방견문록』이 만들어진다. 1299년 감옥을 나와 무역업에 종사하지만 사업은 번창하지 못한 것으로 알려졌고 70세이던 1324년 사망한다.

13세기 유럽에서는 동양에 대한 정보가 많이 부족했다. 1230년대부터 행해진 몽골의 중앙아시아와 동유럽 침공 이후, 동서 교통로가 많이 정비되었다. 그 결과 몽골 군대 이동로였던 실크로드를 따라 동양의 비단, 향신료, 도자기, 금·은 세공품 등이 서양에 본격적으로 소개된다. 뿐만 아니라 상인과 여행객 이동이 이전보다 훨씬 자유로워지면서 동양에 대한 상세한 정보가 서양으로 많이 흘러들어 간다. 이런 시대적 상황에서 출판된 『동방견문록』은 풍부한 지리적 지식과 상상력을 바탕으로 동방 여행과 무역에 뛰어들려는 탐험가들에게 최고의 '동양안내서'였다.

물론 당시 유럽에는 『동방견문록』 외에도 인기가 많았던 책이 여럿 있었다. 1세기에 활동했던 그리스 시대 수학자·천문학자·지리학자인 프톨레마이오스Ptolemaeus가 쓴 『지리학』을 비롯하여 대주교였던 피에르 다이Pierre d'Ailly, 1350~1420의 『세계의 모습』, 에네아 실비오 피콜로미니Enea Silvio Piccolomini (후에 교황 비오 2세로 취임1405~1464)의 『세계지誌』, 플리니우스Gaius Plinius, 23~79의 『박물지』 등이 그것이다. 하지만 실크로드에 위치한 주요 도시의 지리적 위치와 다양한 특산물을 소개한 『동방견문록』은 유럽 사람 호기심을 유발하고, 도전적인 탐험가들에게는 미지의 장소로 안내하는 역할을 하였다. 실제로 크리스토퍼 콜럼버스는 『동방견문록』에 밑줄을 긋고 여백에 메모를 하면서 수차례에 걸쳐 읽었고, 황금이 가득한 '지팡구Chipango(지금의 일본)'에 관심을 가졌다고 한다. 콜럼버스는 서쪽을 돌아 인도로 가는 항로 개척을 시도하고, 결국 서인도 제도에 도착한다. 콜럼버스 신대륙 발견에 위협을 받은 포르투갈은 인도양 항로 개척에 보다 진력한다. 결과적으로 마르코 폴로의 『동방견문록』은 유럽 사람들에게 동방으로 가는 '빗장'을 여는 열쇠가 됐다.

대항해시대를 주도한 이베리아반도의 포르투갈

이베리아반도 남쪽 끝에 위치한 포르투갈 수도 리스본에는 관광객이 필히 들려야 하는 관광명소 세 곳이 있다. 벨렝탑, 제로니무스 수도원, 발견의 탑 등이 그곳이다. 이들 관광명소는 모두 인도양 항로를 개척해 이베리아반도의 변방이었던 포르투갈을 유럽의 중심 국가로 등장시키는 데 1등 공신 역할을 한 탐험가 바스쿠 다가마와 관련된 관광지이다.

'테주강의 귀부인'이란 별칭을 가진 벨렝탑Torre de Belém은 테주Tejo, 영어 Tagus강 하구 한가운데 세워져 있었으며, 바스쿠 다가마가 인도양 항로를 개척한 위대한 업적을 기념하기 위해 국왕 마누엘 1세Manuel I, 재위 1495~1521가 1514~1519년경 만든 석조 건축물이다. 벨렝탑 인근에 있는 제로니무스 수도원은 엔히크와 바스쿠 다가마의 위대한 업적을 기리기 위해 만든 예배당 겸 해양 박물관으로 바스쿠 다가마 석관 무덤도 수도원 내에 있다. 근처에 있는 발견의 탑Padrão dos Descobrimentos은 엔히크 왕자 탄생 500주년을 기념하기 위해 1960년에 만든 랜드마크이다. 조각물에는 엔히크 왕자를 선두로 국왕 알폰소 5세, 바스쿠 다가마, 페드루 알바르스 카브랄, 페르디난드 마젤란 등 항해가와 이들을 도와준 천문학자·지리학자를 포함해 '발견의 시대'를 주도했던 32명 인물이 새겨져 있다. 이처럼 리스본은 '바스쿠 다가마의 도시'라 표현해도 과언이 아니다.

15세기 포르투갈 왕들은 영토 확장, 향신료 무역 독점을 위한 새로운 교역로 확보, '프레스터 존'의 나라 탐색 등을 목적으로 아프리카와 인도양 탐험을 적극 장려한다. 탐험 활동 중심에는 주앙 1세재위 1385~1433의 셋째 아들 엔히크

1418~1460가 있었다. 주앙 1세는 엔히크에게 이슬람 무역 중심지였던 아프리카 모로코 세우타Ceuta(지금의 스페인령)를 점령하도록 명령을 내리고, 엔히크는 1415년 세우타를 점령한다. 세우타를 점령한 포르투갈은 이슬람 상인들로부터 아프리카 지리와 해안에 대한 정보를 얻고, 장기 항해에 대한 자심감도 갖게 된다. 세우타 점령으로 포르투갈은 대서양을 자국 바다로 만드는 작업의 첫 번째 관문을 통과하게 된다.

이후 엔히크는 포르투갈 남단 사그르스Sagres에 항해학교·조선소·지도제작소 등을 만들어 아프리카를 넘어 동방으로 가는 새로운 교역로 개척을 진두지휘한다. 엔히크가 '항해왕'으로 추앙받는 까닭은 이 때문이다. 아프리카와 인도양 항해에 사용된 캐러벨Carevel선도 엔히크 재정 지원으로 만들어진다. 엔히크는 길 이아느스Gil Eanes와 디오고 고메스Diogo Gomes와 같은 열정적이고 충성스런 항해가를 독려해 아프리카 적도 아래 탐험을 시도한다. 1434년 이아느스는 당시 유럽 사람에게 '세상의 끝'으로 알려진 보자도르곶Cape Bojador (지금의 서사하라 서쪽)을 항해하고 돌아온다. 고메스는 1456년경 아프리카 서쪽 감비아강을 탐험하고, 1460년 베르데곶Cape Verde(지금의 카보베르데공화국 서쪽)에 도착한다. 엔히크는 세상을 떠날 때까지 아프리카 서쪽 대서양에 있는 아조레스Azores, 마데이라Maderia, 카나리아, 베르데곶 제도 등을 자국령으로 만든다.

주앙 2세재위 1481~1495는 국왕 취임 이후, '엔히크의 후계자'를 자처하며 '프레스터 존'의 나라를 찾고 동방으로 가는 향신료 루트 개척을 적극 추동한다. 주앙 2세 명령을 받은 많은 항해가들이 아프리카 연안을 탐험한다. 디오고 캉Diogo Cão은 1482년 가나에 엘미나Elmina 요새를 구축하고, 이후 산타카타리나곶 Cape Santa Catarina(지금의 콩고 서쪽)을 거쳐 산타마리아곶Cape Santa Maria (지금의 앙골라 서쪽)까지 항해하며, 1485년 남회귀선 근처 크로스곶(지금의 나미비아 해안)까지 진출한다. 바르톨로메우 디아스Bartolomeu Diaz, 1450~1500는 1487년 8월 캐러벨선 2선으로 탐험대를 꾸려 1488년 2월 희망봉*을 돌

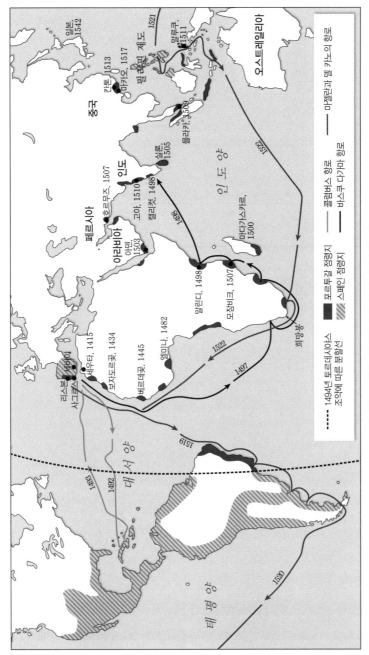

일본, 1542

1521

말루쿠, 1511

폴리페 제도

캔톤, 1513   마카오, 1517

중국

오스트레일리아

물라카, 1509

1512

실론, 1505

인도

페르시아

호르무즈, 1507

아덴, 1503

아라비아

코아, 1510

캘리컷, 1498

1498

인 도 양

마다가스카르, 1500

말린디, 1498

모잠비크, 1507

희망봉

1522

리스본

시그레스

세우타, 1415

보자도르곶, 1434

1497

베르데곶, 1445

엘미나, 1482

1519

1483

1492

대 서 양

1520

태 평 양

──── 1494년 토르데시아스
        조약에 따른 분할선

━━━━ 콜럼버스 항로

──── 마젤란과 델 카노의 항로

━━━━ 바스쿠 다가마 항로

██ 포르투갈 점령지

▨ 스페인 점령지

토르데시아스 조약에 따른 분할선과 바스쿠 다가마 인도 항로
출처: ⓒUxbona_Wikimedia Commons

아 1488년 12월 리스본으로 귀환한다. 디아스 아프리카와 아시아 대륙이 연결되고 인도양은 내해內海라는 프톨레마이오스 지도가 잘못되었다는 사실을 깨닫게 한다. 그리고 인도양을 넘어 인도로 가는 항로를 열수 있다는 확신을 포르투갈 항해가들에게 심어 준다. 디아스는 1500년 페드로 카브랄Pedro Alvares Cabral, 14678~1520과 함께 브라질을 항해하다 세상을 떠난다. 포르투갈 탐험대는 1400년대 중반부터 적도 아래로 내려가는 탐험보다도 노예 무역에 많이 치중해 상업적 노예 무역을 열었다는 비판도 받는다.

한편 1491년경 주앙 2세는 아프리카 동해를 따라 인도로 항해가 가능하고 인도 항구에는 수많은 향신료가 가득하다는 페루 다 코빌량Pêro da Covilhão이 작성한 보고서를 받는다. 코빌량은 주앙 2세 명을 받아 '프레스터 존'의 나라를 찾으러 에티오피아로 떠난 탐험가이다. 1492년 스페인 이사벨라 여왕 후원을 받은 콜럼버스가 신대륙을 발견하면서 포르투갈은 항해 구역이 아프리카 연안 쪽으로 축소될까 봐 긴장한다. 스페인은 아프리카 서쪽 대서양에 있는 아조레스 서쪽과 남쪽 100레구아league(약 470km) 선을 경계로 바깥쪽에서 발견되는 영토를 스페인 땅으로 지정해 달라는 요청서를 로마 교황에게 제출하고, 교황은 1493년 칙령으로 이를 인정한다. 교황 칙령에 반발한 포르투갈은 스페인과 협상을 통해 1494년 6월 '토르데시야스 조약'을 체결한다. 베르데곶 서쪽 서경 46°37′를 경계선으로 향후 서쪽에서 발견되는 땅은 스페인령으로, 동쪽에서 발견되는 땅은 포르투갈령으로 한다는 내용이 핵심이다. 스페인은 콜럼버스가 시도한 한차례 항해로 포르투갈이 100여 년에 걸쳐 추진한 항해 성과를 뒤엎고 세계 바다를 나누는 거래에 성공한 것이다. 하지만 세계 바다를 사이좋게 양분한 이 조약이 포르투갈에게도 나쁘지 않았다. 스페인과 경쟁하지 않고 대서양과 인도양을 포르투갈만의 배타적 해역으로 확보할 수 있게 되었기 때문이다.

---

* 포르투갈 탐험가들은 희망봉을 '폭풍의 곶'으로 명명했지만, 주앙 2세가 포르투갈의 희망이자 험한 바다를 항해하는 항해가들의 희망이 담긴 곳이라는 의미에서 희망봉으로 명칭을 바꾼다. 하지만 이런 주장은 정설로 확인된 것은 아니다.

이후 인도양은 포르투갈의 독점적 바다가 됐고, 인도양 항로 개척은 더욱 탄력을 받게 된다.

바스쿠 다가마가 완성한 인도양 향신료 루트

바스쿠 다가마Vasco da Gama, 1465~1524는 대서양과 인도양을 건너 인도에 도착한 최초 유럽 탐험가였다. 그의 출생연도는 명확하지 않지만 1465년경 리스본 아래 시느스Sines라는 작은 어촌에서 기사 계급에 속한 귀족 아들로 태어나고, 내륙 에보라Evora에서 공부한다. 1480년경 아버지와 함께 12세기에 설립된 산티아고 기사단에 들어간다. 기사단 목적은 '산티아고 순례길' 기독교도들을 보호하고 이슬람을 이베리아반도에서 몰아내는 것이었다. 당시 산티아고 기사단 단장은 엔히크의 조카 아들이자 후에 포르투갈 국왕으로 취임하는 주앙 2세였다.

바스쿠 다가마는 바르톨로메우 디아스 덕분에 인도 항로를 쉽게 열게 된다. 하지만 디아스로부터 10년이 지난 1497년에 인도양을 횡단하는 본격적인 탐험대가 조직된다. 주앙 2세 후임으로 등극한 마누엘 1세 명령을 받은 바스쿠 다가마는 1497년 7월 8일 함선 4척과 선원 170여 명으로 탐험대를 꾸려 인도로 향한다. 탐험대 주요 임무는 포르투갈 상인을 위한 향신료 루트 개척과 기독교 포교였다. 탐험대는 베르데곶과 기니만을 지나 무역풍을 이용해 11월 4일 희망봉 근처 세인트헬레나만에 도착한다. 그리고 희망봉을 돌아 1498년 3월 2일 모잠비크에 들어가고, 케냐 몸바사를 거쳐서 4월 14일 말린디Malindi에 도착한다. 말린디에서 채용한 항해 안내자를 따라 4월 24일 말린디를 출발한 탐험대는 5월 20일 캘리컷(지금의 코지코드Kozhikode)에 도착한다. 리스본을 출발한 지 10개월 12일 만의 쾌거이자 유럽인 사상 첫 항해였다.

캘리컷에 도착한 다가마 일행은 캘리컷 지배자 사마린과 현지 상인 환영을 받지 못한다. 현지 상인들은 금은을 원했지만 선단이 제시한 선물과 무역품이 보잘것이 없었기 때문이다. 약 세 달 정도 캘리컷에 체류한 후 당초 기대한 것보다 적은 양의 후추·정향Clove·육두구 등 향신료를 싣고 1년여 항해 끝에 1499년 9월 9일 포르투갈로 돌아온다. 탐험대는 2척에 선원은 55명으로 줄어들었고, 원정 성과는 매우 미미했지만 인도양 항로 개척이라는 새로운 역사를 썼다. 후세 역사가들은 이 항해를 유럽이 아시아를 지배하도록 만든 '역사적 사건'이라고 기록한다.

1500년 3월 마뉴엘 1세 국왕은 페드루 카브랄을 단장으로 13척으로 구성된 제2차 인도 탐험대를 보낸다. 카브랄은 4월 22일경 브라질을 거쳐 5월 29일경 희망봉에 도착하고 이후 케냐 말린디를 거쳐 9월 13일 캘리컷에 도착한다. 카브랄 선단은 캘리컷에서 현지인 군대와 충돌하고, 아래쪽 코친Cochin(지금의 고치Kochi)으로 이동해 코친 왕국과 우호관계를 맺는다. 카브랄 탐험대는 1501년 1월16일 칸나노르Cannanore(지금의 카널Kannur)를 출발해 6월 23일 리스본에 도착한다. 카브랄이 지휘한 원정대는 다가마가 이끈 제1차 탐험대보다 많은 양의 향신료를 가지고 돌아온 성공적인 항해였다.

1502년 2월 12일 바스쿠 다가마는 선박 20척과 선원 880여 명으로 탐험대를 꾸리고 제2차 원정을 시작한다. 1차 때와 동일한 항로를 거쳐 캘리컷에 도착한다. 오노로Onor, 미리Miri, 캘리컷 등에서 현지인 부락을 침공하고 약탈하며, 칸나노르, 코친, 코일루(지금의 콜람) 등에 상관을 설치한 후 많은 향신료와 귀금속을 가지고 귀환한다. 1차 원정에서는 인도양 무역로 확보가 목표였다면, 2차 원정은 안정적으로 향신료를 무역하기 위해 상관을 현지에 만들기 위한 침략적 성격이 강했다. 동시에 아랍 상인들이 장악하던 인도양 무역로에 타격을 주기 위한 의도도 있었다. 평화와 자유의 바다로 알려진 인도양에 신식 대포로 무장한 새로운 제국이 등장한 것이다.

1509년 2월 3일 디우Diu 해전이 벌어진다. 인도 서북부 구자라트주 디우 앞바다에서 동서양 해군이 맞붙은 최초의 해전으로 포르투갈이 아라비아해 요충지 호르무즈를 장악한 지 2년 후 일이다. 베네치아와 오스만 제국 지원을 받은 인도(구자라트·캘리컷)와 이집트 연합 함대 100여 군함은 포르투갈 18척 군함과 맞붙는다. 하지만 대포를 적재한 빠른 캐러벨선에 연합 함대는 속수무책으로 당하고 포르투갈 승리로 끝난다. 이후 제2대 인도 총독 아폰수 알부케르크Afonso Albuquerque, 1453~1515의 활약으로 포르투갈은 1510년 고아를 정복한다. 1511년 4월 말레이반도에 있는 믈라카로 진출하며, 인도 향신료 무역을 관장하는 '인디아'라는 무역청을 만들어 후추를 비롯한 향신료 무역을 독점한다. 포르투갈은 1513년 중국 광저우, 1543년 일본 규슈 앞바다 다네가시마種子島까지 진출한다. 포르투갈은 일본에 진출한 최초의 유럽 국가였다. 그리고 1557년에는 마카오Macau를 중국으로부터 할양받는다. 이런 성과는 모두 디우 해전 이후에 얻게 된 전리품이었다. 인도양이 '포르투갈의 바다'로 편입된 사건은 이른바 '서세동점西勢東漸 시대'가 열렸다는 증거였다.

1524년 4월 바스쿠 다가마는 인도 코친 총독으로 임명되지만 총독 임무를 수행하지 못하고 그해 12월 코친에서 사망한다. 바스쿠 다가마가 개척한 인도양 항로가 열리면서 포르투갈은 무려 12차례 이상 원정대를 보내고, 원정대에 투입된 인력도 대략 7,000여 명에 달한다. 바스쿠 다가마에 대한 평가는 엇갈린다. 포르투갈에서는 대항해시대를 연 장본인이자 국민적 영웅이다. 반면 인도와 인도네시아 입장에서는 수탈과 억압이라는 재앙을 가져온 악마와 다를 바 없을 것이다. '서세동점'의 서막을 열게 만든 주역이 바로 바스쿠 다가마였기 때문에 그렇다.

인도양을 '포르투갈의 바다'로 만들 수 있었던 요인

대항해시대란 15세기 중순부터 17세기 중순까지 약 200여 년에 걸쳐 유럽 탐험가들이 대서양과 인도양의 항로를 개척하고 미지의 땅을 식민지로 만든 시기를 말한다. 유럽 여러 국가가 이에 동참하지만 그 시작은 대서양과 인도양을 '자국의 바다'로 만들기 위한 포르투갈 국가적 전략에서 비롯된다. 포르트갈 국왕 주앙 1세 명령을 받은 엔히크 왕자가 로드맵을 만들고, 마뉴엘 1세가 인도양 항로 개척이라는 위업을 달성한다. 포르투갈이 인도양 항로를 개척하게 된 배경에는 여러 요인들이 복합적으로 작용했지만, 여기에서는 향신료 무역, 범선 개발, 대포 장착, '프레스터 존'의 나라 탐색 등 네 가지 요인에 중점을 두고 설명하려고 한다.

첫 번째 요인은 향신료 무역이었다. 중세 유럽에서 일상용품이 된 대표적인 향신료는 꿀을 비롯해 후추·계피·생강·정향·육두구 등이었다. 하지만 꿀을 제외한 향신료 대부분은 수입에 의존하였다. 당시 유럽인은 향신료 중에서도 인도 남부산 후추와 말루쿠 제도산 정향에 매료되었다. 문제는 후추가 너무 비싸 일부 귀족만 사용하는 사치품이라는 사실이었다. 유럽에서 후추를 요리에 사용한 역사는 불명확하지만 고대 그리스·로마 시대까지 거슬러 올라간다. 기원전 그리스인은 후추를 의료용으로 사용했지만 기원후 로마인이 요리에 후추를 사용하면서 수요가 증가한다. 특히 십자군 전쟁 후 후추 수요는 북유럽까지 확산된다. 십자군에 참여한 병사들이 후추에 대한 풍미를 못 잊어 귀국 후에도 후추를 애용했고, 돼지가 춥고 긴 겨울에 동사凍死하는 것을 막기 위해 많은 돼지를 도살하면서 돼지고기의 신선도 유지와 보관을 위해 후추를 비롯한 향신료와 소금이 필요하게 되어 후추 수요가 늘었던 것이다. 하지만 당시 향신료 무역은 콘스탄티노플·베네치아·제노바 등을 비롯한 레반트* 지역 항구가 독점한다.

15세기 유럽에서는 소시지와 햄 요리, 송아지와 닭고기 요리에 후추·계피·정향유 등을 사용하는 조리법이 소개되면서 향신료 수요가 크게 증가한다. 『동인도회사』의 저자 일본인 아사다 미노루浅田實는 "후추를 팔 때는 바람이 불지 않도록 창문을 닫고 핀셋으로 한 알씩 찍어서 팔았다."고 할 정도로 당시 유럽에서 후추는 귀한 물품이었다. 그런데 오스만 제국이 등장하면서 후추를 비롯한 향신료 무역에 제동이 걸린다. 1453년 5월 28일 오스만 제국 군대가 콘스탄

---

* 레반트(Levant)는 지금의 시리아, 레바논, 팔레스타인, 요르단 등 비옥한 초승달 지대를 포함하는 동지중해 일대를 가리키는 지명이다. 광의적으로 그리스와 이집트의 해안 지역도 포함해 지칭하는 경우도 있다.

티노플을 점령하고 도시 이름을 이스탄불로 개명한 이후, 오스만 제국은 발칸반도와 베네치아 식민 도시들을 차지한다. 오스만 제국 상인들이 후추를 비롯한 향신료 무역을 적절히 조절하면서 폭리를 취하자 유럽에서는 '후추 파동'이 생길 정도로 가격이 급등한다. 이런 상황은 레반트 지방을 통해 동방 무역을 독점하던 베네치아·제노바 등 지중해 연안 무역도시에 치명적인 타격을 입힌다. 이들 도시는 아라비아·인도·아프리카에서 생산된 각종 향신료를 레반트를 통해 건네받았는데, 오스만 제국이 '향신료 거래 루트'를 통제하면서 문제가 생긴 것이다. 지중해 연안 무역도시들은 새로운 무역로 개설이 필요했지만 콘스탄티노플이나 레반트를 대체할 마땅한 대안이 없었다.

하지만 이런 상황은 이베리아 사람들에게 새로운 기회를 제공한다. 포르투갈은 지중해를 통한 동방 무역에 참여하고 싶었지만 베네치아·제노바·바르셀로나 등이 지중해를 장악하면서 실행이 어려웠다. 특히 영원한 '갑甲'이었던 스페인, 특히 바르셀로나를 포함한 아라곤 왕국 상인들은 포르투갈이 지중해 무역에 참여하는 것을 지브롤터 해협에서 원천적으로 봉쇄했다. 그런데 오스만 제국 등장이 잠자던 포르투갈의 지리적 위치를 깨운 것이다. 대서양에 열려 있고 아프리카 서쪽 해안 탐험이 유리한 이베리아반도라는 지리적 위치와 스페인 때문에 지중해로의 진입이 가로막힌 불리한 지정학적 위치가 동시에 작동해 포르투갈로 하여금 새로운 무역로를 개척하도록 추동하였다. 대서양 및 아프리카 연안 지역 탐험과 인도양 항로 개척은 포르투갈의 지리적 위치가 만든 결과물이었다. 이베리아반도라는 지리와 위치성이 포르투갈에 준 선물이나 다름없다.

두 번째 요인은 유럽에서 등장한 선박 건조 기술 혁신이다. 당시 유럽에서는 노를 주로 이용하고 돛은 보조수단으로 사용하던 갤리선에 바람을 이용하기 위해 여러 종류 돛을 장착한 대형 범선을 만들고 13세기 들어 기존 갤리선에 여러 개의 돛대를 장착하고 용량을 늘린 '대형 갤리선'이 등장한다. 15세기에는 포르투갈 남단 사그르스에 있는 연구소에서 '항해왕'으로 불린 엔히크 왕자가 연안 어선을 개량해 속도가 빠른 캐러벨선(거대한 삼각형 돛을 세 개 돛대에 장착한 범선)을 만들어 원양 항해에 이용한다. 또한 원양 항해용 카라크Carrack선(주 돛대가 3~4개이고 6개 돛을 단 범선)과 적재 용량이 더 커진 갤리언Galleon선 도 등장한다. 콜럼버스의 산타마리아호는 카라크선에 속한다. 이런 선박에 대 포가 장착되고, 지중해식 항해술과 북방식 항해술이 결합하면서 장거리 항해가 가능해졌다.

세 번째 요인은 무역선에 장착한 거대한 대포이다. 유럽은 14세기 초부터 전 쟁에서 철이나 청동으로 만든 대포를 사용하였다. 16세기 중반까지 북프랑스·벨기에·네덜란드·룩셈부르크·서독일 일부 등 '저지대 국가Low Countries'에서 양질의 대포가 생산되고 15세기 후반에는 이 대포들이 포르투갈과 스페인에 수 출된다. 영국은 1545년경 예전의 대포보다 포신이 길고 구경도 작은 주철 대포 를 생산하고, 주철 대포는 내구성이 약하지만 비용이 저렴해 수요가 크게 늘어 난다. 네덜란드도 1600년대 초반부터 대포를 생산한다. 1370년대부터 장거리 무역에 나서는 일부 무역선에 대포가 장착되고, 1500년대에는 거의 모든 무역 선이 대포로 무장한다. 함선 수에서 절대적으로 열세였던 포르투갈이 디우 해 전에서 승리할 수 있었던 요인도 대포를 장착한 군함 덕분이었다.

네 번째 요인으로는 '프레스터 존의 나라'를 찾으려는 의지와 '바다의 십자군' 을 자처한 포르투갈인의 종교적 신념을 들 수 있다. 711년 아랍 우마이야 왕조 이슬람 군대가 이베리아반도에 들어온 이후 8세기 초반 아랍 제국은 이베리아 반도 2/3 영토를 점령한다. 이후 이베리아 기독교인들은 781년 동안 모슬렘을 이베리아반도에서 축출하기 위해 전투를 3,700여 차례나 치렀고, 마침내 1492 년 그라나다 왕국을 정복하면서 재정복운동Reconquista을 완성한다. 스페인이 주축이었던 재정복운동에 포르투갈도 '바다의 십자군'을 자임하고 북아프리카 이슬람 거점이자 향신료 무역 중심지인 세우타를 점령한다. 동방 어느 곳에 있 다고 알려진 전설의 기독교 왕국 '프레스터 존'의 나라를 찾아가 이베리아반도 모슬렘을 쫓아내기 위한 원군을 청하려면 세우타는 중요한 거점이었다. 기독교 적 신앙심에 충만한 엔히크를 필두로 한 항해가·탐험가들은 바다 너머 전설의 기독교 왕국을 찾아야 한다는 집념을 가지고 있었는데, 그 집념이 포르투갈에게 대항해시대 주역 자리를 내준 것이다.

향신료 본거지로 알려진 말루쿠 제도

15세기 이후 인도산 후추와 향신료가 유럽에 본격적으로 소개되면서 향신료에도 등급이 매겨진다. 후추가 일상화된 향신료라면, 정향과 육두구는 특별한 대접을 받는 '향신료 귀족'으로 분류되었고, 특히 육두구는 최고로 꼽혔다. 육두구 씨앗을 갈아 만든 가루를 너트메그Nutmeg, 씨앗 껍질을 가루로 만든 것을 메이스Mace라고 한다. 허준이 쓴 『동의보감』에도 육두구가 귀중한 약초로 소개돼 있다. 당시 유럽인은 정향과 육두구가 어디에서 재배되고 생산되는지를 잘 몰랐다. 베네치아와 제노바 상인이 콘스탄티노플 등지에서 구입해 전해 준다는 사실 정도만 알고 있었다. 1529년경 포르투갈 상인이 말루쿠 제도에 들어

향신료 본거지 말루쿠 제도

오면서 이곳이 정향과 육두구 본거지라는 사실이 유럽에 알려진다. 실제로 오늘날 인도네시아는 전 세계 육두구 생산의 75%를, 중앙아메리카 카리브해 그레나다Grenada는 20% 정도를 차지한다.

유럽 사람들에게 몰루카스Moluccas로 알려진 말루쿠Maluku 제도는 술라웨시섬과 이리안자야섬(일명 뉴기니섬) 사이에 위치하며, 북말루쿠와 남말루쿠로 나뉜다. 말루쿠 제도는 필리핀 남부 민다나오섬과 지리적으로 인접해 있고, 필리핀과 타이완섬臺灣을 거쳐 오키나와를 포함한 일본 난세이南西 제도를 지나면 일본 규슈에 쉽게 도착할 수 있다. 실제로 포르투갈과 네덜란드가 이 해로를 따라 큐슈로 들어갔다. 1668년 『하멜표류기』를 쓴 네덜란드 동인도회사 직원 헨드릭 하멜Hendrik Hamel, 1630~1692도 이 해로를 지나가다가 난파돼 1653년 제주도에 들어왔고, 10여 년을 우리나라에서 살다가 1666년 여수에서 일본 가고시마로 탈출한다.

1512년 포르투갈 인도 총독 알부케르크 명령을 받은 프란시스쿠 세항Francisco Serrao이 남말루쿠 제도에 있는 암본섬 북부에 도착해 당시 트르나데 왕국과 교류 협약을 맺는다. 그리고 스페인 출신 프란체스코 사비에르Francisco Xavier 신부가 암본을 거점으로 가톨릭 포교를 시작한다. 포르투갈은 1522년경 북말루쿠 제도에 속하는 트르나테Ternate에 요새를 건설하고 기독교를 전파시키지만 이슬람을 믿는 원주민의 거센 저항에 직면해 1575년경 무역 거점을 트르나데섬 아래에 있는 티도레Tidore섬으로 옮긴다. 이후 포르투갈은 말루쿠 제도의 향신료 무역을 좌지우지한다.

스파이스 루트 종착지인 말루쿠 제도를 접수한 네덜란드

네덜란드는 포르투갈이나 스페인보다 향신료 무역에 늦게 뛰어든다. 하지만 진취적이고 혁신적인 사고를 가진 네덜란드 출신 항해가 두 명이 네덜란드를 인도네시아 말루쿠 제도로 이끈다. 그중 한 사람이 포르투갈 탐험대에서 활동한 엔크하이젠 출신 디르크 헤리츠촌 폼프Dirck Gerritszoon Pomp, 1544~1680c

이다. 그의 가족은 1555년 리스본으로 이사했고, 그는 선원이 되어 1568년 인도 고아로 간다. 고아에서 포르투갈 무역선을 타고 중국과 일본 등지를 둘러보고 귀국해 말루쿠 제도에 대한 정보를 네덜란드 향신료 무역업자들에게 제공한다. 폼프의 항해 여정은 1592년 『항해의 보고Tresoor der Zeevaart』라는 책으로 출판된다.

다른 한 사람은 폼프 친구로 알려진 얀 하위헌 판 린스호턴Jan Huyghen van Linschoten, 1563~1611이다. 그는 동생과 함께 스페인 세비야에서 무역 관련 교육을 받은 후 포르투갈 대주교 비서 자격으로 인도 고아로 간다. 인도에서 약 6년1583~1589 정도 체류한 후 귀국해 1595년 동방 항로에 대한 포르투갈의 전략을 엮은 책 『포르투갈인 동양 항해기Reysgeschrift vande Navigatien der Portugaloysers in Orienten』를 1595년에 펴내고, 1596년에는 『여행기Itinerario』*를 출간한다. 여러 권으로 구성된 여행기는 영어·독일어·라틴어·프랑스어 등으로 번역되어 발간된다. 특히 린스호턴이 펴낸 여행기에는 인도에 대한 문물 소개는 물론이고, 인도네시아 티모르·말루쿠·반다·수마트라·칼리만탄·자바 등지와 믈라카 해협과 싱가포르, 마카오 등에 대한 소상한 정보가 수록된다.

16~17세기 포르투갈은 아프리카와 인도네시아 항로와 무역에 대한 정보를 철저하게 통제한다. 하지만 린스호턴 책이 출판되면서 포르투갈이 독점했던 '스파이스 루트'와 향신료 제도에 대한 정보를 유럽 사람들이 공유하게 된다. 이렇듯 린스호턴은 네덜란드 무역상을 비롯한 북유럽 상인들로 하여금 인도네시아를 상대로 한 향신료 무역에 본격적으로 뛰어들도록 만든 장본인이었다. 실제로 네덜란드 동인도회사는 린스호턴 책을 바탕으로 말루쿠 향신료 무역에 뛰어들었고, 향신료 무역은 인도네시아에 대한 네덜란드의 식민지 개척으로 이어졌다.

---

* 네덜란드 암스테르담에서 출판된 원제는 『Itinerario: Voyage often schipvaert van Jan Huygen van Linschoten naer Oost ofte Portugaels Indian, 1579~1592』이고, 5권으로 구성되어 있다.

폼프와 린스호턴이 향신료 본거지에 대한 정보를 제공했다면, 말루쿠로 가는 향신료 루트를 직접 개척한 사람은 코르넬리스 하우트만Cornelis de Houtman, 1565~1599이다. 그는 1592년 암스테르담 무역상 의뢰를 받고 향신료 보고로 알려진 말루쿠 제도에 대한 항해 정보를 수집하려고 포르투갈 리스본을 방문한다. 리스본에서 2년간 체류하면서 말루쿠 제도에 관한 정보는 물론이고 포르투갈의 강점과 약점까지도 세심하게 파악한다. 그가 리스본에서 수집한 정보를 가지고 귀국할 무렵 린스호턴도 인도에서 귀국한다. 암스테르담 무역상들은 하우트만과 린스호턴이 제공한 인도네시아 정보를 바탕으로 향신료 무역을 위한 네덜란드 거점으로 자바섬 북서 해안에 위치한 반텐Banten을 선정하고, 대규모 선단을 꾸린다. 선단 대장은 당연히 하우트만이었다.

1595년 4월 하우트만은 형 프레데릭 하우트만과 함께 대포가 장착된 선박 4척과 250여 명 선원으로 구성된 선단을 꾸려 암스테르담을 출발해 1596년 6월 인도네시아 자바섬 반텐에 도착한다. 하우트만 선단은 말루쿠 제도까지는 가지 못하고 마두라와 발리 등을 거쳐 질 좋은 향신료를 3척에 나눠 가득 싣고 1597년 암스테르담으로 돌아온다. 포르투갈 방해와 괴혈병으로 선원 2/3가 사망하고 선박 1척이 좌초하지만, 하우트만 첫 항해는 성공적이었다. 하우트만 항해에 고무된 네덜란드 무역상들은 인도네시아 무역에 대거 뛰어드는데, 1595년부터 1602년 사이에 향신료 무역에 참여한 회사가 14개나 되었고, 반텐에는 4개 무역회사가 과당경쟁을 하는 상황이 발생한다. 이들 무역회사를 통합한 새로운 조직체가 바로 네덜란드 동인도회사Vereenigde Oostindische Compagnie, VOC이다. 1602년 설립된 동인도회사는 이후 자체적인 군대를 보유하고 정부를 대신한 조약 체결권을 가지며 인도네시아 무역을 장악하기 시작한다.

네덜란드 동인도회사는 말루쿠 제도를 포함한 인도네시아 무역에 비교적 순조롭게 진출한다. 포르투갈은 치밀하게 훈련된 상인 기질을 가진 네덜란드인들과 경쟁하는 것이 불가능했다. 동인도회사는 1603년 반텐에 상관을 설치하고, 1605년 암본섬에서 활동하던 포르투갈을 퇴출시키는 데 성공한다. 포르투갈이 암본에서 철수하면서 350년에 걸친 네덜란드의 인도네시아 식민 지배가 시작된다. 네덜란드 동인도회사는 1620년 반다 제도 룬Run섬을 공격해 영국 동인도회사를 몰아내고, 1623년에는 암본에 있던 영국 동인도회사 상관도 공격한다. 이른바 '암본 사건'에서 패배한 영국은 인도네시아를 버리고 인도 식민지 개척에 집중한다. 하지만 영국은 네덜란드령 미국 뉴욕 맨해튼을 공격하는 제2차 영국-네덜란드 전쟁1665~1667을 통해 룬섬과 암본 패배에 대한 앙갚음을 한다. 전쟁에서 패한 네덜란드는 룬섬을 차지하는 대신 당시 네덜란드령 미국 맨해튼을 영국에게 넘긴다. 만약 네덜란드가 맨해튼을 미국에 양도하지 않았다면 어떤 역사가 펼쳐졌을까?

1630년대에 들어 네덜란드는 자카르타에 진출한 영국 동인도회사를 몰아내고 바타비아Batavia라는 요새를 만든다. 이후 바타비아는 인도네시아 지배를 위한 핵심 거점 역할을 한다. 1641년경 네덜란드 동인도회사는 1604년경 암본에 진출한 영국과 1606년경 북부 말루쿠 제도에 진출한 스페인을 몰아내고 말

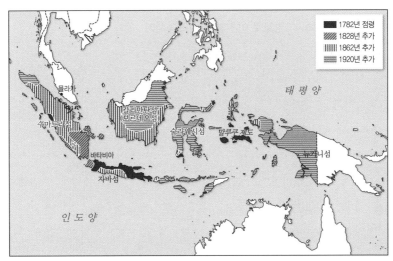

네덜란드의 인도네시아 식민지 확장 과정
출처: ⓒRed4tribe_Wikimedia Commons

루쿠 제도를 완전히 장악한다. 이후 '포트 로테르담'으로 명명한 술라웨시섬 서남쪽 마카사르Makassar(지금의 우중판당Ujungpandang)와 '포트 암스테르담'으로 명명한 암본섬 북부 항구를 무역 거점으로 활용한다. 1652년 암본 총독은 암본과 동인도회사가 지배하는 곳을 제외한 다른 곳에서 정향 재배를 금지하는 칙령을 발표해 정향 가격을 통제하기도 한다. 1910년경 네덜란드는 오늘날 인도네시아 영토에 해당하는 거대한 영역을 통치하게 된다.

포르투갈이 개척하고 네덜란드가 장악한 '스파이스 루트'는 유럽 사람들이 새로 개척한 무역로가 아니었다. 원래 이 해상 루트 주인은 아랍 상인들이었다. 그들은 말루쿠산 정향과 육두구를 인도를 거쳐 지금의 이라크 바그다드로 가져갔고, 향신료는 바그다드에서 알렉산드리아·콘스탄티노플·아크레 등지를 거쳐 베네치아·제노바·바르셀로나 등지로 팔려 나갔다. 중국 명나라 영락제 명을 받고 동남아시아와 인도와 아프리카까지 원정을 갔던 해상왕 정화鄭和, 1371~1433가 바스쿠 다가마보다 빨리 인도양 향신료 무역로를 장악했다면 '서세동점'의 향방이 어떻게 됐을지 알 수 없다.

다도서·다종족·다종교로 이루어진 인도네시아

인도네시아 정식 국명은 인도네시아공화국Republic of Indonesia이다. 독립 이전까지 공식적인 국명이 없었다. 19세기 영국 언어학자 로건이 인도를 뜻하는 그리스어 '인도스Indos'와 섬을 뜻하는 '네소스nesos'를 결합해 '인도의 섬Indos-nesos'으로 명명하지만, '더치 동인도Dutch East Indies' 또는 '네덜란드령 동인도 Netherlands East Indies'로 더 많이 알려졌다. 인도네시아 면적은 190만 4,569㎢로 세계에서 15번째이며, 인구는 약 2억 6,953만 명2019으로 세계에서 4번째로 많다. 1595년 네덜란드 동인도회사 영향권으로 편입되고 네덜란드 식민지가 되며 제2차 세계대전 중 일본 지배1942~1945를 받는다. 1945년 독립을 선언하지만 1949년까지 네덜란드의 식민지였다.

인도네시아는 도서로 구성된 세계 최대 국가이다. 중세 자바 사람들은 '많은 섬으로 이루어진 땅'이라는 뜻을 가진 누산타라Nusantara라고 불렀다. 인도네시아는 수마트라와 자바를 포함한 대순다 열도, 발리 등을 포함한 소순다 열도, 칼리만탄, 술라웨시, 말루쿠 제도, 서파푸아West Papua로 알려진 이리안자야 등을 비롯하여 유인도와 무인도를 포함해 1만 7,508개 섬으로 구성되어 있다. 이 중 7,000여 개 섬에는 사람이 거주하지만, 나머지 도서는 무인도로 알려져 있다.

인도네시아는 300여 종족으로 구성된 대표적인 다종족 국가이다. 자바족이 가장 많은 40% 정도이고, 순다Sunda족(15%), 말레이족(3.7%), 바탁Batak족(3.6%), 마두라Madura족(3%), 발리족(2.9%) 등이 주류 종족이며, 개별 도서마다 주류 종족이 다른 것이 특징이다. 네덜란드는 식민 지배 과정에서 자바족을 말루쿠 제도를 비롯한 술라웨시, 수마트라 등지로 이주시키는 정책을 취한다. 마두라섬에 거주하는 마두라족을 인접한 칼리만탄으로 이주시켰는데, 이런 정책 때문에 지금도 칼리만탄에서는 원주민과 이주민 간 갈등이 주요 사회적 문제가 되고 있다. 인도네시아에는 700여 종 언어가 사용되지만, 공용어는 인도네시아어Bahasa Indonesia이다. 인도네시아어는 수마트라섬 남동부 팔렘방Palembang을 중심으로 번성한 중세 스리위자야 왕국 언어인 믈라유Melayu어에서 유래한다. 하지만 개별 도서에서는 주류 종족 언어가 통용되기 때문에 인도네시아 사람들은 대부분 두 개 언어를 구사한다.

인도네시아는 세계 최대 이슬람국가이다. 전 세계 국가 중 이슬람교도 수가 가장 많다. 주민 86%는 모슬렘이고 기독교는 10% 정도이다. 종교 분포는 지역적으로 차이가 있는데, 수마트라와 자바를 비롯한 서쪽 섬은 이슬람교가, 포르투갈과 네덜란드의 향신료 거점이었던 말루쿠 제도를 비롯한 동쪽은 기독교가 강세를 보인다. 인도네시아 정부가 공식 인정하는 종교는 이슬람교·개신교·가톨릭교·힌두교·불교·유교 등 6개이고, 결혼은 종교 규율에 따라 이루어져야 하고 관련법에 등록해야 한다는 '결혼법'이 행해지는 국가이다. 하지만 인도네시아에서 이슬람과 기독교 간 갈등은 그렇게 크지 않다.

인도네시아는 중간에 바다가 있기 때문에 국토 영역은 매우 넓다. 수마트라 서쪽 끝단 아체에서 동쪽 끝단 이리안자야섬까지 직선거리가 대략 5,150㎞이다. 인도네시아는 유라시아판과 오스트레일리아판이 만나는 곳으로 일명 '불의 고리' 한복판에 위치해 화산과 지진 활동이 활발하다. 그리고 인도네시아는 말레이반도와 인도차이나반도를 중심으로 한 대륙 문화와 오스트레일리아 대륙의 해양 문화가 연결되는 중간 지점에 위치해 대륙과 해양 문화가 융합돼 있고, 7,000여 개의 크고 작은 유인도에 서로 다른 종족이 거주하면서 복잡 다양한 문화가 형성되어 있다. 인도네시아에서는 도서 간 지리적 단절성 때문에 주민 간 갈등과 대립과 차별성이 오랫동안 만들어졌고, 특히 자바와 수마트라 간 갈등이 심하다.

이런 이유로 인도네시아는 '비네카 뚱갈 이카Bhinneka Tunggal Ika'를 국가의 슬로건으로 삼고 있다. '다양성 속의 통합'을 뜻하는 이 슬로건은 광대한 국토와 독립된 섬에 사는 다양한 종족이 하나로 통합된 인도네시아를 만들자는 의지를 표현한 것이다. 그럼에도 불구하고 인도네시아 지리는 섬이라는 격리된 영역에 서로 다른 문화를 가진 종족들이 분포하게 만들고, 이들 종족이 각각의 섬을 중심으로 서로 차별적인 문화를 유지·계승하면서 독립된 영역을 형성하도록 만들었다. 여러 지역에서 분리주의 운동이 일어나고 있는 것은 이 때문이다.

5개 주요 도서의 지리적·문화적 속성

인도네시아에는 5개 섬에 인구가 주로 분포한다. 면적 기준으로는 칼리만탄 (53만 9,460㎢), 수마트라(47만 3,606㎢), 이리안자야(42만 1,981㎢), 술라웨시 (18만 9,216㎢), 마두라섬을 포함한 자바(13만 2,107㎢) 등의 순이다. 하지만 인구를 기준으로 하면, 자바, 수마트라, 술라웨시, 칼리만탄, 이라안쟈야, 발리, 마두라, 롬복, 서티모르 등의 순이다.

자바는 반텐, 서자바, 중앙자바, 동자바 등의 소지역으로 구분된다. 자바는 세계적으로 인구가 밀집된 도서에 속한다. 인도네시아 전체 인구의 약 60%(약

1.6억 명)가 자바에 거주한다. 경작 가능한 평야가 많고 토지가 비옥해 예로부터 벼농사가 주로 행해져 인구 밀도가 높다. 주류 종족은 자바족, 순다족, 마두라족이며, 이들 세 종족은 서로 경쟁 관계이다. 자바족은 인도네시아 전체 인구의 42% 정도를 차지하고, 자바섬 중부와 동부, 그리고 족자카르타Yogyakarta(일명 요그야카르타) 등에 주로 분포한다. 자바족은 네덜란드가 바타비아(지금의 수도 자카르타)를 중심지로 선정하면서, 식민지 지배 이후 지금까지 인도네시아 정치·경제·문화에서 주류 계층을 유지하고 있다. 순다족은 인도네시아 전체 인구 15%를 차지하고, 자카르타를 비롯해 반텐 등 순다 지역으로 불리는 서부에 분포하며, 반둥Bandung이 중심도시이다. 반둥은 669~1579년까지 힌두 왕국이 번성했던 지역으로, 제2차 세계대전 후 '친네덜란드 연방'에 속하는 '파순단Pasundan공화국'이 수립된 곳이다. 순다족은 자바족과 함께 인도네시아 주류 세력이라는 자부심이 매우 강하다. 마두라족은 인도네시아 전체 인구 5%로 3위를 차지하며, 자바섬과 인접한 북동쪽 마두라섬을 중심으로 거주하며 자존심이 강한 종족이다. 자바섬 중앙 남부에 위치한 족자카르타는 술탄이 통치하는 자바 문화의 중심지이다. 수도 자카르타를 비롯해 베카시Bekasi~탕게랑Tangerang~드폭Depok~보고르Bogor 등으로 이어지는 '자보타벡Jabotabek 대도시권'은 인도네시아 전체 인구의 10%가 거주하는 세계적인 메트로폴리탄으로 분류된다.

수마트라는 인도네시아 서쪽 믈라카 해협 관문 역할을 하는 섬이다. 인도네시아에서 이슬람을 가장 먼저 수용한 곳이다. 자바섬보다 면적은 크지만 인구는 1/3 수준이다. 아체Aceh, 붕쿨루Bengkulu, 잠비Jambi, 람풍Lampung, 리아우Riau, 서수마트라West Sumatra, 남수마트라South Sumatra, 북수마트라North Sumatra 등의 행정 구역으로 구성된다. 수마트라는 과거 스리비자야Srivijaya 왕국 중심지였고, 믈라카 해협을 중심으로 일찍부터 해상 무역이 발달하였다. 수마트라 주류 종족은 서북부 아체Aceh족, 북부 메단 중심의 바탁족, 서부의 미낭카바우Minangkabau족, 말레이족 등이다. 아체는 1970년대 중반부터 인도네시아로부터 분리 독립을 요구하고 있다.

칼리만탄은 산스크리트어로 '불같은 기후의 섬'이란 뜻으로 세계에서 세 번째로 큰 섬이다. 이 섬에는 인도네시아·말레이시아·브루나이 등 세 개 국가가 있고, 말레이시아에서는 칼리만탄을 '보르네오'라고 부른다. 인도네시아 내에서는 화산과 지진 활동이 적어 비교적 안정된 지역으로 분류된다. 주류 종족은 다약Dayak족이다. 칼리만탄은 열대 우림이 발달해 세계적인 목재 수출 지역이다. 브루나이는 석유와 천연가스가 많이 매장된 부국으로 우리나라가 사용하는 가스의 상당 부분을 브루나이로부터 수입한다.

술라웨시는 세계에서 11번째로 큰 섬이며, 인도네시아 면적 10%, 인구 7% 정도를 차지한다. 주민 구성이 다양하며, 부기족Bugis족과 마카사르Makas-sarese족이 상대적으로 많다. 지각이 상대적으로 불안정한 신기 조산대 일부에 속해 화산 활동이 활발하다. 이리안자야라고도 부르는 파푸아Papua는 뉴기니 섬 서쪽을 지칭한다. 이리안자야는 인도네시아 영토 약 22%를 차지하지만 인구는 360만 명2010 정도이다. 파푸아족이 주류 종족이며, 금과 구리가 많이 매장된 것으로 알려졌다.

2002년 인도네시아에서 분리 독립하는 데 성공한 동티모르

티모르Timor섬은 소순다 열도 동쪽 끝에 위치한다. 전체 면적은 약 3만 3,900 ㎢로 우리나라의 1/3 정도 크기이다. 티모르의 서쪽은 인도네시아령이고, 동쪽은 2002년 독립한 동티모르(1만 4,609㎢)로 우리나라 경상북도 면적과 비슷하다. 티모르섬에는 향신료 나무가 많이 서식하며, 특히 고급 가구 제작용 목재로 알려진 흑단·자단 등 향나무가 많이 분포한다. 섬의 동부와 서부는 종교·문화적으로 뚜렷한 차이를 보인다. 서부는 이슬람교를 주로 믿고, 동부는 포르투갈 영향으로 대부분 가톨릭교를 믿는다.

1515년경 티모르섬에 포르투갈이 들어오고, 1520년경 스페인도 들어온다. 1613년 네덜란드는 포르투갈이 차지한 동티모르가 아닌 반대쪽 서티모르에 들어온다. 그래서 동쪽은 포르투갈령으로, 서쪽은 네덜란드령으로 양분되고, 이후 네덜란드는 동티모르를 포르투갈로부터 빼앗으려는 시도를 1859년까지 지속한다. 하지만 동티모르를 차지하는 것이 여의치 않자 양국 간 협상에 의해 현재 국경이 만들어졌다. 동티모르는 포르투갈 마카오 총독의 관리를 받고, 1926년 포르투갈 독립 해외 식민지로 지위가 바뀐다. 1945년 이후 인도네시아가 독립하면서 네덜란드 식민지였던 서티모르가 인도네시아 영토로 자연스럽게 합병된 반면, 동티모르는 포르투갈이 계속 지배한다.

1974년 포르투갈에서 군사 쿠데타가 발생하자 동티모르 내에서도 포르투갈로부터 독립하려는 움직임이 나타난다. 이런 상황에서 포르투갈과 느슨한 연계를 유지하자는 티모르민주동맹Uniao Democratica Timorense, UDT과 완전한 분리 독립을 주장하는 동티모르독립혁명전선Frente Revolucionária de Timor-Leste Indepenente, Fretilin, 프레틸린 간 내전이 1975년 8월 발생한다. 내전은 프레틸린 승리로 끝나고, 11월 프레틸린은 일방적으로 독립을 선언한다. 하지만 당시 인도네시아 수하르토 정권은 '하나의 인도네시아'를 주장하며 동티모르를 강제로 합병시키고, 1976년 동티모르를 인도네시아 17번째 주로 편입시킨다.

1980년 이후 프레틸린이 주축이 되어 인도네시아를 상대로 분리 독립을 요구하는 게릴라전을 펼친다. 1991년 11월 동티모르 수도 딜리에서 벌어진 일명 '산타크루즈 대학살'은 동티모르 독립 운동에 새로운 전환점을 제공한다. 그해 10월 말 반정부 시위에 참여한 청년 '고메즈'가 인도네시아 무장 군인과 경찰의 총을 맞고 사망하자 11월 12일 고메즈 추모 미사를 마친 참석자들이 산타크루즈 묘지로 행진하는 중 경찰과 충돌해 약 250여 명의 사상자가 발생한다. 이 사태를 계기로 독립 운동 세력들은 단일 대오를 구축해 체계적인 독립 운동을 펼친다. 동티모르 독립 운동은 UN 지지를 받게 되고, 1999년 9월 UN 중재로 독립파와 자치파 간 협상을 통해 국민투표가 이루어지고 분리 독립이 결정된다.

2002년 5월 동티모르는 인도네시아로부터 독립하고, 독립 운동의 영웅으로 알려진 사나나 구스마오Xanana Gusmao가 초대 대통령으로 선출된다. 제2

대 대통령으로 1996년 노벨 평화상을 수상한 조제 하무스 오르타José Ramos Horta가 취임한다. 이후 대통령 선거를 놓고 독립 운동을 주도했던 좌익 프레틸린과 동티모르국가재건회의Congresso Nacional de Reconstrução de Timor, CNRT를 비롯한 나머지 정파 간 세력 다툼으로 내부 갈등은 계속 끊이지 않고 있다.

'자바 문화'를 거부하는 아체의 분리 독립 운동

수마트라섬 서북부 끝단에 위치한 아체 지역은 인도네시아 특별 행정 구역이다. 면적은 약 6만㎢로, 수마트라 전체 면적의 12% 정도를 차지한다. 주도州都는 반다아체Banda Aceh이다. 믈라카 해협 입구에 위치한 아체는 예로부터 아라비아와 인도 상인이 많이 방문한 후추와 향신료 집산지였고, 11세기 후반에는 이슬람교도 상인들이 이슬람을 전파한 곳이다.

아체는 종족·역사·문화가 자바 중심인 인도네시아와 크게 다르다. 아체 지역 인구 70%는 아체족이 차지하고, 자바족(9%), 가요족(7%), 바탁족(3%) 등 10개 종족이 거주한다. 17~18세기에는 인접한 말레이반도 믈라카와 함께 동아시아 해상 무역의 중계 거점으로 성장한다. 1496년부터 1903년까지 존속된 아체 술탄 왕국은 종교적으로는 매우 보수적이었으며, 외부 세력에 강경한 태도를 취한다. 1599년 9월 네덜란드 향신료 루트를 개척한 하우트만이 당시 아체 술탄 왕국의 여자 제독이었던 말라하야티Malahayati가 이끈 '이농 발리Inong Balee' 부대와 싸우다 전사한 곳이 아체이다. 아체인들은 1873년부터 1914년까지 당시 네덜란드 식민 통치를 거부하며 일명 '아체 전쟁'을 벌이기도 하였다.

인도네시아가 네덜란드로부터 독립한 이후, 아체는 인도네시아 정부를 상대로 분리 독립 요구의 목소리를 낸다. '아체는 자바가 아니다'라는 지역적 고유성과 차별성을 부각시키면서 분리주의 운동을 전개한 것이다. 중앙정부도 아체가 지닌 지정학적·경제학적 중요성을 인식하고 1959년 이후 특별 자치 행정 구역으로 지정한다. 하지만 아체 지역이 인도네시아 천연가스의 30%, 석유의

20% 정도를 생산하는 자원의 보고임에도 불구하고 정부가 아체의 지역 발전을 위한 투자에 소극적이라는 불만이 팽배했고, 1976년경 분리 독립 운동을 위한 '자유아체운동Gerakan Aceh Merdeka, GAM'을 만들어 반정부 활동을 벌인다. 2002년 동티모르가 분리 독립에 성공하면서 아체 분리주의 운동은 탄력을 받지만, 2004년 발생한 대형 '쓰나미 사태'로 자유아체운동이 무장 해제와 평화 협정 체결에 합의하면서 30여 년 지속된 대립 구도는 일단락된다. 중앙정부는 아체에 보다 많은 자치권을 허용하고 있지만, 아체의 분리주의 운동은 소멸되지 않은 상태이다.

파푸아로 개명된 이리안자야의 분리 독립 운동

이리안자야는 뉴기니New Guinea섬 서쪽 절반을 지칭한다. 2002년 인도네시아 정부는 이리안자야 공식 명칭을 '파푸아'로 변경한다. 파푸아 면적은 42만 2,170㎢이고, 행정 구역은 파푸아주와 서파푸아주 두 개로 구성되며, 주류 종족은 파푸아족이다. 파푸아가 위치한 뉴기니섬은 그린란드에 이어 세계에서 두 번째로 큰 섬이다. 뉴기니라는 지명은 16세기 중반 스페인 선원들이 아프리카 서남부에 위치한 기니Guinea 주민과 비슷하다고 해서 붙인 것이라고 한다. 네덜란드 지배 시절에는 더치 뉴기니Dutch New Guinea, 서이리안West Irian 등으로 불렸다. 섬의 동부는 1975년 영국에서 독립한 파푸아뉴기니Papua New Guinea이다.

1511년 포르투갈인 안토니오 아브레우António de Abreu, 1481~1514가 뉴기니섬을 항해하지만 섬에는 상륙하지 않는다. 이후 스페인 상인들이 섬 주변을 탐험하고, 1660년 이후 네덜란드가 뉴기니섬을 관할하는 티도레Tidore 술탄국 주권을 인정하며, 네덜란드 영향권 내로 편입시킨다. 1793년 영국이 이리안자야 북부 마노콰리Manokwari에 들어오면서 티모르섬에 대한 관할권을 놓고 다투고, 영국과 네덜란드는 1824년 영토 협정을 맺어 네덜란드가 섬의 서쪽을 자국 식민지로 설정한다. 독일도 1828년 섬의 북동부 포트 두 버스Port Du Bus(지금의 카이마나Kaimana 근처)에 대한 영유권을 주장한다. 1905년 영국은 자국 식민지였던 뉴기니섬 동부를 파푸아로 명명하고, 관리권을 오스트레일리아로 넘긴다. 제1차 세계대전 당시 오스트레일리아 군대는 독일이 주장하는 북동부 지역을 점령하고 1920년대에는 섬 동쪽 영역을 오스트레일리아가 관장한다. 제2차 세계대전이 일어나면서 일본이 1942년 섬을 점령한다. 1961년 이리안자야가 독립을 선언하자 네덜란드는 물론이고 인도네시아도 반대한다. 1962년 이리안자야를 놓고 인도네시아와 네덜란드가 충돌하지만 1963년 인도네시아가 영토로 합병하고, 1969년 공식 영토로 선언한다.

인도네시아로 합병된 이후, 이리안자야 주민들은 '자유파푸아운동Organisasi Papua Merdeka, OPM'이란 조직을 만들어 무장 독립 투쟁을 벌이고 있다. 중앙 정부가 이리안자야 분리 독립 요구를 무력으로 탄압하면서 독립 투쟁은 주춤하지만, 1975년 파푸아뉴기니가 영국으로부터 독립하면서 분리 독립 운동은 재개된다. 2000년 인도네시아 정부는 1969년 해산시킨 이리안자야 의회를 복원시켜 주면서 유화책을 펼친다. 하지만 이리안자야 의회는 2000년 6월 3일에 인도네시아로부터 분리 독립을 선언하는 결의안을 채택한다. 자유파푸아운동은 인도네시아 정부가 제시한 특별 자치주 제안을 전면 거부하고 군과 경찰은 물론, 이들을 지원하는 모든 민간인들을 응징하겠다고 천명하면서 무력 충돌을 계속하고 있다. 파푸아 분리 독립 운동은 여전히 진행형이다.

카슈미르

70여 년 동안 인도와 파키스탄이 갈등하는 땅

카슈미르Kashmir는 히말라야산맥을 배경으로 눈 덮인 설산이 아름다운 경관을 선사해 일찍부터 '동양의 알프스'로 알려진 곳이다. 무굴 제국의 제4대 황제 자한기르Jahangir, 1569~1627는 "만약 지구 어디에 천국이 있다면, 그곳이 바로 카슈미르 계곡이다."라고 말하고 달Dal호수에 집배house boat를 띄어 놓고 생활했다고 한다. 지금도 스리나가르 달호수에는 관광객에게 인기가 많은 집배가 있다. 하지만 인도 스리나가르 일대는 종종 여행 금지 지역으로 지정된다. 인도와 파키스탄 간 영토 분쟁의 중심 도시로 테러가 자주 발생해 치안이 불안정하기 때문이다.

영국은 인도반도를 식민 지배하면서 힌두교도와 모슬렘을 철저하게 분리해 통치한다. 제2차 세계대전 후 영국은 인도를 독립시키는 과정에 이 원칙을 고수하며, 영국이 직할 통치하지 않는 500여 개 군주국은 힌두교 나라 아니면 이슬람 나라 둘 중 하나를 선택해야 하는 기로에 서게 된다. 모슬렘이 70%를 차지하지만 힌두교도가 지배 계층이었던 카슈미르도 마찬가지였다. 그런데 당시 카슈미르 왕 하리 싱Hari Singh은 주민들 요구를 무시하고 잠무 카슈미르를 인도로 귀속한다고 선언한다.

이 때문에 1947년 파키스탄과 인도가 각각 독립하면서 카슈미르는 내전에 휩싸인다. 이후 잠무 카슈미르 지방은 인도령과 파키스탄령으로 나뉘고, 지금까지 세 차례 전쟁을 치렀지만, 아직도 국경선을 획정하지 못하고 있다. 영국이 영토 분할 과정에서 보다 세심한 배려를 했다면 카슈미르에 거주하는 힌두교도와 모슬렘 간 갈등은 없었을 것이다. 1947년 이후 카슈미르가 왜 힌두교도와 모슬렘 간 갈등의 현장이 됐는지 살펴보자.

고급 모직물 '캐시미어Cashmere' 산지로 유명한 카슈미르

카슈미르는 인도반도 북서부 지역을 지칭한다. 면적은 33만 2,413㎢로 한반도보다 1.5배 정도 크다. 역사적으로 히말라야산맥과 피르판잘Pir Panjal산맥 사이에 놓여 있는 계곡 일대를 카슈미르라고 한다. 영국 통치 시절에는 '북서 변경 지방North-West Frontier Area' 또는 '카슈미르 밸리Kashmir Valley'로 불렸다. 카슈미르 지명과 관련해서는 두 가지 설이 있다. 하나는 '카샤파 신'이 사는 곳이란 뜻을 가진 산스크리트어 '카시미라Káśmīra'에서 유래했다는 설이다. 다른 하나는 '물에서 건조乾燥된 땅'이란 종교적 의미로, 힌두교 신화에 따르면, 7명의 현자 중 한 사람인 카샤파Kashyapa가 땅을 만들기 위해 호수 물을 다른 곳으로 흘려 보내 지금의 카슈미르가 되었다는 설이다.

카슈미르 범위는 광의적으로 규정하는 경우와 협의적으로 규정하는 경우가 각각 다르다. 광의 범위는 현재 파키스탄·인도·중국 땅으로 세 등분 되어 있는 구역이다. 파키스탄령은 북서부 길기트 발티스탄Gilgit-Baltistan과 서쪽 아자드 카슈미르Azad Kashmir로 구성되며 면적은 8만 294㎢이다. 인도령은 잠무와 카슈미르로 구성되고 면적은 22만 2,236㎢이다. 중국령은 아크사이친Aksai Chin과 트랜스카라코람Trans-Karakoram으로 구성되고 면적은 1만 5,520㎢이다. 인도는 파키스탄령 카슈미르 반환을 요구하고, 반대로 파키스탄은 인도령 잠무 카슈미르를 돌려달라고 주장한다. 한편 협의 범위는 잠무Jammu와 카슈미르 밸리 전체로 한정한다.

카슈미르는 전체적으로 고원과 산악 지대로 구성되며, 카슈미르족과 도그라Dogra족을 비롯한 다양한 종족이 분포한다. 잠무 카슈미르와 아자드 카슈미르

분쟁의 세계지도

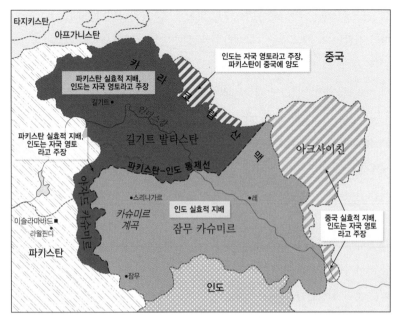

카슈미르 분할과 통제선
출처: Harm de Blij

에는 카슈미르어를 사용하는 카슈미르족이 많이 거주한다. 카슈미르어는 인도 힌두어 및 파키스탄 우르두어와 뚜렷하게 구분되는 다른 언어이다. 그리고 인도 헌법에 명시된 22개 지정 언어(국어) 중 하나인 도그리Dogri어를 사용하는 도그라족은 인도령 잠무 지방에 많이 분포한다.

　카슈미르는 힌두교·불교·이슬람교 등이 혼재된 곳이지만, 예로부터 힌두교와 불교의 중심지 역할을 하였고 이슬람교는 파키스탄을 통해 뒤늦게 확산된다. 카슈미르 내에서는 지역별로 종교 분포가 뚜렷하게 구분된다. 즉, 카슈미르 지방에서는 이슬람교가 주류이고, 북카슈미르 지방은 시아파가 우세하며, 잠무 지방은 전체 인구 67% 정도가 힌두교이고, 33% 정도가 이슬람교이다. 동카슈미르 지방에 해당하는 라다크Ladakh는 티베트 불교가 우세하지만, 최근 이슬람 원리주의가 확산되고 있다.

　인도령 잠무 카슈미르는 잠무Jammu 지방과 카슈미르 계곡 일대를 지칭하며,

행정 구역으로는 잠무 카슈미르주를 말한다. 잠무 카슈미르는 지리적 특징에 따라 시왈리크 구릉Siwalik Hills, 카슈미르 밸리, 히말라야산맥과 피르판잘산맥 일대, 레Leh와 카르길Kargil을 포함한 인더스강 유역 등 4개 지방으로 구분된다. 잠무 카슈미르에는 전체적으로 높은 산악과 고원이 많지만 해발 1,600m에 위치한 카슈미르 계곡은 폭 30~40㎞, 길이 130㎞의 넓은 평지가 발달해 카슈미르 지역 중 인구가 가장 많이 분포한다. 일찍부터 쌀·보리·밀·포도·살구 등이 재배됐고, 산양의 털로 짠 고급 모직물 캐시미어가 유명하다. 잠무 카슈미르에서는 지진도 자주 발생한다.

잠무 카슈미르 주도州都 스리나가르에는 달호수가 있고, 달호수는 운하와 집 배로 유명하다. 해발 1,600m에 위치한 스리나가르는 주변 경치가 아름답고 여름 피서지로 적합해 과거 무굴 제국 황제들 여름 궁전이 있던 곳이다. 유럽 사람들은 운하가 발달한 스리나가르를 '인도의 베네치아'로 불렀다. 카슈미르 계곡 동쪽 해발 3,500m에 위치한 고원 도시 라다크는 1991년 스웨덴 출신 언어학자이자 환경운동가인 헬레나 노르베리 호지Helena Norberg-Hodge가 펴낸 『오래된 미래: 라다크로부터 배운다』의 배경이 된 곳이다. 이 책은 인간이 생활하기 힘든 혹독한 기후와 척박한 땅에도 불구하고 건강하고 평화로운 가족 공동체를 영위하던 사람들이 산업화·현대화 과정을 거치면서 붕괴되는 과정을 그리며 산업 사회 근본적인 문제들을 지적하는데, 이를 직접 확인하려는 관광객이 전 세계에서 방문하고 있다. 라다크 주민 대부분은 티베트 불교를 믿으며, 라다크는 인도·파키스탄·중국 간 국경 분쟁이 자주 일어나는 현장이다.

파키스탄령 카슈미르는 북서 변경 지방으로 불리는 길기트 발티스탄과 아자드 카슈미르로 이루어져 있다. 길기트 발티스탄은 길기트 지역과 발티스탄 지역을 통합한 지명으로 현재 파키스탄 자치주로 지정되어 있다. 파키스탄이 실효적으로 지배하고 있지만 국제법상 파키스탄 영토는 아니다. 길기트 발티스탄 동북쪽 중국과 국경을 이루는 카라코람Karakoram산맥에는 K2봉(8,611m, 일명 고드윈 오스틴산)이 위치한다. 아자드 카슈미르는 스리나가르에서 파키스탄 수

도 이슬라마바드까지 남북 방향으로 길게 놓인 구역을 지칭하며, 주민 대부분
은 이슬람교를 믿는다. 아자드란 우르두어로 자유를 뜻한다.

중국령에 속한 속한 아크사이친은 '하얀 암석 사막'을 뜻하며, 실제로 소다
평원으로 불리는 해발 5,000m 이상 고원에 거대한 소금 사막이 분포한다. 트
랜스카라코람은 K2봉이 위치한 카라코람산맥 북사면 일대를 말한다. 1962년
10~11월 인도와 중국은 아크사이친과 남티베트로 불리는 부탄 동쪽 아루나찰
프라데시Arunachal Pradesh 두 곳에서 국경 전쟁을 일으켰다. 1963년 이후 중
국은 아크사이친과 트랜스카라코람을, 인도는 남티베트를 각각 실효적으로 지
배하고 있다. 파키스탄은 아크사이친과 트랜스카라코람을 중국 영토로 인정하
지만 인도는 이를 인정하지 않고 중국에게 반환을 요구하고 있는 상황이다.

주변 강대국 지배를 끊임없이 받은 카슈미르

카슈미르는 실크로드 남방 루트인 '오아시스길'에 위치하고 있어 역사적으로
여러 제국 침입 통로가 됐다. 기원전 327년경 알렉산드로스는 아프가니스탄을
거쳐 카슈미르를 침입한다. 카슈미르는 불교·힌두교·이슬람·무굴·시크교 등
의 지배를 받고, 영국이 인도반도를 통치하던 시절에는 도그라족과 영국 총독
부가 각각 지배하는 영역으로 나뉜다. 과거 영국이 식민 통치했던 카슈미르는
스리나가르를 중심으로 한 카슈미르 밸리 일대였다.

기원전 3세기경 인도 마우리아 왕조 아소카왕에 의해 카슈미르에 불교가 전
파되고, 스리나가르는 중국·티베트·중앙아시아로 불교를 전파시키는 중심지
역할을 한다. 1세기경 고비 사막 남쪽에 살던 호전적인 부족 쿠샨Khusan 지배
를, 그리고 6세기 초에는 중앙아시아 유목민 훈Hun족의 침입을 받는다. 711년
경 파키스탄 신드Sind 지방으로부터 이슬람이 들어오면서 카슈미르에는 힌두
교·불교·이슬람교가 혼재한다. 12세기 중반 이슬람 샤 미르Shar Mir 왕조 지배
를 받는다. 13세기경 이슬람교가 카슈미르의 지배적인 종교로 자리를 잡지만,
이슬람교도와 힌두교도들은 서로 평화로웠다. 그리고 티베트 불교가 번성하던

라다크 지방에도 이슬람이 전파되지만 이를 수용하는 사람은 많지 않았다.

1592년 이후 카슈미르 전역은 무굴 제국 지배로 들어가 1756년까지 지속된다. 1756년부터 1819년까지 카슈미르는 아프가니스탄 두라니 제국 지배를 받고, 1819년부터 1846년까지 지금의 파키스탄 펀자브Punjab 지방에서 만들어진 시크교 연합 왕국 지배를 받으며, 특히 시크교가 카슈미르를 지배할 당시 모슬렘은 많은 탄압과 박해를 받는다. 영국 동인도회사는 제1차 시크 전쟁1845~1846 중 1846년 도그라족 출신 카슈미르 지도자 굴랍 싱Gulab Singh과 조약을 맺는다. 조약 핵심은 영국이 굴랍 싱과 그의 후손들에게 인더스강 동쪽 카슈미르와 참바Chambar (지금의 인도 히마찰프라데시주)를 포함한 라비Ravi강 동쪽 지방을 양도하고, 굴랍 싱은 양도 대가로 750만 루피를 영국 정부에 지불하며, 영국 승인 없이 영토 경계를 확장할 수 없다는 것이다.

암리차르Amritsar 조약에 따라 굴랍 싱은 카슈미르 동쪽 라비강에서 서쪽 인더스강 사이 거대한 영토를 '도그라 군주국princely state(일명 번왕국藩王國 또는 자치 왕국이라고 함)'으로 명명하고 1947년까지 통치한다. 영국이 위임한 대리 통치 방식이었다. 영국이 인도반도를 통치하던 시절 80여 개 군주국이 있었는데, 도그라 군주국은 1941년 기준으로 인도에서 4번째로 큰 규모였다. 도그라 군주국에서는 도그리어를 사용하고 힌두교를 믿는 도그라족이 주류 집단이었기 때문에 도그라 군주국은 카슈미르에 거주하는 다수 모슬렘을 철저하게 탄압한다. 도그라 군주국 탄압에 시달린 모슬렘은 1930년대 중반부터 스리나가르를 중심으로 반反도그라 운동을 펼치고, 펀자브·북서 변경 지방·카슈미르·신드·발티스탄 등 모슬렘이 많은 지역을 통합해 하나의 이슬람국가로 만들자는 움직임도 등장한다.

영국이 카슈미르에 친영국 성향의 군주국을 만든 이유는 러시아·중국과 인도 간의 완충지대가 필요했기 때문이다. 실제로 19세기 영국이 카슈미르와 인접한 아프가니스탄을 러시아로부터 자국 식민지였던 인도반도를 보호하는 완충 지대로 활용했던 전략도 그래서 채택한 것이다. 이후 제2차 세계대전이 일어나고 일본이 미얀마를 점령하면서, 영국은 인도와 파키스탄을 독립시키는 방안을 모색한다. 당시 영국령 인도에서는 전인도모슬렘연맹All India Muslim League이 주장한 힌두교와 이슬람교 국가로 분할하는 방식과 간디·네루 등이 주도하는 인도국민회의파Indian National Congress가 주장한 하나의 연방제 국가 방식이 충돌하는 상황이었다.

하리 싱 왕의 카슈미르 지위 결정과 모슬렘 및 힌두교도 간 갈등

1945년 7월 영국 총선에서 승리한 노동당은 영국이 인도 제국을 관리할 여력이 없다고 판단하고 식민지 독립을 준비한다. 영국은 종교에 의한 두 국가론을 수용해 힌두교 국가 인도와 이슬람 국가 파키스탄으로 분할 독립시키는 원칙을 확정한다. 이 원칙에 따라 1,200만여 명이 인도와 파키스탄 국경을 넘는 민족 대이동이 일어난다. 그리고 힌두교와 이슬람교가 혼재하는 벵골(서벵골과 동벵골)·펀자브·아삼Assam 등지는 지역 주민이 합의해 투표로 귀속 여부를 결정한다는 방침을 세운다.

문제는 카슈미르였다. 독립 당시 카슈미르 지역 주민 400만여 명 중 77%가 모슬렘이고 힌두교와 시크교 주민은 소수였다. 그런데 힌두교를 믿는 도그라족 출신이 다수 모슬렘을 지배하고 있어 종교에 의한 분할 방식을 적용하기도 어려운 상황이었다. 특히 카슈미르 밸리에는 카슈미르어를 사용하는 모슬렘이, 잠무에는 도그라어와 펀자브어를 사용하는 힌두교계 주민이 많이 분포하였다. 이런 복잡성 때문에 영국은 카슈미르 영토 지위 문제를 처리하지 못하고 인도 반도를 떠나 버리고, 1947년 8월 14일 파키스탄이, 8월 15일 인도가 각각 독립한다. 인도와 파키스탄은 카슈미르 지위 문제, 즉 카슈미르를 독립국으로 만들거나 아니면 인도 또는 파키스탄 중 어느 한 국가로 귀속하는 문제에 대한 결정권을 굴랍 싱 손자인 하리 싱 왕이 갖는다는 것에만 동의한다. 이러한 이유로 카슈미르는 인도와 파키스탄 어디에도 속하지 않은 준독립 상태 영토로 남게 되고, 카슈미르를 놓고 인도와 파키스탄 간 국경선도 확정하지 못한다.

그런데 1947년 10월 세금 징수에 불만을 품은 아자드 카슈미르의 풍치 Poonch 지역과 북서 변경 지역 하자라Hazara에 사는 모슬렘 파탄족이 카슈미르를 침공한다. 당시 하리 싱 왕은 파키스탄모슬렘연맹Pakistan Muslim League (Nawaz), PML-N 지원을 받은 파탄족을 제압하기 위해 인도에 군대 파병을 요청함과 동시에 잠무 카슈미르를 인도로 귀속한다고 선언한다. 카슈미르에 거주하는 다수 집단 모슬렘 요구와 반대되는 결정을 한 것이다. 하리 싱의 이런 결정에 잠무 카슈미르에 거주하던 모슬렘이 반발하고, 파키스탄이 모슬렘을 보호한다는 명분으로 군대를 카슈미르에 투입하면서 인도와 파키스탄 간 전쟁이 일어난다. 이를 제1차 인도-파키스탄 전쟁이라고 한다. 이슬람교 무장 단체인 잠무카슈미르해방전선Jammu and Kashmir Liberation Front, JKLF은 파키스탄 군대와 협력해 인도 군대를 상대로 전투를 수행한다.

전쟁은 UN 중재로 1949년 1월 끝난다. UN이 제시한 중재안은 정전停戰과 주민 투표였다. 정전이란 양국 군대가 당시 점령선에서 모든 전투 행위를 중지하고 정전선을 설치하는 것으로 1949년 11월경 800㎞에 달하는 정전선이 만들어진다. 카슈미르는 인도 점령 구역 63%, 파키스탄 점령 구역 37%로 분할되며, 당시 설정된 통제선Line of Control, LOC이 지금까지 유지되고 있다. 하지만 당시 UN이 중재안으로 제시한, 카슈미르를 인도와 파키스탄 중 어디로 귀속시킬 것인가에 대한 주민 투표는 지금까지 실시되지 못했고, 인도는 주민 투표를 통하지 않고 잠무 카슈미르를 자국 영토로 합병해 버린다.

제2차·제3차 인도-파키스탄 전쟁

제2차 인도-파키스탄 전쟁은 카슈미르가 아닌 인도 서부 구자라트주에 있는 란 쿠츠Rann of Kutch에서 비롯된다. 이 일대는 큰 호수와 넓은 소금 사막이 넓게 분포하여 독립 당시부터 양국 간 국경선 획정이 어려웠던 곳이다. 1965년 4월 란 쿠츠 지역에서 국경선 문제로 충돌이 일어나자 인도가 파키스탄을 공격하면서 전쟁이 일어난다. 이후 카슈미르에서 활동하던 잠무카슈미르해방전선를 비롯한 모슬렘 무장 세력들이 인도를 공격하고, 인도가 반격하면서 전선은 확대된다. 전쟁이 발발하자 구소련은 인도를, 중국은 파키스탄을 지원하지만 1966년 1월 구소련 중재로 양국이 통제선 밖으로 군대를 철수시키면서 휴전한다.

1967년 10월 파키스탄은 중국과 파키스탄을 연결하는 카라코람 하이웨이 Karakoram Highway, KKH의 건설·확장 계획을 발표한다. 고대 실크로드의 '오아시스 길' 일부 구간으로 파키스탄 아보타바드Abbottabad에서 카라코람산맥에 위치한 해발 4,693m 쿤자랍 고개Khunjerab Pass를 가로질러 중국 신장 웨이우얼 자치구 카슈가르Kashghar까지 이어지는 약 1,200㎞ 도로를 확장하는 계획이었다. 인도는 파키스탄의 고속도로 건설에 의심의 눈초리를 보냈다. 향후 인도와 파키스탄 간 전쟁이 일어나면 이 길을 통해 파키스탄을 지원하는 중국 군대가 들어오는 것 아니냐는 의구심 때문이다. 고속도로는 1979년 개통된다.

하지만 제3차 인도-파키스탄 전쟁의 단초는 고속도로가 건설되는 카슈미르가 아닌 다른 곳에서 제공된다. 1970년 11월 지금의 방글라데시에서 대형 사이클론 피해로 약 20만 명이 사망하는 재해가 발생한다. 파키스탄 정부가 구호 대책에 소극적으로 대처하면서 동파키스탄 주민들 불만이 폭발한다. 인도반도가 독립할 당시, 지금의 파키스탄과 방글라데시를 하나의 국가로 묶은 것은 패착이었다. 왜냐하면 동파키스탄은 이슬람이라는 종교적 동질성을 제외하면 종족·언어·문화가 완전히 이질적인 집단이었기 때문이다. 게다가 독립 이후 서파키스탄 주민들은 '1등 국민', 동파키스탄 주민은 '2등 국민'이란 자조적인 인식이 동파키스탄에 확산되면서 분리 독립 요구가 공공연하게 표출되는 상태였다.

이런 상황에서 대형 재해가 발생하면서 동파키스탄 주민이 갖고 있던 분리주의 움직임이 폭발한다. 동파키스탄 주민은 건국 기념일을 계기로 폭동을 일으키고, 서파키스탄으로부터 분리 독립을 하겠다고 주장한다. 서파키스탄 정부는 이를 진압하기 위해 군대를 파견하고, 서파키스탄 출신 병사들이 동파키스탄 주민들을 무차별적으로 진압하면서 주민 폭동은 내전으로 확대된다. 내전이 지속되면서 많은 난민들이 동파키스탄에서 인도로 피난을 가자 인도 정부는 이를 해결한다는 명분으로 내전에 참여한다. 파키스탄은 전선을 분산시킬 목적으로 1971년 12월 인도령 카슈미르를 공격하면서 제3차 전쟁이 일어난다. 사우디아라비아를 비롯한 이슬람회의기구Organization of Islamic Conference, OIC 회원국들이 파키스탄을 지원하지만, 인도 승리로 막을 내리고 1972년 7월 동파키스탄이 방글라데시로 독립한다.

여전히 출구가 보지 않은 카슈미르 미래

인도령에 속한 잠무 카슈미르에 거주하는 모슬렘 대부분은 지금도 인도령을 부정하며 인도 정부를 상대로 투쟁하고 있다. 1980년대 중반부터 무장 단체들은 게릴라식 독립 운동을 전개하고 있는데 잠무 카슈미르에서 활동하는 모슬렘의 무장 세력은 크게 두 집단으로 나뉜다. 파키스탄도 인도도 아닌 카슈미르만 분리 독립을 해야 한다고 요구하는 세력과 파키스탄으로 편입하겠다고 주장하는 세력이다. 전자는 잠무카슈미르해방전선JKLF이, 후자는 히즈블무자혜딘Hizbul Mujahideen이 대표적이다.

파키스탄 정부는 카슈미르가 인도령에 속하는 것을 근본적으로 용납하지 않는다. 여기에는 세 가지 이유가 있다. 첫째, 인더스강 수계 상류에 위치한 카슈미르는 지리적으로 인도보다는 파키스탄 세력권에 속했으며, 인더스강 상류에 해당하는 카슈미르 밸리는 중류의 펀자브, 하류의 신드와 오랫동안 교류하고 소통한 동일한 인더스강 유역권이라는 점이다. 둘째, 광의 카슈미르에 거주하는 주민 대다수는 힌두교가 아닌 이슬람을 믿고 있고, 언어·문화적으로 힌두교 중심 인도와는 이질적인 속성을 갖고 있기 때문에 카슈미르가 파키스탄에 편입되는 것이 합리적이라고 주장한다. 셋째, 인더스강 등 카슈미르 지방을 흐르는 주요 3대 하천이 모두 파키스탄으로 유입되고 있기 때문에 수자원 확보라는 측면에서 카슈미르를 인도에 내줄 수 없다는 논리를 편다. 반면에 인도 주장에도 일리가 없는 것은 아니다. 카슈미르는 이슬람이 전파되기 이전부터 불교와 힌두교 세력이 지배한 땅이라는 것이다. 그리고 1947년까지 존속한 도그라 군주 국도 힌두교 왕국이라는 점을 강조한다.

2004년 영국 BBC는 '카슈미르 미래'라는 제목으로 카슈미르 문제 해결을 위한 7가지 해법을 제시한 적이 있다. 첫 번째는 양국이 현재 통제선을 유지하는 것이다. 인도를 비롯해 미국과 영국 등은 이에 동의하지만, 파키스탄과 카슈미르 내 분리 독립 단체들이 반대한다. 두 번째는 제1차 전쟁 후 UN이 제시한 주민 투표를 통해 파키스탄으로 편입하는 것인데, 실현 가능성은 낮다. 세 번째는 국민 투표로 인도 귀속을 결정하는 것인데, 이 또한 현실성이 떨어진다. 네 번째는 카슈미르를 독립 국가로 만드는 방안인데, 인도와 파키스탄 모두가 동의하지 않는다. 다섯 번째는 스리나가르 중심 '카슈미르 밸리'와 인접 지역을 독립시키고 나머지 영토는 지금처럼 인도에 귀속시키는 것으로, 현실적인 대안으로 여겨진다. 여섯 번째는 카슈미르 밸리만 독립시키고 나머지 영토는 인도와 파키스탄으로 귀속시키는 방안인데, 단점은 카슈미르 밸리 면적이 너무 협소하다는 점이다. 일곱 번째는 인더스강과 라비강 중간에서 북동~남서 방향으로 흘러 인더스강에 유입하는 체나브Chenab강을 경계로 인도령과 파키스탄령으로 나누는 방법이다. 종교 분포와 어느 정도 일치하는 경계이지만, 인도령이 지금보다 축소되어 인도가 동의하지 않을 가능성이 크다는 한계가 있는 대안이다.

1971년 제3차 인도-파키스탄 전쟁 이후 양국 간 큰 분쟁은 발생하지 않았다. 하지만 잠무 카슈미르 영유권을 놓고 양국은 여전히 대립 중이며, 서로 견제하기 위해 핵무기를 보유한 상태이다. 카슈미르를 놓고 평화 정착을 위한 양국 간 회담과 노력이 계속되고 있지만, 잠무 카슈미르에서는 분리주의 무장 세력과 인도군 사이의 크고 작은 충돌도 자주 발생하고 있다. 영국 BBC가 제시한 7가지 해법 중 하나를 선택해 국경선으로 확정할 수도 있다. 그러나 스리나가르를 중심으로 한 카슈미르 밸리 일대가 갖는 지정학적 위치와 역사적·문화적 상징성 및 실재성 때문에 양국이 포기하지 못하고 있어 문제이다. 그래서 카슈미르라는 땅을 둘러싼 양국 간 갈등이 쉽게 끝날 것 같지 않다.

카슈미르 미래

해법 1 현재 설정된 통제선(LOC)을 경계로 현 상태 유지 = 인도 주장이다. 미국과 영국도 이를 고려하고 있지만 파키스탄과 카슈미르 분리·독립주의자들은 이를 거부하고 있다.

해법 2 제1차 인도와 파키스탄 휴전 시 UN이 제안한 단일 주민 투표로 전체가 파키스탄에 귀속 = 파키스탄은 모슬렘이 압도적으로 많기 때문에 주민 투표로 카슈미르가 자국에 귀속되기를 바라고 있지만 실현 가능성은 희박하다.

해법 5 카슈미르 밸리와 인접 지역을 독립시키고 나머지는 인도와 파키스탄에 귀속 = 독립주의자들이 많은 카슈미르 밸리(인도령)와 파키스탄령 카슈미르 일부를 분리 독립시키는 방안이다. 종교 분포와 국경이 대체로 일치하는 장점이 있다.

해법 3 주민 투표로 전체가 인도에 귀속 = 주민들은 대다수가 이슬람교도이기 때문에 인도가 주민 투표에 반대하고 있어 현실성이 없다.

해법 6 카슈미르 밸리만 독립시키고 나머지는 인도와 파키스탄에 귀속 = 카슈미르 밸리에서만 주민 투표를 실시해 독립시키는 방안이다. 하지만 부탄 면적의 1/10 규모로 너무 작다는 것이 문제다.

해법 4 카슈미르 독립 국가 건설 = 일부 카슈미르 독립주의자들 주장이다. 주민 투표에 '독립'이라는 제3의 조항을 넣으라고 주장한다. 그러나 인도와 파키스탄 모두 이를 원치 않기 때문에 거의 불가능하다.

해법 7 체나브강을 경계로 인도와 파키스탄 사이에 국경 설정 = 체나브강을 국경으로 이슬람계 지역은 파키스탄 영토가 되고, 힌두교계 지역은 인도 영토가 되는 구상이다. 그러나 인도가 동의하지 않을 가능성이 많다.

(이상은 영국 BBC 방송 인터넷판 기사와 중앙일보 기사를 참고로 한 것임)

Chapter
09

중국

다민족 국가에서 등장한 위구르와 티베트 분리주의

일반적으로 광활한 영토에 많은 사람이 거주하는 곳에서는 집단 간 차이성 때문에 대립과 갈등이 자주 일어난다. 특히 다종족·다민족·다종교로 구성된 국가나 지역에서는 더욱 그렇다. 따라서 56개 민족으로 구성된 중국에서 특정 민족이 분리주의 운동을 전개하는 것은 어쩌면 지극히 자연스러운 현상이라 할 수 있다. '중국 지리'가 중국이라는 국가에게 그런 운명을 부여했다는 지정학자들 지적이 틀리지 않다.

중국은 한족을 포함해 56개 소수 민족으로 구성된 대표적인 다민족 국가이다. 하지만 한족이 전체 인구 92% 정도를 차지해 소수 민족 비율은 상대적으로 낮다. 또한 이들 소수 민족이 특정 공간에 집중해 분포하는 것이 아니라 중국 전역에 소규모로 분산하는 일명 '대분산소집거大分散小集居' 현상으로 소수 민족의 독립적·주체적 목소리는 그렇게 크지 않다. 한족을 우월시하고 한족 이외의 민족을 차별시하는 한족 중심 중화사상이 깊숙이 뿌리내린 까닭이다.

중국 변경 지역에 해당하는 신장 웨이우얼(위구르) 자치구와 시짱(티베트) 자치구에서 분리주의 운동이 일어나고 있다. 투르크계 위구르족은 1930년대부터 소규모 민족 운동을 전개했고, 1990년대 구소련 붕괴 이후 활발한 분리주의 운동을 펼치고 있다. 1951년 중국에 강제 합병된 티베트에서도 '티베트는 중국이 아니다'라는 주장을 펼치며 비교적 조용한 분리주의 운동을 전개하고 있다. 하

지만 중국은 위구르족과 티베트족이 벌이는 분리주의 움직임을 원천적으로 차
단하고 있다.

소수 민족 분포와 중국의 소수 민족 정책

중국은 대표적인 다민족·다언어 국가이다. 2010년 인구 센서스 자료에 따
르면 전체 인구는 약 14억 명이고, 한족이 91.5%, 55개 소수 민족이 8.5% 정
도를 차지한다. 좡壯족 1.27%(1,693만 명), 후이回족 0.79%(1,059만 명), 만
주족 0.78%(1,039만 명), 위구르維吾爾족 0.76%(1,007만 명), 먀오苗족 0.7%

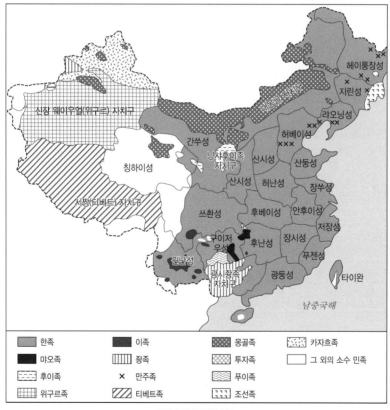

중국의 주요 민족 분포

(943만 명), 투자±家족 0.63%(835만 명), 티베트족 0.47%(628만 명), 몽골족 0.45%(598만 명) 등 소수 민족이 500만 명 이상이고, 18개 소수 민족은 100명 이상 분포한다.

중국의 소수 민족 정책에는 특수한 지리적·역사적 배경이 내포되어 있다. 첫째, 오랫동안 중앙집권적 통일 국가가 유지되면서 한족이 중심 문화를 만드는 주체적 집단이라는 세계관, 즉 중화사상中華思想, Sinocentralism이 존재한다. 특히 황허강 유역에서 농경 생활에 종사한 한족은 발전된 문명과 찬란한 문화를 꽃피우면서 자신들이 우월하다는 한족 중심 세계관을 만들어 주변 민족을 차별하였다. 한족은 변방에 거주하는 소수 민족을 미개한 집단으로 여기고 무시하여 소수 민족은 주류 집단인 한족에 동화 내지 편입되려는 성향을 갖게 되었다. 소수 민족의 민족주의 성향이 싹트지 못하는 까닭이다.

둘째, 소수 민족 비율이 한족에 비해 매우 적고, '대분산소집거' 형태로 존재한다는 점이다. 중국 내 소수 민족은 광시廣西, 신장新疆, 윈난雲南, 구이저우貴州, 티베트, 내몽골內蒙古 등 주로 변경 지대에 분포하지만, 거주 공간은 전 국토의 63%에 이를 정도로 넓은 영역이다. 그러나 소수 민족은 한족 등 다른 민족과 섞여 분포하거나 소수 민족을 위한 자치구·자치주 등에서 한족 비율이 높은 곳이 많아 한족에 동화되는 경우가 많다. 한때 중원을 지배한 만주족이 2,000여 지역에 분산돼 민족적 고유성을 상실하고 한족에 동화된 경우도 이 때문이다.

셋째, 중국은 소수 민족의 자치권·자결권 등을 폭넓게 인정하지 않고, '민족융합론'을 내세워 '대大한족주의'를 강조한다. 실제로 중국 공산당은 1952~1962년 한족을 소수 민족 거주지로 이주시켜 소수 민족을 한족으로 동화시키는 정책을 펼쳤다. 그 대표적인 사례 지역이 신장 웨이우얼 자치구이다. 1955년 이 지역의 전체 인구 중 한족은 6% 정도에 불과했으나 1982년 한족은 전체 인구의 40%로 늘었다. 한족 이주를 적극 장려한 정책 결과이다.

넷째, 소수 민족 거주지가 대부분 경제적으로 낙후된 곳이 많다. 구이저우·티베트·윈난·광시 등 남서부 소수 민족 거주지는 개혁·개방 정책 효과로 경제 발전을 누리는 해안 지역에 비해 크게 뒤처져 있다. 급속하게 성장하는 중국의 경제 상황을 고려해 볼 때, 낙후된 지역에 거주하는 소수 민족 불만은 언제든지 표출될 개연성이 높다. 실제로 중국 석유 매장량의 30% 정도를 차지하는 신장 웨이우얼 자치구에서 위구르족이 불만을 갖고 분리 독립을 꾀하는 이유 중 하나가 지역 경제 낙후성 때문이다.

현재 중국은 소수 민족 거주지에 5개 자치구區, region, 30개 자치주州, autonomous prefectures, 117개 자치현縣, county 등의 행정 단위를 지정·운영하고 있다. 대표적인 소수 민족 거주지에는 광시좡족·내몽골·닝샤 후이족·시짱(티베트)·신장 웨이우얼 등 5개 자치구가 있고, 자치구는 1단계 성省급 행정구와 유사한 행정 계층이다. 자치구 아래에 자치현과 자치기(旗, autonomous banner, 내몽골 자치구 내 하위 행정 계층) 등이 있고, 성과 시市 행정 구역 내에도 소수 민족을 위한 자치주와 자치현이 설치되어 있다. 자치구에는 입법권을 포함한 일부 자치권을 보장하고 있다. 중국 정부는 소수 민족의 문화를 장려하는 일명 문화적 민족주의는 허용하지만, 정치적 민족주의 또는 분리주의는 원천적으로 차단하는 정책을 취하고 있다.

신장 웨이우얼(위구르) 자치구 지역 분리주의 운동

중국 북서부에 위치한 신장 웨이우얼 자치구(이하 신장 지역)는 과거 서유기 西遊記 무대로 알려졌으며 서역西域이라고 불리는 곳이다. 신장 지역은 지리적으로 아시아 대륙 중앙부에 위치하며, 고대 실크로드에서 중국과 중앙아시아를 연결하는 요충지에 해당한다. 신장 지역 면적은 166만㎢로 중국 면적 1/6을 차지하며, 중국 성省 중 면적이 가장 넓고, 한반도 면적 7.5배 크기이다. 중국 최대 면적을 자랑하는 자치구답게 8개국과 국경을 접하고 있다.

신장 지역 면적 56%는 산지이고, 44%는 저평한 분지와 사막으로 이루어져 있다. 톈산산맥과 쿤룬산맥 사이에 위치한 타림Tarim 분지 면적은 약 56만㎢이고, 분지 중앙에는 위구르어로 '살아서 돌아올 수 없을 정도로 끝이 없이 넓은 땅'을 뜻하는 타클라마칸 사막이 발달한다. 사막 면적은 약 33.7㎢로 세계에서 두 번째로 크다. 톈산산맥 위쪽으로 몽골알타이산맥 사이에는 방목이 행해지는 준가얼準噶爾 분지가 위치한다. 준가얼은 몽골어로 '서쪽'을 의미한다. 또한 신장 지역은 중국 육지 석유 매장량의 약 30%, 천연가스 매장량의 약 34%, 석탄 매장량의 약 40%를 차지하며, 희토류를 비롯한 유용 광물이 매장된 '광물 자원의 보고'이다.

  신장 지역은 매우 척박한 땅이지만, 인구는 2,445만 명2017이고, 47개 소수 민족이 분포한다. 2010년 인구 센서스에 의하면, 위구르족 45.8%, 한족 40.5%, 카자흐족 6.5%, 후이족 4.5%, 기타 2.7% 등이다. 행정 구역으로는 카자흐족, 후이족, 키르기즈족, 몽골족 등 4개 소수 민족 자치현, 6개 자치군, 43개 소수 민족촌 등이 있다. 한족을 제외한 소수 민족 비율은 60% 정도이다. 한족은 우루무치烏魯木齊·창지 등 비교적 잘사는 북부 회랑에, 위구르족은 카스喀什(일명 카슈가르Kazgar)를 비롯한 쿤룬산맥 북사면에 해당하는 가난한 남부 지역에 주로 분포한다. 주도인 우루무치는 몽골어로 '아름다운 목장'을 뜻하며, 인구는 약 352만 명2016이고 한족이 전체의 75%, 위구르족이 13% 정도를 차지한다. 위구르족 중심 지역은 서쪽 관문 도시 카스와 투루판Turpan 분지 등이다.

  신장 지역에 위구르족이 거주한 역사는 매우 오래되었다. 위구르족은 중앙아시아에 분포하는 일명 돌궐족이라고 하는 투르크Turkis계이다. 이들은 파키스탄·카자흐스탄·키르기스스탄·몽골·우즈베키스탄·터키 등지에도 분포하지만 주요 분포 지역은 신장 지역이다. 이 때문에 신장 지역을 동투르키스탄East-Turkistan으로 부른다. 위구르족은 형질인류학적으로 캅카스 인종에 속하지만, 언어는 알타이 어족에 속하며 우즈베크어와 비슷하다. 신장 지역에는 불교가 이슬람보다 먼저 전파되지만 위구르족 대부분은 16세기경 들어온 수니파 이슬람을 믿는다. 위구르족은 오랫동안 이민족 지배를 받았고, 인종적으로 혼혈이 많이 되었으며, 언어와 문자는 아랍 영향을 많이 받았다. 위구르족은 여러 지역에 분산 거주하여 민족적 정체성이 희박하지만, 이슬람이라는 종교를 매개로 민족 문화와 공동체를 유지하고 있다.

위구르족 분리주의 움직임 역사는 다른 소수 민족에 비해 꽤 오래되었다. 1759년 청나라 6대 황제 건륭제乾隆帝, 재위 1735~1796가 동투르키스탄으로 알려진 위구르족 거주 지역을 정복한다. 위구르족은 만주족 통치에 대항해 1827년 이후 42차례 반란을 일으킨다. 1864년 반란에 성공해 만주족을 추방하고 야쿠브 벡Yakub Beg 왕을 중심으로 카슈가르 왕국, 일명 '동투르키스탄국'을 세운다. 왕국은 당시 오스만 제국·러시아·영국 등과 조약을 맺고 독립 승인을 받지만 청나라가 이를 승인하지 않는다. 1876년 청나라가 다시 침공하고, 당시 영국은 러시아 남진南進을 억제하기 위해 청나라 군대를 지원한다. 이후 1884년 11월 18일 청나라가 완전히 점령해 병합하고, 지명도 동투르키스탄에서 '새로운 영토 경계(끝)'라는 뜻의 '신장新疆'으로 바꾼다.

청나라로 편입된 후, 신장 지역에서는 위구르족 여자와 중국인 남자가 결혼하는 새로운 풍속도가 만들어지면서 위구르족 남자들의 불만이 쌓인다. 1911년 이후 중국인 민족주의 지도자 썬야트센Sun Yat Sen이 주도한 분리 독립 운동이 전개되고, 1930년대에 반란이 자주 일어났다. 위구르 분리주의자들은 1933~1934년에 '동투르키스탄이슬람공화국Islamic Republic of Eastern Turkestan' 건국에 성공한다. 하지만 구소련의 정치적·군사적 지원을 받은 중국 공산당에 의해 이내 제압당하고, 1949년 동투르키스탄은 중화인민공화국에 합병된다. 1989년 이후 위구르족 분리주의자들은 위구르 민족주의를 주창하는 동투르키스탄 이슬람운동East Turkestan Islamic Movement, ETIM을 조직해 폭동과 테러를 벌이고 있다. 1990년 이후 여러 차례 폭동이 일어났고, 2009년 7월 우루무치에서 대규모 유혈 사태가 발생해 수백 명이 사망하고 천여 명이 다친 것으로 알려졌다. 2013년 10월 23일에는 베이징 천안문 광장에서 위구르족 분리주의자가 차를 타고 군중 속으로 돌진한 사건도 일어났다. 이와 같이 분리주의자들 활동은 계속되고 있다.

위구르족 분리주의는 여러 요인이 복합적으로 얽혀 있지만, 크게 두 가지로 압축할 수 있다. 하나는 한족과 위구르족 간 오랫동안 쌓인 민족적 갈등이다. 1970년 이후 한족이 대거 유입하면서 민족 분포가 바뀌고, 한족 문화가 확산되면서 전통적인 이슬람식 문화와 종교 생활을 위협하는 상황에 직면하게 된다. 중국 정부가 이슬람식 종교 활동을 제한하면서 불만이 쌓인 결과이다. 다른 하나는 신장 지역 경제적 낙후성 및 한족과 위구르족 간 소득 격차 확대라는 경제적 갈등이다. 이주한 한족들은 도시에서 상공업에 종사해 지역 상권을 독점하고, 부동산 시장을 장악해 임대료 인상을 부추기는 등 원주민의 삶의 터전을 와해시키고 있다. 또한 신장 지역은 지하자원 보고임에도 불구하고, 중국 정부가 지역 발전에 소극적일 뿐만 아니라 한족이 주로 거주하는 우루무치를 비롯한 북부 회랑에만 투자하고, 위구르족이 많이 분포하는 남부 지역은 소외시킨다는 불만이 커지면서 분리주의자들이 크고 작은 폭동과 테러를 일으키고 있는 것이다. 여기에 아프가니스탄과 파키스탄에서 활동하는 이슬람 극단주의 세력이 분리주의자들을 추동하고 있다.

신장 지역은 중국 지하자원 보고일 뿐만 아니라 중국이 현재 추진 중인 현대판 실크로드 전략인 '일대일로一帶一路, One Belt, One Road' 프로젝트에서 중요한 위치를 차지하는 곳이다. 영국 출신 저널리스트 팀 마셜Tim Marshall은 저서 『지리의 힘』에서 신장 지역은 "중앙아시아에서 중국 심장부로 들어가는 전초 기지이자, 인도와 중국 간 완충 지대 역할을 하는 곳으로 중국에게 지정학적으로 매우 중요한 땅"이라고 평하고 있다. 그런 전략적 요충지에서 등장하는 분리주의 움직임에 대해 중국 정부가 '먼 산의 불구경'하듯 가만히 있을 리 만무하다. 그렇지만 위구르족이 느끼는 민족적·종교적 정체성 훼손과 상대적인 경제적 박탈감 문제를 해결하지 않은 한 신장 지역은 중국의 새로운 화약고 구실을 할 것이 틀림없다.

시짱(티베트) 지역 분리 독립 운동

브래드 피트가 주연한 〈티베트에서의 7년Seven Years In Tibet, 1997〉은 오스트리아 출신 등산가 하인리히 하러Heinrich Harrer가 티베트에서 생활한 이야기를 쓴 책을 바탕으로 만든 영화이다. 개봉에 앞서 1997년 일본 도쿄 국제 영화제에 이 영화가 출품되자 중국이 일본에 상영 중지를 요구해 화제가 됐다. 영화에 중국의 티베트 불법 점령을 비판하는 내용이 들어가 있었기 때문이며, 이 영화는 당연히 중국 내에서 상영이 불허된다. 티베트 분리 독립 운동을 간접적으로 지지하는 영화 중에는 젊은 시절의 달라이 라마 14세와 관련된 〈쿤둔 Kundun, 1997〉도 있다. 중국 정부는 티베트를 소재로 한 새로운 영화가 개봉될 때마다 문제를 제기하고 있다.

시짱(티베트) 자치구는 히말라야산맥 북측 '세계 지붕'으로 알려진 해발 4,000 ~5,000m의 티베트고원 일대이며, 면적은 122만㎢로 한반도 5.5배 크기이다. 인구는 337만 명2017이고, 자치구 내 인구에서 티베트족 비율은 92% 정도이다. 티베트족 조상은 약 5,000~6000년 전 한족 조상과 갈라져 히말라야 남쪽과 서쪽에 이주했으며, 중국 티베트고원을 비롯해 히말라야 남부 지역(부탄, 네팔, 인도 북동부, 윈난성 북부), 미얀마, 중앙아시아 등지에 분포한다. 이들이 사용하는 언어는 중국어가 아닌 티베트어이다. 티베트는 역사적으로 동북부의 암도 Amdo(지금의 칭하이성, 간쑤성, 쓰촨성으로 분리), 동부의 캄Kham(지금의 쓰촨성과 윈난성 서부 등), 서부 캄(지금의 시짱 자치구), 중부 우창ü-Tsang(지금의 시짱 자치구) 등의 지방으로 구분된다.

티베트 역사는 7세기로 거슬러 올라간다. 당시 왕국은 중앙아시아까지 영향력을 미친 것으로 알려졌다. 763년 티베트족은 중국 시안西安을 공격할 정도로 세력이 막강했지만 불교 세력 간 파벌 싸움으로 842~1247년 티베트 왕국은 여러 소왕국으로 분열된다. 1239년 티베트를 점령한 몽골 제국은 티베트족 출신 종교 지도자를 내세워 대리 통치를 한다. 청나라는 티베트를 '스승의 땅'으로 인정하고 우호적인 관계를 유지하지만, 청나라도 티베트를 자국 영역으로 여긴다. 1904년 영국군이 라싸Lhasa를 침공하자 달라이 라마는 러시아 지원을 받아 대항하지만 패하고, 1906년 영국과 중국은 영토 협정을 맺고 티베트에 대한 중국 영유권을 인정한다. 하지만 1912년 중국 신해혁명이 일어나자 티베트는 독립을 선언한다. 중국은 1930~1940년대에 국공 내전과 중일 전쟁에 휩싸이면서 티베트에 관심을 갖지 못하게 되고, 달라이 라마는 티베트를 독립적으로 통치한다.

1949년 중화인민공화국이 수립되고, 9월 중국 공산당이 티베트 동부 지방을 강제로 점령한다. 분열된 중국을 하나로 통합하는 과정의 일환이었다. 1950년 5월 티베트는 중국의 강제 점령을 UN에 제소하지만, 별 소용이 없었다. 1951년 5월 양국은 베이징에서 티베트의 평화적 해방 문제를 논의하지만, 결과는 티베트를 중국에 편입한다는 일방적인 통보였다. 1951년 9월 9일 중국군은 부패한 종교로부터 인민을 해방한다는 명목으로 티베트 수도 라싸에 들어온다. 사찰과 수도원이 파괴되고, 많은 사람이 체포·구금되며, 종교와 집회 자유가 제한된다. 1959년 3월 10일 독립 쟁취를 위한 대규모 시위가 벌이지고 1만여 명이 사망한다. 이후 달라이 라마는 인도 북부 다람살라에 망명 정부를 수립하고 지금까지 분리주의 운동을 주도하고 있다.

티베트 분리주의자들은 1959년 3월 발생한 봉기를 기념하는 이벤트성 폭동을 일으켜 중국 정부를 긴장시키고 있다. 티베트 지도자 달라이 라마는 중국이 티베트를 강제 점령했으니, 국제사회가 중국으로 하여금 기존 태도를 바꾸도록 압력을 넣어 달라는 외교적 활동을 주로 펼치고 있고, 이런 달라이 라마의 조용하고 비폭력적인 독립 운동에 내부 반발도 만만치 않은 상태이다.

티베트인 대부분은 '티베트는 역사적으로 중국의 땅이 아니었다'고 주장한다. 반면에 중국은 대만이나 몽골처럼 역사적으로 중국이 지배하고 통치한 고유한 영토라고 주장한다. 중국이 티베트인과 위구르족 분리 독립에 강경한 태도를 취하는 이유는 중국이 다종족·다민족 국가라는 사실 때문이다. 소수 민족 분리 독립 요구가 도미노처럼 번지는 것을 방지하기 위해서라도 중국 정부는 티베트인과 위구르족을 그대로 방치할 수 없는 상황이다. 거대한 영토를 가진 중국 지리가 부여한 숙명일까?

일본

중국 및 러시아와 영토 갈등을 빚는 조어도와 북방 4개 섬

2010년 9월 7일 일본 해상보안청이 센카쿠 열도(댜오위다오) 인근 해역에서 불법 조업을 하던 중국 어선을 나포하고 선장을 구속한다. 이에 중국이 거칠게 항의하며, 선장을 석방하지 않으면 중국산 희토류 수출을 전면 중단할 것이라고 엄포를 놓는다. 일본은 선장을 석방하고, 중국은 전세기를 보내 선장을 데려온다. 이렇게 17일간 벌어진 영토 갈등은 중국의 일방적 승리로 끝난다. 그러나 일본은 여전히 센카쿠 열도(댜오위다오)를 실효적으로 지배하고 있다.

2010년 10월 1일 드미트리 메드베데프Dmitry Medvedev, 재위 2008~2012 러시아 대통령이 일본 홋카이도와 인접한 쿠릴 열도를 전격 방문한다. 제2차 세계대전 후 러시아 대통령이 처음으로 방문한 것이다. 일본 정부와 언론은 '일본 영토에 왜 왔느냐'고 불만을 쏟아 내자, 러시아는 '대통령의 자국 영토 방문에 냉정을 잃지 말라'고 일본에 점잖게 훈계하는 성명을 발표한다. 일본이 자기들 땅이라는 섬은 여전히 러시아가 실효적으로 지배하고 있다.

일본은 왜 중국과 러시아와 영토 분쟁을 벌이고 있는 것일까? 일본 욕심이 많아서일까? 그렇지 않다. 모두 제2차 세계대전 후유증 때문이다. 청일 전쟁 전리품으로 일본이 받은 센카쿠 열도(댜오위다오)는 이후 영토 지위 협정에서 합리적 해결을 모색하지 못했다. 참치 어장으로 유명한 쿠릴 열도 남단에 위치한 4개 도서를 러시아가 실효적으로 지배하고 있는 것도 마찬가지이다. 일본이 중국 및 러시아와 영토 갈등을 빚고 있는 배경에는 복잡한 역사적 사연이 있다.

센카쿠와 댜오위다오로 각각 다르게 불리는 곳

일본명 센카쿠 열도尖閣列島는 중국명으로는 댜오위다오釣魚島이다. 류큐 제도 서남단 동중국해에 위치한 무인도로, 5개 섬과 3개 암초로 이루어져 있다. 마치 우리나라 독도와 비슷한 모습이다. 가장 큰 섬 면적은 약 6.3㎢이다. 일본 오키나와 나하섬에서 남서쪽으로 약 400㎞, 타이완 지룽基隆으로부터 북동쪽으로 약 175㎞ 떨어져 있다. 초기에는 타이완과 일본 간 영유권 다툼이 있었지만, 지금은 타이완도 중국 땅이라는 논리를 내세운 중국과 일본 간 영토 분쟁으로 확대되었다.

중국은 역사적 기록을 제시하며 댜오위다오가 자국 영토라고 주장한다. 16세기 초 류큐琉球 왕국에 파견된 명나라 사신 기록에 의하면 "중국에서 출발해 8개 바위섬을 지나 류큐로 간다."는 내용을 근거로 류큐는 일본 영토에 속하지 않는 독립 왕국이었다고 주장한다. 1893년 청나라 서태후가 칙서를 내려 댜오위다오를 자국민에게 하사한 역사적 사실이 있는데, 이 시점이 센카쿠를 일본령으로 편입한 시기보다 앞선다는 점도 강조한다. 그리고 청일 전쟁 후 시모노

조어도 위치

세키 조약1895에 따라 댜오위댜오를 포함한 타이완과 부속 도서를 일시적으로 일본에 할양한 것이지 완전히 양도한 것이 아니라고 주장한다. 일본이 제2차 세계대전에서 패한 후 체결된 샌프란시스코 강화 조약1951에서 타이완에 대한 권리를 일본이 포기하는 것으로 결정되었으므로 타이완 부속 도서에 해당하는 댜오위댜오 영유권은 타이완에게 자동적으로 넘어가야 한다는 논리도 편다. 샌프란시스코 강화 조약이란 1951년 9월 8일 일본과 연합국 사이에서 체결된 조약으로, 일본이 과거에 지배했던 식민지·점령지 지위를 획정하고 일본 주권을 회복시키는 조약이다. 우리나라 영토 획정도 이 조약에 명시되어 있다.

하지만 일본 주장은 다르다. 일본 큐슈 가고시마시에 가면 관광명소로 알려진 '센간엔仙巖園'이 있다. 센간엔은 지금의 가고시마현과 미야자키현 남서부 일대를 지배했던 사쓰마薩摩 번주였던 시마즈島津 가문이 사쿠라지마와 긴코만을 조망하기 좋은 곳에 17세기에 만든 일본식 정원이다. 이 정원을 만든 시마즈 가문은 임진왜란과 밀접한 관련이 있다. 도요토미 히데요시 요구로 임진왜란 때 1만여 명의 병력을 지원했고, 남해안 일대, 특히 순천성과 사천성 전투에 참가한 주력 군대가 시마즈군이었다. 시마즈 가문은 임진왜란 후 1609년 3월 류큐 왕국(지금의 오키나와)을 정벌한다. 당시 류큐 왕국은 중국에 조공을 바치는 이른바 '조공국朝貢國'이었지만, 시마즈 가문 정벌 이후 시마즈 가문과 도쿠가와 막부에 종속돼 지배를 받는 '종속국從屬國'이 되면서 중국과 일본과 시마즈 가문에 각각 조공을 바치는 '3중 조공국' 신세가 된다. 이후 1879년 일본은 류큐 왕국을 일본 영토로 편입시키는데, 시마즈 가문 침공 이후 형성된 류큐 왕국과 일본 간 조공국 관계가 결정적인 근거가 된다.

일본 주장 핵심은 청일 전쟁 전리품으로 센카쿠 열도를 할양받은 것이 아니라 센카쿠 열도는 일본 땅에 속하는 류큐 왕국 부속 도서였다는 것이다. 일본은 1872년 류큐 왕국을 폐지하고 류큐번을 설치한다. 1879년 일본이 류큐 왕국을 오키나와현으로 편입시킬 때, 류큐 왕국 영토와 부속 도서를 직접 확인하고 류큐 왕국 영토권을 일본 영토로 귀속시켰기 때문에 문제가 되지 않는다는 논리이다. 또한 일본은 1879년 내무성 지리국이 펴낸 '대일본부현관할도'에도 센카쿠 열도가 일본 영토로 표기되어 있다고 주장한다. 또한 1895년 체결된 시모노세키 조약 이후 일본이 센카쿠 열도를 실효적으로 지배해 주권을 행사할 때, 타이완이나 중국이 이에 반대하지 않았다는 점도 강조한다. 샌프란시스코 강화 조약에서 타이완과 그 부속 도서에 대한 권리를 포기하는 것과 역사적으로 류큐 왕국 부속 도서였던 센카쿠 열도를 일본이 실효적으로 지배하는 것은 비교 대상이 아니라는 논리를 제시하며 센카쿠 열도에 대한 일본의 영유권을 항변한다.

센카쿠 열도를 둘러싼 영토 갈등에서 타이완 입장과 주장은 또 다르다. 1969년 7월 타이완은 댜오위다오를 포함한 주변 해역에 대한 석유 탐사를 실시한다. 그리고 1971년 타이완 주재 일본 대사관에 댜오위다오가 '타이완 영토'라는 사실을 전달하고, 1972년 2월 타이완의 영토로 편입하는 법률도 제정한다. 1970년부터 중국도 타이완이 주장하는 역사적인 사실에 근거하여 센카쿠 열도가 중국 영토라고 주장한다. 타이완도 '하나의 중국'에 입각한 논리로 센카쿠가 중국 영토라고 주장한 것이다.

이런 논란이 제기되는 상황에서 1971년 일본과 미국은 오키나와 반환 협정을 체결하고, 미국은 1972년 5월에 오키나와 제도와 동쪽에 있는 다이토 제도大東諸島에 대한 시정권施政權을 일본에게 되돌려 준다. 시정권이란 신탁 통치하는 지역의 영역과 주민에게 행사하는 입법·사법·행정권을 말한다. 제2차 세계대전 후 오키나와 및 다이토 제도는 일본 영토이지만, 시정권은 미국이 갖고 있었는데, 반환 협정에 따라 오키나와현이 일본의 정식 행정 체계로 편입된 것이다.

오키나와 제도가 일본에 반환된 후, 중국은 댜오위다오 반환을 정식 요구한다. 하지만 일본은 오키나와 반환 협정 의사록에 센카쿠 열도에 대한 시정권도 명시되어 있다고 주장한다. 1978년 8월 중국과 일본이 중일 평화 우호 조약을 체결하고, 그해 10월 일본을 방문한 덩샤오핑鄧小平은 "우리보다 훨씬 뛰어난 지혜를 가진 다음 세대가 모두 받아들일 수 있는 댜오위다오 해결 방안을 찾을 것"이라고 발언하면서 센카쿠 열도를 둘러싼 영유권 분쟁은 수면 아래로 가라앉는다.

중국과 일본 간 타협이 불가능한 센카쿠 열도(댜오위다오)

1992년 2월 중국은 제7차 '전국 인민 대표자 대회 상임 위원회' 회의에서 댜오위다오에 대한 영유권을 주장한다. 1996년 2월 중국은 댜오위다오 인근 해역에서 유전 탐사를 실시하자 그해 7월 일본 극우 단체가 센카쿠에 등대를 설치하고, 희생자 위령비를 세우면서 양국 간 갈등은 격화된다. 1997년 7월 홍콩을 반환받은 중국은 '하나의 중국'을 실현하기 위한 계획을 발표하고, 댜오위다오와 난사 군도 등에 대한 영유권을 다시 천명한다. 그리고 2010년 9월 7일 중국 어선이 일본 해상보안청에 나포되는 직접적인 충돌 사건이 발생한다.

2012년 9월 일본 노다 요시히코野田佳彦 정권은 센카쿠의 국유화를 선언한다. 하지만 일본이 취한 국유화 조치는 영토 분쟁이라는 불덩어리에 휘발유를 붓는 격이었다. 중국이 이전보다 더 적극적으로 대응하고 반발했기 때문이다. 2013년 11월 중국은 동중국해 방공식별 구역에 댜오위다오를 포함시키며, 자국 영토라는 메시지를 국내외에 보낸다. 2016년 6월 중국 군함이, 2018년 1월에는 중국 잠수함과 함정이 각각 댜오위다오 주변 수역에 진입하면서 양국 간 갈등이 커져만 간다.

센카쿠 열도(댜오위다오)를 놓고 일본과 중국이 벌이는 영토 분쟁은 순수한 영토 수호 차원뿐만 아니라 해저자원에 대한 경제·정치적 이해관계도 맞물려 있다. 주변 수역에 어족 자원이 풍부한 것은 잘 알려진 정보이며, 인근 해역에 석유가 대량 매장되어 있다는 사실이 1969년 이미 확인되었다. 다국적 오일 회사들도 100억~1,000억 배럴의 원유가 매장된 것으로 추정하고 있다. 따라서 센카쿠 열도(댜오위다오)의 영유권 분쟁은 막대한 석유 자원을 확보하기 위한 인접국 간 자원 쟁탈전이라는 측면도 있다.

특히 센카쿠 열도(댜오위다오)는 국제정치적·군사적 이해관계가 맞물리는 곳이다. 중국이 동중국해를 넘어 태평양으로 제해권制海權을 넓히는 데 댜오위다오는 매우 중요한 전략적 요충지이다. 일본도 중국 해군력을 동중국해로 가두어 두려면 센카쿠가 필요하고, 적대적인 세력이 해로를 통해 일본에 접근하는 통로상에 센카쿠가 위치하기 때문에 방어적인 측면에서도 양보할 수 없는 곳이다. 이러한 이유 때문에 향후 센카쿠 열도(댜오위다오)를 둘러싼 양국 간 갈등과 대립이 무력 충돌로 확대될 개연성은 얼마든지 있다. 독도 문제로 일본과 갈등을 빚고 있는 우리나라가 센카쿠 열도(댜오위다오) 분쟁을 강 건너 불보듯 할 수만은 없는 까닭이다.

쿠릴 열도 남쪽 4개 섬을 둘러싼 일본과 러시아 간의 갈등 배경

쿠릴Kuril 열도란 러시아 캄차카반도와 일본 홋카이도 사이에 위치한 56개 섬과 바위섬들이 한 줄로 늘어서 있는 호상열도Island Arc를 말한다. 화산 활동에 의해 만들어진 섬들이고, 그중 활화산이 분포하고 있는 섬도 있다. 일본에서는 쿠릴 열도를 '지시마千島'라고 부른다. 쿠릴 열도에 있는 가장 큰 섬인 이투루프 Iturup (일본명 에토로후섬)를 경계로 북쿠릴과 남쿠릴로 나뉜다. 남쿠릴로 분류되는 홋카이도와 근접한 4개 섬, 하보마이齒舞, 구나시리國後, 시코탄色丹, 에토로후擇捉 등을 '북방 4개 섬'이라고 하고, 일본에서는 '북방 영토北方領土'라고 부른다. 이들 4개 섬의 전체 면적은 약 4,954㎢로 우리나라 경기도의 절반 정도 크기이며, 1945년 이후 러시아가 실효적으로 지배하고 있다.

일본 홋카이도와 쿠릴 열도 그리고 사할린 남부에 거주한 원주민은 아이누 Ainu족이다. 이들은 일본어가 아닌 아이누어를 사용하고, 외모가 일본인과 달랐으며 몸에 털이 많아 일본인은 이들을 '에미시毛人'라고 불렀다. 15세기 이후 일본 혼슈本州 북부에 분포하던 아이누족은 일본 중앙정부로 편입되기 시작하고, 1900년 이후 일본 정부는 아이누족에게 일본어 사용을 강요하면서 아이누 문화 말살 정책을 취한다. 하지만 18세기까지 쿠릴 열도는 일본과 러시아 영토가 아닌 '아이누의 땅'이었다.

19세기 러시아가 극동 지역에 관심을 가지면서 쿠릴 열도는 일본과 러시아 간 영토 갈등의 대상으로 바뀐다. 18세기 후반 흑해 크림반도 항구 세바스토폴을 확보한 러시아는 지중해로 진출하는 것이 여의치 않자 아프가니스탄을 통한 인도양 진출을 모색한다. 영국 방어로 인도양 진출이 힘들어진 러시아는 다시 우리나라 두만강 하구 일대 극동 지역으로 방향을 튼다. 1856년 러시아인이 두만강 위쪽 블라디보스토크Vladivostok에 들어온다. 당시 청나라 지린吉林성에 속했던 두만강 일대를 놓고 러시아와 청나라가 영토 갈등을 거친 후 1860년 러시아는 청나라와 베이징 조약을 맺고 극동 지역을 할양받는다. 러시아는 블라디보스토크에 군항을 만들고 극동 함대를 배치해 태평양으로 진출하는 교두보를 확보한다. 러시아어로 블라드는 '정복·지배하다'의 뜻이고, 보스토크는 '동방'을 뜻한다.

극동 지역에 해군 거점을 확보한 러시아는 1855년 일본과 국교를 맺고 '러일통상우호 조약'을 체결한다. 이 조약에서 홋카이도와 인접한 4개 섬은 일본령으로, 쿠릴 열도에 있는 나머지 도서는 러시아령으로 각각 분할하고, 사할린은 양국이 공동 소유하기로 합의한다. 1875년 일본과 러시아는 영토를 맞교환하는 '상트페테르부르크 조약(일본은 '가라후토-지시마 교환 조약'이라고 함)'을 맺고, 사할린을 러시아에 넘기는 대신, 쿠릴 열도에 있는 전체 도서를 일본이 갖는다. 1904년 러일 전쟁에서 승리한 일본은 사할린섬 전체를 넘겨 달라고 요구한다. 승전국이 패전국에 전리품을 요구하지만 러시아가 반대한다. 대신 일본은 1905년 체결된 포츠머스 조약에 따라 북위 50°를 경계로 사할린 남쪽 절반을 갖는다. 일본은 남사할린을 '가라후토樺太'라고 명명하고 관리기관인 가라후토청樺太廳을 만들어 통치한다. 러시아에서 적군과 백군 간 내전1917~1922이 일어나자 일본은 백군을 지원한다는 명분으로 블라디보스토크를 비롯해 북사할린을 점령하지만 1925년 러시아에게 다시 돌려준다.

제2차 세계대전이 발발하자 미국과 영국은 사할린과 쿠릴 열도 영유권을 인정한다는 조건으로 러시아에게 참전을 요구하고, 이를 수용한 러시아는 종전

러일통상우호 조약(1855년)

가라후토−지시마 교환조약(1875년)

포츠머스 조약(1905년)

샌프란시스코 강화 조약(1951년)

북방 4개 섬의 국경선 변화

직전 1945년 8월 남사할린과 쿠릴 열도 전역을 점령하게 된다. 극동아시아에서 전쟁을 거의 하지 않고 손쉽게 남사할린과 쿠릴 열도 전체를 확보할 수 있었다. 이후 얄타 회담1946에서 쿠릴 열도 영유권을 보장받은 러시아는 1946년 쿠릴 열도를 자국령으로 편입하고, 북방 4개 섬에 거주하는 일본인을 추방한다. 당시 패전국이었던 일본은 러시아의 강제 점령에 반대 목소리를 전혀 낼 수 없는 상황이었다. 일본은 샌프란시스코 강화 조약1951에 따라 남사할린과 쿠릴 열도에 대한 주권을 박탈당한다. 이후 러시아는 북방 4개 섬을 지금까지 실효적으로 지배하고 있다.

북방 영토 반환을 요구하는 일본과 무대응하는 러시아

일본은 역사적 근거와 영토 확정의 불명확성을 근거로 북방 4개 섬 소유권이 자국에 있다는 주장한다. 일본이 주장하는 역사적 근거는 이렇다. 첫째 1855년 체결한 러일통상우호 조약, 1875년 가라후토-지시마 교환 조약, 1905년 포츠머스 조약 등에서 북방 4개 섬은 변함없는 일본 영토였다는 것이다. 이에 따라 샌프란시스코 강화 조약에서 일본이 포기한 쿠릴 열도 범위를 북방 4개 섬을 제외한 나머지 도서로 확정하는 것이 합당하다는 주장이다. 둘째 샌프란시스코 강화 조약 내용에 일본이 포기해야 하는 쿠릴 열도 영역이 불명확하고, 홋카이도와 인접한 4개 섬을 러시아령으로 한다는 구체적인 언급이 없다는 점을 강조한다. 따라서 4개 섬은 당연히 일본 땅으로 확정하는 것이 옳다는 것이다. 이런 논리로 러시아에게 양도를 요구하지만 러시아는 이를 받아들이지 않고 있다.

일본은 북방 4개 섬을 '북방 영토'라고 부른다. 이는 자국 영토인데 러시아가 강제 점령해 돌려주지 않는다는 것을 부각시키기 위한 상징적인 호칭이다. 일본 도쿄 도쿄역이나 시부야역 등에서 일본 보수우익 단체가 북방 영토를 돌려달라는 캠페인성 시위를 자주 하는데, 이는 북방 영토에 대한 일본 국민 관심을 끌기 위한 목적이다. 반면 러시아는 일본에서 쓰는 '북방 영토' 호칭에 강한 거부감을 표시한다. 샌프란시스코 강화 조약 이후 일본이 요구하는 북방 영토 반환에 대응하지 않던 구소련은 1956년 10월 모스크바에서 체결된 '일소공동선언'을 계기로 태도를 약간 바꾼다. 선언문에 향후 양국이 평화조약을 체결한 뒤, 홋카이도와 인접한 하보마이와 시코탄을 일본에 양도한다는 내용을 담는다.

구소련은 1960년 일본과 미국이 체결한 미일안전보장 조약 개정에 반대하며, 일본 내에서 외국군 철수가 이루어지면 '일소공동선언'에서 말한 하보마이와 시코탄을 일본에 양도할 수 있다는 조건부 입장을 표명한다. 1956년 제시한 입장에서 한발 후퇴한 태도였다. 러시아가 제시한 조건을 일본이 충족시킬 수 없는 상황이 계속되면서 북방 영토 반환 문제는 별다른 진척을 보지 못한다. 1985년 고르바초프Gorbachyev, 재위 1990~1991 전 대통령은 일본의 경제 지원을 유도하기 위해 '영토 문제는 해결돼야 한다'는 유연한 입장을 피력하고, 옐친 Yeltsin, 재위 1991~1999 전 대통령은 일본의 대규모 경제 지원을 조건으로 4개 섬의 단계적 반환을 고려할 수 있다는 구상을 밝히며, 푸틴 대통령은 2001년 러일 정상 회담에서 하보마이와 시코탄 2개 섬에 대한 우선 인도 가능성을 시사한다. 그러나 이후 양국은 어떤 결론도 도출하지 못한다. 러시아는 4개 섬 중 남단 2개 섬만 반환할 수도 있다는 입장인 반면, 일본은 4개 섬 전체 반환을 주장하고 있어 접점을 찾지 못하고 있다.

1981년부터 일본은 매년 2월 7일을 '북방 영토의 날'로 지정해 북방 영토 반환을 촉구하는 국민적 캠페인을 펼치고 있다. 그러나 북방 영토를 실효적으로 지배하고 있는 러시아는 무대응으로 일관하고 있다. 일본은 지속적으로 러시아 태도 변화를 설득하고 있지만 상황은 크게 변하지 않고 있다. 북방 4개 도서를 둘러싼 영유권 다툼은 태평양으로 열려 있는 극동 바다를 놓고 양국이 벌이는 또 다른 차원의 영토 싸움이어서 쉽게 결론을 내릴 수 없어 그렇다.

제4부

유럽의 분쟁과 갈등 지역

영국

앵글로색슨이 아니라는 북아일랜드와 스코틀랜드

웨일스 주민들이 영국 국기 디자인 변경을 요구한 지 꽤 오래됐다. 유니언잭은 성 조지St. George(잉글랜드)와 성 안드레아St. Andrew(스코틀랜드) 십자가 깃발을 바탕으로 성 패트릭St. Patrick(북아일랜드) 십자가를 합쳐 만들어졌다. 하지만 웨일스 상징은 유니언잭에 포함되지 않아 웨일스 주민들이 디자인 변경을 요구한 것이다. 만약 스코틀랜드가 영국에서 분리 독립에 성공한다면 유니언잭 디자인은 어떻게 바뀔까? 이 에피소드는 연합 왕국의 분열적 요소를 상징적으로 보여 준다.

아일랜드Ireland는 1922년 영국에서 분리 독립했지만 북아일랜드는 그렇지 못했다. 이후 북아일랜드에 거주하는 영국성공회를 믿는 앵글로색슨계는 영국 잔류를, 가톨릭계는 아일랜드로 편입을 주장하면서 갈등이 끊이지 않았다. 북아일랜드는 현재 자치정부를 유지하고 있지만 향후 북아일랜드가 영국에 계속 잔류할지 아니면 분리 독립할지 속단하기는 쉽지 않다. 스코틀랜드도 영국에서 분리 독립하려는 의지가 매우 강하다. 2014년 9월 실시된 주민 투표가 부결됐지만 여전히 분리 독립을 추동하는 분위기가 강하다. 반면에 웨일스는 상대적으로 조용한 편이다.

북아일랜드에 거주하는 가톨릭계 주민과 스코틀랜드인 후손들이 분리 독립을 요구하는 이유는 '우리는 앵글로색슨계가 아니다'라는 민족적 정체성 때문이다. 이들은 켈트족이고 켈트어파 언어를 사용하며, 종교도 영국성공회(국교회)가 아닌 가톨릭이다. 무엇보다도 이들은 브리튼의 선先주민이었는데 앵글로색슨족에 삶의 터전을 빼앗기고 많은 고난과 핍박을 받았다는 역사적 감정까지 공유하고 있다. 역사적 감정과 상처가 폭발해 북아일랜드에서는 큰 홍역을 치렀고, 그 흐름이 현재 스코틀랜드로 전이되고 있다.

켈트계와 앵글로색슨계가 갈등하며 만든 연합 왕국

우리가 쓰는 영국이란 국가 명칭은 한자어 표기이다. 정확한 국가 명칭은 '대大브리튼과 북아일랜드 연합 왕국The United Kingdom of Great Britain and Northern Ireland'이다. 약칭으로 연합 왕국UK이라 한다. 그레이트 브리튼Great Britain, 브리튼Britain 등의 용어로 영국을 칭하기도 한다. 브리튼의 일반적인 범위는 잉글랜드·웨일스·스코틀랜드를 포함한 섬을 말하며, 그레이트 브리튼으로 불리는 이유는 브리튼 제도Britain Isles에서 가장 큰 섬이기 때문이다.

영국은 켈트·로마·앵글·색슨·주트·노르만 등의 종족이 혼재한 다민족 국가이다. 그렇기 때문에 연합 왕국을 구성하는 잉글랜드·스코틀랜드·북아일랜드 출신들은 영국 국민이면서도 자신의 민족적 정체성을 잉글랜드인, 스코틀랜드인, 아일랜드인으로 각각 인식하는 이중성을 보인다. 영국 국토 면적은 약 24만 4,100㎢로 한반도 크기와 비슷하다. 브리튼 지형은 크게 북서부 산지와 남동부 저지로 구분되며, 북동부 티스강 하구의 항구 도시 미들즈브러Middles-brough에서 남서부 콘월반도 라임Lyme만을 연결하는 선이 경계이다. 북서쪽 산지는 전형적인 노년기성 지형으로 해발 400~900m의 낮은 산이 대부분이지만, 남동부는 저평한 구릉 지대가 발달한다. 인구 분포와 도시 발달도 이 경계선을 따라 서로 다르게 나타난다.

영국이 다민족 국가인 이유는 기원전과 기원후 다양한 종족과 민족이 대륙에서 브리튼과 아일랜드로 이주한 역사와 관련이 있다. 영국 선사시대는 기원전 6000년까지 거슬러 올라간다. 신석기 시대에 이베리아반도와 북아프리카 쪽에서 선주민이 들어왔지만 분포 지역은 분명하지 않다. 본격적인 역사는 기원전 8세기부터 4세기에 걸쳐 대륙에서 건너온 켈트Celt족에서 시작한다. 켈트족은 지금의 잉글랜드와 웨일스에 살았고, 스코틀랜드 중부와 동부에는 픽트Picts족, 서부에는 게일Gaeil족 등이 살았다. 기원전 55년 로마 침입을 받아 400여 년 동안 로마 제국 지배를 받고, 로마 제국이 물러난 후 430년경부터 6세기에 걸쳐 북쪽 게르만족이 대거 이동한다. 오늘날 독일 앙겔른(슐레스비히홀슈타인주) 지방에 살던 앵글Angles족이 브리튼섬 남동부로, 독일 니더작센과 베스트팔렌 지방에 살던 색슨Saxons족은 템스강 중·하류 지방으로 이주한다. 영국에서 이스트앵글리아East-Anglia 지명은 앵글족 거주지에서, 에식스Essex와 서식스Sussex 등의 지명은 색슨족 거주지에서 유래한다. 덴마크 북부 유틀란트Jutland 반도에 살던 주트Jutes족은 도버와 캔터베리를 비롯한 지금의 켄트Kent주로 이주하고 후에 앵글족과 색슨족에 동화된다.

660년경 앵글·색슨·주트족은 브리튼 남동부에 살던 켈트족 원주민을 스코

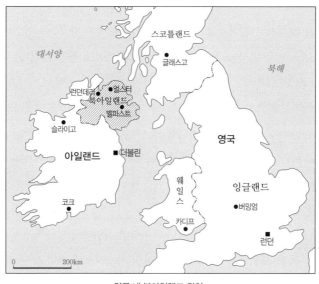

영국 내 북아일랜드 위치

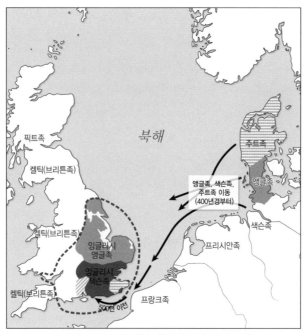

브리튼으로 이주하는 앵글·색슨·주트족(400~500년)
출처: ⓒNotuncurious_Wikimedia Commons

틀랜드와 웨일스로 밀어내고 이른바 7개 앵글로색슨 왕국, 즉 이스트앵글리아·웨식스·켄트·머시아·노섬브리아·서식스·에식스 등을 세웠다. 색슨족에 저항해 싸웠던 켈트계의 전설적인 영웅 '아서Arthur왕과 원탁의 기사 이야기'는 이때 만들어진 것으로 알려졌다. 7개 소왕국이 번성하면서 색슨족을 포함해 '앵글족 사람들의 땅'을 뜻하는 앵글라랜드Englaland에서 잉글랜드England가, '앵글라란드 사람들의 말'을 뜻하는 앵글리쉬Anglisch에서 잉글리시English가 유래한다. 웨일스 지명은 켈트계 원주민 노예를 뜻하는 'weales'라고 부르면서 생겨났다고 한다.

9세기 초 스칸디나비아반도에 살던 바이킹이 침입하여 잉글랜드 중동부, 스코틀랜드 서부, 웨일스 펨브로크 지방, 아일랜드 렌스터 지방 등에 정착한다. 825년 이후 웨식스 왕국 에그버트Egbert왕은 브리튼에 있는 7개 왕국을 정복해

분쟁의 세계지도

통일 왕국을 만들고, 에그버트의 아들 에드워드 1세재위 1272~1307는 1282년 웨일스를 침공해 합병한다. 1536년 헨리 8세재위 1509~1547가 제정한 연합법에 따라 웨일스는 잉글랜드에 정식으로 통합된다. 웨일스인은 영어를 공용어로 사용했고 앵글로색슨계에 대한 반감과 저항이 크지 않았기 때문에 잉글랜드에 자연스럽게 동화된다. 1603년 당시 스코틀랜드 국왕 제임스 6세가 잉글랜드 국왕(스튜어트 왕조 초대 국왕, 제임스 1세)까지 겸하고, 1707년 잉글랜드와 스코틀랜드가 통합해 '그레이트 브리튼'이 만들어진다. 1801년 아일랜드가 통합하면서 지금의 연합 왕국United Kingdom이 탄생한다. 이후 얼스터 지방을 제외한 아일랜드가 연합 왕국에서 분리되어 독립한다.

영국은 지리적·역사적·문화적 특성을 종합하여 5개 지역으로 나뉜다. 남잉글랜드는 이스트앵글리아반도로부터 런던 대도시권과 콘월반도에 이르는 영역으로 고대 색슨족과 주트족 거주지였고, 9세기 초 바이킹족이 정착한 곳으로 전체 인구의 1/3이 거주한다. 웨일스는 고대 켈트계 원주민 피난처였으며 지금도 웨일스어를 사용하는 사람이 많고 자치정부가 꾸려져 있다. 북잉글랜드는 스코틀랜드와 남잉글랜드 사이를 말하며 고대 앵글족이 주로 살았던 곳으로 미들랜드Middleland 또는 페나인Pennines이라고도 부르며 산업혁명 발상지이다. 스코틀랜드는 하일랜드Highland로 불리며 영국으로부터 분리 독립을 시도하고 있는 지역이다. 아일랜드 북동부 얼스터 지방으로 불리는 북아일랜드는 구교계와 신교계 주민이 충돌하는 갈등 현장이다.

분리 독립을 시도하고 있는 켈트족의 땅, 스코틀랜드

스코틀랜드Scotland라는 지명은 '스코트인Scots의 땅'을 뜻하는 스코티아 Scotia에서 유래한다. 스코트인은 아일랜드에서 브리튼으로 이주해 정착한 스코틀랜드인 선조로 켈트족으로 분류된다. 스코틀랜드 범위는 로마 제국 5현제 賢帝로 손꼽히는 하드리아누스 황제 명령으로 127년에 완성된 '하드리아누스 성벽' 이북 지역을 포괄하지만, 실제 면적은 7만 8,789㎢로 우리나라 2/3 크기이다. 우리가 익히 알고 있는 아프리카 탐험가이자 선교사였던 리빙스턴, 『국부론』의 저자 애덤 스미스, 레인코트를 만든 찰스 매킨토시 등이 스코틀랜드 출신이다.

스코틀랜드 지형은 북부 고원, 중부 구릉, 남부 산지로 이루어져 있지만, 크게 북부 하일랜드와 중남부 저지대Lowland로 구분되며, 하일랜드가 전체 면적 2/3 정도를 차지한다. 원주민 종족 분포도 지역별로 다르다. 앵글로색슨족이 브리튼으로 이주한 5세기경 북부와 북동부 하일랜드는 픽트족, 서부 하일랜드는 스코트인(스코틀랜드에 살던 켈트족을 총칭함), 중남부는 잉글랜드에서 쫓겨난 켈트계 브리튼인(브리튼에 살던 켈트족을 총칭함) 등이 분포한다. 스코틀랜드 최대 도시는 '사랑스러운 초록의 땅'을 뜻하는 글래스고Glasgow이고, 정치·문화 중심지는 '북부 아테네'로 불리는 에든버러Edinburgh이다. 애버딘Aberdeen은 제3의 도시로 1972년 북해 유전이 발견되면서 인구가 늘고 있다.

스코틀랜드에서는 영어·게일어·스코트어 등이 사용되지만 주민 대부분은 영어를 사용하고, 게일어Scottish Gaelic와 스코트Scots어를 사용하는 주민은 소수이다. 게일어는 스코틀랜드에서 켈트계가 사용하는 언어를 말하고 스코트어는 저지대에서 사용되는 게일어로 하일랜드 지방 게일어와 약간 차이가 있다. 2005년 게일어가 스코틀랜드 공용어로 지정되었지만 게일어를 사용하는 사람은 많지 않다. 2011년 스코틀랜드 인구센서스에 의하면 게일어를 사용하는 인구는 5만여 명에 불과하여 언어적 정체성은 많이 약화되었다. 스코틀랜드에서 게일어가 사라진 이유를 영어 성경책과 관련시켜 설명하는 경우가 많다. 종교개혁 이후 웨일스에서는 영어를 아는 주민이 많지 않아 할 수 없이 웨일스어로 된 성경책을 만들어 보급했지만 스코틀랜드에는 영어를 아는 주민이 많아 그렇게 할 필요가 없었다고 한다. 그리고 독신이었던 엘리자베스 1세가 사망하고 후손이 없자 왕가 친척이었던 스코틀랜드 국왕(제임스 6세)이 잉글랜드 국왕(제임스 1세)을 겸하면서 영어가 게일어보다 주류 언어로 쉽게 자리를 잡게 되었다. 결국 성경책 보급 과정이 게일어 소멸에 영향을 미친 것이다. 그렇지만 스코

분쟁의 세계지도

틀랜드 사람들은 언어적 정체성과는 별개로 스스로를 잉글랜드인이 아닌 스코틀랜드인으로 인식하는 경우가 여전히 많다.

　로마가 브리튼을 떠난 4세기 후반 스코틀랜드에 가톨릭이 확산된다. 843년경 픽트족 왕국과 스코트족 왕국이 합쳐져 '스코티아 왕국'이 만들어지고, 11세기 초 맬컴 2세가 스코틀랜드를 최초로 통합한다. 하지만 맬컴 3세재위 1058~1093가 잉글랜드와의 전투에서 패하고 잉글랜드 왕을 상왕上王으로 인정하면서 스코틀랜드는 잉글랜드 영향권으로 들어간다. 잉글랜드 국왕 에드워드 1세재위 1272~1307는 스코틀랜드를 잉글랜드의 완벽한 종속 국가로 만들기 위해 스코틀랜드를 침공하지만 1297년 '스털링 브리지 전투'에서 패하면서 뜻을 이루지 못한다. 멜 깁슨이 감독과 주연을 맡아 1996년 아카데미 최우수 작품상과 감독상을 받은 영화 〈브레이브하트Braveheart, 1995〉의 모델이 됐던 윌리엄 월리스 William Wallace, 1270~1305가 농민 군대를 앞세워 잉글랜드군 5,000여 명을 죽이고 대승을 거두었기 때문이다. 하지만 월리스는 에드워드 1세 군대에 잡혀 1305년 8월 23일 런던에서 공개 처형된다. 그리고 스코틀랜드는 1314년 베너번 전투Battle of bannock burn에서 승리하지만 1371년 이후 스튜어트 왕조가 스코틀랜드를 통치하고, 1603년 스코틀랜드 국왕이 잉글랜드 국왕을 겸하면서 두 왕국의 통합 기반이 마련된다. 1707년 스코틀랜드와 아일랜드가 통합해 연합 왕국을 만들지만 스코틀랜드는 교회·법제도·통화 체계를 독립적으로 유지하면서 존속한다. 1715~1745년 스튜어트 왕조의 복원을 요구하며 '자코바이트 반란'이 일어나지만 실패한다.

　19세기 이후 스코틀랜드 분리 독립 운동이 싹트기 시작한다. 19세기 민족주의 이데올로기가 확산되면서 스코틀랜드 출신 사회주의자들은 윌리엄 월리스를 내세워 영향력을 키워 나간다. 1855년 윌리엄 월리스 사망 550주년을 맞아 글래스고 남쪽 에어셔 근처 반웨일 언덕Barnweil Hill에 기념탑을 세우고, 1897년에는 스털링 브리지 전투 600주년 기념식을 개최하여 스코틀랜드 민족주의를 고취시킨다. 제2차 세계대전 후 분리 독립 요구가 본격적으로 등장하고,

1970년대 석유 파동과 북해 유전 개발을 계기로 독립 후 경제적 자립이 가능하다고 판단하면서 분리 독립 운동은 더욱 확산된다.

1999년 스코틀랜드민족당Scottish National Party, SNP이 주도해 스코틀랜드 자치 의회가 부활한다. 웨일스와 마찬가지로 국방·외교를 제외한 모든 권한을 자치정부가 행사한다. 1930년대 만들어진 정당답게 스코틀랜드민족당은 스코틀랜드 분리 독립 운동을 지속적으로 벌였고, 2014년 9월 분리 독립 여부를 묻는 주민 투표를 성사시키지만 반대(55%)가 찬성(45%)보다 많아 뜻을 이루지 못한다. 2016년 6월 영국의 EU 탈퇴Brexit 여부를 묻는 국민 투표에서 스코틀랜드 주민 대부분은 EU 잔류를 선호했지만, EU 탈퇴가 가결되면서 스코틀랜드 사람들은 잉글랜드 중심의 브리튼 사람들과 정치적 차이성을 나타냈다. 스코틀랜드민족당이 주도하는 스코틀랜드 분리 독립 운동은 현재 진행형이고, 언제 성사될지 지켜봐야 한다.

750여 년 잉글랜드 지배를 받은 슬픈 '아이리시 땅'

아일랜드는 북위 51°30′~55°30′에 위치하며, 우리나라보다 20° 정도 북쪽에 있다. 전체적인 지형적 특징은 기복이 완만한 구릉성 고원이며, 서쪽 해안에 발달한 해안 절벽(해식애)은 주요 관광 명소로 각광을 받고 있다. 섬 전체가 신생대 제4기 홍적세 때 만들어진 빙하로 덮여 있어 호소와 이탄지泥炭地가 많고, 빙하 지형도 발달한다. 이러한 이유로 아일랜드의 토지는 전체적으로 척박한 편이다. 아일랜드는 고위도에 위치하지만 멕시코 만류와 편서풍 영향으로 온화한 날씨일 때가 많다.

아일랜드는 브리튼과 가까이 위치한다. 아일랜드 북동부 지방과 스코틀랜드 사이에 있는 노스 해협North Channel의 최단거리는 21㎞이며, 아일랜드와 웨일스 사이에 있는 아이리시Irish해 최단거리는 72㎞ 정도이다. 영국 출신 세계적인 지리학자 매킨더가 브리튼과 아일랜드 사이의 바다 아이리시해를 '브리튼의 내해內海'라고 표현할 정도로 아일랜드는 브리튼과 매우 가깝다. 이런 지리적 인접성은 앵글로색슨계가 아일랜드를 침략해 식민지로 만들고 아일랜드인을 지배할 수 있는 중요한 지리적 배경이 된다. 강대국과 인접한 약소국의 지정학적 운명이 아일랜드를 앵글로색슨계의 식민지로 만든 것이다.

아일랜드인과 잉글랜드인은 서로 이질적이다. 브리튼에 살았던 역사가 다르고, 종족과 민족이 다르며, 언어와 종교도 다르기 때문이다. 1169년부터 시작된 잉글랜드 침입과 정복 과정을 거쳐 1922년 아일랜드 자유국(현재 아일랜드 공화국)으로 독립할 때까지 아일랜드는 750여 년을 잉글랜드의 지배 아래 놓여 있었다. 지금도 아일랜드 전체 면적(8만 4,421㎢) 중 7만 282㎢만 아일랜드에 속하고, 나머지 17%를 차지하는 북아일랜드는 영국령이다. 이런 이유로 아일랜드인은 자신들이 사는 땅을 세계에서 가장 '슬픈 나라'라고 자조한다.

아일랜드를 상징하는 아이콘 중에는 악기인 하프가 있다. 아일랜드인이 잉글랜드를 상대로 독립 운동을 벌일 때, 하프 연주로 전사들의 전의를 고취시켰다고 한다. 1759년 기네스Guinness라는 사람이 만들어 아일랜드를 대표하는 세계적인 맥주가 된 기네스 상표에 하프가 사용되는 것에는 그런 숨은 뜻이 있다. 750여 년 동안 앵글로색슨계 지배와 탄압을 받았던 '슬픈 아이리시'를 상징하는 또 다른 은유라고 할 수 있다.

앵글로색슨의 브리튼과 이질적인 켈트계 후손이 사는 아일랜드

아일랜드 주민 대부분은 앵글로색슨계가 아닌 켈트계 후손이다. 하지만 언어는 켈트어군에 속하는 아일랜드어가 아닌 영어를 사용한다. 아일랜드어는 도니골·마요·골웨이·케리·코크·워터퍼드Waterford주 등 서부와 남부 해안 지역에서 거주하는 6만여 명이 사용하며, 이 지역에서 통용되는 아일랜드어를 '아일랜드 게일어Irish Gaelic'라고도 부른다. 아일랜드 게일어는 웨일스어, 브르타뉴어, 콘월어(브리튼 서남부 콘월 지방), 스페인 게일어, 스코틀랜드 게일어 등과 함께 켈트어군으로 분류된다. 아일랜드 헌법에서는 아일랜드어를 제1국어國語로, 영어를 제2국어로 지정하고 있다. 그럼에도 불구하고 아일랜드 주민 대부분

아일랜드 지역 구분

은 영어를 사용하는데, 이는 750여 년간 지속된 식민 지배 영향이라 할 수 있다.

아일랜드와 잉글랜드 차이를 만드는 결정적인 요소는 종교이다. 아일랜드 켈트계 주민은 대부분 가톨릭을 믿지만, 앵글로색슨계는 영국식 가톨릭인 영국성 공회를 믿는다. 아일랜드인은 전통적인 켈트족 생활양식에 가톨릭 신앙이 융합된 고유한 아일랜드 켈트계 문화를 만들어 냈다. 그 중심은 켈트 족장 보호 아래 건설된 수도원이었고, 켈트족은 영국은 물론 유럽 각지에 수도원을 건설해 가톨릭 포교에 힘썼다. 그래서 아일랜드는 유럽에서 '성자와 학자의 섬'으로 알려져 있다. 아일랜드에서 기독교, 즉 가톨릭을 확산시킨 사람은 패트릭Patrick(이탈리아어로 '파트리치오', 아일랜드어로 '파드라그'라고 함) 사제였다. 그는 432년 지금의 북아일랜드 다운Down주를 중심으로 포교 활동을 시작해 아일랜드 전역에 360여 개 교회와 수도원을 세운다. 패트릭은 켈트계 주민들이 전통 신앙을 버리고 기독교를 믿게 한 일등 공신이었다. 아일랜드의 가톨릭화는 곧 아일랜드 역사라는 인식 때문에 성 패트릭을 아일랜드 수호성인으로 추앙하고 있고, 지금도 그가 사망한 3월 17일을 '세인트 패트릭스 데이St. Patrick's Day'로 정해 기념하고 있다.

아일랜드는 지리적·역사적·문화적 기준으로 크게 4개 지역, 북동부 얼스터 Ulster, 동부 렌스터Leinster, 서남부 먼스터Munster, 서부 코노트Connacht 등으로 구분된다. 현재 북동부 얼스터 지방은 9개 주로 이루어져 있고, 이 중 6개 주는 영국령 북아일랜드에, 3개 주(도니골·모너핸·카반)는 아일랜드령에 속하며, 얼스터 지방은 영국성공회를 믿는 주민이 상대적으로 많다. 렌스터 지방은 비옥한 토지가 저지대에 많이 분포해 아일랜드의 중심 지역을 형성한 곳으로, 수도 더블린은 841년경 바이킹족이 만든 도시이다. 먼스터 지방은 남부 6개 주로 구성되며, 잉글랜드가 아일랜드를 복속시키는 과정에서 가장 거세게 저항한 지역이다. 코노트 지방은 자연환경 때문에 농경지가 협소해 인구 밀도가 낮으며 상대적으로 아일랜드 게일어 사용 주민이 많다.

아일랜드 역사는 기원전 10만~1만 5000년 전까지 거슬러 올라가지만, 기원전 6~5세기경 켈트족이 유럽 대륙에서 아일랜드로 이주하면서 본격적으로 시작된다. 켈트족은 아일랜드에 거주한 원주민을 제압하고 인도 카스트 제도와 유사한 켈트족 계급 사회를 만들어 5개 왕국을 만든다. 8세기 말경 스칸디나비아에 살던 바이킹족이 아일랜드에 들어오고, 10세기까지 아일랜드 남부 지역(코크·리머릭·워터퍼드·웩스퍼드Wexford 등)에 정착하면서 켈트족에 동화된다. 1171년 잉글랜드 헨리 2세가 아일랜드를 침입한 이후, 아일랜드는 잉글랜드화를 거쳐 식민지로 편입된다.

앵글로색슨계 침입과 식민지로 전락한 아일랜드

아일랜드가 잉글랜드 식민지로 전락하게 된 단초는 왕국 간 갈등에서 비롯된다. 1166년 동남부를 기반으로 한 렌스터 왕국Kingdom of Leinster 국왕 더멋 맥머로Dermot MacMurrough가 잉글랜드 내에서 일정한 세력을 갖고 있던 노르만계 리처드 스트롱보Richard Strongbow, 1130~1176 백작에게 도움을 청하면서부터이다. 맥머로 국왕은 서부를 기반으로 한 코노트 왕국 로리 오코너왕과의 전투에서 패하면서 잉글랜드 지원 병력이 필요했기 때문이다. 스트롱보는 맥머로 국왕 딸과 혼인하고 맥머로 국왕 사후에 왕국 계승권을 갖는다는 조건으로 군대를 이끌고 1170년 8월 아일랜드에 들어온다. 스트롱보는 렌스터 왕국이 잃어버렸던 영토를 정복하고, 1171년 5월에는 왕권까지 차지한다. 스트롱보가 다스리는 렌스터 왕국을 못마땅하게 여긴 당시 잉글랜드 국왕 헨리 2세재위 1154~1189는 교황 승인을 받아 1171년 10월 해군을 아일랜드 남부 워터퍼드 Waterford에 보낸다. 750여 년간 지속됐던 아일랜드 식민 지배의 첫 번째 문이 열리는 순간이었다.

1170년 스트롱보 백작과 군대가 아일랜드에 발을 들여놓은 이후, 잉글랜드 출신 노르만계 이주는 계속 이어졌고, 1250년경 노르만계는 아일랜드 전체 면적의 75%를 차지한다. 이들은 봉건 제도와 중앙 집권형 행정 체계를 구축해 아일랜드를 효율적으로 관리하고 켈트계 원주민 문화와 동화·융합하면서 새로운 '아일랜드식 게일' 문화를 만들어 낸다. 이때까지만 해도 아일랜드에 대한 잉글랜드 영향력은 그렇게 크지 않았다. 하지만 '장미 전쟁1455~1485'으로 알려진 랭커스터가와 요크가 간 왕권 투쟁에서 노르만계는 요크가를 지지하지만 랭커스터가 헨리 7세(튜더 왕조)에게 패하면서 아일랜드 노르만계는 최대 위기를 맞는다.

잉글랜드 튜더 왕조1485~1603가 등장하면서 아일랜드에 대한 잉글랜드 지배와 통제는 더욱 강화된다. 튜더 왕조를 연 헨리 7세 아들 헨리 8세가 특히 그랬다. 튜더 왕조의 강력한 군주로 평가받는 헨리 8세재위 1509~1547는 첫 번째 왕비 캐서린Catherine, 1485~1536과 이혼하고 앤 불린Anne Boleyn(1533년 결혼, 1536년 처형됨)과 재혼하기 위해 국교를 가톨릭에서 영국성공회로 바꾼 장본인이다. 1534년 헨리 8세가 가톨릭에서 영국성공회로 바꾼 종교 개혁을 단행하자 아일랜드에 거주하는 가톨릭교도, 즉 켈트계와 노르만계 후손들은 강력하게 반발한다. 헨리 8세는 영국성공회로 개종을 거부하는 아일랜드 가톨릭계 귀족들을 처형하고 그들이 소유한 토지를 몰수한다. 그리고 가톨릭교회와 수도원이 소유한 거대한 토지를 빼앗아 브리튼에서 아일랜드로 이주한 개신교도들에게 무상으로 배분한다. 또한 헨리 8세는 1541년 아일랜드 의회에 자신을 아일랜드 왕으로 선포하도록 요구한다. 이런 헨리 8세 정책 때문에 얼스터 지방에서는 반란이 자주 발생한다.

엘리자베스 1세Elizabeth I, 1533~1603, 재위 1558~1603도 아일랜드에 대한 식민지 개척을 계속한다. 엘리자베스 1세는 헨리 8세와 그의 두 번째 부인 앤 불린Anne Boleyn 사이에서 낳은 딸이다. 엘리자베스 1세는 가톨릭 귀족들로부터 빼앗은 토지를 잉글랜드에서 이주한 충성스러운 식민지 개척자들에게 분배했는데, 이들은 북부와 중부 지역에 많이 거주하였다.

얼스터 지방 영주 휴 오닐Hugh O'Neill 백작을 비롯하여 브리튼에서 이주한 일부 영주 후손들이 연합해 1594년 반란을 일으킨다. 얼스터 지방을 잉글랜드로부터 독립시키려는 이 반란을 '9년 전쟁1594~1603'이라고 부른다. 스페인이 반란군을 지원하지만 1601년 킨세일 전투The Battle of Kinsale에서 패배하고, 1607년 반란에 참여한 귀족 세력들이 대륙으로 도망가는 이른바 '백작들의 도주'를 끝으로 반란은 실패로 끝난다. 당시 스코틀랜드와 잉글랜드 통합 국왕이 된 제임스 1세재위 스코틀랜드 1567~1625, 잉글랜드 1603~1625는 9년 전쟁 후 브리튼에 사는 잉글랜드인·스코틀랜드인·웨일스인을 대상으로 식민지 개척자

영국성공회로 종교를 바꾼 헨리 8세와 그의 딸 엘리자베스 1세

를 공모해 아일랜드로 이주시키고 이들에게 토지를 싸게 임대하는 정책을 실시한다. 제임스 1세 이주 정책으로 아일랜드로 정착한 개척자들을 '잉글랜드계 아일랜드인'이라고 부른다. 이들은 싸게 임대받은 토지를 원주민 켈트계 소작농에게 비싸게 재임대하면서 부를 축적한다. 9년 전쟁 이후 얼스터 지방에 일어난 큰 변화는 '토지 주인의 교체'였다. 전쟁 이전에는 브리튼에서 이주한 노르만계 후손들이 토지 대부분을 차지했고, 이들은 가톨릭계였다. 하지만 전쟁 후에는 브리튼에서 이주한 개신교계가 토지 대부분을 차지한 것이다. 북아일랜드 내 개신교계와 가톨릭계의 갈등의 한 고리는 여기에서 출발한다. 개신교계와 가톨릭계 간 땅 문제가 자리 잡고 있다.

잉글랜드에서 청교도 혁명1640~1660이 일어나자 아일랜드 내 가톨릭계 세력은 '킬케니 동맹'을 만들어 왕당파 찰스 1세를 지원하지만 의회파 승리로 끝나면서 이들은 또 큰 시련에 직면한다. 의회파 지도자 올리버 크롬웰Oliver Cromwell, 1599~1658이 이들을 제거하기 위해 군대를 이끌고 아일랜드로 들어온다. 크롬웰 군대는 아일랜드 가톨릭계 주민 6,000여 명을 학살하고 전체 토지의 20%를 몰수해 의회파 지지자들에게 배분한다. 1641년 가톨릭계 토지 소유 비율은 59% 정도였지만 크롬웰의 토지 몰수 정책으로 아일랜드인 다수가 토지를 잃고 소작농으로 전락한다. 명예혁명1688으로 폐위된 가톨릭계 제임스 2세 재위 1685~1688가 아일랜드로 탈출하고 아일랜드 가톨릭계 지원을 받아 재기를 모색하지만 실패하면서 아일랜드인은 또다시 탄압을 받고 토지를 몰수당한다. 제임스 2세 후임으로 왕위에 오른 윌리엄 3세1689~1702도 아일랜드 가톨릭계 주민의 토지를 대거 몰수하면서 잉글랜드 출신 부재지주가 소유한 토지가 아일랜드 전체 토지 80% 정도를 차지하게 된다. 1714년 가톨릭계 주민이 소유한 토지는 전체 면적의 7%에 불과하였고, 18세기 말에는 5%로 축소된다.

토지 몰수 이후에도 잉글랜드는 아일랜드 가톨릭계에 대한 차별과 탄압을 계속한다. 가톨릭계는 선거권과 피선거권을 박탈당하고 모든 공직에서 배제되며, 재산 소유 제한 등 경제적 권리까지도 제한을 받는다. 그리고 1801년 아일랜드는 그레이트 브리튼에 합병되고, 1921년까지 지배를 받는다. 산업혁명이 진행되면서 개신교계가 많이 거주한 얼스터 지방에서는 산업화가 빠르게 추진되지만 잉글랜드 출신 부재지주에게 수탈을 당한 나머지 지방은 늦어지면서 지역 간 경제적 격차가 나타나기 시작한다.

감자 대기근과 아일랜드인의 디아스포라

유럽에서 감자를 처음으로 대량 재배한 곳은 아일랜드였다. 1640년대부터 더블린 아래에 위치한 위클로Wicklow주에서는 감자가 곡물로 사용된다. 18세기경 감자를 주식으로 애용한 곳도 아일랜드였다. 아일랜드의 습한 기후와 척박한 토양에도 불구하고 감자가 잘 재배된 측면도 있지만 중요한 사실은 감자가 다른 작물보다 생산량이 많아 배고픔에 허덕이는 소작농의 허기진 배와 빈곤을 채워 준 최상의 대체 작물이었기 때문에 그랬다. 아일랜드 주민의 기아와 빈곤을 해결하고 인구를 증가시켜 줬던 감자는 후에 아일랜드인에게 깊은 슬픔과 상처를 안겨 준다. '감자잎마름병'으로 일컬어지는 감자 대기근Great Famine, 1845~1849이 발생하기 때문이다.

감자 원산지는 남아메리카 안데스 산지이다. 1537년경 스페인 탐험대가 안데스 고원에서 감자를 처음 접한다. 탐험대는 생전 보지 못한 식물을 1570년경 스페인으로 가져온다. 안데스 산지 원주민들은 감자를 '추뇨Chuño'라는 동결 식품으로 만들어 주식으로 애용하지만 스페인 사람들은 감자에 관심이 없었고 당시 스페인 국왕과 귀족들도 감자 꽃을 관상용 식물로 취급한다. 감자는 성경에도 없는 식물인 데다가 생김새가 '악마의 얼굴'처럼 볼품없어 그랬다고 전해진다. 대신에 스페인 사람들은 콜럼버스가 서인도 제도에서 가져온 고구마에는 관심이 많았다고 한다. 고구마는 희귀한 식물로 간주되면서 당시 스페인 상류층만 먹는 귀한 음식 대접을 받는다. 고구마 재배에 적합한 이베리아반도의 기후 조건도 일정한 영향을 미친 결과였다.

1570년경 스페인 세비야Sevilla에 있는 병원에서 환자 급식용으로 감자 스프를 제공하면서 감자의 운명은 바뀌기 시작한다. 척박한 토양에다 낮과 밤의 기온차가 극심한 안데스 고산지대에서도 잘 자랐던 감자를 이베리아반도에서 재배하는 것은 전혀 문제가 되지 않았다. 그렇다고 감자 재배에 장애물이 없었던 것은 아니었다. 하나님을 믿지 않은 부족이 먹는 불경스러운 식물, 감자 껍질이 거칠어서 한센병(나병)을 일으키는 식물, 하층민이 먹는 음식 등의 혹평으로 많은 농부들이 초기에는 감자 재배에 관심을 기울이지 않았다. 그러나 1600년대에 들어와 많은 농가에서 감자를 재배하면서 아일랜드를 넘어 유럽 전역으로 확산된다. 불모지나 다름없는 쓸모없는 땅이나 작은 텃밭에서도 감자를 쉽게 경작할 수 있고, 많은 농기구가 필요하지 않으며, 조리 방법이 매우 간단하다는 사실이 알려지면서부터이다.

18세기부터 유럽 대부분 국가들은 감자 재배를 적극 장려한다. 감자가 유럽인 대부분이 주식으로 애용하는 작물로 자리 잡기 시작해서다. 실제로 당시 프랑스에서 하층민들은 감자를 구워서 소금에 찍어 먹었지만 상류층들은 감자를 썰어서 기름에 튀겨 먹었다. 오늘날 즐겨 먹는 '프렌치프라이French Fries 포테이토'는 당시 프랑스 상류층이 애용한 감자 조리법에서 기원한 것이다. 영국 런던에서도 도시 하층민 사이에서 구운 감자에 버터와 소금을 넣어 먹는 조리법이 유행하면서 감자 수요는 폭발적으로 증가한다. 특히 아일랜드에서는 1700년대부터 우리나라 김치처럼 아침과 점심에 감자 요리가 빠지지 않고 나오면서 감자는 아일랜드인 주식으로 자리를 잡는다. 농부 대부분이 소작농으로 전락한 지 오래된 아일랜드에서 "감자밭이 없는 총각과는 결혼도 하지 말라"는 말이 유행어가 될 정도로 감자 재배는 폭발적으로 늘어난다. 감자가 유럽 사회에 미친 문화사라 할 수 있는 『감자 이야기』의 저자 래리 주커먼Larry Zuckerman은 이를 "안데스의 보물이었던 감자가 유럽의 가난한 식탁을 해결한 위대한 승리"라고 표현한다.

아일랜드 인구는 1732년 220만~300만 명, 1791년 420만~480만 명이었고, 인구센서스가 행해진 1821년 680만 명, 1831년 776만 명, 1841년 817만 명으로 집계되었다. 1841년과 1791년 인구를 비교하면 50년 만에 거의 두 배로 늘었다. 아일랜드에서 감자가 주식이 되면서 인구가 폭발적으로 증가한 것이다. 감자가 환금 작물 기능을 한 측면도 있었지만 당시 가난한 농부들은 감자를 수확해 시장에 내다 팔아 돈을 만들었고, 이렇게 모은 돈으로 결혼을 하고 자녀를 낳으면서 인구가 급격히 증가한 것이다. 당시 영국 경제학자 토머스 맬서스 Thomas Malthus는 저서 『인구론1798』에서 "식량은 산술급수적으로 증가하지만 인구는 기하급수적으로 증가한다"는 이론을 제시하는데, 감자 덕분에 만들어진 이론이라 해도 틀리지 않다. 한편 급격히 증가한 인구는 유럽에서 시작된 산업혁명을 빠르게 진척시킨 원동력으로 작용한다.

하지만 폭발적이던 아일랜드 인구 증가에 제동이 걸린다. 1845년 8월경 감자가 잎마름병에 걸려 검게 타 버린 일명 '감자 흑사병' 또는 '감자 전염병'이라고 불리는 감자 대기근이 발생한 것이다. 아일랜드 서부와 남부 지역에서 특히 심했다. 감자잎마름병은 아일랜드는 물론이고 영국·벨기에·프랑스·독일 등 유럽 전역을 강타한다. 1845년 이후 발생한 잎마름병은 1820년대와 1830년대에 아일랜드에서 발생한 감자 흉작과는 비교가 되지 않을 정도로 많은 피해를 입

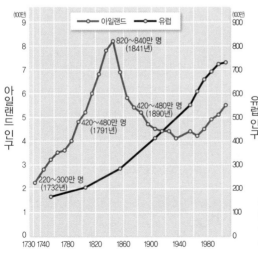

아일랜드와 유럽 인구 변화
(1732~1980년)
출처: ⓒBen Moore_Wikimedia
Commons

힌다. 게다가 1849년 콜레라까지 퍼지면서 아일랜드 주민 3만여 명이 숨진다. 1861년 아일랜드 인구는 약 580만 명으로 추정되고, 감자 대기근 발생 전과 비교하면 240만~260만 명 정도가 감소한 수치이다. 1911년 아일랜드 인구는 약 440만 명으로 1841년 인구의 거의 절반으로 줄어든다. 기아와 질병으로 사망했거나 아일랜드를 떠난 사람들이 많아서 인구가 감소한 것이다. 1800년대 초·중반에도 미국과 캐나다로 이민을 가는 아일랜드인이 많았지만 감자 대기근 이후 이민은 더욱 증가한다. 감자 대기근 후 런던에서 생활하던 카를 마르크스Karl Marx는 친구이자 동지였던 프리드리히 엥겔스Friedrich Engels에게 보낸 편지에서 '고향을 떠나는 아일랜드인의 신세'를 한탄하기도 한다.

　비극적인 인구 감소에는 또 다른 결정적인 이유가 있었다. 바로 기형적으로 왜곡된 토지 소유 구조였다. 1840년대 아일랜드 토지 대부분은 8,000여 명(전체 인구의 0.1%)에 불과한 지주들 소유였고, 농부 대부분은 지주로부터 토지를 빌려 농사를 짓는 소작농 신세였다. 헨리 8세 이후 지속됐던 토지 몰수와 식민지 개척자에 대한 재분배 정책의 결과로 나타난 현상이다. 감자 농사에 실패한 소작농은 지주에게 임대료를 지불할 수 없는 상황에 처하게 되고, 지주는 임대료가 밀렸다는 이유로 소작농에게 토지를 빌려주지 않는 상황이 반복되었다. 그런데 5년간 계속된 감자잎마름병은 소작농을 더욱 어렵게 만들었고, 소작료를 지불할 능력이 없는 많은 소작농들은 눈물을 머금고 고향을 떠나야 했다. 감자 대기근 끝자락이었던 1849년 3월 20일 아일랜드 웩스퍼드 출신 패트릭 케네디Patrick Kennedy, 1823~1858와 브리짓 머피Bridget Murphy, 1824~1888도 그런 부류의 사람이었다. 두 사람은 이민자 행렬에 합류해 잉글랜드 항구도시 리버풀Liverpool에서 워싱턴 어빙호를 타고 보스턴으로 향한다. 이들이 바로 케네디John F. Kennedy 전 미국 대통령의 증조 할아버지와 증조 할머니이다.

아일랜드 민족 운동과 에이레 독립

감자 대기근으로 아일랜드인이 기근에 허덕이는 동안 잉글랜드는 이를 애써 못 본 척한다. 아일랜드인 구호 식량으로 쓰여도 부족할 판에 밀·보리·귀리 등 아일랜드산 곡물은 벨파스트나 더블린에서 선적되어 잉글랜드로 수출되었다. 아일랜드 지주와 지주 출신 후손들로 구성된 상·하 의원들도 감자 대기근이 몰고 온 후폭풍을 해결하는 데 소극적이었다. 오히려 아일랜드인의 야만적 생활 방식과 게으름 때문에 잎마름병이 발생했다는 인식을 은연중 표출하기도 한다. 잉글랜드의 냉대와 무관심은 아일랜드인에게 '우리는 연합 왕국의 구성원이 아니었구나'라는 의식을 갖게 만들었고, 이는 '켈트계 아이리시Irish Celtic'라는 민족주의를 자극하는 원천이 된다.

감자 대기근 이후 1850년대 아일랜드에서 등장한 민족주의 운동은 토지 확보를 위한 소작농 투쟁과 독립 투쟁이라는 두 가지 방향으로 전개된다. 전자는 헌법과 의회에 바탕을 둔 합법적 운동이었고, 후자는 폭력을 동원한 비평화적·혁명적 방식이었다. 전자를 대표하는 단체는 1850년대 결성된 '아일랜드소작농연맹Irish Tenant League'과 1870년대 만든 '자치운동Irish Home Rule Movement' 등이었고, 후자를 대표하는 단체는 1840년대 조직된 '청년아일랜드당Young Ireland', 1858년부터 활동한 '아일랜드공화국형제단Irish Republican Brotherhood, IRB', 미국에서 조직된 '페니언동맹Fenian Movement' 등이었다.

1848년 청년아일랜드당은 프랑스 2월 혁명 영향을 받아 무장 봉기를 통해 아일랜드 독립을 계획하지만 실패로 끝난다. 1867년 아일랜드공화국형제단과 페니언동맹은 민족 독립과 공화정 수립을 목표로 내걸고 더블린 봉기 등을 벌이지만 영국에 의해 진압되면서 좌초한다. 이후 민족 운동은 아일랜드국민당Irish Nationalist Party이 중심이 되어 의회를 통한 자치권 획득 투쟁과 토지 투쟁Land War으로 전환된다. 아일랜드소작농연맹이 전개한 토지 투쟁1879~1882은 소작료 인하, 소작 기간 영속성, 소작 보유권을 팔 수 있는 권리 등 세 가지에 집중돼 전개된다. 토지 투쟁 과정 중 서부 마요주에서 귀족의 영지를 관리하던 '찰스 보이콧Charles Boycott'을 배척하고 거부하는 소작농들의 활동이 일어난다. 이른바 조직적·집단적 거부 운동을 뜻하는 '보이콧'은 아일랜드 토지 투쟁에서 유래한 것이다.

반영反英 운동이 계속되자 영국 자유당 정부는 여러 토지법을 제정하여 아일랜드 토지 문제의 해결을 꾀한다. 소작농들이 대부분 자작농으로 전환되자 토지 문제는 어느 정도 해결의 실마리를 찾는다. 그러나 자치와 독립 문제는 보수당과 얼스터 지방에 거주하는 개신교계 주민의 극심한 반대와 저항에 직면하고, 아일랜드어로 '우리 스스로'란 뜻을 가진 새로운 독립 운동 조직 신페인Sinn Fein당이 1905년 탄생한다. 이 조직은 북아일랜드 문제를 놓고 강경파와 온건파로 분리되어 대립하고 아일랜드공화국군Irish Republican Army, IRA의 정치적 대변자 역할을 한다.

1914년 아일랜드 자치 법안이 마련되지만 제1차 세계대전으로 연기된다. 1918년 실시된 영국 총선에서 신페인 당원들이 대거 의회에 진출하면서 상황이 급변한다. 신페인당은 1919년 더블린에서 제1회 아일랜드 국민의회를 개최해 독립을 선언하지만 영국이 이를 인정하지 않자 무장 투쟁 조직 아일랜드공화국군을 결성해 영국군과 맞서 싸운다. 마침내 1922년 아일랜드 국민의회는 영국-아일랜드 조약을 비준하고, 얼스터 지방에 속한 6개 주를 연합 왕국령으로, 나머지 26개 주를 자치령으로 분할하는 내용을 확정한다. 이후 '아일랜드 자유국' 성립을 놓고 내부에서 정치 세력 간 분열이 생긴다. 자유국을 수용하자는 세력과 이를 수용할 수 없다는 반대 세력으로 갈라진 것이다.

1922년 7월 아일랜드공화국군 내 찬성파와 반대파 간의 내전이 시작되고, 1923년 5월 아일랜드 자유국을 수용하자는 찬성파가 승리하면서 내전은 마무리된다. 2006년에 개봉된 켄 로치 감독의 영화 〈보리밭을 흔드는 바람The Wind That Shakes The Barley, 2006〉은 형의 권유로 아일랜드공화국군에 가담하지만 협정 반대파에 속한 동생이 형에 의해 죽임을 당하는 당시의 비극적인 이야기를 전한다. 내전 후 아일랜드공화국군 조직은 사실상 궤멸되지만 1930년대에 재건돼 북아일랜드에 거주하는 영국군을 상대로 무장 투쟁을 계속한다. 한편 1937년 아일랜드 자유국은 '에이레'로 독립하고 1949년에는 국명을 '아일랜드'

로 변경한다.

북아일랜드 내전 종식과 독립적인 자치정부 출범, 그리고 향후 과제

아일랜드 북부 지역은 오래전부터 얼스터 지방으로 불렸다. 북부 지역은 9개 주로 이루어져 있고, 현재 6개 주(앤트림·런던데리·티론·퍼매나·아마·다운)는 영국령 북아일랜드이고, 아래쪽 3개 주는 아일랜드 영토에 속한다. 북아일랜드 면적은 1만 4,160㎢이고, 인구는 약 187만 명2017이다. 종교 분포2011는 개신교(영국성공회 등) 41.6%, 가톨릭 40.8%이다.

북아일랜드에 거주하는 주민 정체성은 복잡하다. 정체성 중심에는 종교가 자리 잡고 있다. 개신교계 주민 대부분은 언어와 관계없이 가톨릭교계 주민을 외국인으로 간주하고, 가톨릭계 주민들도 개신교계 주민을 외국인으로 여긴다.

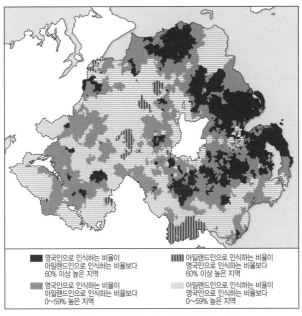

북아일랜드 주민의 민족적 정체성 분포(2011년)
출처: ⓒNISRA_Wikimedia Commons

가톨릭계 주민은 스스로를 '아일랜드인'으로, 개신교계 주민은 스스로를 '영국인'으로 인식하는 경향이 강하다. 이런 성향은 개신교 중심 동부와 가톨릭 중심 서부로 동서 지역 간 뚜렷한 대비를 보이며, 정치적 성향도 마찬가지이다. 가톨릭계 주민은 분리 독립을 원하는 민족주의자Nationalists이지만, 개신교계 주민은 영국 잔류를 희망하는 연합주의자Unionists가 대부분이다. 민족적 정체성에 대한 인식2011은 더 복잡하다. 영국인으로 인식하는 경우가 48.4%, 아일랜드인으로 인식하는 경우가 28.4%, 북아일랜드인으로 인식하는 경우가 29.4% 등으로 나타난다. 여기에서 '북아일랜드인'이란 영국과 아일랜드, 즉 민족주의자 또는 연합주의자 어느 쪽에도 속하지 않는 집단을 의미하며, 이들은 종교와 관계없이 영국에 잔류해도 괜찮다는 인식을 갖고 있다.

1921년 북아일랜드를 제외한 나머지 영역이 에이레로 분할되면서 북아일랜드 문제는 해결되는 듯 보였다. 그러나 1960년대에 들어와 북아일랜드 정부가 일자리와 주택 구입 등에서 가톨릭계 주민을 차별하는 정책을 취하면서 상황은 복잡해진다. 정부 정책에 반대한 가톨릭계 주민들이 1968년경부터 참정권과 공민권을 요구하며 대규모 투쟁을 전개하면서 북아일랜드는 극심한 혼란에 빠진다. 1972년 영국 정부는 북아일랜드 정부가 신·구교도 간 대립을 해결할 능력이 없다고 판단하고 북아일랜드 의회 기능을 정지시키고 직접 통치로 전환한다. 영국의 강경 정책은 1972년 1월 30일 일명 '피의 일요일 사건Bloody Sunday'으로 불리는 유혈 사태로 폭발한다. 유혈 사태 이후 가톨릭계 분리주의 무장 단체 아일랜드공화국군IRA과 개신교계 무장 단체 얼스터의용군Ulster Volunteer Force, UVF 간 내전으로 확대된다.

1960년대 후반부터 전개된 연합주의자와 민족주의자의 대립을 '혼란Troubles의 시기'라고 부른다. 연합주의자는 영국에 잔류하기를 원하는 집단으로 일명 왕당파Loyalists라고 부르며 대부분 개신교계 주민이다. 민족주의자는 북아일랜드가 아일랜드에 통합하기를 원하기 때문에 일명 공화주의자Republicans라고 부르며, 대부분 가톨릭계 주민이다. 민족주의자들이 벌이는 시위와 폭동에 개

'피의 일요일(1972년 1월 30일)'을 알리는 신문

신교계가 주축인 경찰이 무차별적인 폭력을 행사하면서 충돌은 격렬해지고, 아일랜드공화국군과 얼스터의용군이 합세하면서 폭동과 유혈 사태는 1990년대까지 이어진다. 1969~1993년 내전으로 3,100명 정도가 사망한 것으로 알려졌다. 내전이 계속되자 영국과 아일랜드 그리고 관련 정치 세력들은 북아일랜드 내 개신교계와 가톨릭계 간 권력 분점을 대안으로 검토하기 시작한다.

1998년 4월 10일 역사적인 북아일랜드 평화 협정이 체결된다. 영국과 아일랜드 총리를 비롯해 개신교와 가톨릭계 정당 대표들이 합의한 '벨파스트 협정', 일명 '굿프라이데이 협정Good Friday Agreement'이 만들어진 것이다. 1968년 내전이 시작된 이후 30년 만의 결실이었다. 협정의 핵심 내용은 북아일랜드가 영국의 직접 통치에서 벗어나 자치정부를 수립한다는 것이다. 기본 방향은 세 가지인데, ① 북아일랜드 권력 구조(개신교와 가톨릭교 정파 간 권력 공유, 의회와 집행부 구성 등), ② 북아일랜드–아일랜드 간 협력을 위한 각료 위원회 설치, ③ 영국 아일랜드 위원회 발족 및 영국과 아일랜드 간 협력을 위한 정상 회의 개최 등이다. 이 외에도 시민권 문제[북아일랜드 주민은 영국 시민권, 아일랜드 시민권, 이중 시민권(영국+아일랜드) 중에 선택 가능], 북아일랜드와 아일랜드 간 자유 왕래 허용, 북아일랜드 내 소수자 권리 보호, 치안과 안전, 죄수 석방 관련 사항 등이 포함된다. 이 협정은 1998년 5월 실시된 주민 투표(북아일랜드 71% 찬성, 아일랜드 94% 찬성)에서 통과된다.

주민 투표 이후 출범한 자치정부는 정치 세력 간 갈등, 개신교계와 가톨릭계 사이의 갈등과 대립으로 구성·해체·재구성을 반복하였다. 개신교계와 가톨릭계라는 종교적 차이에 더해 식민 지배 과정에서 형성된 지주와 소작농이라는 지배와 피지배 간 대립적·감정적 이데올로기가 없어지지 않고 여전히 잔존해 있다는 증표이다. 특히 13세기 이후 얼스터 지방에서 경제적·정치적 실권을 장악했던 노르만계 귀족들이 잉글랜드를 상대로 벌인 9년 전쟁 이후 제임스 1세는 아일랜드에 대한 통제력을 강화하기 위해 스코틀랜드 출신 주민을 대거 이주시키고 이들에게 아일랜드인에게서 빼앗은 토지를 분배해 준다. 그리고 이들 후손들은 분배받은 토지를 기반으로 부를 축적해 가톨릭계를 차별·탄압하면서 얼스터 지방에서 주류 집단 행세를 하였다. 잉글랜드계 아일랜드인으로 분류되는 이들을 특별히 '얼스터 스코틀랜드인Ulster Scots'이라고 부른다. 이들은 왕당파이자 연합주의자들이며, 가톨릭계 주민과 대립하면서 북아일랜드 갈등의 한 축을 이루고 있다.

현재 북아일랜드를 통치하는 자치정부는 총리와 부총리 2명을 공동 수반으로 하는 연립 정부이며, 총리와 부총리 권한은 동일하다. 개신교계와 가톨릭계라는 두 정치 집단으로 구성된 북아일랜드 현주소를 상징적으로 보여 준다. 북아일랜드에서 개신교계와 가톨릭계 간 갈등은 잉글랜드의 아일랜드 침공, 헨리 8세 개종 정책과 토지 몰수, 엘리자베스 1세 이후 계속된 식민 정책과 토지 재분배, 남북 아일랜드 분할, 지배와 피지배 계급 간에 형성된 역사적 감정 등이 복잡하게 얽혀 만들어진 산물이라 할 수 있다. 북아일랜드 자치정부 순항을 누구도 장담할 수 없는 이유가 여기에 있다.

그런데 순항하던 북아일랜드 자치정부에 장애물이 생겼다. 2016년 결정된 영국의 '브렉시트'가 북아일랜드 내 갈등을 부채질할 가능성이 높고, 벌써부터 그

북아일랜드와 아일랜드 국경에
세워진 브렉시트 반대 표지판
출처: 연합뉴스

조짐이 나타나고 있다. 갈등의 방아쇠 역할을 하는 것은 아일랜드와 북아일랜
드 간 국경 통행 문제이다. 아일랜드와 북아일랜드 사이에는 국경이 존재하지
만 자유롭게 왕래하고 있고 검문도 하지 않아 국경선이 없는 것이나 마찬가지
이다. 실제로 양국 국경을 통과하는 도로는 275개, 1일 통근하는 사람은 약 3만
명, 월평균 통과 차량은 약 185만 대로 알려져 있다. 그런데 영국이 브렉시트를
결정하면서 사정이 달라졌다. 아일랜드와 북아일랜드 사이에 검문소를 설치하
고 검문·검색을 강화해야 하는 일명 '하드 보더Hard Border' 상황에 직면한 것
이다. 이렇게 되면 양국 국경선을 넘어 매일 통근하는 사람은 이루 말할 수 없는
큰 불편을 감수해야 한다. 이를 인식한 영국·아일랜드·북아일랜드는 '하드 보
더'를 피할 '안전 장치Backstop'를 모색하고 있다. 대안 중 하나는 영국이 2020
년 말까지 EU 관세동맹에 잔류해 양국 간 자유로운 통행과 무관세 통관을 유지
하는 방법이다. 그런데 최근 영국 내 보수파가 이를 거부하면서 상황이 복잡하
게 전개되고 있다. 북아일랜드 자치정부 순항이 불투명해졌고, 향후 개신교계
주민과 가톨릭계 주민 간 갈등이 재현될 수 있는 상황 때문에 영국·아일랜드·
북아일랜드의 고민이 깊어지고 있다.

따라서 향후 북아일랜드가 현재처럼 자치정부를 구성할지, 아니면 아일랜드
로 합병될지, 그것도 아니면 다시 영국이 직할 통치하는 상황이 재연출될지 알
수 없다. 북아일랜드의 운명은 그래서 불투명하다.

Chapter

12

스페인

카스티야를 거부하는 카탈루냐와 바스크 지역

　투우·플라멩코·세르반테스(『돈키호테』작가) 등은 스페인을 대표하는 상징 또는 아이콘이다. 하지만 일반인이 잘 모르는 대표 상징물이 있다. 세계 생산량 45% 정도를 차지하는 올리브유이다. 그런데 최근 새로운 아이콘이 추가됐다. 『연금술사』저자 파울로 코엘료가 1987년 『순례자』라는 책을 발간한 이후, 전 세계 트레커들이 프랑스 생장피에드포르에서 시작해 스페인 북서쪽 산티아고 데 콤포스텔라Santiago de Compostela까지 이어지는 780㎞ 트레킹 코스를 찾으면서 '산티아고 순례길Camino de Santiago'이 스페인을 대표하는 새로운 아이콘으로 떠오르고 있다.

　스페인이 위치하는 이베리아라는 지명은 라틴어 히베리아Hiberia에서 유래하며, 고대 그리스인이 스페인에서 두 번째로 큰 에브로Ebro강 일대를 지칭하면서 사용되었다고 한다. 이베리아반도에는 스페인, 포르투갈, 1704년 이후 영국이 지배하고 있는 반도 남단 지브롤터Gibralter 등이 있다. 지중해로 들어가는 통로인 지브롤터 면적은 6.5㎢이고, 인구는 3만 4,814명2018이다. 스페인이 영국에 영토 반환을 지속적으로 요청하지만, 영국은 주민들이 영국령에 속하기를 원한다는 이유로 이를 거절하고 있다.

　하지만 스페인 남부 카탈루냐 지방과 북부 바스크 지방은 사정이 다르다. 천재 건축가 가우디Antoni Gaudi의 도시로 알려진 바르셀로나Barcelona를 중심으로 한 카탈루냐 지방에서는 '스페인이 아닌 카탈루냐공화국'을 원하고 있다. 2017년 10월 카탈루냐주 의회가 독립을 선포했지만, 스페인 정부가 승인하지 않아 좌절되었다. 그럼에도 불구하고 카탈루냐 사람들이 분리 독립을 포기할 것 같지는 않다. 바스크어를 사용하는 주민이 많이 거주하는 바스크 지방에서도 1990년대 분리주의 운동이 활발했지만, 최근에는 자치권 확대를 요구하는 쪽으로 방향을 틀면서 잠잠해졌다.

'해가 지지 않는 제국'이었던 이베리아반도의 중심국 스페인

스페인은 영어식 표현이다. 국가 명칭은 에스파냐 왕국Reino de España이고 영어식으로는 스페인 왕국Kingdom of Spain이다. 스페인 사람들은 '스페인'보다 '에스파냐'로 불리는 것을 더 선호한다. 에스파냐는 고대 그리스어로 '해가 지는 곳', '서쪽의 땅'을 뜻하는 헤스페리아Hesperia에서 유래되었는데, 로마 사람

카탈루냐와 바스크 지방

들은 이곳을 히스파니아Hispania라고 불렀다. 면적은 50만 5,370㎢로 한반도의 2.3배 크기이다. 스페인은 면적 기준으로 유럽에서 러시아·우크라이나·프랑스에 이어 4위이며, 인구는 4,645만 명2018이다.

스페인은 산이 많은 나라로 전체 면적 1/3 정도가 구릉성 산지이다. 북쪽 칸타브리아산맥, 프랑스와 국경을 이루는 동북쪽 피레네산맥, 중부 과다라마산맥, 남쪽 지중해 연안 시에라네바다산맥 등 4개 산맥이 동서 방향으로 발달해 있고, 중앙부에는 해발 600~700m의 메세타Meseta고원이 있다. 지중해에 면한 남부 지역은 전형적인 지중해성 기후를 보이며, 특히 안달루시아 지방 지브롤터로부터 동쪽 말라가Malaga까지 해안 일대는 북유럽 사람들이 가장 선호하는 관광지로, '태양의 해안'을 뜻하는 코스타 델 솔Costa del Sol이다. 스페인 내륙은 온대성 기후가 나타난다.

스페인은 피레네산맥을 경계로 게르만 중심 북서 유럽과 차별되는 지중해 문화권에 속한다. 스페인 사람들은 로마 정복자들이 가지고 온 라틴어를 모어母語로 하는 라틴족 후손들로 로마 영향을 받아 일찍 기독교를 받아들였다. 스페인어는 마드리드를 중심으로 한 카스티야 방언이 발전한 것으로 스페인 전역에서 사용되지만, 카탈루냐와 바스크 지방에서는 전혀 다른 언어가 통용된다. 특히 바르셀로나를 중심으로 한 카탈루냐 지방은 켈트계와 프랑스 영향을 많이 받았다. 남부 안달루시아 지방에는 8세기 초 이주한 북아프리카계 무어인이 가지고 온 이슬람 문화가 강하게 남아 있다. 이처럼 스페인의 인종적·민족적·문화적 요소는 복잡·다양한데, 이는 아프리카와 지중해로 열려 있는 지리적 위치성 때문이다.

스페인은 전형적인 농업 국가이다. 산지가 많지만 로마 지배 이후 관개 시설이 만들어져 농업이 일찍 발달하였다. 밀·보리·귀리 등 농작물과 지중해성 기후를 이용한 올리브와 포도·감귤류 생산, 목축 등이 활발하며, 올리브유는 세계 생산량의 약 45%를 차지한다. 농업국이란 속성 때문에 산업혁명 영향은 크지 않았고 석탄과 철광석이 매장된 북부 바스크 지방을 중심으로 공업도 일찍

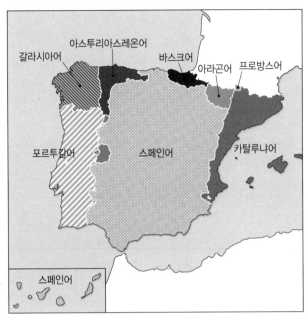

스페인 언어 분포
출처: ⓒDaniel Dalet_d-maps.com

이 발전했지만 농업에 비해 그 비중이 매우 낮다. 하지만 최근에는 아우디·폭스바겐·포드·지엠·닛산 등 자동차 조립 라인이 스페인에 입지해 유럽 제2위 자동차 생산국으로 발돋움하고 있다. 동쪽 바르셀로나부터 서쪽 지브롤터까지 지중해 연안은 유럽 최고 휴양지로, 관광산업이 이 지역 경제를 지탱하고 있다.

스페인은 국가 명칭에서 알 수 있듯이 입헌 군주국이다. 1975년 프랑코Franciso Franco 총통 사후 후안 카를로스 1세가 왕위에 오르면서 다시 입헌 군주국이 되지만 국왕은 영국처럼 상징적인 존재이다. 독립된 광역 자치정부(본토 15개, 도서 2개)는 지방 의회에서 대표(자치정부 수반)를 뽑고 국왕을 임명하며, 각 지역에는 정부 대표가 파견된다.

스페인은 지리적·사회적·문화적 특성을 고려해 북부·동부·중부·남부 지역으로 구분된다. 북부 지방은 '산티아고 순례길'이 관통하는 갈리시아·아스투리아스·칸타브리아·바스크·나바라 등 5개 자치 지역을 포함한다. 피레네산맥에서 북부 대서양에 면한 지역으로 연중 온화한 기후를 나타낸다. 이슬람 칼리프국이 이베리아반도 전역을 장악할 당시 칼리프국 지배를 받지 않은 곳이었다. 동부 지방은 카탈루냐·아라곤·발렌시아·무르시아 등 4개 자치 지역을 포함한다. 과거 아라곤 왕국 영역으로 카스티야 왕국과는 문화적으로 차이를 보인다. 섬유·관광산업이 일찍부터 발달했으며, 바르셀로나와 발렌시아가 주요 도시이다. 중부 지방은 수도 마드리드와 카스티야이레온Castilla y Leon·카스티야라만차·에스트레마두라 등 4개 자치 지역으로 구성되며, 메세타고원에 위치해 밀농사가 많이 행해진다. 카스티야라만차는 포도주 생산으로 유명하고 과거 서고트 왕국 수도였던 톨레도Toledo가 있다. 남부 지방은 코스타 델 솔 중심의 안달루시아이며, 과거 이슬람 문화권이었다. 알람브라 궁전이 위치한 그라나다Granada, '카르멘', '세비야의 이발사', '피가로의 결혼' 등 오페라 도시로 유명한 세비야Sevilla가 거점 도시이다.

780년간 이슬람 왕국의 지배를 종식시킨 재정복운동

고대 스페인 원주민은 그리스·로마인과 유사한 이베리아족, 켈트족이 대부분이었고, 바스크 지방에는 기원이 불분명한 바스크족이 살았다. 기원전 500~300년에는 페니키아인이 들어와 지금의 카르타헤나Cartagena를 비롯한 여러 식민도시를 지중해 연안에 건설한다. 제2차 포에니 전쟁BC 218~201 이후 스페인은 로마 제국 수중으로 들어간 이후 약 500년간 로마 지배를 받는다. 로마인은 지중해 연안에 발렌시아Valencia, 내륙 에브로강 유역에 사라고사Zaragosa 등 많은 도시를 건설하고, 관개 수로를 만들어 농업도 발전시킨다. 기독교도 이 시기에 전파된다. 5세기 초에는 게르만족 일파인 서고트족이 침입해 이베리아반도를 지배한다.

711년 북아프리카에 살던 이슬람 아랍계와 베르베르족으로 구성된 무어인 Moors으로 알려진 모슬렘이 이베리아반도에 들어와 서고트족을 피레네산맥 너머로 내쫓는다. 아랍 제국 우마이야 왕조661~750가 아바스 왕조750~1258로 넘어가는 시기인 756년 아바스 왕조의 탄압을 피해 이베리아반도로 이주한 우마이야 가문 후손 압드 아르 라흐만Abd ar-Rahman, 731~788, 재위 756~788이 코르도바Córdoba를 수도로 '칼리프국'을 건설한다. 아라비아반도의 우마이야 왕조와 구분하기 위해 이 칼리프국을 '후後우마이야 왕조'라고 부른다. 그래서 1200년경 이베리아반도는 남부의 이슬람 칼리프국, 북부의 포르투갈·레온·카스티야·나바라·아라곤 왕국 등으로 분할되고, 칼리프국이 이베리아반도 절반을 통치하게 된다. 무어인으로 불린 모슬렘은 약 780년간 이베리아반도를 지배하고 이 땅에 이슬람 문화를 전파시킨다. 칼리프국 지배를 받은 이베리아반도는 당시 다른 유럽 도시들에 비해 학문과 과학이 발달하고 무역이 활발해 이슬람 문화가 꽃을 피운다. 이슬람 사회 특징인 관용과 포용이 이베리아반도에 널리 퍼지면서 유대인·로마인·아랍인의 사상과 문화가 융합된 독특한 이베리아 문화가 만들어진다. 이런 영향으로 당시 칼리프국 수도였던 코르도바·세비야·그라나다 등지는 중세 유럽 최대 도시로 성장한다.

이베리아반도에 만들어진 칼리프국은 가톨릭을 믿는 원주민 반발을 불러일으킨다. 원주민들은 칼리프국 설립 초기부터 북서부 아스투리아스 왕국을 중심

이베리아반도의 세력 분포(1200년)
출처: ⓒGabagool_Wikimedia Commons

으로 모슬렘에게 뺏긴 땅을 되찾는 재정복운동Reconquista을 벌이지만 초기에는 큰 성과를 내지 못한다. 9세기에 지금의 산티아고 순례길에서 야고보 무덤이 발견되면서 재정복운동은 탄력을 받게 되고, 바스크 지방 나바라 왕국이 이에 가세하면서 11세기부터 더 활발하게 전개된다. 십자군 기사단에 힘입어 1236년 코르도바를 탈환하고, 1492년 그라나다 왕국을 함락시키면서 이베리아반도에서 이슬람 세력을 몰아내는 대장정이 완료된다.

재정복운동을 마무리하는 데 결정적인 역할을 한 사람이 있었는데, 바로 카스티야 왕국 이사벨 여왕Isabel I, 재위 1474~1504이다. 그녀는 지중해 무역으로 부를 축적한 아라곤 왕국 및 아라곤 연합 왕국 국왕이었던 페르난도 2세Fernando II와 1469년 결혼한다. 두 사람의 결혼으로 1479년 카스티야-아라곤 연합 왕국이 탄생하고, 부부가 스페인을 통치하는 형태였지만, 실제 두 왕국은 독자적으로 운영된다. 그리고 1512년 나바라 왕국을 합병해 비로소 하나의 스페인이 만들어진다.

이사벨 여왕은 스페인을 '해가 지지 않는 제국'으로 만든 장본인이다. 크리스토퍼 콜럼버스가 제안한 서쪽으로 돌아 인도로 가는 탐험로 개척을 허락해 신대륙 발견 시대를 열었기 때문이다. 이탈리아 제노바 출신 콜럼버스는 마르코 폴로의 『동방견문록』에 심취하여 젊었을 때는 서부 아프리카, 지중해, 스페인, 포르투갈, 아일랜드 등지를 여행하였고, 자신의 항해 계획서를 포르투갈 국왕 주앙 2세에게 제출하지만 거절당한다. 이후 스페인 가톨릭 교회와 스페인 백작 메디니 셀리Medini Celi의 추천을 받은 이사벨 여왕이 콜럼버스 항해 계획을 수용하면서 콜럼버스의 신대륙 발견이 가능해진 것이다.

'스페인 왕위 계승 전쟁'에서 반대편에 선 카탈루냐

스페인 피레네산맥 남쪽 프랑스와 국경을 이루는 카탈루냐는 스페인 내 17개 자치 지역 중 하나이다. 면적은 3만 2,108㎢로 우리나라 전남·전북·경남을 합친 면적보다 약간 크다. 인구는 약 750만 명2015으로 스페인 전체 인구의 16%

를 차지한다. 언어는 로망스어파에 속하지만 스페인어와 다른 카탈루냐어이다. 1979년 제정된 카탈루냐 자치 헌장 제3조에서 "카탈루냐의 독자적인 언어는 카탈루냐어이고, 공용어는 카탈루냐어와 스페인어"라고 규정하고 있듯이 언어적 차이는 분명하다. 카탈루냐어는 12~15세기에 걸쳐 지중해 교역으로 번성한 아라곤 왕국 언어로, 남프랑스 프로방스어와 공통점이 많다.

카탈루냐는 지리적 위치 때문에 이베리아반도 내 다른 지역보다도 로마 영향을 많이 받은 곳이다. 원주민을 포함해서 로마인, 서고트인, 프랑크인, 그리고 지중해 연안에서 이주해 온 여러 종족이 뒤섞여 살고 있다. 로마 제국 이후 서고트 왕국 지배를 받았고, 8세기 초 서고트 왕국이 이슬람 세력 침입으로 붕괴된 뒤에는 프랑크 왕국 지배를 받는다. 801년경 프랑크 왕국에 속한 바르셀로나 백작령이 되어 이슬람으로부터 프랑크 왕국을 보호하는 완충 역할을 한다. 12세기 중반 바르셀로나 백작령은 아라곤 왕국과 함께 아라곤 연합 왕국 1162~1716을 만든다. 아라곤 연합 왕국은 13세기 초반 지중해 발레아레스 제도와 남쪽 발렌시아를, 13세기 후반 이탈리아 시칠리아섬을, 14세기 초반 사르데냐섬을, 15세기 중반 나폴리 왕국 등을 지배하면서 지중해 제해권을 완벽하게 장악하는 강국으로 성장한다. 이런 과정에서 바르셀로나는 아라곤 연합 왕국의 무역 중심지로 자리를 잡는다.

하지만 아라곤 연합 왕국이 주도하는 지중해 무역에 문제가 생긴다. 13세기 후반에 등장한 오스만 제국과 14세기 후반에 전개된 대항해시대라는 두 가지 역사적 사건 때문이다. 오스만 제국 등장으로 동방 무역과 지중해 무역이 쇠퇴하면서 이탈리아 베네치아·제노바 등과 함께 바르셀로나도 활력을 잃게 된다. 반면 카스티야 왕국에 속한 안달루시아 항구도시 세비야는 새롭게 열린 대서양 무역 중심지로 급성장한다. 이후 세비야는 16~17세기 '해가 지지 않는 제국'의 심장부 역할을 하게 된다. 하지만 카탈루냐 상황은 정반대로 펼쳐진다. 오스만 제국이 등장해 지중해 무역에서 역할이 축소되는 상황에서 페르난도 국왕과 이사벨 여왕이 결혼을 하자 마드리드가 정치적 중심지로 부상하면서 카탈루냐는 마드리드의 변방으로 전락하게 된 것이다. 경제적 침체에 대한 불만과 함께 정치적 변방이라는 인식이 카탈루냐 사람들 사이에 싹트면서 반反카스티야 인식이 꿈틀거렸고 스페인 왕위 계승 전쟁1701~1714이 이런 불만을 행동으로 옮기는 방아쇠 역할을 한다.

당시 스페인 국왕 카를로스 2세재위 1665~1700는 후손이 없었기 때문에 프랑스 루이 14세의 손자 펠리페 5세를 후계자로 지명하고 1700년 사망한다. 펠리페 5세가 스페인 국왕(스페인 부르봉 왕조 초대 국왕)이 되자 합스부르크가의 신성 로마 제국 황제 레오폴트 1세가 이에 반발한다. 스페인 국왕 펠리페 4세의 딸과 결혼해 왕실과 친족 관계를 맺은 레오폴트 1세는 자기 아들(후에 신성 로마 제국 황제로 취임한 카를 6세재위 1711~1740)이 스페인 국왕을 승계해도 문제가 없다고 판단하고 왕위를 요구한다. 펠리페 5세가 이를 거부하면서 카를 6세는 영국·네덜란드·포르투갈 등과 반反프랑스 동맹군을 결성해 싸운다. 스페인 왕위를 놓고 프랑스와 반프랑스 동맹군(오스트리아를 지지한 연합)이 맞붙은 이 전쟁을 '왕위 계승 전쟁'이라고 하고, 18세기판 세계대전이라고도 부른다.

왕위 계승 전쟁에서 카탈루냐는 스페인 국왕 펠리페 5세가 아닌 신성 로마 제국 카를 6세 편을 든다. 당시 카탈루냐는 합스부르크가 영향권에 속하는 백작령이라 그런 결정을 할 수밖에 없었다. 카를 6세는 바르셀로나를 거점으로 왕위 계승 전쟁을 직접 진두지휘한다. 초기에는 마드리드까지 진출하지만 이후 동맹군 전력은 약화되고, 왕위 계승 전쟁의 마지막 전투라 할 수 있는 '바르셀로나 공방전1713. 7~1714. 9'에서 카를 6세를 위해 싸운 카탈루냐 군대는 대패하고 40만여 명이 희생된다. 펠리페 5세 수중으로 들어간 카탈루냐는 자치권을 잃고 카스티야 왕국의 주州로 강등된다. 특히 펠리페 5세는 공공연히 반反카탈루냐주의를 표방하고, 학교에서도 카탈루냐어 사용을 금지하는 탄압 정치를 편다. 카탈루냐 사람들이 9월 11일을 민족의 날National Day of Catalonia로 지정해 기념하고 있다. 카탈루냐 사람들은 9월 11일을 '라 디아다la Diada'라고 부른

분쟁의 세계지도

다. '라 디아다'란 카탈루냐어로 '그날The Day'을 뜻한다. 왕위 계승 전쟁에서 스페인에 대항해 싸우다가 패한 날을 잊지 않기 위해서라고 한다.

만약 카탈루냐가 왕위 계승 전쟁에서 펠리페 5세 측에 가담했다면 어떻게 되었을까? 자치권을 박탈당하지 않고 카탈루냐어를 사용하면서 카탈루냐 정체성을 유지·계승할 수 있었을까? 전혀 불가능한 상상은 아니지만, 당시 유럽 왕가들의 귀족령 세습과 이에 대한 영향력을 고려하면 실현 가능성 없는 상상이라 할 수 있다. 하여간 지중해 무역 쇠퇴와 대항해시대 전개로 인해 스페인 경제의 중심이 지중해 연안 바르셀로나에서 대서양에 열린 세비야로 이동했다는 점이고, 여기에서 반反카스티야 인식이 생긴 것은 분명하다. 그리고 이런 일련의 흐름 속에서 카탈루냐가 스페인 왕위 계승 전쟁에서 스페인이 아닌 '스페인의 반대편'에 서게 했던 것은 분명한 역사적 사실이다.

민족주의 등장과 '스페인 내전'에서 정부 편을 든 카탈루냐

1789년 프랑스 혁명과 이후 나폴레옹 전쟁을 거치면서 스페인에서는 민족주의 운동이 싹튼다. 카탈루냐 지역에서도 1830년대에 민족주의 차원에서 카탈루냐 문화 회복 운동이 등장한다. 1887년경 가우디를 비롯한 건축가들이 바르셀로나 도시 계획에 참여해 카탈루냐의 고유한 건축 양식을 재건하자고 주장하면서 문화 회복 운동이 확산된다. 그리고 1900년경 카탈루냐가 스페인 산업 생산의 40% 정도를 차지하면서 지역 내에서는 유산자와 무산자 집단 간 갈등이 자주 발생한다. 갈등은 사회주의·민족주의 운동과 연결되면서 1910~1920년대 민족주의 운동으로 구체화된다.

1931년 실시된 총선거는 카탈루냐 민족주의 운동의 변곡점이 된다. 총선은 왕정이냐 공화정이냐를 선택하는 선거였는데, 공화·사회주의 연합이 승리한다. 당연히 카탈루냐·바르셀로나·발렌시아 등 노동자 집단이 많은 지역에서는 공화정이 압승을 거둔다. 선거 결과에 고무된 카탈루냐좌파공화당Republican Left of Catalonia, ERC은 1931년 4월 '카탈루냐공화국'을 선포한다. 선거 후 등장한 스페인 제2공화국1931~1939은 카탈루냐를 독립공화국이 아닌 자치정부로 인정해 준다. 제2공화국이 등장했지만 스페인에서는 우익(왕당파)과 좌익(공화정파)으로 나뉜 '두 개의 스페인'이 갈등하고 대립한다. 1936년 2월 치러진 총선에서 공화·사회·공산주의자들은 인민전선Popular Front을 창당해 승리하고, 공화파 내각이 출범한다. 하지만 공화파 내각이 추진한 일련의 개혁 작업이 실패하면서 '두 개의 스페인'은 다시 대립하고, 이 과정에서 1936년 7월 프란시스코 프랑코Francisco Franco 장군이 주도하는 군부가 정부를 상대로 내전을 일으킨다. 1939년 4월 프랑코 반군이 마드리드를 점령하면서 내전은 프랑코 장군 승리로 끝난다.

스페인 내전은 카탈루냐인에게 또 다른 좌절과 패배감을 안겨 줬다. 카탈루냐는 프랑코 장군이 아닌 당시 정부였던 좌익 인민전선 편을 들었기 때문이다. 18세기 스페인 왕위 계승 전쟁과 동일한 상황이 재연된 것이다. 내전에서 승리한 프랑코 정권1939~1975은 카탈루냐를 철저하게 탄압한다. 자치정부와 자치헌장을 폐지하고 자치권을 회수한다. 공공 기관, 공공 행정, 대중 매체 등에서 카탈루냐어 사용을 금지하며 카탈루냐어로 된 출판물 배포도 불허한다. 프랑코 정권은 1950년대에 접어들어 카탈루냐어 영화 상영은 허용하지만 카탈루냐 문화 말살 정책이라는 기조는 유지한다. 그런데 1950년대 이후 프랑코 정권이 채택한 대외 개방과 개발 정책은 아이러니하게도 카탈루냐 경제에 활력을 불어넣는다. 정부 정책과 온화한 기후 덕분에 섬유·전자 등 제조업과 금융·관광 산업이 발달하면서 카탈루냐는 스페인 경제를 떠받치는 핵심 지역으로 성장하게 된다.

프랑코 총통 사망 후 1977년 스페인 정부는 카탈루냐 지방의회 출범을 승인하고 자치권을 다시 부여한다. 1980년 이후 카탈루냐는 '옐로 바나나Yellow Banana'로 알려진 유럽의 첨단 산업 벨트(바르셀로나~마르세유~소피아앙티폴리스~니스 등)로 부상하면서 유럽의 대표적인 신산업 중심지로 등장하게 된다. 그런데 카탈루냐 경제가 급성장하면서 분리 독립 요구가 다시 등장한 것이다. 2014년 11월 카탈루냐 의회는 분리 독립 여부를 묻는 비공식 주민 투표를 실시해 80% 찬성을 얻는다. 하지만 반대파 기권도 많아 투표율은 40%에 불과하였다. 2017년 10월 1일 분리 독립 여부를 묻는 공식 주민 투표가 다시 실시되고, 투표율은 43%였고, 97%가 분리 독립에 찬성한다. 2017년 10월 27일 카탈루냐 자치정부의 수반은 스페인으로부터 분리 독립을 선언하지만, 스페인 정부는 헌법에 근거해 이를 인정하지 않고 불법으로 간주하며, 분리 독립 투표를 주도한 자치정부 지도자들을 반역죄로 체포해 구금한다.

카탈루냐가 분리 독립하려는 배경에는 여러 가지가 있지만 핵심은 두 가지로 설명할 수 있다. 하나는 문화적·역사적 차이성 때문이다. 카탈루냐는 카스티야 중심의 스페인과 언어와 문화가 다르고, 민족적 정체성 또한 확연히 구별된다. 특히 역사적 배경은 철저하게 다르다. 카탈루냐는 스페인 왕위 계승 전쟁에서 카스티야와 입장을 달리했고, 스페인 내전에서는 왕당파가 아닌 민족주의 편에 섰다. 스페인인이 아닌 카탈루냐인을 고수했던 것이다. 다른 하나는 경제적 이유 때문이다. 카탈루냐인들은 중앙정부가 카탈루냐인들이 낸 세금을 카탈루냐가 아닌 다른 곳에 쓰고 있다는 불만을 품고 있고, 스페인에서 독립해도 경제적으로 문제가 없다는 인식을 갖고 있다. 카탈루냐는 스페인 면적의 6.3%, 인구의 16%에 불과하지만, 국내총생산GDP의 20% 정도를 차지한다. 2016년 기준 스페인 수출의 25.6%, 외국 관광객의 23.8%, 신규 투자액의 29.2%가 카탈루냐에서 이루어지며, 카탈루냐 실업률(13.2%)은 스페인 전체 실업률(17.2%)에 비해 상대적으로 낮다. 카탈루냐가 가진 경제적 힘을 확인할 수 있는 지표들이다. 카탈루냐가 스페인에서 차지하는 우월적인 경제적 위상이 카탈루냐 분리 독립의 원동력이 되고 있는 것이다.

2017년 주민 투표는 분리 독립으로 이어지지 못했지만 중요한 성과를 거둔다. 스페인 정부에 새로운 카드를 제시할 명분이 생겼기 때문이다. 카탈루냐 분리주의자들은 스페인 정부에 '북아일랜드 모델' 아니면 '스코틀랜드 모델' 중 하나를 선택하라고 요구하고 있다. 북아일랜드 모델이란 주민들이 투표로 분리

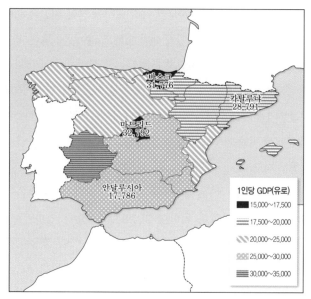

스페인의 지역별 1인당 GDP(2016년)

독립 여부를 결정하는 방식을 말하고, 스코틀랜드 모델이란 정부가 분리 독립을 묻는 주민 투표를 합법적인 정치 행위로 인정하고 투표 결과를 분리주의자들이 수용하는 것을 의미한다. 영국 정부는 스코틀랜드 분리 독립 여부를 묻는 2014년 주민 투표를 적법한 행위로 인정했지만 투표 결과는 분리 독립 찬성이 아닌 부결로 결판이 났다. 카탈루냐 분리주의자들이 스코틀랜드 모델을 제시한 것은 스페인 정부도 영국 정부처럼 주민 투표를 합법적으로 인정하면 다시 투표를 실시해 분리 독립 여부를 묻고, 만약 스코틀랜드처럼 부결되면 카탈루냐 분리주의자들도 이를 수용하겠다는 의미이다. 하지만 스페인 정부는 주민 투표 행위를 '내란죄·반란죄'로 처벌한다는 입장이어서 서로 충돌하고 있다.

 카탈루냐 분리주의자 활동에 대해 지역 내외 시선은 차갑다. 카탈루냐에 거주하는 주민 40% 정도는 분리 독립에 비판적인 입장을 취하고 있다. 게다가 외부 시선은 매우 싸늘하며, EU는 분명한 반대 의견을 표시했다. 영국·프랑스·이탈리아 등도 분리 독립에 동의하지 않는데, 이는 자국 내 분리주의 운동에 미칠 영향을 고려한 판단이다. 이런 비우호적인 국내외 상황에도 불구하고 카탈루냐 분리 독립 운동은 쉽게 멈출 것 같지 않다. '스페인인이 아닌 카탈루냐인'이라는 민족적 정체성을 주창하는 사람들이 오랜 역사적 배경과 경제적 이유를 내세워 분리 독립 운동을 추동하고 있기 때문이다.

기원이 불확실한 피레네산맥 소수 민족, 바스크족

스페인 북부 바스크영어 Basque, 스페인 Vasco 지방에는 바스크족이 분포한다. '바스크'라고 하는 민족명은 라틴어 '바스코Vasco' 또는 '바스코네스Vascones'에서 유래했다고 한다. 바스크족이 분포하는 지역은 피레네산맥을 중심으로 북바스크에 해당하는 프랑스 3개 주(라부르·바스나바르·술 등)와 남바스크에 해당하는 스페인 4개 주(나바라 지방, 기푸스코아·비스카야·알라바 주 등)이다. 바스크족 인구는 약 265만 명2017이고, 스페인에 241만 명(91%), 프랑스에 24만 명(9%)이 거주한다.

바스크어는 인도·유럽 어족에 속하지 않은 특별한 언어이다. 바스크어 흔적은 지중해 연안, 프랑스 남부, 이베리아반도 중·남부 등에도 나타나기 때문에 언어학자들은 인도·유럽 어족에 속하는 사람들이 유럽으로 이주하기 전부터 유럽에 살았던 선주민 언어 중 하나가 바스크어라고 추정하지만 이 또한 명확하지 않다. 언어 계통의 불확실성과 마찬가지로 바스크족 기원에 관해서도 아직까지 정설이 없다. 이베리아반도에 살고 있는 오래된 민족 중 하나로 추정만 하고 있을 뿐이다.

바스크족은 기원전 1세기에 로마 제국, 5세기에 게르만족, 7세기에 서고트족의 지배를 받았다. 8세기 이후 남쪽 이슬람 세력과 북쪽 프랑크 왕국 사이에 낀 신세를 면치 못했지만, 이에 굴복하지 않고 독자적인 나바라 왕국을 세웠다. 12세기 서쪽 카스티야 왕국이 동쪽 아라곤 왕국 쪽으로 세력을 확대하면서 영역이 축소된다. 나바라 왕국은 1479년 카스티야-아라곤 연합 왕국에 합병되지만 일정 부문 자치가 허용되었고, 나폴레옹 전쟁 이후 스페인을 상대로 반란을 벌였지만 실패한다.

바스크족 민족주의 운동의 등장과 좌절된 분리 독립

바스크 민족주의 운동은 19세기 후반 산업혁명 영향을 받아 등장한다. 바스크 지방의 중심 도시 빌바오Bilbao는 철광석 산지로 일찍부터 제철·기계 공업이 발달한 스페인 최대 산업도시였다. 빌바오에서 공업이 발달하면서 외부로부터 노동자들이 대거 유입되어 바스크족 전통 사회의 붕괴에 영향을 미치자 바스크 민족주의자들은 긴장한다. 이런 상황에서 1894년 바스크국민당Partido Nacionalista Vasco, PNV이 결성되고, 바스크국민당은 이주한 노동자를 차별하는 정책을 취한다. 스페인 제2공화국1931~1939 출범 이후 카탈루냐처럼 바스크 지방에서도 자치정부가 만들어지지만 프랑코 정권이 등장한 이후 바스크 자치정부는 폐지되고 바스크어 사용도 금지되면서 바스크 문화는 철저하게 차별을 받는다.

1950년대에 바스크 지방은 도로·상하수도·주택 등 사회간접자본 부족 문제에 직면한다. 빌바오 공업화가 시작된 1890년대 이후 외부로부터 들어온 노동자와 프랑코 정권이 추진한 개방·개발 정책으로 새롭게 유입한 노동자들 때문에 각종 시설이 많이 부족했는데, 이는 바스크인 불만을 증폭시키는 원인이 된다. 바스크인의 가장 큰 불만은 외부인 유입으로 바스크족 전통 문화가 훼손되고 바스크족 정체성이 희석된다는 것이었다. 바스크 민족주의자들은 이런 문제 해결을 중앙정부에 요구하지만 중앙정부는 바스크인 불만을 해소시키는 정책에 미온적이었다. 마침내 민족주의자들은 1959년 북아일랜드 아일랜드공화국군을 모델로 한 '바스크 조국과 자유Euskadi Ta Askatasuna, ETA(이하 ETA)'라는 군사 조직을 만들어 반정부 활동을 펼친다.

ETA는 1960년대 프랑코 정권을 상대로 각종 테러와 요인 암살을 저지르면서 존재감을 드러내고 유명세를 탄다. 또한 ETA는 프랑스와 스페인에 분포하는 바스크 민족의 통일 운동을 전개하는 데 필요한 자금 조달을 명목으로 일명 '혁

빌바오시 구겐하임 미술관
출처: ⒸNaotake Murayama_Flicker

명세'를 바스크 지방 주민에게 징수해 불만을 사기도 한다. 프랑코 정권이 붕괴된 후 1979년 바스크 지방은 자치권을 회복하지만 ETA는 이와 관계없이 독립국 쟁취를 목표로 각종 테러 활동을 벌이고, 이에 스페인 정부는 ETA를 테러 집단으로 규정하고 700여 명의 회원을 체포해 구금시킨다. 1980년대에도 ETA의 과격한 테러 행위가 계속되면서 ETA 회원을 살해하기 위한 친親경찰관 조직인 '해방 반테러리스트 집단Grupos Antiterroristas de Liberación, GAL'이 만들어져 두 세력 간 충돌이 자주 발생한다.

ETA는 1973년 스페인 총리 암살, 1995년 후안 카를로스 스페인 국왕 암살 시도 등으로 국제적인 비판과 공분을 산다. 1990년 이후 바스크인은 테러와 폭력을 일삼는 ETA에 등을 돌리기 시작하고, 민족주의를 주장하는 온건한 정당들이 바스크 지방에서 활동하면서 ETA 위상은 크게 축소된다. ETA는 2000년대에 정부에 휴전을 제의하고, 2017년 4월 비무장을 선언하며, 2018년 5월 2일 자진 해산한다. ETA 테러 활동으로 1968년부터 2010년까지 830여 명이 죽고, 1,000여 명이 다친 것으로 알려졌다. ETA는 해산 성명서에서 "갈등을 해결하려는 우리의 의지가 부족해 분쟁이 오래 계속됐고 수많은 고통을 초래했다."고 사과의 뜻도 밝힌다. 2018년 악명 높았던 분리주의 무장 단체가 59년 만에 역사의 뒤안길로 사라졌다.

ETA가 분리 독립을 꾀한 바스크 지방은 1980년대 들어 제조업 경쟁력 약화로 지역 경제가 침체되었다. 제철·기계·조선 등 기존 산업이 첨단 산업에 밀려 경쟁력을 잃었기 때문이다. 바스크 지방 중심 도시 빌바오시는 경제 회생과 도시 재생을 위해 문화 도시 전략을 채택하고, 미국 구겐하임재단을 설득해 '빌바오 구겐하임 미술관'을 유치해 1997년 10월 개관하였다. 티타늄 패널로 외벽을 장식한 구겐하임 빌바오 미술관은 유럽의 대표적인 문화 관광 명소가 되었고, 연중 많은 관광객이 방문한다. ETA가 해산하지 않고 미술관을 찾는 관광객을 상대로 테러 행위를 일삼았다면, 빌바오는 현재 어떤 모습일까?

발칸반도

민족이란 망령이 부활해 사라져 버린 유고슬라비아

발칸반도는 알프스산맥에서 분기되어 남동 방향으로 뻗은 디나르 알프스 Dinaric Alps산맥과 동부 발칸산맥으로 이루어져 있다. 발칸반도의 지리적 범위에 대한 통일된 견해는 없지만, 도나우(영어식 다뉴브)강을 북쪽 경계로 아드리아해, 이오니아해, 에게해, 마르마라해, 흑해 등으로 둘러싸인 지역을 지칭한다. 발칸이란 터키어로 '산'을 지칭하며, 발칸반도 지명은 여기에서 유래한다.

발칸반도에는 높고 험한 산이 많아 북쪽에서 이주한 슬라브족이 산간 분지를 중심으로 독자적인 문화를 형성할 수 있었고, 이후 여러 민족으로 나뉜다. 종교적으로는 기독교라는 통일성이 유지되지만 14세기 말 오스만 제국 침입으로 남부 이슬람 지역과 북부 기독교 지역으로 분리된다. 특히 험준한 산이 많은 자연적 조건 때문에 북서 유럽과 문화·기능적으로 단절되면서 프랑스 시민 혁명과 종교 개혁의 영향이 미치지 못한 남부 발칸반도를 프리드리히 엥겔스는 '유럽이 아닌 유럽'이라고 평했다.

발칸반도 중앙에는 유고슬라비아 연방공화국(이하 유고연방)이 있었지만 지금은 지도책에서 사라져 버렸다. 1991년 슬로베니아·크로아티아·마케도니아가 연방에서 탈퇴해 독립하고 2006년 몬테네그로가 분리 독립하면서 연방은 완전히 해체된다. 유고연방이 해체되는 과정에서 발생한 보스니아 헤르체고비나 내전은 유럽 사람들에게 '민족이란 무엇인가'라는 질문을 던지게 한 충격적

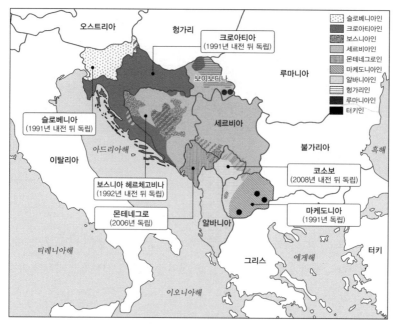

유고슬라비아 연방공화국 민족 구성과 해체 과정

인 사건이었다. 노벨 문학상1961을 받은 이보 안드리치Ivo Andric가 이슬람교를 믿는 세르비아계 주민과 그리스 정교를 믿는 세르비아계 주민 간 서로 갈등하는 내용을 다룬 소설 『드리나 강의 다리』의 무대가 된 곳이 바로 보스니아 헤르체고비나Bosnia and Herzegovina에 위치한 소도시 비셰그라드Visegrad이다.

'1~6' 포맷을 가졌던 유고슬라비아 연방공화국

슬라브족이 하나의 국가 '사회주의 유고연방'을 구성했지만, 유고연방을 자세하게 들여다보면 종교·문자·언어·민족·공화국 등에서 차이가 존재한다. 유고연방은 인종적으로 코카서스 인종에 속하며, 민족적으로는 슬라브족에 속하지만 러시아 중심 동슬라브족, 폴란드·체코·슬로바키아 중심 서슬라브족과 구분되는 남슬라브족으로 분류된다. 지금은 사라져 버린 유고연방의 민족·언어적 다양성을 '1+2+3+4+5+6 포맷'으로 설명할 수 있다.

'1 포맷'이란 남부 슬라브족이 1963년 만든 유고연방을 말한다. '2 포맷'은 문자로, 라틴 문자와 키릴 문자로 구분된다. '3 포맷'은 종교이다. 북부 크로아티아·슬로베니아는 오스트리아 영향으로 가톨릭을 믿는 사람이 많다. 중부 세르비아·마케도니아·몬테네그로 등지는 동로마 제국 영향으로 그리스 정교가 우세하게 나타난다. 중부 보스니아 헤르체고비나에는 오스만 제국 지배 때 개종한 모슬렘이 많이 분포하고, 남부 코소보 지역에 거주하는 알바니아계 주민 대부분도 모슬렘이다.

'4 포맷'은 언어이다. 언어는 북부 슬로베니아어, 중부 세르보·크로아트어(크로아티아어, 세르비아어), 남부 마케도니아어로 크게 구분되며, 이들 언어는 유고연방 공용어였다. 세르비아 내 보이보디나Vojvodina에서는 헝가리어를, 코소보에서는 알바니아어를 사용하는 주민이 많다. 언어 분파의 복잡·다양성은 민족 집단의 다양한 구분과 차이를 의미한다. 왜냐하면 민족 집단 분류에 중요한

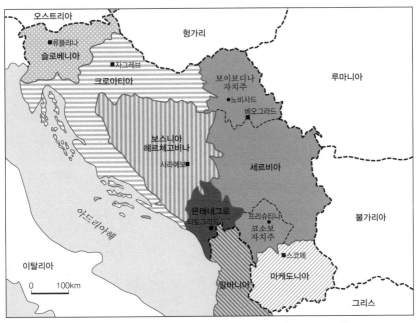

티토 대통령 시절의 유고슬라비아 연방공화국 행정 경계(1945~1980년)

국가	민족	종교	언어	문자
슬로베니아	슬로베니아인(90%)	가톨릭	슬로베니아어	라틴 문자
크로아티아	크로아티아인(78%)	가톨릭	크로아티아어	라틴 문자
보스니아 헤르체고비나	크로아티아인(17%) 세르비아인(31%) 이슬람인(44%)	가톨릭 그리스 정교 이슬람교	크로아티아어 세르비아어	라틴 문자 키릴 문자
세르비아 · 보이보디나 자치주 · 코소보 자치주	세르비아인(70%) 헝가리인(4%) 알바니아인(90%)	그리스 정교 가톨릭 이슬람교	세르비아어 (헝가리어) (알바니아어)	키릴 문자
몬테네그로	몬테네그로인(62%)	그리스 정교	세르비아어	키릴 문자
마케도니아	마케도니아인(65%)	그리스 정교	마케도니아어	키릴 문자

요인 중 하나가 언어이기 때문이다. '5 포맷'은 민족이다. 슬로베니아·크로아티아·세르비아·몬테네그로·마케도니아 등 5개 민족이 분포한다. 소수 민족인 알바니아인, 헝가리인, 터키인 등도 일부 지역에 분포한다. 보스니아와 헤르체고비나는 지역을 가리키는 지명으로 보스니아 헤르체고비나 고유 민족은 존재하지 않는다. '6 포맷'은 유고연방을 구성했던 공화국으로 슬로베니아·크로아티아·세르비아·마케도니아·몬테네그로·보스니아 헤르체고비나 등 6개 공화국을 말한다.

남슬라브족 이주와 북부·남부로 분리된 발칸반도

세르비아어로 유고는 '남쪽'을 뜻하고, 유고슬라비아는 '남쪽의 슬라브족'을 의미한다. 유고슬라비아가 위치한 발칸반도에는 고대에 일루리아인이 살았으며, 5세기경 게르만족 일파인 고트족이 지배한다. 6세기경 슬라브족이 가톨릭의 신성 로마 제국과 그리스 정교의 비잔틴 제국으로 나뉜 발칸반도로 이주한다. 발칸반도 중앙과 동쪽에 정착한 사람들은 그리스 정교를 믿었고, 이들은 세르비아인으로 불렸다. 7~9세기경 발칸반도 서북쪽에 정착해 가톨릭을 믿는 사람들을 슬로베니아인, 크로아티아인이라 불렀고, 이들은 작은 공국을 만들었다. 14세기까지 몬테네그로·보스니아·세르비아 등 작은 공국들이 만들어졌으나 외세 침입과 지배를 벗어나지 못한다.

14세기부터 오스만 제국이 발칸반도 남부를 침략하고, 1389년에 벌어진 유명한 '코소보 전투'에서 세르비아가 패하면서 세르비아1439, 보스니아1463, 몬테네그로1483 등 발칸반도 절반은 오스만 제국 지배권으로 들어간다. 반면 가톨릭을 믿는 오스트리아—헝가리 제국은 슬로베니아와 크로아티아를 지배하면서 발칸반도는 오스만 제국과 오스트리아·헝가리 지배 영역으로 나뉜다. 하지만 그리스 정교를 믿는 세르비아인은 발칸반도에 가장 먼저 이주했다는 역사성을 바탕으로 오스트리아 제국과 오스만 제국에 대항해 끊임없는 투쟁을 이어가면서 '대大세르비아Great Serbia 왕국' 건설 꿈을 버리지 않는다.

14세기부터 약 400년간 발칸반도 남부를 지배한 오스만 제국은 가톨릭과 그리스 정교를 믿는 주민을 이슬람으로 개종하는 정책을 적극 추진한다. 오스만 제국 개종 정책으로 주로 도시에 거주하는 많은 봉건 영주와 상인 등 상류 계층은 이슬람으로 개종하여 사회적 상류 계층을 형성한 반면, 이슬람으로 개종을 거부한 일부 세르비아인은 농촌으로 숨어들어 간다. 같은 세르비아 민족이지만 그리스 정교를 고수하며 농촌으로 들어간 세르비아인과 도시에 거주하며 이슬람교로 개종한 세르비아인 간 종교적 갈등은 이때부터 싹트기 시작한 것이다. 제2차 세계대전 이후, 토지 개혁이 단행되면서 그리스 정교를 믿는 세르비아계가 보스니아 영토 70%에 가까운 토지를 차지한다. 1992년 보스니아 내전이 일어나자 내전 초기에 영토의 70%를 세르비아계가 점령한 것도 이런 역사적 배경과 관련이 있다.

발칸반도 북부 슬로베니아와 크로아티아를 지배하던 오스트리아—헝가리 제국은 17세기 말 보스니아 헤르체고비나와 접한 서쪽 국경 지역에 세르비아인을 이주시키고 종교 자유와 더불어 사유 재산을 인정하는 등 유화 정책을 취한다. 1991년 크로아티아가 유고연방에서 탈퇴한다고 선언할 때 크로아티아 내에 거주한 세르비아계가 크로아티아 독립을 반대한 것도 이러한 연유 때문이다. 오스만 제국이 러시아-튀르크 전쟁1877~1878에서 패하면서 러시아 동맹군으로 참전한 세르비아와 몬테네그로는 독립한다. 그러나 보스니아 헤르체고비나는 오스트리아-헝가리 제국에 병합되면서 종교적인 박해를 받는다. 제1차 세계대전 후 가톨릭 중심 크로아티아와 슬로베니아, 이슬람교·그리스 정교·가톨릭이 혼재한 보스니아 헤르체고비나, 그리스 정교 중심 세르비아 등이 통합되어 유고슬라비아 왕국(이하 유고왕국)이 만들어진다.

'유고슬라비아 왕국'에서 '유고슬라비아 연방공화국'으로

제1차 세계대전 이후 발칸반도 슬라브족에게 큰 변화가 생긴다. 1918년 12월 세르비아, 크로아티아, 보스니아, 슬로베니아, 몬테네그로, 오스트리아-헝가리 제국에서 떨어져 나와 세르비아로 편입된 보이보디나 등이 합쳐져 '세르비아인 크로아티아인 슬로베니아인 왕국Kingdoms of Serbians, Croatians and Slovenians, 1918~1929'이 만들어진 것이다. 베오그라드가 왕국 수도가 되며, 당시 세르비아 왕국 국왕이 통치하는 왕국이 출범하였다. 국왕 알렉산다르 1세 Alexander I, 재위 1921~1934는 1929년 국명을 '유고슬라비아 왕국Kingdom of Yugoslavia, 1929~1941'으로 변경하고, 정치 체제를 입헌 군주제에서 전제 군주제로 바꾼다. 알렉산다르 1세가 세르비아 중심으로 왕국을 운영하자 크로아티아계가 크게 반발한다. 알렉산다르 1세는 민족 간 갈등을 해결하기 위해 민족 집단 간 경계로 그어진 행정 구역을 산과 강과 같은 자연적 조건에 따라 재조정하고, 왕국의 문자를 로마자(라틴 문자)로 통일하도록 유도하는 정책을 펼치지만 집단 간 대립과 반목을 해소시키지는 못한다.

1934년 알렉산다르 1세가 프랑스 마르세유를 방문하던 중 암살된다. 암살 배후로 유고슬라비아 왕국에 반대하는 크로아티아계 파시스트 조직 우스타샤 Ustaša가 개입된 것으로 알려지면서 세르비아계와 크로아티아계 간 갈등의 골은 깊어진다. 특히 크로아티아계가 가진 '반反세르비아' 경향이 슬로베니아계로 확산되면서 가톨릭과 그리스 정교 간 종교 갈등으로 비화된다. 제2차 세계대전이 일어나고 북부 유고슬라비아는 독일 지배를, 남부 유고슬라비아는 이탈리아 지배를 각각 받는다. 히틀러 정권은 우스타샤 집단을 내세워 발칸반도를 대리 통치하고, 우스타샤 정권은 1941년 세르비아인·집시·유대인 등 60여만 명을 학살하면서 세르비아계와 크로아티아계 간 갈등은 더 심화된다.

제2차 세계대전 후 크로아티아 출신 요시프 티토Josip Tito는 공산주의 단일 국가 '유고슬라비아 인민공화국'을 건국하고, 1969년 국명을 '유고슬라비아 사회주의 연방공화국'으로 변경한다. 티토 대통령은 토지 개혁과 집단 농장화 등으로 주민 불만을 해소시키고, 1974년부터 국방·외교권을 제외한 많은 권한을 6개 공화국 자치정부에 이양한다. 하지만 티토 대통령은 '민족의 평등', '유고슬라비아 통합' 등을 기치로 공화국 분리 독립은 철저하게 통제한다.

티토 대통령은 강력한 리더십으로 연방 국가를 지휘하였지만, 뿌리 깊은 민족 간 대립과 갈등을 근원적으로 해결하지는 못한다. 1970년대 후반부터 슬로베니아와 크로아티아에서는 연방정부에 반대하는 독자 노선 움직임이 등장한다. 세르비아와 마케도니아에서도 연방에서 분리 독립하려는 민족주의가 등장하기 시작한다. 이런 상황에서 1980년 티토 대통령이 사망하자 각 공화국 지도자들은 자신의 정권 유지를 위해 민족주의를 자극하면서 다민족 국가 유고슬라비아에서 민족주의라는 망령이 되살아나게 만든다.

유고슬라비아 연방공화국 붕괴와 보스니아 내전 발생

1980년대 후반 폴란드를 비롯한 동부 유럽에서 민주화 운동이 일어나고, 유고연방 내 각 공화국에서도 민족주의가 확산된다. 1991년 슬로베니아와 크로아티아는 세르비아가 주축인 유고연방을 느슨한 형태의 연합체로 만들자고 제안하지만 연방정부는 이를 받아들이지 않는다. 1991년 6월 슬로베니아와 크로아티아가 분리 독립을 선포하면서 연방정부와 이들 간에 내전이 벌어진다. 슬로베니아에서는 10월 26일 연방 군대가 철수하면서 내전은 일단락되지만, 크로아티아 상황은 달랐다. 크로아티아가 유고연방에서 분리 독립을 선언하자 크로아티아 내에 거주하는 세르비아계가 반발하고 1991년 8월 연방 군대가 투입되면서 내전이 시작된다. 이를 '제1차 유고 내전'이라 한다. 크로아티아에서 시작된 내전은 1995년 11월까지 계속된다. 마케도니아도 1991년 9월 연방에서 독립을 선언한다.

보스니아 헤르체고비나 내에서도 연방 탈퇴의 움직임이 꿈틀거린다. 보스니아 헤르체고비나 면적은 약 5만 2,000㎢로 우리나라의 절반 크기이다. 보스니아라는 명칭은 이곳을 흐르는 보스니아강에서, 헤르체고비나는 이 지역을 통치했던 '공작'이라는 뜻의 '헤르체그'에서 유래한다. 남슬라브족이 7세기경 이곳에 정착하면서 부족 이름으로 보스니아를 사용했으며, 아드리아해로 연결되는 길목이어서 여러 이민족 침입을 받았다. 주민 구성은 이슬람을 믿는 세르비아계(44%), 그리스 정교를 믿는 세르비아계(31%), 가톨릭을 믿는 크로아티아계(17%) 등이다. 모슬렘이 많은 이유는 오스만 제국 시절 많은 세르비아인이 그리스 정교에서 이슬람으로 개종한 결과이다. 이슬람으로 개종한 이들은 스스로를 '보스니아인Bošnjaci'이라고 칭하며 그리스 정교를 믿는 세르비아계와 교류하지 않고 차별하였다.

유고연방 해체 과정에서 보스니아 헤르체고비나에서 나타난 움직임은 두 가지였다. 그리스 정교를 믿는 세르비아계는 '보스니아 헤르체고비나 세르비아공화국'을, 크로아티아계는 '헤르체그 보스니아 크로아티아공화국'을 각각 구상하였다. 1992년 1월 세르비아계가 개별적으로 공화국 독립을 선포하자, 크로아티아계와 보스니아인(이슬람을 믿은 세르비아계 주민)은 세르비아계와 달리 연방 탈퇴를 위한 국민 투표를 실시한다. 세르비아계는 민족별 분리된 공화국을 주장하며 투표에 불참하지만 국민 투표가 가결되고 1992년 4월 보스니아 헤르체고비나가 유고연방에서 독립한다. EU와 미국은 독립을 승인하지만, 세르비아계 주민과 유고연방 정부는 크게 반발한다. 1992년 5월 세르비아계가 사라예보를 공격하면서 세르비아계와 크로아티아계-보스니아인 연합 세력 간 내전으로 비화된다. 이를 제2차 유고 내전, 일명 '보스니아 내전'이라고 한다.

내전 후 만들어진 연방 국가, '보스니아 헤르체고비나'

내전 초기에 연방 군대 지원을 받은 세르비아계가 전체 영토의 70%를 점령한다. 오스만 제국 시절 이슬람으로 개종하는 것을 거부하고 농촌으로 들어간 세르비아계가 호응한 결과이다. 내전이 확대되자 UN은 유고연방 정부에 경제제재 조치를 결의하고 휴전을 종용한다. 1992년 8월 이후 UN은 평화유지군을 파견하지만, 세르비아계와 보스니아인 간 내전은 계속된다. 세르비아계 군대는 같은 세르비아 민족이지만 이슬람을 믿는 '보스니아인' 마을을 공격해 이른바 '인종 청소'를 단행한다. 그리고 기독교를 믿는 세르비아계 아이를 출산시킨다는 미명 아래 모슬렘과 크로아티아계 여성 2만여 명을 강제 폭행하면서 국제사회로부터 거센 비판을 받는다. 제56회 베를린영화제 황금곰상을 받은 영화 〈그르바비차Grbavica, 2005〉는 내전으로 상처를 입은 보스니아 여성의 이야기로 세계적인 주목을 받기도 한다.

영화 〈그르바비차〉

1995년 12월 14일 유고연방, 크로아티아, 보스니아 헤르체고비나 간 평화 협정이 체결되면서 민간인 10만여 명이 죽은 내전은 3년 8개월 만에 종식된다. 내전 후 '보스니아 헤르체고비나Bosnia and Herzegovina'라는 연방 국가가 만들어지며, 수도는 사라예보Sarajevo로 정해진다. 연방 국가는 전체 면적의 51%(2만 6,110㎢)를 차지하는 '보스니아 헤르체고비나 연방Federation of Bosnia and Herzegovina(일명 이슬람-크로아티아 연방)'과 49%(2만 4,857㎢)를 차지하는 '스릅스카공화국Republic of Srpska Government'으로 구성된다. 연방정부는 외교와 국방에 대한 권한만 갖고, 나머지 모든 권한은 독립공화국이 행사하는 '1국 2체제'이다. 보스니아 헤르체고비나 연방에서는 보스니아인과 크로아티아계를 대표하는 2명을, 스릅스카공화국에서는 1명을 선출하여 이들 3명이 임기

보스니아 헤르체고비나 지도

4년 동안 8개월씩 연방정부 대통령을 맡는 일명 '순번제 대통령직'을 수행하는 '재미있는' 정치체제를 유지하고 있다. '보스니아 헤르체고비나'는 '1국 2체제'로 운영되고 있기 때문에 민족 집단 간 갈등은 많이 줄어들었다.

보스니아 내전은 기독교계 세르비아인과 이슬람계 세르비아인 간 갈등에서 비롯된다. 동일한 언어를 사용하는 세르비아 민족이 오스만 제국 통치 이후 종교가 달라지면서 서로 이질적인 '민족 집단'으로 분할된 것이다. 특히 이슬람을 믿는 세르비아인은 자신들의 정체성을 세르비아인이 아닌 '보스니아인'이라고 규정하면서 그리스 정교계 세르비아인과 집단적으로 차별화하였다. 보스니아 내전은 '민족이란 무엇인가?', '민족성 형성에 종교는 도대체 어떤 역할을 하는가?'라는 의문을 유럽과 지구촌 사람들에게 보여 주었다는 점에서 주목할 만한 분쟁 지역 중 하나이다. 한편, 1991년 이후 신新유고연방을 구성한 세르비아와 몬테네그로가 2006년 6월 연방에서 분리하면서 유고슬라비아 연방공화국이라는 국가는 지도책에서 완전히 사라져 버렸다.

세르비아 민족의 성지가 '알바니아계의 땅'으로 변한 코소보

코소보Kosovo는 디나르알프스산맥이 끝나는 곳에 위치한다. 기원전 15세기 이전부터 발칸반도 동쪽에는 트라키아인이, 서쪽에는 일리리아인이 거주했다. 기원전 1세기경 로마 제국에 편입되고, 6세기경 슬라브족이 발칸반도로 남하하면서 일리리아인은 지금의 알바니아 쪽으로 추방된다. 일리리아인 후손이 바로 알바니아인이다. 중세 때 코소보는 불가리아 제1제국, 비잔틴 제국 등의 세력권으로 편입되고, 12세기 말 세르비아로 병합된다. 세르비아 왕국으로 편입된 이후, 코소보에는 그리스 정교 수도원이 많이 만들어져 세르비아 민족의 종교적 성지 역할을 한다.

1389년 6월 이바르Ibar강 일대의 코소보 평원에서 오스만 제국과 세르비아 간 전투가 발생한다. 세르비아 왕국을 주축으로 편성된 연합 군대 3만여 명과 오스만 제국 군대 4만여 명이 격렬한 '코소보 전투'를 치른다. 전투는 오스만 제국 승리로 끝나고, 코소보 전투 이후 발칸반도 절반이 오스만 제국 지배로 들어 간다. 세르비아인은 비록 패배했지만, 코소보 전투를 그리스 정교를 위해 이교도에 맞서 싸운 전쟁으로 인식하고, 코소보를 세르비아 민족의 성지聖地로 여긴다. 세르비아가 코소보 분리 독립을 극력 저지하는 이유에 이런 역사적 배경도 한몫한다.

코소보 전투 이후 오스만 제국은 발칸반도 내륙으로 세력을 확장함과 동시에 세르비아인을 이슬람으로 개종시키는 정책을 펼친다. 하지만 대다수 세르비아인은 이에 불복하고 이바르 강 너머 북쪽 세르비아 내륙으로 거주

코소보 위치

지를 옮긴다. 17세기 말부터 18세기
까지 이주한 세르비아인은 3만~4
만여 명으로 추정되는데, 이들은 세
르비아 북부 보이보디나로 이주한
다. 그런데 세르비아인이 떠난 땅으
로 알바니아계 주민이 대거 유입한
다. 오스만 제국이 이슬람으로 개종
한다는 조건을 달아 알바니아인의
코소보 이주를 장려하고, 알바니아

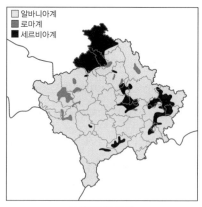

코소보 민족 구성

인에게 토지를 분배하는 정책을 취했기 때문이다. 이주 정책으로 코소보에서는
알바니아계가 전체 인구의 90%를 차지하고 세르비아계는 소수로 전락하며, 이
바르강을 경계로 알바니아계와 세르비아계 거주지가 명확하게 구분된다.

　1912년 발칸 동맹(그리스·세르비아·몬테네그로·불가리아 등)과 오스만 제
국 간 일어난 제1차 발칸 전쟁 이후 세르비아는 코소보를 되찾아 온다. 제1차 세
계대전 중 세르비아는 알바니아계 주민을 대거 학살하고 추방해 민족 성지로서
의 코소보 위상을 회복시키고, 유고 왕국으로 편입한다. 하지만 제2차 세계대전
중 이탈리아는 알바니아를 이탈리아 영토로 편입시키고 코소보에 알바니아계
주민을 이주시키면서 알바니아계 주민은 다시 증가한다. 유고연방 시절 티토
대통령은 알바니아계 주민을 추방하지 않고, 코소보를 자치주로 승격시킨다.

코소보 내전으로 출범한 신생 독립국 '코소보공화국'

　코소보는 세르비아공화국 남부에 위치하며 알바니아, 북마케도니아(2019년
마케도니아에서 국명 변경)와 남쪽 국경을 접한다. 면적은 약 1만㎢ 정도로 우
리나라 경상남도 크기와 비슷하다. 인구는 183만여 명2017이며, 알바니아계가
90% 정도를 차지한다. 코소보 분리 독립 움직임은 1981년 알바니아계 독립 요
구로 시작된다. 당시 밀로셰비치 세르비아 대통령은 이들 요구를 강력하게 진

압하고, 1989년에는 아예 코소보 자치권을 박탈시킨다.

1991년 유고연방이 해체되자 코소보 내 알바니아계 주민도 일방적으로 '코소보공화국'을 선포한다. 유고 내전을 치르던 세르비아 정부는 코소보 분리 독립에 적극적으로 대응하지 못한다. 코소보 내 알바니아계가 1995년 코소보해방군Kosovo Liberation Army, KLA을 결성해 세르비아를 상대로 무장 투쟁을 벌이자 세르비아 정부도 코소보해방군에 대한 전면적인 소탕 작전을 감행한다. 1998년 2월 알바니아계가 대규모 시위를 벌이고, 코소보해방군과 코소보에 거주하는 세르비아 민병대 간 군사적 충돌이 벌어지면서 보스니아 내전과 비슷한 이른바 '인종 청소'가 코소보에서도 일어난다. 1998년 10월 NATO가 세르비아를 폭격하면서 내전은 확전되지만, NATO군 개입으로 1999년 6월 종료된다.

1999년 6월 이후 세르비아 군대가 코소보에서 철수하고, UN평화유지군이 주둔하면서 코소보는 평온을 되찾는다. 2000년 9월 코소보는 UN 보호령이 되고, 2008년 2월 17일 '코소보공화국Republic of Kosovo'이라는 국명으로 세르비아로부터 완전 독립한다. 미국을 비롯한 다수 국가가 코소보를 독립 국가로 인정하지만, 세르비아와 세르비아를 지지하는 러시아·중국 등은 코소보를 주권국으로 인정하지 않고 있다. 코소보는 UN 회원국은 아니지만 피파FIFA 회원국에는 속해 있다.

코소보가 독립하면서 인접한 북마케도니아는 코소보와 알바니아를 불안한 시선으로 바라보고 있다. '대大알바니아' 건설을 기치로 내걸고 알바니아와 코소보가 연합하면 북마케도니아 상황을 복잡하게 만들 수 있기 때문이다. 북마케도니아 인구 200만 명 중 25% 정도가 알바니아계여서 그렇다. 복잡한 지정학의 현장인 발칸반도에서 EU 지지를 받고 있는 신생 독립국 코소보가 앞으로 정상적인 국가로 뿌리를 내릴 수 있을지 아니면 또 다른 분쟁과 갈등의 현장으로 전락할지 아직은 속단하기 어렵다. 발칸반도라는 곳은 지리적·지정학적 위치가 그렇게 간단한 곳이 아니었다는 역사적 사실을 되새겨 보면 코소보 순항 여부에 대한 해답을 찾을 수 있지 않을까.

키프로스

그리스와 터키 간 갈등으로 남북이 분단된 섬

키프로스Cyprus는 그리스 신화에 나오는 미와 사랑의 여신 '아프로디테'의 섬으로 알려진 곳이다. 또한 로마 제국 안토니우스 장군이 이집트 클레오파트라 여왕의 환심을 사기 위해 생일 선물로 주었던 곳이 키프로스라는 일화도 전해지는 곳이다. 그리스와 로마에서 레반트 지역으로 가는 해로상 요충지였던 키프로스는 기원전부터 지중해 제해권을 장악하려는 여러 세력의 각축장이었다.

키프로스는 그리스계가 주로 거주하는 남부와 터키계가 대부분인 북부로 분단돼 있다. UN이 국경을 관리한다는 점에서 우리나라 상황과 유사하다. 키프로스가 영국에서 독립한 이후 남북으로 분단된 배경에는 종교적·민족적 이유가 복합적으로 얽혀 있지만, 보다 중요한 배경은 영국 식민 지배와 관련된다. 최근 국제사회가 남북 키프로스에게 연방 국가 형식의 통합을 권유하지만 여의치 않은 상황이다. 남북이 연방 국가를 만들면 북키프로스의 EU 가입을 동의하겠다는 '아난 플랜'에 남키프로스가 반대하기 때문이다. 여기에 에게해를 둘러싼 배타적 경제 수역EEZ 설정 등이 겹쳐 남북이 통합된 '하나의 키프로스'를 기대하는 것은 쉽지 않을 듯하다.

그리스계와 터키계 간 서로 다른 견해는 종교적·민족적 차이에 기인한 것만은 아니다. 오랜 역사적 과정에서 형성·축적된 그리스계와 터키계 간 대립적 감정들이 집단 간 차이성을 더욱 뚜렷하게 하고 있어 그렇다. 하나의 섬에 거주하는 두 민족이 '키프로스인'이라는 공통점보다는 '그리스인'과 '튀르크인'이라는 차이점을 더 중요하게 인식하기 때문이다.

'아프로디테의 섬'으로 알려진, 지중해에서 세 번째로 큰 키프로스

지중해 동부에 위치한 키프로스는 그리스보다 터키 남부 및 시리아와 가깝다. 영화 〈대부Mario Puzo's The Godfather, 1972〉 본거지로 알려진 시칠리아Sicilia와 100세 이상의 고령자가 많기로 유명한 사르데냐Sardegna에 이어 지중해에서 세 번째로 큰 섬이 키프로스이다. 사도 바울이 기독교를 포교해 비교적 일찍 기독교를 받아들인 곳이다. 오늘날은 매년 300만 명 내외 관광객이 찾는 지중해 주요 관광지 중 하나이다.

키프로스 전체 면적은 9,251㎢로 우리나라 전라북도 크기와 비슷하다. 키프로스는 현재 4개 구역으로 이루어져 있다. 섬 전체 면적의 약 60%(5,550㎢)를 차지하는 남쪽 키프로스공화국Repubilc of Cyprus, 약 35%(3,355㎢)를 차지하는 북쪽 북키프로스 터키공화국Turkish Repubilc of Northern Cyprus, TRNC, UN이 관할하는 완충 지역Green Line(2.7%), 그리고 영국령 해외 영토로 분류되는 독립기지Sovereign Base Areas(2.7%)이다. 독립기지에는 영국군이 주둔하는 아크로티리Akrotiri와 데켈리아Dhekelia 군사 지구가 있다. 하지만 국제법적으로 영국 독립기지를 제외한 키프로스섬 전체와 주변 해역에 대한 주권은 키프로스공화국이 행사한다. 북키프로스 터키공화국이 미승인 국가여서 그렇다.

키프로스공화국 인구는 약 119만 명2018, 북키프로스 터키공화국 인구는 약 35만 명2017으로 추정된다. 남키프로스 주민 대부분은 그리스어를 모국어로 하는 그리스계이고, 북키프로스는 터키어를 모국어로 하는 터키계가 대부분이다. 영국 식민지였기 때문에 남북 키프로스에서 영어도 통용된다. 종교는 남쪽 키프로스가 그리스 정교를, 북쪽 키프로스가 이슬람을 믿는다. 남북이 민족·종교·언어가 서로 다르다. 이런 차이가 키프로스를 분단된 섬으로 만든 것이다.

기원전 미케네 문명 영향을 받은 그리스인이 키프로스에 정착한다. 하지만

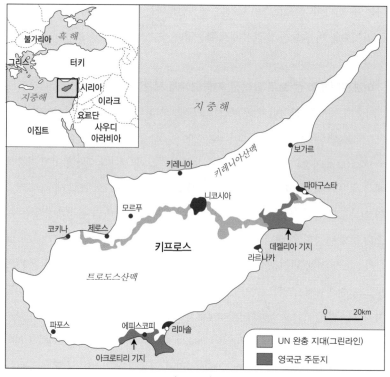

키프로스 지도

레반트로 통하는 해상 무역 요충지라는 지리적 위치 때문에 고대 페니키아·이집트·페르시아 등의 수중으로 들어갔고, 알렉산드로스 지배를 받다가 기원전 58년 로마에 합병된다. 십자군 전쟁 때는 잉글랜드 국왕 리처드 1세가 점령해 십자군기사단 보급기지로 활용한다. 베네치아가 제노바를 상대로 전쟁을 일으켜 1489년 섬 전체를 차지하고 레반트 무역 전진기지로 이용한다. 오스만 제국이 지중해 역사상 가장 큰 해전으로 일컬어지는 레판토 해전1571에서 패한 후 1573년 키프로스를 오스만 제국 영토로 편입시킨다. 유럽 해군의 동지중해 진출을 막기 위한 전략적인 판단에 의한 것이었다. 하지만 오스만 제국이 키프로스를 자국령으로 편입하고 터키계 주민을 이주시키면서 남북 키프로스가 분단되는 비극이 잉태된다.

오스만 제국을 거쳐 영국 식민지가 된 키프로스

키프로스를 차지한 오스만 제국은 이슬람교를 믿지 않는 주민의 종교 자치체인 밀레트Millet 제도를 시행해 납세 의무를 제외한 대부분의 자치를 허용한다. 이 제도 시행으로 그리스 정교는 크게 위축되지 않았고, 그리스 정교를 믿는 그리스계 주민의 응집력이 강화된 측면도 있었다. 그리스계 국민들이 많은 세금을 부과한 오스만 제국에 반발해 여러 차례 반란을 일으키지만 성공하지 못한다. 오스만 제국 지배 이후 터키계 사람들이 키프로스 북부로 이주하기 시작하여 주민의 20% 정도로 늘어난다. 키프로스에서 그리스계와 터키계, 그리스 정교도와 이슬람교도 간 갈등이 싹트기 시작한 것이다. 남북 분단은 그때 이미 예견되었는지도 모른다.

영국은 인도로 가는 안정적인 해상 확보를 위해 키프로스에 눈독을 들인다. 오스만 제국과 러시아 제국 연합군 간 전쟁1877~1878이 일어나고 연합군이 승리한다. 1878년 영국은 러시아 제국의 흑해와 지중해로의 남진南進을 견제하려면 키프로스에 군사 기지를 구축해야 한다는 논리로 오스만 제국을 설득하고, 술탄이었던 압둘 하미드 2세는 키프로스를 영국에 임차하고 행정권을 양도한다. 영국이 키프로스에 해군 기지를 건설하려는 진짜 목적은 러시아 해군의 남진에 대비한 오스만 제국 보호가 아니라 인도로 가는 안정적인 해상 루트 확보였다. 어쨌든 키프로스에 주둔한 영국군은 제1차 세계대전을 전후로 지중해에서 그리스와 터키 간 분쟁을 어느 정도 예방하는 역할을 한다.

1914년 제1차 세계대전이 발발하면서 영국은 키프로스를 식민지로 확보한다. 전쟁 중 영국은 그리스가 연합군으로 참전하면 키프로스 영토를 할양하겠다고 제안하지만 그리스는 이 제안을 받아들이지 않는다. 전쟁 후 세브르 조약1920에 따라 그리스는 과거 오스만 제국 영토였던 이스탄불 서쪽 일부와 이즈미르항 등을 자국 영토로 합병하지만, 그리스인이 대부분인 키프로스는 자국 영토로 편입시키지 못한다. 1921년 그리스는 세브르 조약으로 할양받은 영토를 지키기 위해 터키와 전쟁을 벌이지만, 유럽 국가들 지원을 받지 못해 굴욕적인 패배를 맛보고, 아나톨리아 지방 영토까지 터키에게 넘겨주고 만다. 터키는 로잔 조약1923으로 키프로스에 대한 주권을 포기하고, 영국은 키프로스를 왕국령 식민지로 합병한다.

그리스계 주민의 에노시스 운동과 독립, 남북 갈등

제1차 세계대전이 발발하기 전이었던 1821년 그리스가 오스만 제국을 상대로 독립 전쟁을 일으키고, 1830년 독립을 쟁취하자 키프로스에 거주하는 그리스계 주민은 열광한다. 염원하는 그리스와 통합이 가능할 것으로 생각했기 때문이다. 독립 후 그리스는 키프로스와 통합을 요구하고, 키프로스에 사는 그리스계 주민도 이에 동의하면서 '에노시스Enosis' 운동으로 표출된다. 에노시스란 그리스어로 '합체 또는 합병'을 뜻한다. 하지만 영국은 1878년 오스만 제국으로부터 키프로스를 임대하면서 에노시스 운동에 찬물을 끼얹는다.

영국이 키프로스에 들어온 이후, 그리스계 주민은 반영反英 민족 운동을 전개한다. 1930년대에는 에노시스 운동이 폭력적 성향을 띠지만 영국 탄압으로 주춤한다. 1954년 이집트가 수에즈 운하를 국유화하면서 수에즈 운하에 주둔한 영국군이 키프로스로 이전하고, 이를 계기로 그리스계는 군사 기지 폐지

에노시스 운동의 지도자인
마카리오스 대주교
출처: Orlando

를 요구하며 에노시스 운동을 재개한다. 그리스계 주민들은 마카리오스 3세 대주교를 중심으로 반영 운동을 벌이고, 1955년 조직된 키프로스민족해방조직Ethniki Organosis Kyprion Agoniston, EOKA은 영국에 강력하게 저항하면서 1959년까지 무력투쟁을 벌인다. 반영 운동이 계속되자 영국은 키프로스를 그리스·터키가 공동 통치하는 구상과 함께 키프로스를 그리스와 통합하지 않고 남북으로 분할하자는 터키계 주민 주장을 지지하기도 한다. 결국 1959

년 영국은 그리스, 터키와 함께 키프로스 독립 협정을 이끌어 낸다. 주요 내용은 남키프로스 독립, 영국 군사 기지 계속 사용, 영국·그리스·터키 간 상호보장조약 체결, 키프로스에 그리스와 터키 군대 주둔 등이다. 이 협정으로 영국은 지금도 키프로스에서 2개 군사 기지를 운영하고 있다.

1960년 8월 그리스계 주민이 주축이 되어 마카리오스 3세 대주교를 초대 대통령으로 하는 '키프로스공화국'을 건국한다. 하지만 그리스계와 터키계 주민 간 갈등이 내전으로 비화되고 1964년 초 키프로스 정부 요청으로 UN평화유지군이 들어와 내전은 진정된다. 그러나 터키계 부통령은 키프로스 남북 분할을 주장한다. 1974년 그리스와 통합을 주장하는 'EOKA-B'라는 새로운 게릴라 조직이 만들어지고, 이들이 쿠데타를 일으킨다. 이를 계기로 터키가 4만여 명 군대를 파견해 북부 항구 키레니아영어 Kyrenia, 터키어 Girne에서 니코시아Nicosia에 이르는 25㎞의 회랑지대를 장악하면서 사실상의 키프로스 남북 분할이 시작된다.

'북키프로스 터키공화국' 탄생과 남북 분단 고착화

키프로스 북부를 불법 점령한 터키군은 터키계 주민을 보호한다는 명목으로 계속 주둔한다. 키프로스 정부와 그리스가 이에 문제를 제기하지만 효과는 없었다. 1975년 UN이 중재한 회담에서 그리스는 강력한 중앙 정부를 전제로 하는 '다지역 연방제'를, 터키는 '1국 2체제' 연방제를 제시하면서 회담은 소득 없이 끝난다. 이후 터키는 북부를 기반으로 '터키계 키프로스 연방'을 발족시킨다. 남키프로스는 이를 UN에 제소하지만 UN은 아무런 역할을 하지 못하고 남북 국경선을 관리하는 역할만을 맡는다. 현재 국경선 역할을 하는 그린라인Green Line에 UN평화유지군이 배치된 것은 이때부터이다.

1983년 11월 북부 터키계는 '북키프로스 터키공화국'이라는 독립 국가를 일방적으로 선포한다. 이후 남키프로스는 남북 대화와 군대 철수 등을 제안하지만, 북키프로스는 전혀 반응하지 않는다. 1990년대에 들어 그린라인 주변에서 크고 작은 폭동이 일어나고, 1997년 7월 EU가 키프로스의 EU 가입 교섭 논의를 시작하면서 남북 간 갈등은 최고조에 달한다. 남키프로스가 EU에 가입하게 되면 남북 분단이 고착될 것이라고 우려하면서 터키와 북키프로스가 반대 움직임을 보였기 때문이다. 2000년대에 들어 UN을 비롯한 국제사회는 연방제를 통한 키프로스 통일을 모색하기 시작한다. 당시 UN 사무총장이었던 코피 아난은 EU 동시 가입을 전제로 연방제 국가를 제안한다. 이를 '아난 플랜Annan Plan'이라고 한다. 2004년 4월 아난 플랜이 국민 투표에 부쳐지지만 남키프로스 반대(76%)로 무산된다. 국민 투표에서 북키프로스는 반대보다 찬성(65%)이 많았다. 남키프로스가 반대한 이유는 EU 가입이 확정된 상태에서 터키계와 통합된 연방 국가를 만들 필요를 느끼지 못했기 때문이다.

2004년 5월 1일 키프로스공화국은 EU 회원국이 되고, 2008년 1월 이후 유로화가 통용되는 유로존Eurozone에 포함되면서 유럽에서 많은 관광객이 방문하고 있다. 2010년대에도 통일 논의는 계속되고, 반기문 전 UN 사무총장도 아난 플랜을 살리기 위해 중재에 나서지만 성과를 내지 못한다. 북키프로스는 연방 통합을 원하는 반면, 남키프로스는 여전히 부정적 태도를 고수하는 것이다. 하지만 남북 간 대화와 방문은 계속 이어져 2014년 4월 남키프로스 그리스 정교 신도들이 북키프로스를 방문해 합동 예배를 보기도 한다. 2018년 11월 이후 남북을 연결하는 연결 통로가 9곳으로 늘었지만 남키프로스는 여전히 연방 국가로의 통합을 원하지 않고 있다. EU 회원국이 된 상황에서 크게 아쉬울 것이 없다고 판단한 것이다.

최근 키프로스와 터키 남부 사이 해저에 대규모 천연가스가 매장된 사실이 확인되면서 북키프로스에 연고권을 가진 터키가 남키프로스로 하여금 손을 떼라고 요구하면서 갈등이 고조된다. 하지만 남키프로스는 터키의 이런 요구를 부당하게 여긴다. 국제법적으로 키프로스의 합법적 정부는 '키프로스공화국'이라는 사실을 상기시키면서 터키 주장이 터무니없다고 반박한다. 만약 해저 가스전 발굴을 놓고 남키프로스와 터키가 군사적으로 충돌하게 된다면, 그리스와 터키 간 국지전이 발생할 개연성이 매우 높다.

키프로스 내 그리스계와 터키계 간 갈등은 하루아침에 만들어진 것이 아니라 오랜 역사의 산물이다. 갈등 밑바닥에는 종교·민족·인종적 차이성이 여러 층으로 겹쳐 있다. 여기에 후견인 노릇을 하는 그리스와 터키 간 오랜 적대적 관계도 키프로스 통일을 가로막는 중요한 걸림돌이다. 그리스계 주민들이 여전히 그리스의 역사적 영광과 비잔틴 제국의 실제적 영화 등을 빼앗아간 세력이 오스만 제국이라고 인식해서 그렇다. 지구촌에는 인접한 국가와 앙숙 관계로 지내는 경우가 제법 있다. 영국과 프랑스, 그리스와 터키, 한국과 일본 등이 그렇다. 하지만 1순위를 꼽으라고 하면 그리스–터키 관계라고 해도 틀리지 않다. 과거 비잔틴 제국 수도였던 '콘스탄티노플'이 현재는 그리스 영토가 아닌 터키 '이스탄불Istanbul'인 것도 두 나라 간 앙숙 관계를 보여 주는 증거이다. 남북으로 분단된 키프로스 통합과 통일이 어려운 까닭이 바로 여기에 있다. 우리나라 남북 통일을 키프로스 경우와 비교하는 것은 분명 어불성설語不成說이다. 하지만 키프로스의 지정학적 위치를 보면서 우리나라 남북 통일의 어려움을 실감할 수 있지 않을까.

체첸

러시아인이 아니라고 절규하는 '캅카스 전사'

러시아는 유라시아에 걸쳐 있는 지구상에서 가장 넓은 국가이다. 표준 시간 대도 극동 쿠릴 열도에서 서쪽 발트해 연안까지 무려 11개나 된다. 9세기경 우 크라이나 드네프르강 연안에 거주하던 동슬라브족의 느슨한 연합체였던 키예 프 공국이 주변국과 전쟁을 벌여 영토를 넓혀 나간 결과이다. 16세기 중엽부터 시작된 이반 4세Ivan IV의 동방 정책과 표도르 1세Fyodor I와 예카테리나 2세의 남진 정책으로 지금의 러시아 영역이 거의 완성된다.

러시아 제국 이후 계속된 영토 확장 정책은 러시아를 '다민족 모자이크 국가' 로 만들었다. 구소련 시절에는 인종·민족·언어·종교가 상이한 140여 소수 민 족을 연방 국가라는 하나의 수영장으로 몰아넣고 사회주의 이데올로기로 통일 시켜 민족 분규의 불씨를 원천적으로 차단했다. 하지만 1991년 구소련 붕괴 이 후 러시아가 전쟁을 통해 강제로 병합한 곳에서 소수 민족의 분리 독립 요구가 거세지고 있다.

러시아 내에서 가장 강력하게 분리 독립 운동을 전개하고 있는 민족은 캅카 스산맥 북사면에 사는 체첸인들이다. 이들은 1991년 일방적으로 분리 독립을 선언했고, 두 차례 전쟁을 치렀지만 독립으로 이어지지 못한다. 하지만 체첸인 은 '골리앗에 맞선 다윗'의 심정으로 다양한 테러 활동을 전개하면서 분리 독립 투쟁의 불씨를 이어 가고 있다. 분리 독립하려는 결정적인 이유는 '우리는 러시

캅카스 지역의 소수 민족 공화국과 체첸공화국

아인이 아닌 체첸인이다'라는 정체성 때문이다. 러시아에 저항하는 체첸인 요구가 언제, 어떤 형식으로 결판날지 지켜볼 뿐이다.

세계에서 가장 광활하고 거친 땅, 러시아

러시아의 정확한 국가 명칭은 러시아연방Russian Federation이다. 국토 면적은 대략 1,709만㎢로 미국과 중국의 2배, 한반도의 78배 크기이다. 블라디보스토크에서 출발해 모스크바로 향하는 시베리아 횡단 철도 길이가 대략 9,288㎞이고, 7일 정도 걸려야 모스크바에 도착하는 것을 보면, 러시아가 얼마나 광활한 영토를 가진 국가인지 가늠해 볼 수 있다.

러시아 지형은 기복이 큰 산지와 넓은 평야·평원이 교차해서 분포한다. 우랄산맥 서쪽은 폴란드~독일~프랑스로 연결되는 북유럽 평원 시작점에 해당하는 러시아 평원이 펼쳐진다. 동슬라브족 인큐베이터 역할을 한 곳이자, 오늘날의 러시아를 만든 중심 무대가 바로 이곳 러시아 평원이다. 러시아 평원 동쪽에는 우랄산맥이 있는데, 우랄은 러시아어로 '바위 띠'를 뜻한다. 우랄산맥은 북쪽 카라Kara해에서 남쪽 카자흐스탄Kazakhstan 초원 지대에 이르는 2,500㎞ 길이이고, 평균 해발은 900~1,200m이며, 유럽과 아시아를 나누는 자연적·문화적 경계 역할을 한다. 우랄산맥 동쪽에는 서시베리아 평원이 넓게 펼쳐지고 오비강과 예니세이강 사이 평원은 러시아에서 해발고도가 가장 낮은 저지대에 해당한다. 예니세이강 동쪽 중앙 시베리아고원과 야쿠츠크 분지에서는 영구 동토층이 나타나 농경 생활에 적합하지 않다. 베르호얀스크산맥 동쪽에는 고지대가 발달한다.

러시아 기후는 인간의 정주와 농경 생활에 적합하지 않다. 온화한 기후가 나타나는 흑해 연안을 제외하면, 국토 전체가 냉대 습윤 기후에 속하고, 기온 일교차가 큰 대륙성 기후가 나타나지만, 남부에는 스텝과 사막 기후도 분포한다. 상트페테르부르크Saint Petersburg에서 내륙 예카테린부르크Yekaterinburg를 연결하는 북위 55° 이상에서는 타이가(눈 덮인 삼림) 경관이 펼쳐지고 시베리아 북부 북극해 연안에는 영구 동토층이 넓게 발달한다.

우랄산맥에서 서쪽 프랑스까지 대략 1,600㎞ 길이에는 넓은 북유럽 평원이 펼쳐져 중간에 이동을 가로막는 자연적 장애물이 거의 없다. 이런 지리적 조건으로 인해 러시아는 주변국 침입에 자주 시달렸다. 1605년 폴란드 침공, 1708

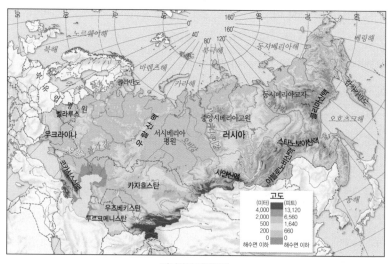

러시아의 자연환경

분쟁의 세계지도

년 스웨덴 카를 12세 침공, 1812년 프랑스 나폴레옹 침공, 1914년과 1941년 독일 침공 등이 그것이다. 흥미롭게도 러시아를 침공한 국가들은 폴란드 바르샤바Warszawa에서 벨라루스 민스크Minsk를 거쳐 모스크바까지 1,300㎞ 길이를 이동하는 과정에서 보급로를 확보하지 못해 어려움을 겪었다. 또한 바르샤바에서 모스크바까지 넓은 평원이 펼쳐지기 때문에 이 평원에서 긴 전선을 구축한다는 것은 여간 어려운 일이 아니었다. 이런 지리적 조건 때문에 모스크바가 적국 수중으로 들어간 경우는 많지 않았다.

러시아 하천은 볼가Volga강과 돈Don강을 제외하면 대부분 남부 산지에서 발원해 북극해로 흐르는데, '남고북저南高北低'의 지형 영향 때문이며 오비강·이르티시강·예니세이강·레나강 등은 북류한다. 큰 강 대부분이 북류하므로 동서를 연결하는 교통로 구실을 하지 못하지만, 카스피해로 유입하는 볼가강은 예외이다. 볼가강 하류와 아조프Azov해로 흐르는 돈강을 연결한 101㎞ '볼가·돈 운하'가 1952년 완공되어 물류 수송에 기여하고 있고, 러시아 남부 지역 경제권을 통합하는 역할을 하고 있다. 운하 연결 지점에 위치한 볼고그라드Volgograd 지명은 원래 '차리친'이었지만, 러시아 혁명 때 스탈린이 전공戰功을 세운 도시라는 상징성 때문에 '스탈린그라드'로 개명되었다. 하지만 구소련 공산당 서기장 흐루쇼프Nikita Khrushchyov가 취한 스탈린 격하 정책 일환으로 현재 지명으로 다시 바뀌었다. 영화 〈에너미 앳 더 게이트Enemy At The Gates, 2001〉 무대가 된 볼고그라드는 제2차 세계대전 중 독일과 소련 간 격전지로 유명하다.

러시아 국토 면적 75%는 아시아에 속하고 나머지 25%는 유럽에 속한다. 하지만 전체 인구 약 1억 445만 명2017 중 75% 정도는 우랄산맥 서쪽에 분포한다. 러시아는 유럽보다도 아시아로 분류되는 면적이 많고, '~탄' 나라를 비롯하여 중국 등 아시아 여러 국가와 국경을 접하면서도 러시아를 '유럽의 강대국'이라고 말하지, '아시아의 강대국'이라고는 말하지 않는다. 캅카스 인종, 동슬라브족, 기독교, 모스크바 등과 관련된 문화적 요소가 아시아와 다르기 때문이다.

러시아는 지하자원 보고이다. 천연가스 매장량은 세계 1위, 석탄은 2위, 석유는 8위이다. 이들 자원은 우랄산맥과 중앙시베리아고원 사이인 서시베리아 평원에 집중적으로 매장되어 있다. 특히 러시아는 유럽에서 사용하는 가스 원유 수요의 약 25%를 공급한다. 핀란드·에스토니아, 라트비아·리투아니아·슬로바키아 등은 자국 가스 수요의 100%를, 체코·불가리아·그리스 등은 가스 수요의 80% 정도를, 헝가리·오스트리아·터키 등은 가스 수요의 60%를 러시아에 의존한다. 러시아 경제가 EU와 비교할 수 없을 정도로 약체이면서도 러시아가 EU 국가를 상대로 큰소리를 치는 이유가 여기에 있다. 극동 시베리아의 석유와 천연가스는 파이프라인을 통해 우리나라와 일본으로 향후 수출될 가능성도 있지만 두고 볼 일이다.

러시아 영토 팽창과 다민족 국가의 등장

러시아 기원은 초기 동슬라브족 역사와 관련된다. 러시아인 조상은 지금의 벨라루스 핀스크Pińsk 일대에서 출현해 스웨덴에서 내려온 바이킹과 통혼通婚하면서 거주지를 넓힌다. 862년 바이킹 지도자 류리크가 지금의 상트페테르부르크 아래 노브고로드Novgorod에 정착해 루스Rus로 알려진 작은 류리크Ryurik 공국을 만들면서 러시아 역사가 시작된다. 러시아는 '루스Rus인의 땅'을 뜻한다. 882년 중심지를 드네프르강 중류로 이동시켜 '키예프 루스(일명 키예프 공국)'라는 동슬라브족 중심의 느슨한 정치 연합체를 만드는데, 당시 키예프 루스 영역은 드네프르강을 중심으로 모스크바까지였다. 동슬라브족 국가로 분류되는 러시아·우크라이나·벨라루스가 키예프 루스라는 역사를 공유하는 까닭이다.

키예프 루스는 10~11세기에 유럽에서 부강한 국가 중 하나로 성장한다. 당시에는 북쪽으로 발트Baltic해, 동쪽으로 카잔Kazan, 남쪽으로 키예프Kiev, 서쪽으로 카르파티아Carpathia산맥에 이르는 넓은 영토를 자랑했다. 키예프 루스는 비잔틴 제국과 교류하고, 988년 기독교(그리스 정교)를 받아들여 슬라브 문화와 비잔틴 문화가 융합된 독자적인 '러시아 문화'를 만들어 낸다. 그러나 13세기 중엽 류리크 왕조 내 분열과 몽골족 침입으로 정치 연합체는 막을 내리고 여러 개 작은 공국으로 나뉜다. 키예프 루스 붕괴 이후 '모스크바 루스'는 몽골에 조공을 바치면서 세력을 유지하는데, 이런 관계는 1480년까지 약 250여 년 동안 계속된다.

1480년 이반 3세는 몽골 타타르 지배에서 벗어나 모스크바를 '제3의 로마'로 만들겠다는 포부를 밝히며 국명을 러시아로 바꾼다. '모스크바 공국1480~1613' 시대가 열리면서, 키예프 루스는 러시아·우크라이나·벨라루스로 각각 분화된다. 특히 왕권을 강화한 군주이자 폭군으로 알려진 이반 4세재위 1547~1584는 강력한 군사력을 바탕으로 영토를 동쪽과 남쪽으로 확장해 '차르'라는 칭호를 사용하는 제국의 모습을 갖춘다. 1556년에는 볼가강 하구에 위치한 항구 아스트라한Astrakhan을 점령하여 카스피해와 캅카스로 나가는 길목을 확보한다. 포르투갈과 스페인이 신대륙을 개척할 즈음 러시아는 우랄산맥을 넘어 동쪽 시베리아로 영토를 확장시킨다. 동쪽 방향 영토 확장에는 우크라이나와 러시아 남부 스텝 평원에 거주하던 원주민이자 반유목민이었던 카자크Kazak, 영어 Cossack가 중요한 역할을 하며, 이들은 알래스카와 미국 캘리포니아 북부 해안까지 진출한다.

서쪽으로 영토 확장은 표트르 대제재위 1682~1725가 주도한다. 1703년 스웨덴과 싸워 발트해로 나가는 길목인 상트페테르부르크를 확보해 제2의 수도로 만들고, 1721년 에스토니아와 라트비아를 합병하며, 1795년 리투아니아도 편입시킨다. 그리고 동남쪽 오비강 상류에 위치한 톰스크Tomsk 지역까지 영토를 확장한다. 특히 러시아의 빅토리아 여왕이라고 일컬어지는 예카테리나 2세재위 1762~1796는 폴란드−리투아니아 연합 왕국을 굴복시켜 영토 대부분을 병합해 러시아 서쪽 경계를 유럽 중앙부 쪽으로 넓히며, 오스만 제국과 전쟁을 벌여 크림반도를 차지하고 흑해로 나가는 교두보를 확보한다. 또한 동쪽으로 베링해를 건너 1784년 알래스카에 카자크인 거주지를 만들지만 원주민 저항에 직면한 러시아는 1867년 720만 달러를 받고 알래스카를 미국에 양도한다.

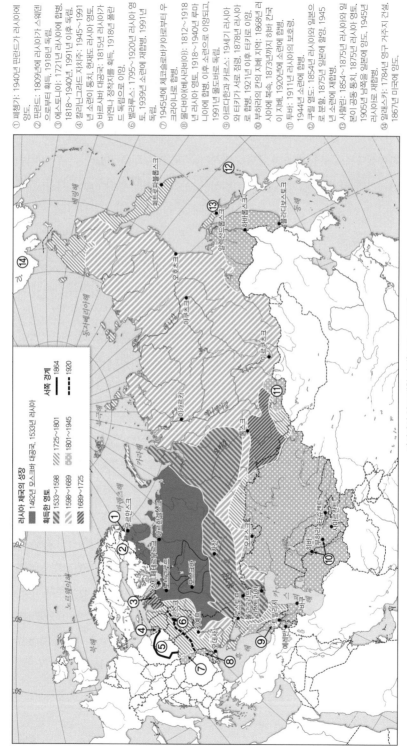

① 페쳉가: 1940년 핀란드가 러시아에게
양도.
② 핀란드: 1809년에 러시아가 스웨덴
으로부터 획득, 1918년 독립.
③ 에스토니아: 1721년 러시아에 합병.
1818~1940년, 1991년 이후 독립.
④ 칼리닌그라드 저지대: 1945~1991
년 소련의 통치. 현재도 러시아 영토.
⑤ 바르샤바 대공국: 1815년 러시아가
비엔나 정착지를 획득, 1918년 폴란
드 독립으로 이양.
⑥ 벨라루스: 1795~1920년 러시아 영
토. 1939년 소련에 재합병. 1991년
독립.
⑦ 1945년에 체코슬로바키아로부터 우
크라이나로 합병.
⑧ 몰다비아(베사라비아): 1812~1918
년 러시아 영토. 1918~1940년 루마
니아에 합병. 이후 소련으로 이양되
1991년 몰도바로 독립.
⑨ 이든대한과 카르스: 19세기 러시아
와 타키가 서로 쟁령. 1878년 러시아
로 합병. 1921년 이후 터키로 이양.
⑩ 부하라의 칸의 지배: 1868년 러
시아에 복속. 1873년까지 히바 건국
이 지배. 1920년에 소련에 합병.
⑪ 투바: 1911년 러시아의 보호령.
1944년 소련에 합병.
⑫ 쿠릴 열도: 1854년 러시아와 일본으
로 분할. 1875년 일본에 할양. 1945
년 소련에 재합병.
⑬ 사할린: 1854~1875년 러시아와 일
본이 공동 통치. 1875년 러시아 영토.
1905년 남쪽을 일본에 양도. 1945년
러시아로 재합병.
⑭ 알래스카: 1784년 영구 거주지 건설.
1867년 미국에 양도.

러시아의 영토 팽창 과정(1492~1920년)

출처: H. J. Blij et al. 기드도 외 옮김. 2016, 『세계지리』, p.92

19세기에도 러시아 영토 팽창은 계속된다. 알렉산드르 1세재위 1801~1825는 1801년 스웨덴으로부터 핀란드를, 1812년 오스만 제국으로부터 베사라비아Bessarabia(몰도바 동부 지역)를 가져온다. 또한 러시아는 당시 중국(청)이 태평천국의 난과 애로호 사건으로 국내 상황이 혼란스러울 때 아이훈愛琿 조약1858을 맺어 아무르강 이북 지역을 차지하고, 1860년에는 우수리강 동쪽 지역인 연해주와 사할린섬도 차지한다. 그리고 극동 함대 모항인 블라디보스토크를 건설해 태평양 정복의 야심을 드러내며, 1892년 착공한 시베리아 철도 전 구간이 1916년 완성되면서 극동 지역에 대한 영향력을 키운다.

한편 러시아 제국은 남쪽으로 캅카스산맥 아래 그루지야(지금의 조지아)를 1801년에 병합하고, 1828년에는 아제르바이잔과 동아르메니아를 페르시아(이란 카자르 왕조)로부터 넘겨받는다. 당시 아르메니아는 동서로 나뉘어 서아르메니아는 오스만 제국이, 동아르메니아는 이란이 지배하고 있었다. 그리고 러시아는 그루지야 수도 트빌리시Tbilisi에 캅카스 총독부를 설치해 '캅카스의 유대인'이란 별칭을 가진 아르메니아인을 앞세워 캅카스 지역에 분포하는 소수 민족들을 분할 통치한다. 남쪽과 동쪽으로 확장되던 영토 전쟁은 1905년 러일전쟁 패배와 1917년 시작된 러시아 혁명으로 막을 내린다. 하지만 제2차 세계대전 승전국이 된 러시아는 몇 곳을 전리품으로 차지해 지금까지 지배하고 있다. 독일 철학자 임마누엘 칸트가 태어났고 현재도 묻혀 있는 발트해에 면한 칼리닌그라드Kaliningrad도 그런 땅에 속한다.

14세기부터 본격적으로 시작된 러시아 영토 확장은 러시아를 인종·언어·종교·민족의 모자이크로 만들었다. 러시아 서쪽 국경으로부터 중앙 시베리아 예니세이강 사이는 러시아어라는 언어적 정체성을 가진 주민이 거주하며, 전체 인구의 80%가 러시아어를 사용하고 러시아 정교를 믿는다. 타타르인도 약 4% 정도를 차지한다. 반면에 중앙 시베리아 북쪽은 피노·우그리아어, 예니세이강 동쪽은 알타이어 계통 언어가 많이 사용된다. 또한 서·남쪽 국경과 인접한 지역에서는 벨라루스어와 우크라이나어를 비롯해 다양한 소수 민족 언어가 통용된다. 러시아·벨라루스·우크라이나 등지에는 예로부터 유대인이 많이 거주했고, 러시아 대도시에는 지금도 유대인이 거주하고 있다.

러시아인 대부분은 기독교(러시아 정교)를 믿는다. 하지만 캅카스산맥 인근과 '~탄' 나라와 인접한 지역에서는 러시아 정교보다 이슬람교를 믿는 사람들이 많다. 최근 발표된 통계에 따르면 모스크바 인구 약 20%가 이슬람이라고 한다. 변경 지역에 거주하는 소수 민족은 러시아인이 아니라는 이유로 분리 독립을 요구하고 있다. 캅카스산맥 북사면에 거주하는 체첸인이 대표적이다.

구소련 해체 이후에도 계속되는 러시아 제국의 유산

구소련은 러시아 제국의 유산 중 하나이다. 러시아 혁명 후 과거 제국 시절에 지배했던 영토에서 공화국이 건국되고, 이후 사회주의공화국들이 연합해 구소련을 만들었기 때문이다. 제1차 세계대전이 한창이던 1917년 3월 발생한 '러시아 혁명(러시아 정교회가 사용한 율리우스력에는 2월이기 때문에 2월 혁명이라고도 함)'으로 니콜라이 2세 황제가 폐위되고 로마노프 왕조가 세운 러시아 제국이 무너진다. 소비에트 정권이 수립된 '10월 혁명' 이후 러시아에서는 황제를 지지하는 백군白軍과 혁명을 지지하는 적군赤軍 사이에 내전이 일어난다. 전쟁은 1922년 적군 승리로 끝나며, 그해 12월 비로소 구소련이 탄생한다.

구소련의 정확한 명칭은 '소비에트 사회주의공화국 연방Union of Soviet Socialist Republics, USSR'이고, 이를 줄여서 '소비에트연방' 또는 '소련'이라고 불렀다. 1922년 12월 30일 탄생한 구소련은 '러시아 소비에트 연방 사회주의공화국(러시아)', '트랜스코카서스(그루지야·아르메니아·아제르바이잔) 소비에트 연방 사회주의공화국', '우크라이나 소비에트 사회주의공화국', '벨라루스 소비에트 사회주의공화국' 등이 회원국이었다. 이후 발트 3국(에스토니아·라트비아·리투아니아)·몰도바·카자흐스탄·우즈베키스탄·투르크메니스탄·키르기스스탄·타지키스탄 등이 포함되어 연방은 15개국으로 확대된다. 하지만 1991년 9월 발트 3국이 구소련에서 탈퇴해 독립하고, 키예프 루스를 만들었던 우크라이나마저 연방에서 탈퇴하면서 1991년 12월 구소련은 공식 해체되고 러시아 영토는 예카테리나 2세가 넓히기 전의 영토로 되돌아가 버린다.

구소련 해체 후에도 러시아는 제국의 영토적 유산을 여전히 소유하고 있다. 구소련 해체 후에 결성된 독립국가연합Commonwealth of Independent States, CIS에 러시아가 경제적 지원을 하면서 단일 경제권을 구축하고 있으며 상대적으로 값싼 가스와 석유를 회원국에 공급하면서 영향력을 계속 유지하고 있다. 또한 러시아의 막강한 군사력도 이들 회원국에 보호막 역할을 하고 있다. 폴란드와 리투아니아 사이에 있는 칼리닌그라드 해군 기지, 카자흐스탄에 위치한 미사일 시험 기지와 공군 기지, 키르기스스탄에 설치된 공군 기지 등이 그것이다.

러시아 제국의 또 다른 유산은 친러시아 성향을 보이는 일부 주민들이 러시아로 복귀하려는 움직임이다. 러시아와 국경을 맞대고 있는 카자흐스탄과 조지아에서는 친러시아 세력이 러시아로 편입을 요구하고 있다. 발트해에 있는 에스토니아와 라트비아에는 러시아 제국 이주 정책으로 러시아인이 많이 거주한다. 에스토니아에서는 러시아계와 우크라이나계 주민이 전체의 28% 정도를, 라트비아에서는 러시아계·벨라루스계·우크라이나계가 전체의 34% 정도를 차지하며, 이들이 친러시아 성향을 보이면서 원주민과 갈등을 빚고 있다. 실례로 에스토니아에서 러시아어를 사용하는 주민들은 공직 진출에 불이익을 받고 있다. 발트 3국은 현재 EU와 NATO에 가입한 상태이지만 러시아 영향력이 여전히 만만치 않다.

트란스니스트리아Transnistria는 1991년 구소련이 붕괴하면서 몰도바로부터 분리 독립한 미승인 국가이다. 영토는 4,163㎢로 충청남도 1/2 크기이고, 드네스트르강 동쪽과 서쪽에 해당하는 벤데르Bender(루마니아어로 티기나Tighina로 불림)로 구성되며, 러시아로 통합을 원하는 러시아계 주민과 몰도바의 자치 지역으로 관리하려는 몰도바 정부 사이에 갈등이 일어나고 있는 곳이다. 트란스니스트리아는 러시아어와 우크라이나어를 사용하는 주민이 전체 인구의

50% 이상을 차지하는데, 이는 스탈린이 실시한 이주 정책 때문이다. 드네스트르강 동쪽은 1812년 러시아 제국이 오스만 제국으로부터 넘겨받은 땅으로, 러시아 혁명 때 루마니아 영토로 편입되었지만 1947년 다시 러시아 땅이 되었고, 이후 몰도바 소비에트 사회주의 공화국 땅이 되었다.

한편 러시아 제국 때 편입한 남부 국경 지역에서 이슬람 세력이 영향력을 키우면서 러시아를 바짝 긴장시키고 있다. 1731년 카자흐스탄을 보호령으로 만들고, 1860년대 중반 우즈베키스탄을 병합하면서 러시아는 19세기 초부터 중앙아시아 초원지대를 완벽하게 지배한다. 그리고 20세기에 초원과 고원 지대에 거주하는 원주민의 민족적 경계를 무시하고 개별 공화국을 만들어 구소련으로 편입시킨다. 그런데 구소련 해체 이후, 과거 페르시아 문화권에 속했던 남부 국경 지역과 초원 지대에서 이슬람이 확산되기 시작한다. 그리고 이 지역에서 이슬람 원리주의 단체가 활동하면서 기독교 국가 동로마 제국의 후계국을 자처하는 러시아를 곤혹스럽게 만들고 있다. 러시아 제국 영토 확장이 '러시아 정교의 나라'라는 러시아 정체성을 오히려 훼손시키고 있는 것이다.

영토가 넓은 다민족 국가답게 러시아연방 행정 구역은 복잡하다. 현재 행정 구역은 2개 연방시gorod, 21개 공화국republic, 46개 주oblast, 9개 지방(구)kray, 4개 자치구okrug, 1개 자치주autonomous ablast 등 모두 83개 연방 주체로 구성되어 있다. 2개 연방시는 모스크바와 상트페테르부르크를 말한다. 21개 공화국에는 체첸공화국, 카렐리아공화국, 타타르스탄공화국 등이 포함되며, 특히 캅카스산맥 주변과 볼가강 유역에 소수 민족이 거주하는 공화국이 많이 분포한다. 1개 자치주는 유대인 거주 지역이다. 2000년 연방 주체들에 대한 연방정부 영향력을 강화하기 위해 중앙·북서·남부·볼가·우랄·시베리아·극동·북캅카스 등 8개 연방관구로 구분하고, 그때부터 이들 지구에 연방 대통령 전권 대표가 파견되고 있다.

민족과 언어의 백화점, 캅카스 지역

캅카스Kavkaz 지역(영어로는 코카서스Caucasus 지역이라고 함)은 유럽과 아시아 경계를 이루는 캅카스산맥 주변 지역을 일컫는다. 캅카스산맥은 해발 5,000m가 넘는 험준한 고봉들이 발달해 고대부터 문명 교류와 확산을 가로막는 자연적 장애물이었다. 산맥을 중심으로 북부 지방은 북캅카스(시스코카서스Ciscaucasus), 남부 지방은 남캅카스(트랜스코카서스Transcaucasus)라고 한다. 캅카스 북부에는 넓은 스텝 평원이 발달하여 일찍부터 농업이 행해졌다. 캅카스 지역에는 여러 소수 민족이 거주하고 있고, 다게스탄Dagestan·체첸Chechen·인구시Ingush·북오세티야North Ossetia-Alania·카바르디노발카르Kabardino-Balkar·카라차예보체르케스카야Karachay-Cherkessia·칼미크 등의 자치공화국이 위치한다.

캅카스 지역은 민족 구성이 매우 복잡하여 많게는 수백만 명에서 적게는 200여 명으로 이루어진 50여 민족이 섞여 살고 있다. 캅카스 지역에서 가장 오래된 민족은 기원전 1000년경 아나톨리아고원에서 이주해 온 인도·유럽 어족에 해당하는 아르메니아인이며, 그 후 이란계 오세티야인이 훈족 침입을 피해 캅카스로 이주해 온다. 러시아인과 우크라이나인이 전체 인구의 30% 정도를 차지하지만, 터키계 민족에 속하는 남동부 아제르바이잔인, 북의 킵차크인 등이 있다. 소수 민족으로는 쿠르드족, 그리스인 등이 있으며, 이들은 캅카스 전역에 산재해 있다. 캅카스 지역 언어는 크게 캅카스 어족(원래 캅카스 원주민 언어), 인도·유럽 어족, 셈·함 어족, 우랄·알타이 어족 등으로 다양하며, 지역별로 30~40개 다양한 방언들이 통용되고 있다. 종교는 이슬람교, 그리스 정교, 개신교, 유대교 등 다양하며, 터키계는 이슬람, 조지아인은 조지아 정교, 아르메니아인은 아르메니아 정교를 믿고 있다.

지리적으로 다양한 특징을 가진 캅카스 지역은 민족과 언어 구성이 복잡하여 과거 아랍 지리학자들은 이 지역을 '민족과 언어의 산'이라고 표현했다. 이와 같이 복잡한 민족적·문화적 배경은 구소련 해체 이후 민족 분규를 일으키는 주요

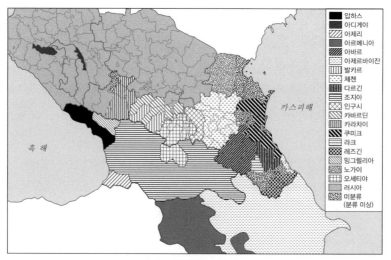

캅카스 지역의 소수 민족 분포

원인이 되었고, 오랜 민족 간 갈등과 반목·대립으로 인하여 '러시아의 문제아'로 지목받고 있는 곳이 캅카스 지역이다. 이는 영토 팽창에 심혈을 기울였던 17세기 러시아 제국의 유산인 셈이다.

러시아 제국의 정복에 맞섰던 캅카스 전사, 체첸인

흑해와 카스피해 사이에 있는 캅카스산맥 주변에는 소수 민족의 자치공화국이 자리 잡고 있다. 북서에서 남동 방향으로 아디게야Adygea, 카라차예보체르케스카야, 카바르디노발카르, 북오세티야, 인구시, 체첸, 다게스탄 등 7개 자치공화국이 분포한다. 이들 자치공화국 중 체첸인은 1991년 이후 러시아를 상대로 분리 독립을 요구하면서 무장 투쟁과 테러 활동을 하고 있다. 하지만 러시아 제국에 대한 체첸인 저항은 18세기 말 예카테리나 2세 때부터 시작되어 지금까지도 진행 중인 매우 오래된 역사적 과정을 갖고 있다.

체첸공화국Chechen Republic, 영어 Chechenya 면적은 약 1만 9,300㎢로 우리나라 경상북도와 비슷한 크기이다. 인구는 약 140만 명2017이고, 주민 구성은 체첸인이 95%이며, 러시아인과 인구시인도 소수 거주한다. 구소련 해체 전까지 체첸공화국은 러시아계 주민이 전체 인구의 23%를 차지하지만, 두 차례 내전으로 많이 죽거나 이주해 지금은 1% 정도에 불과하다. 체첸인은 6,000여 년 전부터 캅카스 북부 스텝 평원에서 유목 생활을 하면서 거주했다. 대부분 체첸어를 사용하고 16세기경 이슬람교가 전파되어 주민 대부분은 수니파 이슬람을 믿는다. 체첸은 문화적으로 페르시아와 오스만 제국의 영향을 많이 받았지만, 캅카스 전쟁 이전까지 러시아, 오스만 제국, 페르시아 어디에도 속하지 않은 '독립 지역'이었다.

18세기 후반부터 러시아 제국이 캅카스 지역으로 진출하면서 이슬람을 믿는 소수 산악 민족들이 러시아 제국에 대항하면서 캅카스 전쟁1817~1864을 치른다. 고원 산악 지역에 거주하면서 양과 염소를 맹수로부터 보호하기 위해 일찍부터 무장을 한 호전적인 기질을 가진 체첸인들이 러시아 제국을 상대로 가장 적극적으로 저항한다. 당시 체첸인들은 종교·군사 지도자였던 이맘 샤밀Imam Shamil의 지휘 아래 테레크강을 방어선으로 삼고 러시아를 상대로 성전(지하드)을 펼치지만 역부족이었다. 캅카스 전쟁 이후 러시아는 체첸 수도 그로즈니Grozny에 대규모 요새를 건설하고 체첸에 대한 지배를 강화하며, 1859년 러시아 제국에 편입시킨다. 러시아 대문호 레프 톨스토이는 청년 시절 당시 캅카스 전쟁에 육군 장교로 참전하는데 체첸인을 '죽음도 두려워하지 않는 불굴의 전사'로 묘사한다. 톨스토이의 마지막 장편소설 『하지 무라트』는 캅카스 전쟁 당시 체첸 일대에서 용맹을 떨친 이맘 샤밀의 전사, '하지 무라트' 활약을 그린 것이다.

러시아 혁명 와중인 1917년 체첸·인구시·다게스탄은 독립을 선언하고 '북캅카스 산악공화국United Mountain Dwellers of the North Caucasus'을 출범시키지만, 1921년 러시아에 다시 편입된

체첸인 종교 지도자 이맘 샤밀
출처: Andrey Denyer

다. 스탈린에 의해 1934년 체첸과 인구시 자치주가 합병되고, 1936년 체첸·인구시자치공화국Chechen-Ingush Autonomous Soviet Socialist Repulblic이 만들어진다. 1944년 스탈린은 체첸인이 제2차 세계대전 당시 독일군에 협조했다는 이유로 47만여 명을 중앙아시아와 시베리아로 강제 이주시키고 공화국을 해체시켜 버린다. 하지만 1957년 구소련 서기장 니키타 흐루쇼프가 체첸인 복권을 추진해 체첸인들은 지금의 체첸으로 돌아와 자치공화국을 재구성하지만 당시 살아 돌아온 사람은 30% 정도에 불과했다고 한다. 1991년 이후 체첸자치공화국과 인구시자치공화국으로 분리된다.

제1차·제2차 체첸 전쟁, 계속된 반군 활동

1991년 구소련 해체는 체첸인에게 독립 국가 건설을 꿈꾸게 하였다. 1991년 10월 실시된 체첸-인구시공화국 대통령 선거에서 공군 소령 출신 체첸족 조하르 두다예프Dzhokhar Dudayev, 재위 1991~1996가 당선된다. 두다예프는 그해 11월 1일 일방적으로 분리 독립을 선언하지만 러시아는 이를 인정하지 않는다. 두다예프 대통령은 캅카스 전쟁 때 이맘 샤밀이 했던 방식을 원용해 '캅카스 산악 민족 연합'을 만들어 반러시아·반그루지야 노선을 펼친다. 1993년부터 북부 나드테레츠니에서 반反두다예프 세력이 등장해 내전이 발생하자 1994년 12월 러시아는 2만 4,000여 명 병력을 동원해 체첸을 침공한다. 러시아와 체첸 간 제1차 전쟁이다. 당시 체첸 반군 규모는 대략 3만 명 정도였다고 한다.

1995년 3월 러시아군이 수도 그로즈니를 장악하자 체첸 반군은 산악 지역으로 거점을 옮겨 게릴라전을 전개한다. 당시 보리스 옐친Boris Yel'tsin 대통령은 대대적인 소탕 작전을 벌였으나 체첸 반군은 끈질기게 항전하여 러시아군에 막대한 손실을 입힌다. 그러나 1996년 4월 두다예프 대통령이 사망하면서 제1차 전쟁은 1996년 8월 종료된다. 제1차 체첸 전쟁으로 사망한 사람들은 러시아가 8,000~1만 명, 체첸 반군이 1만 5,000여 명으로 추정된다. 옐친 대통령은 1996년 8월 '체첸의 지위결정 문제'를 2000년 8월까지 일시적으로 중단한다는 '하사

분쟁의 세계지도

뷰르트 평화 협정'을 체결하고, 이 협정으로 러시아 군대는 철수하며, 체첸은 자치공화국이 된다.

하사뷰르트 협정으로 체첸공화국은 러시아와 화해를 추진하는 온건파 수중으로 들어간다. 그러나 샤밀 바사예프Shamil Basayev를 비롯한 강경파는 인접한 다게스탄으로 이동해 이슬람 원리주의자들과 함께 무장 투쟁을 펼친다. 1997년 1월 분리 독립을 주장하는 아슬란 마스하도프Aslan Maskhadov, 재위 1997~2005가 대통령으로 선출되는데, 그는 스탈린 강제 이주 정책에 의해 카자흐스탄에서 출생해 6살 때 체첸으로 돌아왔고, 이후 1996년까지 체첸 반군을 지휘한 군인 출신이다. 마스하도프도 두다예프처럼 1997년 11월 '체첸이슬람공화국'을 선포하고 러시아를 상대로 무장 테러 활동을 전개한다.

1999년부터 모스크바를 비롯한 여러 도시에서 체첸 반군들 폭탄 테러와 공격이 거듭되자, 그해 10월 1일 러시아군이 체첸을 공격한다. 제2차 체첸 전쟁이 발발한 것이다. 마스하도프는 성전을 촉구하지만 2000년 2월 그로즈니가 점령되고, 2001년 러시아 승리로 제2차 체첸 전쟁도 끝난다. 2002년 6월에 체첸 반군의 총수인 샤밀 바사예프가 러시아군에 사살되면서 체첸 사태는 더욱 악화된다. 체첸 반군은 2002년부터 대규모 폭탄 테러 활동을 감행한다.

2003년 10월 실시된 대통령 선거에서 아흐마트 카디로프Akhmad Kadyrov가 대통령에 당선된다. 카디로프는 친러시아 외교 정책을 취하면서 체첸 반군들의 격렬한 반대에 직면한다. 2004년 5월 9일 그로즈니에서 개최된 제2차 세계대전 승전 행사장에서 폭발 사고가 일어나 카디로프를 비롯한 30여 명의 사망자가 발생한다. 그해 8월 실시한 대통령 선거에서 러시아의 전폭적인 지지를 받은 체첸 내무장관 출신 알루 알하노프Alu Alkhanov가 당선되지만 체첸 반군들은 이를 인정하지 않는다. 이에 2004년 9월 1일 체첸 반군은 북오세티야공화국 베슬란에 있는 초등학교를 점거하는데, 러시아가 이를 진압하는 과정에 340여 명이 사망하고 1,000여 명이 다치는 대형 사고가 일어난다.

체첸 반군 활동은 지금도 여전히 진행형이다. 체첸 내에서 러시아를 상대로 하는 결사 항전을 놓고 강경파와 온건파 간 시각 차이, 러시아의 공세적인 압박과 탄압, 이슬람 원리주의자와 결합한 지하드 투쟁 등 내외적 요인이 복잡하게 얽혀 있어서 체첸 반군 활동을 예측하는 것은 쉽지 않다. 하지만 중요한 사실은 체첸인의 분리 독립 요구는 쉽게 사그라질 것 같지 않다는 점이다. 체첸은 체첸인의 땅이지 러시아인의 땅이 아니라는 인식 때문이다.

러시아인이 아니라는 체첸인의 절규와 러시아 고민

체첸이 러시아를 상대로 결사 항전을 통한 분리 독립을 요구하는 데는 몇 가지 이유가 있다. 첫째, 체첸인이 사는 땅은 원래 러시아 땅이 아니라는 점이다. 그러므로 러시아 제국의 영토로 합병하기 전의 체첸인 땅으로 돌려놓으라고 러시아에 요구하고 있다. 둘째, 역사·문화적으로 러시아와 다르다는 사실을 강조한다. 체첸인은 고유한 언어와 이슬람이라는 종교적 공동체를 가진 민족으로 러시아인과 역사와 문화가 다르기 때문에 독립하는 것이 옳다는 논리이다. 셋째, 분리 독립해도 경제적으로 자립이 가능하다는 점이다. 그로즈니는 1893년부터 석유를 생산하는 유전지대이고, 아제르바이잔 바쿠Baku 유전과 흑해에

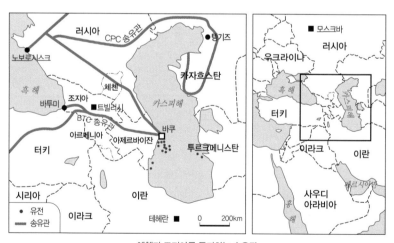

체첸과 조지아를 통과하는 송유관

면한 러시아 항구도시 노보로시스크Novorossiysk를 연결하는 원유 파이프라인이 체첸을 통과하기 때문에 통과료 수입도 올릴 수 있다. 넷째, 이란과 파키스탄 등지에서 활동하는 이슬람 원리주의 세력의 배후 지원도 한몫하고 있다.

반대로 러시아는 체첸의 분리 독립을 절대로 용인할 수 없다는 입장이다. 여기에도 몇 가지 이유가 있다. 첫째는 소수 민족 통제 어려움 때문이다. 체첸의 분리 독립을 승인할 경우, 흑해와 카스피해에 분포하는 소수 민족은 물론이고 연방에 속해 있는 많은 소수 민족들이 분리 독립을 요구할 것이 분명하다. 실제로 체첸과 인접한 다게스탄이나 북오세티야 지역에서도 독립 요구가 나타나고 있다. 둘째, 중앙아시아와 인접한 국경 지역과 러시아 내로 이슬람이 확산되는 것을 막아야 하는 종교적 이유이다. 비잔틴 제국의 기독교 문화를 모스크바에서 재현하려는 러시아 정교 입장에서 '체첸이슬람공화국' 출현은 필히 막아야 하며, 최근 영향력을 높이고 있는 이슬람 원리주의가 러시아 내로 확산되는 것을 차단하려면 이슬람공화국 등장을 원천적으로 봉쇄해야 한다. 셋째, 체첸이 독립하는 경제적 이유가 러시아 입장에서는 거꾸로 독립을 시켜 줄 수 없는 이유이다. 체첸이 독립하면 중요한 석유 매장 지역을 잃는 것은 물론이고 거액의 송유관 통과료를 지불해야 한다. 넷째, 카스피해에서 석유와 천연가스를 개발하는 서방 다국적 오일 기업들이 캅카스 지역의 정치적 불안정을 원치 않기 때문이다.

러시아 정교가 지배하는 땅에 사는 모슬렘 체첸인, 석유 매장 지역이라는 자연적 조건, 석유 파이프라인이 통과하는 지리적 위치 등이 체첸 분리 독립을 부추기고, 반대로 러시아는 이를 무력으로 저지하면서 체첸과 러시아 간 갈등과 분쟁이 반복되고 있다. 여기에 산악인이라는 강인한 기질, 러시아에 대한 역사적 반감, 이슬람 원리주의 세력 지원 등을 고려하면, 체첸 분리주의자들이 벌이는 러시아에 대한 저항은 앞으로 지속될 가능성이 매우 높다. 분리 독립을 향한 체첸인 염원은 지금도 계속되고 있다.

조지아

친러시아 성향 소수 민족이 벌이는 분리주의

'트랜스코카서스Transcaucasus'라고도 불리는 남캅카스에는 조지아Georgia·
아르메니아·아제르바이잔 등이 위치하고, 산악 지역에는 많은 소수 민족이 분
포한다. 트랜스코카서스는 기독교와 이슬람교가 교차하고 아르메니아와 오스
만 제국이 충돌했으며, 러시아 제국·오스만 제국·페르시아 간에 자주 전쟁이
일어났던 곳이다. 캅카스 북쪽으로 진출하려는 오스만 제국과 캅카스 남쪽으로
내려오려는 러시아 제국의 이해가 충돌하는 곳이 바로 조지아였다.

조지아는 원래 러시아 제국 땅이 아니었다. 15세기 오스만 제국이 부상하면
서 조지아는 오스만 제국과 페르시아의 땅으로 쪼개진다. 19세기 초 조지아 왕
국은 부동항을 찾아 남하하던 러시아 제국에 자치권을 보장받는다는 조건으로
자국 영토를 자진 헌납한다. 1920년대 초반 소수 민족들의 자치공화국이 모여
작은 '연방 국가 조지아'가 만들어지면서 조지아인과 연방 내 소수 민족 간 갈등
이 잉태되기 시작한다.

1991년 구소련이 해체되고 조지아가 독립하면서 조지아 내 소수 민족이 벌이
는 민족주의 운동이 다시 등장한다. 이후 자치공화국이었던 압하지야Abkhazi-
ya와 남오세티야South Ossetia가 친러시아 성향을 보이면서 조지아를 상대로
분리 독립을 요구한다. 이들 소수 민족의 독립 요구는 조지아가 탈러시아 및 친
서방 정책을 취하면서 더 증폭되고, 결국 러시아가 이들 독립 요구에 개입하면

서 조지아와 러시아 간 갈등으로 이어진다. 조지아는 러시아와 갈등으로 러시아식 국가 명칭인 '그루지야Gruzia'를 포기하고 2008년부터 영어식 국가 명칭인 '조지아Georgia'를 사용하고 있다. 골이 깊은 러시아와 조지아 간 갈등을 쉽게 유추할 수 있는 상징적인 사건이다.

복잡한 지정학적 위치에 있는 조지아

칸카스산맥 남쪽 흑해 연안에 있는 조지아는 작은 국가이고, 수도는 트빌리시Tbilisi이다. 면적은 6만 7,900㎢로 우리나라 면적 62% 크기이다. 국토 40%가 삼림이고, 10%는 고산지대이다. 북부는 해발 4,000m가 넘는 칸카스산맥 고원이며, 중부는 저지대 회랑, 남부는 산악과 고원 등으로 이루어져 있다. 흑해 연안 바투미Batumi에서 트빌리시를 지나 아제르바이잔 수도 바쿠Baku까지 이어지는 동서 방향으로 저지대 회랑이 발달하여 동서 접근은 불편하지 않다. 분리

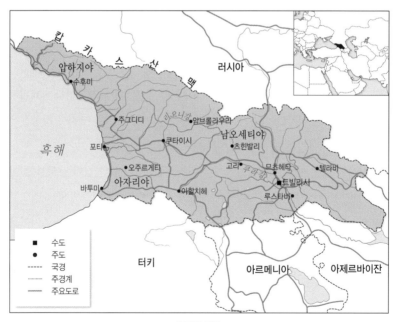

조지아 지도

독립 요구가 거센 서북부 압하지야, 중북부 남오세티야, 남서부 아자리야Adja-
ria 등은 모두 산악 지역에 위치한다.

　조지아는 크게 서부와 동부 지방으로 나뉜다. 국토 중앙에 해발 3,000m 봉우
리가 연결되는 리키Likhi산맥이 남북 방향으로 뻗어 있어 우리나라 태백산맥처
럼 서부와 동부 지역을 나누는 경계 역할을 한다. 서부 지방은 흑해에 면해 기후
가 온화하고 토양도 비옥해 포도와 오렌지 등 지중해성 농업이 행해진다. 조지
아산 포도주는 구소련 시절 인기가 많았고, 지금도 포도는 국가의 주요 관광상
품으로 각광을 받고 있다. 동부 내륙 지방은 건조하며 대륙성 기후를 보이고 토
양도 비옥하지 않다. 예로부터 서부 지방은 콜키스Colchis로 불렸고, 리오니강
이 흐르는 쿠타이시Kutaisi 일대는 과거 콜키스 왕국 중심지였다. 동부 지방은
이베리아Iberia로 불렸으며 쿠라Kura강과 인접한 트빌리시는 과거 이베리아 왕
국의 중심지였다.

　조지아 인구는 약 372만 명2017이며, 주민 구성2014은 조지아인 86.8%, 아제
르바이잔인 6.3%, 아르메니아인 4.5%, 러시아인 0.7% 등이다. 서북부에서 분
리 독립을 요구하는 압하지야인은 전체 인구의 0.3%, 중북부에서 분리 독립을
요구하는 오세티야인은 전체 인구의 0.4% 정도에 불과하다. 공용어인 조지아
어를 사용하는 주민이 71%이고, 러시아어 사용 주민은 9% 정도이다. 4세기경
기독교를 받아들여 전체 주민 84%가 조지아 정교를 믿는다. 조지아 사람들은
조지아를 '조지아인의 땅'을 뜻하는 '사카르트벨로Sakartvelo'라고 부른다.

　조지아 내에는 서북부에 '압하지야자치공화국'과 터키와 인접한 남서부에 '아
자리야자치공화국'이 있다. 아자리야에는 조지아인이 전체 인구의 80% 정도를
차지하지만, 이들 종교는 이슬람이다. 반면에 오세티야인은 러시아와 조지아로
남북이 반분되어 있는데, 남북오세티야인은 기독교를 주로 믿는다. 분리 독립
을 요구하는 압하지야와 오세티야 주민들은 대부분 친러시아 성향을 띤다.

　지정학적 위치로 인해 조지아는 주변 강대국 침입을 자주 받았다. 흑해와 카
스피해를 동서로 연결하는 교통로에 조지아가 위치해 있기 때문이다. 고대 그

리스와 로마 사람들이 흑해에서 카스피해로 들어갔던 방법은 두 가지가 있다. 흑해 연안 포티 또는 바투미에서 트빌리시를 거쳐 바쿠로 넘어가는 방법과 지중해 쪽 시리아에서 이라크를 거쳐 이란 자그로스산맥을 넘어 카스피해에 접근하는 방법이다. 전자가 후자보다 훨씬 수월한 노선이다. 또한 흑해 쪽에서 육로를 이용해 이라크 바그다드로 가려면 흑해에 면한 포티 또는 바투미에서 트빌리시~타브리즈(이란)~바그다드로 이어지는 일명 '메소포타미아로'를 이용하면 되는데, 고대 수메르와 페르시아 문화가 캅카스 북쪽으로 확산될 때 이 통로가 이용되었다. 이처럼 조지아는 동서·남북을 이어 주는 교통로상에 위치한다. 이 때문에 트랜스코카서스에서 흑해와 카스피해를 동서로 연결하는 저지대 회랑에 둥지를 튼 역대 조지아 왕국들은 강대국들 침입을 자주 받았다.

강대국들이 사분오열四分五裂시킨 조지아

조지아를 포함한 트랜스코카서스 역사는 백인(코카소이드)의 역사와 궤를 같이한다. 기원전 12세기에 원原조지아인이 부족을 이루며 살았고, 기원전 8세기경 서부 지방에 콜키스 왕국이, 동부 지방에 이베리아 왕국이 출현한다. 기원전 5세기경 페르시아 세력권에 편입되고, 기원전 2세기경에는 로마와 페르시아의 각축장이 된다. 이후 로마와 비잔틴 제국의 지배를 받고, 6세기 중반 조지아는 비잔틴 영역과 페르시아 영역으로 나뉘면서 서부와 동부가 분할된다.

9세기 조지아 왕국Kingdom of Georgia이 등장하고 타마르 여왕재위 1184~1213은 셀주크 세력과 싸워 트빌리시를 탈환하여 지금의 아르메니아와 아제르바이잔까지 영토를 확대한다. 1220년대 몽골 침입으로 조지아 왕국은 역사 무대에서 사라지고 이후 작은 공국들로 쪼개진다. 1555년 오스만 제국과 페르시아(사파비 왕조)는 아마사 조약을 맺고 서조지아는 오스만 제국이, 동조지아는 페르시아가 차지한다. 15세기 이후 조지아는 '이슬람의 바다에 고립된 섬' 같은 존재였다. 트랜스코카서스에서 기독교를 믿는 이들은 조지아인과 아르메니아인뿐이었기 때문이다.

서조지아를 차지한 오스만 제국과 동조지아를 차지한 페르시아는 더 많은 영토를 차지하기 위해 끊임없이 충돌한다. 18세기 중반 조지아는 오스만 제국과 페르시아의 보호를 받는 소왕국들, 동조지아 내 이슬람 칸국, 북부 산악 지대의 소수 부족 등이 복잡하게 동거하는 상황이 된다. 동조지아에 위치한 카르틀리 Kartli 공국과 카케티Kakheti 공국은 1762년 연합(통합) 왕국을 만들지만, 얼마 지나지 않아 동조지아를 놓고 러시아와 오스만 제국 간 전쟁1768~1774이 일어난다. 페르시아의 오랜 탄압에 시달린 연합 왕국 귀족들과 주민들은 기독교 국가인 러시아에 호의적 반응을 보인다. 카르틀리-카케티 왕은 왕국 자치권을 보장받는다는 조건으로 러시아에 왕국을 바치는 이른바 '왕국 헌납'을 결정한다. 그 결과 1801년 동조지아는 러시아 제국으로 병합된다. 서조지아의 이메레티 왕국도 1804년 러시아 보호령이 되면서 오스만 제국이 지배하던 흑해에 면한

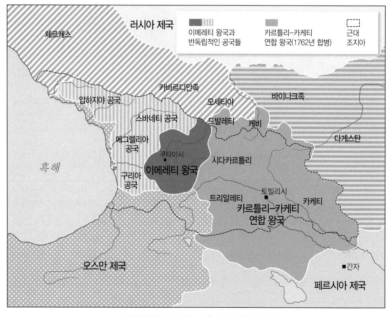

조지아 내에 분포하는 작은 공국들(1762년)
출처: ⓒRowanwindwhistler_Wikimedia Commons

분쟁의 세계지도

서부 지방도 러시아가 접수한다. 이로 인해 1830년대부터 트랜스코카서스에 대한 러시아 지배는 확고해진다.

1917년 러시아 혁명 후 조지아에서는 멘셰비키(마르크스주의 우파) 세력이 볼셰비키 정권을 인정하지 않고 독일 지원을 받아 1918년 5월 '조지아공화국' 독립을 선언하면서 117년간 계속된 러시아 지배를 끝낸다. 그러나 1921년 2월 러시아 소비에트 정권이 조지아를 다시 합병하고, 레닌Lenin 제안으로 조지아·아르메니아·아제르바이잔 3국이 1922년 3월 '트랜스코카서스 소비에트연방 사회주의공화국Transcaucasia Soviet Federation'을 만들어 구소련 일원이 된다. 트랜스코카서스 연방은 1936년까지 존속한 후 개별 공화국으로 분리되지만 구소련의 회원국 자격은 유지한다.

한편, 1921년 러시아로 합병된 조지아는 사실상 '연방 국가' 체제로 운영된다. 조지아 내에 압하지야 소비에트 사회주의공화국1921, 아자리야자치공화국 1921, 남오세티야 자치구1922 등이 각각 설립된다. 그리고 소비에트 정권은 인

조지아 영토 상실(1921~1931년)
출처: Giorgi Balakhadze_Wikimedia Commons

접 국가와 협정을 맺고 서남부 지방 타오-클라르제티Tao-Klarjeti와 바투미 지방의 일부 땅은 터키로, 로레Lore 지방은 아르메니아로, 헤레티Hereti 지방은 아제르바이잔으로, 2014년 동계 올림픽이 열렸던 소치Sochi를 포함한 북서부 해안 지방은 러시아로 각각 양도한다. 종교가 영토 양도의 주요 조건이었다. 러시아가 조지아 영토를 제멋대로 재단해 인접 국가에 할양한 것이다. 이런 역사적 배경 때문에 1991년 조지아가 구소련에서 탈퇴한 이후 친러시아 성향을 가진 압하지야와 남오세티야가 조지아를 상대로 분리 독립 운동을 펼치고 있다.

러시아로 통합을 요구하는 미승인 신생 독립국 압하지야

자치공화국이었던 압하지야(압하스라고도 함)는 2008년 조지아에서 사실상 분리 독립하는 데 성공한다. 러시아를 비롯한 친러 성향 일부 국가들만 독립국으로 인정하고 서방 국가들은 인정하지 않아 현재 압하지야는 미승인 국가로 존재한다. 면적은 8,432㎢로 우리나라 충청남도보다 약간 크다. 인구는 약 24만 3,000명2016이며, 주민 구성2011은 압하지야인 51%, 조지아인 19%, 아르메니아인 17%, 러시아인 9% 등이고, 종교는 기독교가 63%, 이슬람이 26% 정도이다.

압하지야는 11세기경 독자적인 왕국을 유지하지만 12세기 초 조지아 왕국으로 통합된다. 16세기 후반 오스만 제국이 압하지야공화국 수도 수후미Sukhumi에 해군 기지를 건설하면서 오스만 제국 지배로 들어가고, 많은 주민이 이슬람으로 개종한다. 오스만 제국과 러시아 간 전쟁에서 오스만 제국이 패하면서 1864년경 압하지야는 러시아로 편입된다. 1917년 러시아 혁명 때에는 독자적인 공화국 수립을 준비하지만, 조지아 멘셰비키 정권 침입으로 좌절된다. 볼셰비키 정권 도움으로 '압하지야 소비에트 사회주의공화국Socialist Soviet Republic of Abkhazia' 지위를 1921~1931년간 유지한다.

1931년 스탈린 정권은 압하지야를 조지아로 합병시킨다. 조지아 출신 스탈린은 흑해 연안과 트랜스코카서스에서 러시아 영향력을 행사하기 위해서는 조지아 협력이 필요했고, 압하지야를 조지아로 편입시킨 것도 그런 전략적 판단에 의한 결정이었다. 뿐만 아니라 스탈린 정권과 조지아는 압하지야 소수 민족을 차별하고 탄압했는데, 압하지야인의 반反조지아 감정은 이때 형성되었다고 볼 수 있다.

1970년대 후반 자치공화국 지위를 유지하던 압하지야는 조지아에서 분리해 러시아로 합병을 요구하지만 구소련 정부는 이를 수용하지 않고 무시한다. 1989년 압하지야는 조지아 정부에게 자치공화국 지위를 1920년대 운영된 연방 공화국 수준으로 격상해 줄 것을 요구한다. 하지만 조지아 정부가 이를 받아들이지 않자 1992년 '압하지야공화국'을 일방적으로 선포하면서 조지아와 전쟁이 벌어지고, 이 과정에 러시아가 참전해 압하지야를 지원한다. 내전 중 압하지야인은 조지아인을 상대로 이른바 '인종 청소'를 자행해 국제적인 비난을 받는다. 2만여 명이 사망하고 많은 난민이 발생한 내전은 1994년 4월 일단락된다. 2008년 8월 러시아가 압하지야와 남오세티야 분리 독립을 승인하자 조지아는 러시아와 외교 관계를 단절한다. 러시아는 2014년 11월 압하지야와 '동맹 및 전략적 파트너십에 관한 조약'을 체결해 트랜스코카서스에서 영향력을 확대하고 있다. 현재 압하지야에는 러시아 해군과 공군을 포함한 다수의 군사 기지가 위치해 있다.

통일 국가 오세티야를 염원하는 오세티야인

2008년 8월 러시아가 남오세티야의 분리 독립을 승인하면서 남오세티야도 사실상 미승인 독립 국가가 되었다. 조지아 영토에 속하지만 러시아가 국가로 인정하기 때문에 독립 국가 행세를 하고 있다. 남오세티야 면적은 3,885㎢로 우리나라 전라북도 면적의 절반 크기이다. 인구는 5만 4,000여 명2015이며, 내전 발생 전 1989년 인구는 9만 8,000여 명이었다. 주민의 89%는 오세티야인(오세트인이라고도 함)이고, 조지아인 9%, 러시아인 1% 등이다. 오세티야인은 러시아 남부를 지배했던 사르마트족에 속하며, 몽골 침입 때 캅카스 산악지대로 숨어들어 간 민족이다. 남오세티야인 대부분은 기독교를 믿는다.

남오세티야는 고대 이베리아 왕국 영토였다. 몽골 지배 이후 조지아 왕국에 편입되고, 1801년 러시아 제국에 합병된다. 구소련 시절에는 조지아 내 자치주 였다. 압하지야의 분리 독립 움직임에 자극받아 1989년 1월 '남오세티야민주전 선South Ossetian Autonomous Oblast'이 만들어진다. 1989년 8월 조지아 정부 는 남오세티야인을 상대로 '조지아어 진흥 프로그램'을 발표하자 남오세티야민 주전선은 이를 반대한다. 남오세티야 최고의회가 자치주를 자치공화국으로 승 격해 줄 것을 모스크바와 조지아 정부에 요구하지만 모두 동의하지 않는다. 오 히려 조지아 정부는 남오세티야 자치주를 폐지해 버린다.

1990년 9월 20일 남오세티야는 '남오세티야 민주주의 소비에트공화국'을 선 포하고, 러시아에 편입하려 한다. 1991년 초부터 남오세티야주 주도州都 츠 힌발리Tskhinvali에서 조지아와 러시아가 충돌하면서 내전이 시작되고 1992 년 6월 끝난다. 내전 중 오세티야인이 조지아인을 상대로 '인종 청소'를 자행해 1,000여 명이 사망한다. 2008년 3월 남오세티야가 독립 국가 지위를 요구하는 성명을 발표하고, 반군이 벌이는 테러 행위가 수차례 발생하자 8월 7일 조지아 정부가 츠힌발리에 군대를 투입하면서 2차 내전이 일어난다. 하지만 내전 3일 만에 러시아가 조지아 영토 절반을 점령하고 조지아가 미국과 영국 등 서방 세 계에 군사 지원을 요청하지만 받아들여지지 않자, 조지아는 내전 개시 5일 만에 러시아에게 항복을 선언한다. 내전 후 2008년 8월 25일 러시아가 남오세티야 분리 독립을 승인하면서, 현재 남오세티야는 조지아에서 분리 독립한 상태이 다. 트랜스코카서스에서 친러시아 성향을 보이는 소수 민족을 보호하면서 흑해 와 캅카스에서 영향력을 유지하려는 강대국 러시아 속셈이 그대로 드러난 분쟁 이었다.

터키 색채가 강한 아자리야 분리주의 운동

아자리야자치공화국이 벌이는 분리주의 운동의 강도는 압하지야 및 남오세티야보다 상대적으로 낮다. 1921년 러시아가 터키로부터 빼앗아 조지아로 편입시킨 이후 구소련 시절보다 비교적 많은 자치권을 부여받았기 때문이다. 조지아 최대 항구 바투미가 중심 도시이고, 바투미를 포함한 아자리야 지역은 고대부터 '캅카스의 이베리아'로 불릴 정도로 해양 무역이 활발한 곳이었다.

아자리야는 고대 콜키스 왕국과 이베리아 왕국에 속했고, 8세기경 압하지야 왕국으로 편입된다. 1616년 이후 오스만 제국 영역으로 들어가지만 지금의 아자리야주 전체가 오스만 제국 영토가 된 것은 아니다. 1878년 이후 러시아 제국에 편입되고, 제1차 세계대전이 끝날 무렵 1918년부터 1920년까지 영국과 터키가 일시적으로 점령하지만, 1921년 '아자르 자치 소비에트 사회주의공화국'으로 지정되어 조지아 영토로 합병된다. 아자리야는 1921년 이후 지금까지 자치공화국 지위를 유지하고 있다.

아자리야 면적은 2,900㎢로 우리나라 서울시 면적의 5배 크기이다. 면적 대부분은 산지와 구릉이고, 해발 3,000m 이상이나 되는 산도 많다. 인구는 33만여 명2014이고, 주민 94%가 조지아인이지만 종교는 기독교가 아닌 이슬람이 우세하다. 지역 방언으로 분류되는 아자리야어를 쓰기 때문에 '아자리야인'으로 분류한다. 2004년 조지아 정부를 상대로 분리주의 움직임을 보였지만 이후 안정되었다.

'거대한 체스판' 한복판에 놓인 조지아의 지리적 숙명

우리나라 면적의 2/3에 불과하는 소국小國 조지아가 내부적으로는 소수 민족들 분리 독립에 시달리고 외부적으로는 러시아라는 강대국 눈치를 보고 살고 있는 근본적인 이유는 조지아가 놓인 지정학적 위치 때문이다. 유럽과 아시아 경계에 위치한 트랜스코카서스는 흑해와 카스피해를 연결하는 주요 교통로이며, 특히 흑해 연안 바투미에서 조지아 수도 트빌리시를 지나 아제르바이잔 수도 바쿠로 연결되는 저지대 회랑은 해발고도 3,000~4,000m 고봉들로 연결된 캅카스산맥을 피해 동서로 이동할 수 있는 유일한 통로이다. 동시에 북쪽에서도 아라비아반도와 아나톨리아고원으로 진출하려면 조지아 서쪽 해안이나 동쪽 저지대를 거쳐야 한다.

동서·남북을 연결하는 요충지였던 조지아의 지리적 위치는 이슬람교와 기독교를 가르는 단층선을 만들었고, 오스만 제국과 페르시아와 러시아 제국이 충돌하는 체스판이 된다. 게다가 러시아 볼셰비키 혁명 이후에는 사회주의와 자본주의 간 대립을 완화시키는 완충지대 역할도 한다. 구소련은 1921년 이후 조지아를 비롯한 트랜스코카서스를 통치하면서 민족·언어·종교를 무시하고 국경을 만들고 사회주의라는 공통된 이데올로기로 이들 국경 안에 있는 주민을 통제하면서 민족주의적 분열 요소를 인위적으로 제거하려고 했지만 성공하지 못한다.

미국 저널리스트 로버트 카플란Robert Kaplan은 저서 『지리의 복수The Revenge of Geography』에서 "지리가 세계 각국에 부여한 운명을 피할 수 없다"고 지적한다. 카플란 주장을 조지아에 대입해 보면, 조지아 내에서 벌어지는 민족 간 갈등과 분쟁은 조지아라는 지리가 만든 필연적 결과인 셈이다. 게다가 부동항 확보를 위해 지중해·인도양·태평양 등지로 나가는 출구를 확보해야 하는 러시아 입장에서 흑해에 면한 조지아는 그냥 지나칠 수 없는 중요한 전략적 요충지이다. 이 때문에 러시아가 조지아를 자국 영향권으로 묶어 두려고 하면 할수록 조지아 내에서 친러시아와 탈脫러시아 세력 간 갈등은 계속될 수밖에 없다. 조지아 지리가 조지아 주민에게 부여한 숙명이자 운명인 것이다.

트랜스코카서스에 위치한 조지아는 역사적으로 로마·비잔틴·몽골·오스만·페르시아·러시아 등 강대국의 침입과 탄압을 받았음에도 불구하고 조지아인들은 고유한 언어와 문화를 지켜 온 민족적 자긍심이 대단히 강한 집단이다. 이런 민족적 성향이 구소련 해체 후 조지아 독립 과정에 큰 영향을 미친 것은 부인할 수 없는 사실이다. 그런 조지아가 자국 내에 거주하는 산악계 소수 민족을 민족주의에 입각해 차별하고 억압하는 것은 '역사의 희극이자 비극'이라고 할 수 있다. 2008년 8월 러시아에 5일 만에 항복한 조지아는 즈비그뉴 브레진스키

Zbigniew Kazimierz Brzezinski 전 미국 백악관 국가안보담당 보좌관이 말한 '거대한 체스판' 한복판에 서 있다. 트랜스코카서스라는 지리가 조지아에게 부여한 얄궂은 운명이다. 우리가 살고 있는 한반도 운명과도 다르지 않아 씁쓸하다.

우크라이나

지정학적 위치가 부여한 숙명으로 동서가 갈등하는 땅

저평한 지형의 우크라이나는 유럽에서 동과 서, 남과 북을 연결하는 경계에 위치한다. 우크라이나는 서부 유럽 사람들이 동방으로 나가는 '길목'이었고, 반대로 중앙아시아 유목민들이 말을 타고 유럽으로 달려가는 '고속도로'였으며, 러시아가 흑해를 거쳐 지중해와 대양으로 나가는 중요한 출구였다. 이런 지리적 위치성 때문에 항상 주변국 침입에 시달렸고 삶의 터전도 찢기기 일쑤였다.

우크라이나는 독립된 공화국으로 존재한 기간이 매우 짧다. 몽골·리투아니아—폴란드·러시아·오스트리아 등의 지배를 받았으며, 서부는 폴란드 땅으로, 동부는 러시아 땅으로 각각 분할되기도 한다. 러시아 예카테리나 2세가 침공한 이후 우크라이나 농민 다수는 토지를 몰수당하고 '농노'로 전락한다. 러시아에 대한 우크라이나인의 '특별한 감정'은 이때부터 싹튼다. 이후 우크라이나는 구소련에서 곡물 창고와 광공업 기지 역할을 충실히 한다. 이런 역사적 과정을 거치면서 드네프르강을 중심으로 동쪽은 러시아 문화권, 서쪽은 우크라이나 문화권으로 뚜렷하게 차별화된다.

구소련 붕괴 이후, 우크라이나인과 러시아인 간 갈등이 표면화된다. 우크라이나가 경제 발전을 위해 EU에 손을 내밀자 러시아계 주민이 이를 못마땅하게 여긴다. 친서방파와 친러시아파로 나뉜 대립적 지역주의는 대통령 선거 때마다 어김없이 등장하고, '오렌지 혁명'과 대통령 탄핵으로 충돌한다. 2014년 3월 크

우크라이나 지도와 주(oblast)

림반도가 러시아로 합병되고, 동부 돈바스Donbass 지방에서는 러시아계 2개 인민공화국이 분리 독립을 추동하고 있다. 유럽에서 아시아 초원지대를 연결하는 경계에 있고, 북유럽과 지중해 유럽이 충돌하는 전선이며, 러시아가 절대로 놓칠 수 없는 지정학적 위치성 때문에 우크라이나는 EU와 러시아 사이에서 고민하고 있다.

드네프르강 연안 '키예프 루스'의 본거지, 우크라이나

우크라이나Ukraine라는 국가 이름은 변경 지대, 국경 지역 등을 뜻하는 '오크라이나Okraina'에서 유래한다. 러시아인·벨라루스인과 함께 동슬라브족에 속하는 우크라이나인은 자신들이 사는 땅을 '루스Rus', 자신들을 '루신Rusyn'이라고 불렀다. 1187년 펴낸 『원초 연대기』에 최초로 우크라이나라는 지명이 등장하지만 15세기 폴란드가 지배할 당시에는 변경에 해당하는 드네프르강 일대를 일컫는 지명으로 우크라이나가 쓰였다. 1721년 표트르 1세가 '루스인의 땅'을 뜻하는 '러시아'를 국가 이름으로 사용하자 우크라이나인이 러시아와 구별하기 위해 자신들만의 땅을 지칭할 때 '우크라이나'를 사용하면서 20세기부터 본격적으로 통용된다.

우크라이나 국토는 유럽에서 러시아에 이어 두 번째로 넓다. 러시아의 아시아 쪽 면적, 즉 우랄산맥 동쪽 면적을 제외한다면, 우크라이나 면적은 유럽 국가 중 단연 1위이다. 면적은 60만 3,700㎢로 세계 46위이며, 한반도 3.5배 크기이다. 동서 길이는 약 1,316㎞, 남북 길이는 893㎞이고, 특히 남북 길이는 부산-신의주 길이(약 810㎞)보다 더 길다. 위도상으로는 북위 44°20~52°20에 위치하며 한반도보다 위도상 북쪽에 위치한다. 국경은 북쪽 벨라루스, 동쪽 러시아, 남쪽 러시아·조지아·터키, 서쪽 루마니아·몰도바·헝가리·슬로바키아·폴란드 등 9개국과 접한다. 9개국과 접한 국경은 인접국과 갈등과 긴장을 유발할 개연성이 높은 지정학적 조건이다.

우크라이나 지형은 농업 활동에 최적의 조건을 제공한다. 국토 95%가 평지로 이루어져 있고, 이 중 농경지가 60%, 스텝 평원이 13%, 삼림이 16% 등이다. 특히 해발 1,500~2,000m 높은 산이 분포하는 서쪽 카르파티아산맥 일대를 제외하면 경사도가 매우 낮은 완만한 평지가 넓게 발달한다. 하지만 이런 지형은 방어에는 불리하다. 자연적 방벽 역할을 하는 산지가 없기 때문에 강력한 군대를 앞세운 외세 침입에 속수무책으로 당할 수밖에 없는 자연적 조건이다. 폴란드가 서쪽에서, 오스만 제국이 남쪽에서, 러시아 제국이 동쪽에서 쉽게 침입할 수 있었던 것도 평지가 대부분인 지형과 관련이 있다. 기후를 보면, 북부 내륙에 대륙성 기후와 스텝 기후, 흑해 연안에 지중해성 기후 등이 나타나며, 흑해 영향으로 같은 위도에 있는 유럽 다른 국가에 비해 겨울 평균 기온(-5~ -10℃)도 낮다. 국토 중앙을 남북으로 가로질러 흐르는 드네프르Dnieper강, 동쪽을 흐르다가 러시아 돈강에 합류하는 도네츠Donets강, 서쪽 드네스트르Dniester강 등은 모두 흑해로 유입된다. 드네프르강은 '우크라이나 젖줄'이면서 동시에 우크라이나 동부와 서부를 나누는 중요한 자연적·문화적 경계선 역할도 한다.

우크라이나 공용어는 우크라이나어이다. 전체 주민 68%는 우크라이나어를,

30%는 러시아어를 사용한다. 과거 러시아와 폴란드 지배를 받을 때는 우크라이나어 사용이 금지되었고, 구소련 때는 러시아어가 공용어로 사용되었지만, 1991년 이후 우크라이나어가 국어로 지정된다. 하지만 동부 지방과 크림반도에서 러시아어가 주로 사용되고, 남부 지방에서는 우크라이나어와 러시아어가 혼용된다. 종교는 대부분 그리스 정교이며, 오스트리아 영향을 받아 서북부 지역에서는 가톨릭도 분포한다. 종교 분포도 동부와 서부가 약간 다르다.

우크라이나 인구는 약 4,242만 명2017이다. 주민 구성은 주변국 침략을 많이 받은 나라답게 100여 개 민족으로 이루어져 있다. 우크라이나계 77.8%, 러시아계 17.3%, 기타 소수 민족(벨라루스계, 몰도바계, 크림 타타르계, 불가리아계 등)이 4.9% 등이다. 우크라이나계는 큰 키, 흑갈색 머리털, 하얀 피부 등이 특징이며, 동서·남북 교차로에 위치해 있어 여러 민족 간 혼혈도 많이 이루어졌다. 세계적 영화감독 스티븐 스필버그, 영화배우 더스틴 호프만과 실베스터 스탤론 등이 우크라이나계이다.

우크라이나를 유럽의 '빵 바구니'로 만든 비옥한 흑토

우크라이나는 세계적인 농업 대국이다. 구소련 시절 우크라이나는 연방 식량의 25%를 공급하여 구소련의 '빵 바구니Bread Basket'라는 별칭을 얻었다. 두 가지 자연적 조건이 우크라이나를 세계적인 농업 대국으로 만들었다. 하나는 경작 가능한 토지가 넓게 분포한다는 점이다. 우크라이나 국토 면적의 60%가 농경지로 이용되고 있고, 전체의 80%가 경작이 가능한 땅이다. 다른 하나는 대부분의 농경지가 세계에서 가장 비옥하다는 흑토Black Soil로 덮여 있다는 점이다. 우크라이나 전체 경작지(6,000만ha) 중 70%(4,200만ha)가 흑토이다. 우크라이나는 1996년 토지를 국가가 보호해야 할 특별 자산으로 정한다는 내용을 헌법에 명시할 정도로 토지 중요성을 강조하는 국가이다.

흑토란 '검은 토양'으로, 러시아어로 체르노젬Chernozem이라고 한다. 강수량이 많지 않은 스텝 지역에 주로 발달하며, 인산·인·암모니아 등이 풍부한 부식

토로 유기물 함량이 높고 비옥해 비료가 필요 없다고 해서 '토양의 왕'이라 불린다. 세계적으로 흑토가 넓게 분포하는 곳은 우크라이나와 러시아 남서부 스텝 평원, 프레리로 불리는 캐나다와 미국 로키산맥 동쪽 초원지대, 아르헨티나 팜파스 온대 초원, 인도 데칸고원 등지이다. 우크라이나는 세계 흑토 면적의 30% 정도를 차지한다.

우크라이나는 흑토 덕분에 구소련의 '빵 바구니'에서 유럽의 '빵 바구니'로 발전하고 있다. 우크라이나를 대표하는 농작물은 밀·보리·옥수수·해바라기씨 오일·사탕무 등이다. 세계 농업 수출량에서 우크라이나가 차지하는 위상은 대단하다. 농작물 수출량2015을 보면, 세계 해바라기씨 오일 수출국 1위(400만 톤), 보리 수출국 3위(4,500만 톤), 옥수수 수출국 4위(1,550만 톤), 밀 수출국 6위(1,500만 톤), 대두(콩) 수출국 7위(220만 톤) 등이다. 국내총생산GDP에서 농업이 차지하는 비율은 12% 정도이지만 전체 수출의 30%가 농산물이다. 우크라이나 수출량2015을 보면, 1위 해바라기씨 오일, 2위 옥수수, 3위 정보통신기술IT, 4위 밀, 5위 철광석, 6위 목재 등으로 농산물 비중이 매우 높다.

그러나 우크라이나 남부에 위치한 흑해Black Sea 이름은 흑토 지대와는 관련이 없다. 우리나라와 중국 사이 황해Yellow Sea, 아라비아반도와 아프리카 사이 홍해Red Sea, 러시아 북쪽 백해White Sea 등 바다 이름에 색깔이 들어가 있고, '흑해'도 마찬가지이다. 하지만 흑해가 검게 보이는 이유는 흑토에서 비롯된 것이 아니라 심해 200m 깊이에 사는 박테리아가 죽어서 발생한 황화수소 때문이다.

폴란드령과 러시아령으로 분할된 '키예프 루스'

우크라이나는 동서에서 발흥한 많은 이민족 침입을 받는다. 기원전 10~7세기에는 호메로스의 『오디세이아』에 등장하는 킴메르족이 지배하고, 기원전 6세기경 용맹스러운 유목민으로 알려진 이란계 스키타이족 세력권으로 편입된다. 마케도니아와 아시아계 유목민 침입도 받고, 기원후 3~9세기에는 고트족,

훈족, 하자르족 등의 지배를 받았다.

5세기 이후 동슬라브족이 지금의 우크라이나에 거주하기 시작한다. 서쪽 카르파티아산맥 북부 지방에 거주하다가 7세기경 동쪽 드네프르강 서안 일대에 정착하고, 8~9세기에는 수도 키예프 일대에 동슬라브족 최초 봉건 국가 '키예프 루스'가 만들어진다. 882년 류리크 일족인 올레그가 지금의 키예프로 중심지를 옮기고 비잔틴 제국과 교역하며, 10세기경 기독교(그리스 정교)를 받아들인다. 1240년 몽골 침입으로 키예프 루스가 사라지고, 이후 몽골 타타르인들이 주축이 된 '킵차크 칸국' 통치를 240여 년간 받는다. 13세기 발트해에 위치한 리투아니아가 세력을 키워 몽골 세력을 물리치고 드네프르강 일대를 차지하면서 과거 키예프 공국은 러시아·우크라이나·벨라루스 등으로 분화된다.

1569년 폴란드−리투아니아 연합 왕국이 드네프르강 서쪽을 장악하고, 그리스 정교를 믿는 우크라이나인을 탄압해 가톨릭으로 개종시킨다. 이에 반발하여 드네프르강 하류에서 폴란드에 대항하는 카자크Kazak 전사 집단이 등장한다. 터키어로 '자유인'을 뜻하는 카자크는 폴란드−리투아니아 왕국의 귀족 농장에서 도망친 농노가 주축이 되어 만들어진 군사공동체 성격을 띤 농민 집단으로, 코사크Cossack라고도 한다. 1649년 카자크 지도자 보흐단 흐멜니츠키Bohdan Chmielnicki, 1595~1657가 폴란드 간섭을 배제한 자치국(일명 카자크 수장국 또는 루스국)을 만들어 통치한다. 1651년 폴란드가 침공하자 오스만 제국에 병력 지원을 요청하지만 여의치 않자 1654년 러시아(로마노프 왕조)에 동맹을 요청하고 페레야슬라프 협약을 맺는다. 흐멜니츠키가 이끄는 자치국이 폴란드로부터 해방되기 위해 맺은 이 협약은 거꾸로 우크라이나 남부가 러시아에 귀속되고 우크라이나 영토를 동서로 분할하는 역사적 패착으로 이어진다.

러시아는 그 후 폴란드−리투아니아 왕국과 전쟁을 치르고 1667년 드네프르강을 경계로 동쪽을 차지한다. 이로써 드네프르강 서쪽은 폴란드−리투아니아 왕국, 남부 지방은 오스만 제국, 크림반도와 흑해 연안은 크림−타타르 영향권 등으로 재분할된다. 1730년대부터 1760년대에 걸쳐 발생한 폴란드령 우크라이나 농민 반란을 계기로 폴란드-리투아니아 연합 왕국이 해체되고, 연합 왕국이 지배하던 우크라이나 중부와 동부는 러시아로, 서부는 오스트리아-헝가리 제국으로 합병된다. 서부 지방을 제외한 우크라이나 전체 영토를 차지한 러시아는 우크라이나인을 탄압하고, 특히 예카테리나 2세는 토지 대부분을 빼앗아 러시아계 귀족에게 배분해 우크라이나 농민과 하층 카자크를 농노로 전락시킨다. 알렉산드르 2세재위 1855~1881 때 우크라이나인 농노제가 폐지되지만, 우크라이나어 금지를 포함한 탄압 정책은 계속된다.

1917년 러시아 혁명 후, 키예프를 중심으로 '우크라이나인민공화국Ukrainian People's Republic'이 선포되지만 볼셰비키 세력에 의해 독립 국가 꿈은 좌절된다. 1918년 11월 서부 지방의 볼린·리보프 등지를 중심으로 '서우크라이나인민공화국West Ukrainian People's Republic'을 만들어 오스트리아-헝가리 제국으로부터 독립하겠다고 선포하고 우크라이나인민공화국과 합병하겠다고 발표하지만 폴란드가 점령하면서 무산된다. 1921년 폴란드-구소련 간 전쟁이 끝나면서 서부 지방은 폴란드로 다시 넘어가고, 중부와 동부 지방을 영역으로 하는 '우크라이나 소비에트 사회주의공화국Ukrainian Soviet Socialist Republic'이 건국되어 1922년 12월 구소련 일원으로 합병된다.

구소련에 편입된 이후, 1920년대부터 스탈린이 실시한 농업 집단화 정책에 대해 우크라이나인들은 크게 반발한다. 왜냐하면 우크라이나에서는 예로부터 지역 주민이 토지를 공유하였지만, 생산물은 공동 소유가 아닌 개인 소유로 간주했는데, 농업 집단화 정책은 이를 용납하지 않았기 때문이다. 특히 스탈린 정권은 우크라이나 농민들에게 과도하게 많은 곡물 납부를 강요하면서 1932~1933년에 걸쳐 최대 1,000만여 명이 아사餓死당하는 민족적 비극이 발생한다. 이 사건을 '홀로도모르Holodomor'라고 하는데, 배고픔을 뜻하는 '홀로드holod'와 박멸을 뜻하는 '모르mor'의 합성어이다. 세계에서 최고로 비옥한 농지를 가진 곳에서 먹을 식량이 없어 1,000만여 명 주민이 사망하는 믿기지 않는 기막힌 사건이 우크라이나에서 발생한 것이다. 무자비한 곡물 징수가 많은 아사자를 만들어 낸 것인데, 이는 스탈린 정권이 아사자 속출을 방치한 측면뿐만 아니라 역사적으로 반反러시아적 인식을 갖고 있는 우크라이나인의 씨를 말리려는 '제노사이드' 성격도 있다고 많은 사람들은 지적한다.

한편 폴란드 영토로 편입된 서부 지방은 제2차 세계대전이 발발한 1939년 우크라이나로 넘어와 볼린·리비프·자카르파티아·이바노프란코프스크·테르노폴 등의 주州로 편입된다.

지역 문화와 특성에 따라 5개 지방으로 구분되는 우크라이나

우크라이나 행정 구역은 24개 주와 1개 자치공화국, 2개 자치도시로 이루어져 있다. 자치공화국에 해당하는 크림반도가 2014년 러시아로 합병되었기 때문에 자치공화국은 사실상 없다고 하는 것이 맞지만, 우크라이나는 이를 인정하지 않고 있다. 자치도시는 수도인 키예프와 크림반도 내 항구도시 세바스토폴이었으나, 세바스토폴은 현재 러시아 영토에 속한다. 행정 구역과 달리 지리적·역사적·문화적 특성에 따라 우크라이나는 대략 5개 지방으로 구분된다. 트랜스카르파티아Trans-Carpathia, 갈리시아Galicia, 볼히니아Volhynia, 부코비나Bukovina 등을 포함한 서부 지방, 중부의 우안 우크라이나Right-Bank Ukraine, 동부의 좌안 우크라이나Left-Bank Ukraine, 돈바스Donbass 지방, 크림반도를 포함한 흑해 연안 남부 지방 등이다.

트랜스카르파티아를 포함한 서부 지방은 주변 강대국 세력 판도에 따라 지배권이 자주 바뀐 안타까운 곳이다. 카르파티아산맥과 인접한 트랜스카르파티아(지금의 자카르파티아주)는 오스만 제국과 오스트리아-헝가리 제국 지배를 거쳐 제1차 세계대전 후 체코슬로바키아가 지배하고 1945년 우크라이나로 편입된 곳이다. 갈라시아(지금의 리보프주)와 볼리니아(지금의 볼린주와 리브네주)는 폴란드와 오스트리아-헝가리 제국 등의 지배를 거쳐 1939년 이후 우크라이나로 편입된 곳으로 가톨릭이 우세를 보인다. 중심 도시는 13세기 갈리시아-볼리니아Galicia-Volhynia 공국 중심지였던 리보프Lviv이고, 우크라이나 민족주의 성향이 매우 강한 도시이다. 부코비나는 '너도밤나무의 땅'을 뜻하며, 16~20세기 초까지 부코비나 왕국이 지배한 영역으로 루마니아와 우크라이나로 분할되었고, 체르노프치주가 우크라이나령에 속하는 부코비나에 해당된다.

중부 지방에 해당하는 우안 우크라이나는 드네프르강 서쪽을 지칭하며, 1667년 이후 폴란드 지배를 받았던 곳이다. 키예프·체르카시·키로보그라드·지토미르·비니치아·흐멜니츠키주 등이 포함된다. 중심 도시는 수도 키예프이다. 1240년 몽골 제국 침입으로 모스크바에 그 기능을 넘겨주기 전까지 동슬라브족 정치·경제·문화의 중심 도시였던 곳이 키예프이다.

좌안 우크라이나는 1667년 이후 러시아로 편입된 곳으로, 체르노빌 원전이 입지한 체르니고프·수미·키예프와 체르카시주 동부·폴타바·하리코프 등의 주가 포함되며 중심 도시는 1918~1934년 우크라이나 수도 역할을 한 제2위 도시 하리코프Kharkiv이다. 우안 우크라이나와 달리 러시아어를 사용하는 사람들이 많고, 러시아인 거주 비율도 우안 우크라이나보다 높다. 드네프르강은 좌안 우크라이나와 우안 우크라이나를 동부와 서부로 나누는 단순한 지리적 경계가 아니라 문화·역사적으로 아주 이질적인 속성을 나타내는 문화적 경계선이다. 강을 사이에 두고 좌안은 러시아 성향, 우안은 우크라이나 성향으로 전혀 다른 정치적 성향을 보인다.

돈바스 지방은 도네츠크 분지를 중심으로 분포하는 석탄 산지를 일컬으며, 도네츠크주와 루한스크주가 여기에 해당한다. 농업 대국 우크라이나에서 돈바스 지방은 세계적인 석탄과 철광석 산지로 이루어진 지하자원을 바탕으로 일찍부터 철강·중화학 공업이 발달하였다. 그래서 러시아로부터 많은 인구가 유입되어 러시아어를 주로 사용하며, 러시아인 비율이 가장 높고, 친러시아 성향이 매우 강한 지역이다. 2014년 이후 도네츠크와 루한스크는 우크라이나로부터 분리 독립을 선언한 상태이고, 사실상 우크라이나로부터 분리된 독립국을 유지하고 있고, 러시아가 이를 지지하고 있다.

흑해 연안 남부 지방은 오데사·니콜라예프·헤르손·자포로제·드네프로페트롭스크 등의 주를 포함한다. 오스만 제국과 크림 칸국 영향을 많이 받았고, 이슬람과 그리스 정교의 경계선을 이루는 곳이다. 돈바스 지방과 비교할 수는 없지만 러시아어를 사용하는 주민이 비교적 많고, 정치적으로도 친러시아 성향이 강하다. 남부 지방 중심 도시는 오데사주의 주도인 오데사Odessa이다. '흑해의 진주'로 알려진 오데사는 표트르 대제가 건설한 상트페테르부르크와 비견되는 예카테리나 2세가 주도해 건설한 도시이며, 러시아 흑해 함대의 모항이다. 특히 러시아 제국 시절 오데사는 모스크바, 상트페테르부르크와 함께 '러시아의 3대 도시' 반열에 오른 도시이다. 드네프로페트롭스크주의 주도 드네프로페트롭스크Dnepropetrovsk는 1926년까지 '예카테리나의 영광'을 뜻하는 예카테리노슬라프Ekaterinoslav로 불렸으며, 자포로제와 함께 드네프르 공업지대를 형성하는 주요 도시이다.

서부 우크라이나인과 동부 러시아인으로 나뉜 대립적 지역주의

우크라이나는 민족적·정치적 특성에 따라 크게 동부 지방과 서부 지방으로 나뉜다. 드네프르강을 경계로 서부 지방은 우크라이나인 문화가 강하고 EU에 우호적인 반면, 동부 지방은 러시아 영향을 받아 러시아계 주민이 많이 분포한다. 동부 지방과 서부 지방의 차이성은 오랜 역사적·문화적 결과물이다.

중부 우안 우크라이나를 포함한 서부 지방은 과거 폴란드와 오스트리아 제국 지배를 받았고, 우크라이나어를 쓰는 사람이 많으며, 민족주의 성향과 함께 EU를 비롯한 친親서방적인 성향도 강하다. 반면에 남부를 포함한 동부 지방은 17세기부터 러시아 지배를 받아 러시아어를 쓰는 러시아계 주민이 많고, 정치적으로 보수적이며, 외교적으로 친러시아 성향을 보인다. 좌안 우크라이나와 돈바스 지방, 흑해에 면한 남부 4개 주와 크림반도 등이 크게 동부 지방으로 분류된다.

러시아는 1654년을 기점으로 우크라이나 동부 지방을 실질적으로 차지하면서 우크라이나인을 철저하게 차별하고 억압한다. 러시아는 우크라이나 동부 지

우크라이나의 러시아어 사용 분포(2001년)

방이 '키예프 루스(공국)'로 불린 고대 슬라브 공동체의 인큐베이터 역할을 했던
역사적 공통성을 무시하고 우크라이나인과 러시아인을 구별하는 정책을 취한
다. 그 결과 드네프르강을 경계로 동쪽과 서쪽이 언어와 민족 분포에서 차별화
되면서 우크라이나에서 동서로 분할된 두 개의 대립적·경쟁적인 지역주의가
만들어진다. 그리고 이런 대립적 지역 구도는 1991년 우크라이나가 구소련에
서 탈퇴하면서 더욱 두드러지고, 지지하는 정당과 대통령 선거에서 그 결과가
확연히 다르게 나타난다.

2004년 11월 실시된 대통령 선거에서 중부·서부 지방은 친서방파 빅토르 유
셴코Viktor Yushchenko 후보를, 동부·남부 지방은 친러시아파 빅토르 야누코비
치Viktor Yanukovych 후보를 지지하고, 야누코비치 후보(득표율 49.5%)가 당선
된다. 하지만 야누코비치는 부정 선거 논란에 휩싸이고 일명 '오렌지 혁명2004.
11~2004.12'으로 치러진 재선거에서는 친서방파 유셴코가 대통령이 된다. 그러
나 2010년 대통령 선거에서는 야누코비치재위 2010~2014(득표율 49.0%)가 율
리아 티모셴코를 누르고 다시 당선된다. 야누코비치 대통령은 러시아 흑해함대

동서로 나뉜 정치적 성향(2010년 대선 결과)
출처: Ukraine election commission

의 세바스토폴 군항 이용 협정 서명 등 친러시아 외교 노선을 취하면서 EU와의 통합을 위한 각종 협상을 중단·지연시키는 외교 정책을 고수한다.

야누코비치 대통령의 친러 정책에 반대한 시민들이 EU와의 통합을 요구하며 대규모 시위를 벌이는데, 이 소요 사태는 2013년 11월부터 2014년 1월까지 계속된다. 언론에서는 이를 '유로마이단Euromaidan'이라고 명명한다. '유로'는 '유럽'을, '마이단'은 수도 키예프 도심에 위치한 '광장(마이단 네잘레주노스티, 일명 독립광장의 우크라이나 이름)'을 뜻한다. 소요 사태는 결국 2014일 2월 야누코비치의 대통령 탄핵으로 이어지고 야누코비치 대통령 탄핵으로 치러진 2014년 5월 대통령 선거 결과는 또 다르게 나타난다. 친서방·반러 성향을 가진 페트로 포로셴코Petro Poroshenko가 당선된다. 그런데 야누코비치 대통령 탄핵과 유로마이단 사태의 후폭풍이 크림반도와 동부 돈바스 지방에서 나타나 우크라이나를 분열시키고, 러시아가 우크라이나 내정에 간섭하는 사태로 이어진다.

우크라이나가 아닌 러시아 땅이었던 '크림반도' 이력

지리에 관심 없는 사람들은 크림러시아어 Krym, 영어 Crimea반도가 어디에 위치하는지 잘 모른다. 우크라이나와 흑해는 알지만 크림반도의 위치를 정확하게 알기란 쉽지 않다. 그러나 크림반도는 세계사에서 큰 이벤트를 여러 번 장식한 곳이다. 이곳은 영국의 간호사 나이팅게일이 야전병원에 최초로 투입돼 '백의 천사'라는 별칭을 얻게 된 크림 전쟁1853~1856이 일어난 땅이다. 제2차 세계대전 종식을 위해 연합국 대표들이 회담을 개최한 곳도 크림반도 남단에 위치한 항구도시 얄타Yalta였다.

2014년 3월 이후 크림반도는 러시아로 편입되었고, 러시아의 22번째 자치 공화국이 되었다. 흑해와 아조프Azov해 중간에 남쪽 방향으로 뻗어 있는 크림반도는 동쪽 케르치Kerch 해협에 의해 러시아 본토와 분리되었는데 2018년 5월 15일 케르치 대교(길이 19km)가 개통되어 러시아 항구 도시 크라스노다르 Krasnodar와 연결되었다. 크림반도 면적은 2만 5,600㎢로 우리나라 전라남도와 전라북도를 합친 크기로 작지 않은 땅이다. 인구는 약 230만 명2014이고, 러시아인 68%, 우크라이나인 16%, 크림 타타르인 11%, 벨라루스인 1% 등이다. 러시아계가 다수 집단이고, 우크라이나인은 소수 집단인 곳이다. 지중해성 기후가 나타나고 주요 산업은 관광과 농업이다.

크림반도 원주민은 원래 우크라이나인이 아니었다. 그리스와 로마 사람들이 타우리카Taurica로 불렸던 크림반도는 비잔틴 제국 지배를 오랫동안 받는다. 1240년 몽골 침입을 당하고 몽골계 킵차크 칸국 지배로 들어간다. 1428년 크림반도에 살던 크림 타타르인이 킵차크 칸국에서 독립해 독자적인 크림 칸국을 만들어 통치한다. 당시 크림 칸국은 크림반도 전체를 지배하지는 못한다. 왜냐하면 지금의 세바스토폴을 포함한 남부 일부분은 비잔틴 제국에 속한 테오도로 공국이, 남쪽 해안 일부 도시는 이탈리아 제노바 공국이 각각 지배했기 때문이다. 그러나 1475년경 테오도로 공국과 제노바 식민 도시들은 오스만 제국으로 합병되면서 크림반도는 오스만 제국 영향권으로 편입된다.

15세기 크림 칸국의 영토
출처: ⓒEuropean Space
Agency_Wikimedia Commons

크림 칸국은 15세기부터 러시아 제국 침입을 받는다. 크림 칸국은 오스만 제국과 동맹을 맺고 러시아를 상대로 전쟁을 벌이지만 효과를 거두지 못한다. 러시아 예카테리나 2세는 오스만 제국을 상대로 한 전쟁1768~1774에서 승리한 후 1783년 크림반도를 러시아 영토에 공식 합병시킨다. "부동항을 찾을 수 있다면 콘스탄티노플과 인도 가까이 접근하고, 오스만이나 페르시아와 전쟁을 해서라도 남쪽으로 내려가라."고 유언한 표트르 1세의 남진 정책 유지遺志를 예카테리나 2세가 충실히 따른 결과였다. 이후 크림반도는 러시아 영토가 되고, 러시아인을 크림반도로 이주시키는 정책에 의해 크림반도 주민 대부분은 러시아인으로 바뀐다.

그런데 1954년 크림반도의 영토적 지위가 변경된다. 당시 구소련 공산당 서기장 흐루쇼프Nikita khrushchyov, 1894~1971는 러시아가 우크라이나를 합병한 300주년을 기념하는 뜻에서 러시아 영토였던 크림반도를 우크라이나에게 양도한다. 우크라이나가 구소련 일원이어서 러시아 영토를 우크라이나에 양도해도 큰 문제는 없었다. 지중해로 나가는 전략적 요충지이자, 러시아 남부 초원지대로 진출하려는 해양 세력의 교두보라는 지정학적 위치를 가진 크림반도를 우크라이나에 넘겨준 속셈은 구소련에서 곡물창고이자 중화학 공업의 핵심 역할을 하는 우크라이나에 대한 모스크바 정부의 우호적인 태도를 대내외에 과시하려는 것이었다. 만약 흐루쇼프 서기장이 크림반도를 우크라이나에 양도하지 않았다면 2014년 3월 크림반도를 둘러싼 갈등은 아마도 발생하지 않았을 것이다.

하지만 1991년 우크라이나가 구소련에서 탈퇴하면서 사정은 달라진다. 구소련에서 탈퇴하면서 크림반도는 자연스럽게 우크라이나 영토가 된다. 러시아계 주민들은 러시아로 편입되길 원하지만 우크라이나 정부는 자치공화국 지위를 부여해 러시아계 이탈을 막는다. 그러나 1994년 1월 친러시아 성향의 크림 자치공화국 대통령이 선출되면서 러시아로 편입해야 한다는 주장이 주민들 호응을 얻기 시작한다. 그리고 2013년 발생한 '유로마이단' 사태와 2014년 일어난 친러 대통령 탄핵은 크림반도에 거주하는 러시아계를 움직였고, 결국 2014년 3월 16일 주민 투표를 실시해 러시아로 합병이 결정된다.

크림반도를 합병한 러시아는 2018년 5월 15일 크림반도와 러시아 본토 사이 케르치 해협 '케르치 대교'를 개통한다. 케르치란 지명은 14세기경 베네치아 상

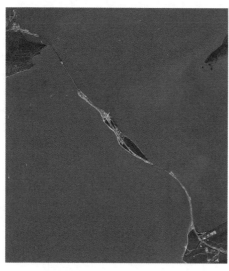

2018년 개통된 케르치 대교 사진
출처: ⓒEuropean Space Agency_
Wikimedia Commons

분쟁의 세계지도

인들이 쓰기 시작하는데, 이탈리아어로 '성곽'을 뜻하는 케르치아Cerchia에서 유래한다. 케르치 해협에 다리가 놓이면서 크림반도는 러시아 본토 서쪽 크라스노다르와 연결되었다. 뿐만 아니라 케르치 대교 건설은 흑해의 내해內海와 같은 아조프해를 통제할 수 있는 실리도 갖게 되었다. 왜냐하면 선박이 흑해에서 북쪽 아조프해로 들어가려면 4km에 불과한 케르치 해협을 통과해야 하는데, 교량 관리라는 명분으로 해협을 왕래하는 선박들을 통제할 수 있게 되었기 때문이다. 케르치 대교는 크림반도와 흑해를 절대로 포기할 수 없다는 러시아의 분명한 의지를 드러낸 작품이다.

분리 독립을 시도하는 친러시아 성향 돈바스 지방

우크라이나 돈바스 지방은 2014년부터 내전 중이다. 돈바스란 도네츠크Donetsk 분지를 중심으로 형성된 동부 지방을 일컫는 지명으로, 도네츠크, 루한스크, 드네프로페트롭스크 일부 등으로 이루어져 있으며, 도네츠크 주도인 도네츠크Dontsk가 돈바스 지방의 문화적·정치적 수도 역할을 하고 있다. 하

돈바스 지방과 주요 반군 활동 지역(2014년)
출처: BBC

지만 돈바스 범위는 인접한 러시아 로스토프Rostov주까지 확대되어 초국경적 영역이라 할 수 있다. 도네츠크라는 지명도 우크라이나 드네프로페트롭스크 Dnepropetrovsk주로부터 동쪽으로 러시아 로스토프 지역까지 분포하는 석탄지 대를 지칭하면서 생겼다. 우크라이나 드레프르강과 러시아 론강·볼가강 사이 는 저평한 광활한 분지가 펼쳐지기 때문에 러시아 로스토프 지역에서 거주하던 광산 노동자들은 국경과 상관없이 돈바스 지방으로 자유롭게 이동하였다. 그래 서 로스토프 지방은 '러시아의 돈바스'라는 별칭을 가지고 있다.

돈바스 지방에 본격적으로 도시가 형성된 시기는 1676년 이후이다. 도네츠 크 분지에서 암염巖鹽이 발견되고 이를 채굴하기 위해 노동자들이 몰려들어 도 시가 형성된다. 1721년경에는 대규모 석탄이 발견되고 많은 광산 도시들이 등 장하면서 18세기 이후 역청탄·무연탄·갈탄 등이 집중 매장된 도네츠크 지방 은 독일 루르-자르 지역과 함께 유럽 최대 석탄지대라는 명성을 얻게 된다. 석 탄과 철광석을 기반으로 19세기 말부터 돈바스 지방의 공업화가 진행되고 동부 유럽 전역에서 노동자들이 몰려들면서 돈바스는 노동자 중심 도시로 변모한다. 추운 북쪽에 거주하던 러시아인이 흑해 연안 돈바스로 대거 이동한 때도 이 즈 음이다.

그러나 1970년대 이후 돈바스 경제가 침체기에 접어들고, 1991년 우크라이 나가 구소련에서 탈퇴하면서 돈바스 지방 경제는 더욱 위축된다. 특히 우크라 이나가 구소련에서 탈퇴한 것에 대해 러시아계 주민들은 몹시 불만족스럽게 생 각하던 상황에서 2004년 발생한 '오렌지 혁명'과 2013년 말부터 시작된 유로마 이단 사태를 겪으며 러시아계 주민들 사이에는 친서방 성향을 취하는 우크라이 나인들과 함께할 수 없다는 인식이 팽배해진다. 특히 야누코비치 대통령이 탄 핵되자 2014년 4월 도네츠크주는 '도네츠크인민공화국'을, 루한스크주는 '루한 스크인민공화국'을 각각 선포한다. 이후 우크라이나 정부군과 이들 분리주의자 들 간 내전이 발생하고 러시아도 여기에 관여한다. 이를 '돈바스 전쟁'이라고 한 다. 돈바스 지방에서 발생한 우크라이나인과 러시아계 주민 간 갈등은 2014년

이 처음이 아니다. 1918년 2월 도네츠크를 주축으로 한 '도네츠크·크리보이로크 소비에트공화국'이 독립한 경험이 있다. 2014년 분리 독립을 선언한 도네츠크인민공화국이 과거 도네츠크·크리보이로크의 계승국을 자처하며 과거 공화국 국기를 재사용한 것도 이런 배경 때문이다.

2014년 5월 도네츠크공화국과 루한스크인민공화국은 주민 투표로 추인을 받고, 두 공화국은 러시아어로 '새로운 러시아New Russia'를 뜻하는 '노보로시야Novorossiya' 연방 국가를 만든다고 선언한다. 분리주의자들 목표는 동북부 하리코프, 남부 헤르손과 니콜라예프 등 친러시아 성향을 보이는 지역과 연대해 동남부 지방을 기반으로 하는 독립된 연방제 국가를 만들거나 아니면 크림반도처럼 러시아령으로 편입되는 것이다. 2014년 7월 17일 분리주의자들은 말레이시아 항공 소속 여객기를 격추시켜 탑승자 300여 명이 사망하는 사건을 일으키면서 자신들의 의도를 대내외에 과시한다. 2014년 9월 민스크 협정으로 우크라이나 정부와 분리주의자들 간 휴전이 이루어지고, 2015년 2월 체결된 제2 민스크 협정을 통해 우크라이나와 돈바스 지방 사이에 비무장지대가 획정된다. 비무장지대 설정은 노보로시야가 우크라이나로부터 사실상 분리되는 물리적·정치적 경계선이나 다름없다.

'노보로시야'가 선언되자 러시아 푸틴 대통령은 이렇게 말한다. "하리코프·도네츠크·루한스크·헤르손·니콜라예프·오데사 등은 우크라이나 땅이 아니다. 이들 영토는 1920년대 소비에트 정부가 우크라이나에 넘겨준 땅이고, 이런 사실은 신이 잘 알고 있다."고 주장하면서 돈바스 지방 분리주의를 지원하는 발언을 한다. 지금까지 전개된 상황을 고려하면 현재 돈바스 지방에 만들어진 소小연방국 '노보로시야'는 우크라이나 손을 이미 떠나간 것 같다. 노보로시야가 우크라이나와 결별하는 것은 시간문제가 될 듯싶다.

러시아가 포기할 수 없는 지정학적 위치를 가진 우크라이나와 크림반도
러시아 제국과 구소련은 물론이고 현재 러시아연방에게 우크라이나·크림반도·흑해는 지정학적·정치경제적·군사적 측면에서 절대로 포기할 수 없는 공간이다. 특히 러시아인과 친러시아 성향을 보이는 독립국가연합CIS 회원국에게 안정적인 식량을 공급하기 위해, 표트르 1세 유훈遺訓이라고 할 수 있는 부동항 확보를 통한 세계 제국 건설을 위해 꼭 필요한 지역이 우크라이나이다. 예카테리나 2세가 폴란드와 싸워 우크라이나 전역을 차지하고, 크림 칸국과 오스만 제국과 싸워 크림반도를 병합하며, 19세기 중반 러시아가 크림 전쟁을 일으킨 것도 우크라이나와 크림반도가 갖는 지정학적 위치성 때문이다.

러시아는 15세기 말부터 추진한 '동진 정책'으로 시베리아 영토를 편입한다. 그리고 오스만 제국이 차지하고 있는 흑해에 면한 우크라이나 남부 지방과 캅카스로 향한다. 이른바 러시아 제국의 '남진 정책'이다. 표트르 1세는 '아조프 원정'으로 불리는 오스만 제국과의 전쟁에서 승리해 크림반도와 동쪽 아조프 해협 일대를 1696년경 차지한다. 그러나 1711년 오스만 제국에 패배해 아조프해와 흑해 일대를 오스만 제국에게 넘겨준다. 이후 1774년 예카테리나 2세가 이 영토를 또다시 되찾아온다. 그리고 1783년 크림반도 서남단에 위치한 항구 세바스토폴에 흑해 함대를 배치하면서 러시아 제국이 그렇게 염원한 '부동항'을 확보한다.

하지만 러시아가 지중해로 나가는 길은 첩첩산중이었다. 흑해에서 지중해로 진출하려면 두 개의 해협, 유럽과 아시아의 지리적 경계이자 이스탄불을 동서로 나누는 보스포루스 해협과 마르마라Marmara해를 지나 갈리폴리반도 사이의 다르다넬스Dardanelles 해협을 통과해야 한다. 그러나 터키 통제로 지중해 진출은 거의 불가능에 가까웠다. 1936년 스위스 몽트뢰Montreux에서 체결한 협정으로 통행은 더욱 제한을 받는다. 영국·구소련·프랑스·불가리아·터키·구유고연방·일본 등이 협약을 통해 군함의 보스포루스 해협 통행 여부에 대한 권한을 터키에게 부여한다. 흑해 함대의 활동 영역 제한에도 불구하고 러시아는 흑해 제해권을 포기할 수 없는 이유는 이곳이 갖는 지정학적 위치 때문이다. 러시아가 시리아 항구 도시 타르투스Tartous에 소규모 해군 함대를 주둔시키고, 시리아 내전에서 시리아 정부 편을 들어 반군 소탕 작업에 참여하는 까닭도 여기에 있다.

그런데 1991년 우크라이나가 구소련에서 탈퇴하면서 크림반도에 주둔하는 러시아 흑해 함대 소유권 문제가 쟁점으로 떠오른다. 우크라이나는 흑해 함대를 자국 해군으로 편입하거나 그것이 여의치 않으면 러시아 해군 기지를 완전히 폐쇄하길 원했다. 반대로 러시아 입장에서는 예카테리나 2세 이후 존속했고 러시아 해군력의 1/6을 차지하는 흑해 함대를 폐쇄하는 것은 상상도 할 수 없는 일이었다. 게다가 만약 우크라이나가 NATO에 가입하면, 크림반도를 NATO에 넘겨주는 것과 다르지 않은 상황이 연출될 수 있다. 러시아는 이를 방지하려고 우크라이나와 협상을 통해 흑해 함대 부지 사용권을 2042년까지 연장했는데, 크림반도에 거주하는 러시아계 주민들 반란으로 크림반도가 러시아 땅으로 편입되면서 러시아 입장에서는 한숨을 돌릴 수 있게 됐다. 그럼에도 과거 러시아 위성 국가였던 동부 유럽 12개국이 NATO 회원국이 되면서 러시아 고민이 깊다. 더욱이 우크라이나·몰도바·조지아 등도 NATO 가입을 원하지만 자국에 미치는 러시아의 특별한 영향력 때문에 이를 실행하지 못하는 어정쩡한 상태이다.

우크라이나가 러시아 영향력에서 벗어날 수 없게 만드는 걱정거리는 또 있다. 우크라이나는 구소련에서 탈퇴하면서 수백 기의 핵미사일과 1,800여 개의 핵탄두를 보유하게 되었다. 러시아가 배치한 핵무기들이 우크라이나 소유가 된 것이다. 그러나 우크라이나는 서방 세계의 끈질긴 요구로 1994년 미국·영국·러시아와 부다페스트 양해 각서를 작성한다. 우크라이나는 3개국이 영토 보전, 즉 안전 보장에 대한 의무를 다한다는 조건에 합의하고 2010년 핵무기를 전량 폐기한다. 그런데 러시아는 그 약속을 지키지 않고 있다. 러시아는 2014년 크림반도를 러시아 땅으로 병합하고, 돈바스 지방에서 분리 독립을 선언한 '노보로시야'를 지지하고 있다. 러시아가 우크라이나의 영토 보전에 관심을 기울이지 않고 오히려 우크라이나의 영토를 축소하는 작업을 추동하고 있어 우크라이나

크림반도에서 모터사이클을 타고 퍼레이드하는 푸틴대통령(2019년 8월)
출처: 연합뉴스

걱정은 이만저만이 아니다.

한편 2018년 5월 15일 개통된 케르치 대교는 향후 우크라이나와 러시아 간 갈등을 일으킬 개연성이 매우 높다. 아조프해 안쪽에 위치한 마리우폴Mariupol 은 철광석·석탄·곡물 등을 반출하는 우크라이나 핵심 항구이다. 그리고 마리우폴 남쪽 항구 도시 베르단스크Berdyansk에 미국과 NATO 지원을 받아 해군 기지가 건설되고 있다. 이런 이유로 러시아가 케르치 해협을 통제하면 우크라이나의 중요한 뱃길이 끊겨 버리는 상황이 발생하고, 그렇게 되면 러시아와 우크라이나 간 분쟁은 언제든지 일어날 수 있다. 그런데 여기에 최근 종교적 변수까지 더해졌다. 2018년 10월 그리스 정교회의 콘스탄티노플 총대주교구 주교회는 우크라이나 정교회가 러시아 정교회로부터 독립해도 좋다는 결정을 내린다. 우크라이나 정교회는 지난 330여 년간 러시아 정교회 관할하에 있었는데, 이제부터는 독자적인 자치권을 갖게 되고 우크라이나 정교회 수장을 선출할 수 있는 길이 열린 것이다. 하지만 러시아 정교회가 이에 강력하게 반발하고 있어 우크라이나 정교회 독립이 향후 어떤 갈등을 만들어 낼지 귀추가 주목된다.

러시아가 절대 포기할 수 없는 지정학적 위치에 놓인 우크라이나와 크림반도에서 향후 러시아가 어떤 군사적·외교적 행동을 펼칠지 세계는 지켜볼 뿐이다.

분쟁의 세계지도

제5부

아프리카의 분쟁과 갈등 지역

서아프리카

'블러드 다이아몬드'로 갈등하는 해방 노예 국가들

'블러드 다이아몬드'는 분쟁 지역에서 생산돼 유통되는 다이아몬드를 일컫는다. 다이아몬드를 팔아 무기를 구입해 내전을 계속하면서 많은 사람을 죽게 하기 때문에 붙여진 이름이다. 시에라리온에서 정부군과 반군 간 내전을 배경으로 짐바브웨 용병 출신 대니 아처(레오나르도 디카프리오 분)와 여기자 매디 보웬(제니퍼 코넬리 분)을 주인공으로 한 영화 〈블러드 다이아몬드Blood Diamond, 2006〉는 피 묻은 다이아몬드 실상을 인상 깊게 보여 준다.

아프리카에는 다이아몬드 산지가 많다. 영국에서 해방된 흑인 노예가 주축인 시에라리온, 미국에서 해방된 흑인 노예가 만든 신생 독립국 라이베리아, 프랑스 식민지였고 상아 무역으로 유명한 코트디부아르 등은 세계적인 다이아몬드 주산지이다. 세계적인 슈퍼 모델 나오미 캠벨Naomi Campbell은 전범 재판에 기소된 전 라이베리아 대통령으로부터 시에라리온산 블러드 다이아몬드를 선물받았다고 해서 화제가 되었다.

해방된 노예가 주류인 시에라리온과 라이베리아는 '분쟁 자원'으로 불리는 다이아몬드 이권을 둘러싸고 오랜 기간 내전을 이어 갔다. 특히 찰스 테일러 전 라이베리아 대통령은 인접국 시에라리온 반군에게 무기를 공급하고 대금으로 다이아몬드를 받았다. 내전을 일으킨 반군 세력이 전쟁 비용을 확보하기 위해 주민을 다이아몬드 생산에 강제 동원하는 곳, 그곳에 매장된 다이아몬드 때문에 쿠데타와 갈등과 내전이 반복되는 곳이 서아프리카이다.

아프리카 '보물 창고'였던 서아프리카

아프리카 대륙은 지구 전체 땅의 1/4을 차지한다. 아프리카는 육반구 중심에 놓여 있고, 적도를 중심으로 남과 북이 비슷한 크기로 배분된다. 아프리카는 인류 역사가 시작된 곳이고, 공동체가 최초로 만들어졌으며, 언어도 최초로 등장한 곳이다. 13만 년 전에 현생 인류가 아프리카에서 유럽과 아시아로 이동했으니, 아프리카는 인류 출현의 요람인 곳이었다. 하지만 21세기 아프리카는 유럽 제국주의가 만든 '식민지 유산' 때문에 크고 작은 갈등과 내전으로 여전히 몸살을 앓고 있다.

아프리카 대륙은 세계에서 두 번째로 크고, 유럽의 5배 크기이다. UN 회원국이 54개국, 아프리카연합Africa Union, AU 회원국 55개국, 국제법적으로 인정하는 국가 62개국이 위치해 있다(2019년 8월 현재). 아프리카는 라틴아메리카 안

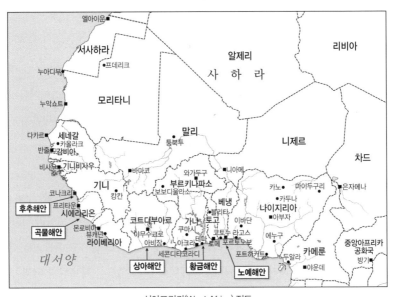

서아프리카(West Africa) 지도

데스산맥처럼 분수계를 이루는 척량산맥이 없고, 북쪽에 아틀라스산맥, 남쪽에 케이프산맥만 있다. 홍해에서 동북−남서 방향으로 스와질란드까지 9,600㎞에 걸쳐 지구대가 펼쳐진다. 일부 해안 평야를 제외한 대륙 전체가 해발고도 300m 이상이고, 800m 이상이 전체 절반 정도를 차지해 아프리카를 '고원 대륙'이라고 말한다. 내륙에는 콩고 분지, 차드 분지, 나이저 분지 등 6개 큰 분지가 발달한다.

아프리카 대륙은 모든 방향에서 해양에 열려 있다. '아프리카의 볼록한 배 Bulge of Africa'로 불리는 세네갈 서쪽 끝에서 '아프리카의 뿔Horn of Africa'로 불리는 소말리아 동쪽까지 해안선 길이는 대략 7,200㎞이다. 해안선이 길어 외견상으로는 해양으로 진출이 용이한 구조이지만, 지리적 조건을 보다 자세하게 살펴보면 사정은 180° 달라진다. 동아프리카 쪽을 제외하면 수심이 깊은 만이나 반도를 낀 천혜의 자연적 조건을 갖춘 양항良港이 많지 않고, 해안선을 따라 모래톱이 길게 발달하여 선박이 바다에서 해안으로 통행하는 것이 쉽지 않다. 이렇듯 바다를 통한 외부 세계와의 접근에 구조적인 한계가 있다.

하천도 내륙 깊숙이 들어가는 수운 역할을 못 한다. 왜냐하면 하구에서 내륙으로 조금만 들어가면 경사가 급한 폭포와 급류가 발달해 항행이 어렵기 때문이다. 하천이 흐르는 내륙 일부 구간에서는 수운 역할을 하지만, 나일강과 나이저강을 제외한 대부분의 강에서 가항 종점은 매우 짧다. 다뉴브강과 라인강 등 유럽 하천과 차별적인 속성이다. 그리고 나일강·콩고강·나이저강·잠베지강 등 큰 강이 있지만, 이들 강이 서로 연결되지 않는다. 이런 지리적 조건 때문에 하천은 해안과 내륙을 연결시켜 주지 못하고, 해안에서 시작된 근대화 흐름이 내륙 쪽으로 확산되는 데 장애 요인이 되었다.

아프리카 대륙은 전체적으로 사하라 사막을 경계로 화이트 아프리카White Africa와 블랙 아프리카Black Africa로 구분된다. 아랍인은 해가 지는 땅이란 뜻을 가진 '마그레브Maghreb' 지방, 즉 모로코·튀니지·알제리 등과 이집트에 주로 분포한다. 사하라는 아프리카를 둘로 나누는 중요한 지리적·문화적 경계선이다. 여기에 사헬을 중심으로 이슬람 문화권과 비이슬람 문화권으로 구분하는 문화적 점이지대가 존재한다. 하지만 오늘날 이슬람은 문화적 점이지대를 넘어 남쪽으로 계속 확산되는 추세이다. 사하라 이남의 블랙 아프리카는 크게 4개 지역으로 나뉜다. 남아프리카(앙골라·잠비아·모잠비크·남아공 등 10개국), 동아프리카(에티오피아 등 6개국), 적도 아프리카(콩고민주공화국 등 8개국), 서아프리카(나이지리아 등 15개국) 등이 그것이다.

서아프리카 영역은 사하라 남쪽에서 적도 부근 기니만까지, 동쪽 차드호에서 '아프리카의 볼록한 배'로 알려진 서쪽 세네갈까지이다. 서아프리카는 유럽 열강들이 노예 무역을 비롯해 아프리카 자원을 침탈한 본거지였으며, 유럽 상인들의 보물 창고 역할을 한 곳이다. 그래서 시에라리온과 라이베리아 해안을 곡물해안Grain Coast, 기니 해안 일대를 후추가 풍부하다고 해서 후추해안Pepper Coast, 코트디부아르 해안을 상아해안Ivory Coast, 가나 해안을 황금해안Gold Coast, 토고·베냉·나이지리아 서부 연안을 노예해안Slave Coast으로 불렀다. 가나 해안에 위치한 케이프코스트Cape Coast 서쪽에 있는 작는 항구 도시 엘미나Elmina는 주앙 2세 명령을 받은 포르투갈 탐험가 디오고 캉이 만든 요새가 있던 곳으로, 금과 노예 무역을 위한 포르투갈의 전진기지 역할을 한 역사적인 도시이다. 다호메이Dahomey로 불렸다가 국명이 바뀐 베냉Benin, 나이지리아 라고스Lagos, 베닌시티Benin City 등도 과거 노예 무역 거점이었다. 노예 무역이 금지되자 유럽인이 서아프리카 일대에서 대규모 코코아 플랜테이션을 행하면서 서아프리카는 세계 최대 코코아 주산지로 변모한다. 나이지리아·가나·시에라리온 등을 제외한 전역이 프랑스 식민지였다. 1990~2000년대에 서아프리카는 종족 및 정치 집단 간 격심한 내전에 시달렸으며, 시에라리온·라이베리아·코트디부아르 등이 특히 그랬다.

미국에서 해방된 노예가 건국한 신생 독립국, 라이베리아

라이베리아는 1847년 미국식민협회American Colonization Society, ACS 도움

으로 미국에서 자유를 얻은 흑인들이 돌아와 건국한 국가이다. 이 때문에 에티오피아와 함께 아프리카에서 식민지 경험이 없는 나라에 속한다. 국가명 라이베리아Liberia는 라틴어 'Liber'에서 유래했으며, '자유의 땅'을 뜻한다. 라이베리아 수도 '몬로비아Monrovia'도 미국식민협회 창립 회원이자 미국 제5대 대통령 제임스 먼로James Monroe 이름을 따서 작명한 것이다. 사실 라이베리아는 미국에서 해방된 흑인 노예가 세운 나라가 아니라, 이들을 앞세워 미국식민협회가 만든 '식민 국가'라고 하는 것이 정확한 표현이다.

미국식민협회의 정확한 명칭은 '미국에서 자유를 얻은 흑인들 식민지 건설을 위한 협회'이다. 미국에서 해방된 흑인들이 아프리카 대륙으로 되돌아가는 것을 도와주기 위해 미국 조지아대학교 총장을 역임한 로버트 핀리Robert Finley가 주도해 1816년에 만들었다. 미국 링컨 대통령이 노예 해방을 공식 선언한 1863년 이전에 만들어진 단체이다. 미국식민협회는 1821년부터 기부금을 모금해 몬로비아에 땅을 구입하기 시작한다. 영국에서 해방된 노예가 인접한 시에

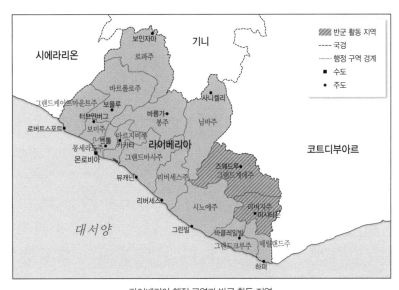

라이베리아 행정 구역과 반군 활동 지역
출처: Department of Foreign Affairs and Trade, Australian Government

라리온 프리타운에 정착지를 건설했던 방식을 그대로 원용한 것이다. 미국식민협회와 별개로 조직된 메릴랜드 주민 중심의 메릴랜드식민협회는 1833년 남부 해안 하퍼Harper에 해방된 노예들의 정착지를 만든다. 1821년부터 1867년까지 미국식민협회 지원을 받은 1만 3,000여 명의 흑인들이 몬로비아로 귀환하지만 풍토병으로 다수가 사망한다.

몬로비아로 초기에 이주한 해방 노예들은 정착촌을 놓고 원주민과 싸웠다. 원주민들은 총과 대포로 무장한 미국인과 해방 노예를 당할 수가 없어 땅을 내주었고, 해방 노예들은 해안을 거점으로 내륙으로 세력을 확대한다. 1840년 이후 미국식민협회는 기부금 모금이 어려워지자 이주 사업을 축소하고 교육과 기독교 선교 활동에 치중한다. 미국식민협회는 정착촌 통치권을 이주한 해방 노예들에게 이양하며 독립국 건설을 지원하고, 마침내 1847년 7월 26일 미국식 정치 제도를 도입한 아프리카 최초 공화국 라이베리아가 건국한다. 초대 대통령은 미국 버지니아에서 백인 아버지와 흑인 노예 어머니 사이에 태어난 조셉 젠킨스 로버츠Joseph Jenkins Roberts, 재위 1848~1856였다. 그는 20살 때 몬로비아로 이주해 보안관을 거쳐 초대 총독으로 활동한 이력도 있으며, 후에 제7대 대통령재위 1872~1876도 지낸다.

건국 이후 라이베리아에서 상류층을 형성하는 흑인을 '아메리코 라이베리안 Americo-Liberians'이라고 부른다. 미국 남동부 지역에서 노예 생활을 하다가 라이베리아로 이주해 정착한 집단과 그 후손들을 통칭한다. 이들은 미국식 정치·사회·교육 제도를 채택하고 트루휘그당True Whig Party, TWP이란 정당을 조직해 1980년까지 집권하며, 고무 무역을 통해 미국과 긴밀한 관계를 유지하면서 많은 부도 축적한다. 하지만 이들은 과거 자신들이 미국에서 차별받던 그 방식을 라이베리아에서 재현해, 자신들은 지배 계층으로 원주민은 피지배 계층으로 분리시킨다. 그 결과 3,000여 명 아메리코 라이베리안은 사회·경제적으로 상류층을 형성하고, 전체 인구 95%를 차지하는 원주민은 하류층으로 전락한다. 이 때문에 이주한 라이베리안과 원주민 간 갈등이 자주 일어나고, 말링케

족을 비롯한 원주민들은 폭동을 여러 차례 벌이기도 한다.

라이베리아 국경은 서쪽 시에라리온, 북쪽 기니, 동쪽 코트디부아르와 접한다. 면적은 약 11만㎢로 대한민국과 비슷하다. 해안에는 석호와 평야가 발달해 있고 내륙 구릉지대는 열대 우림으로 덮여 있다. 열대 우림이 국토 면적의 40%를 차지하며, 북서부에는 해발 1,400m 내외 산지가 많다. 하천은 북동쪽에서 남동쪽 기니만 방향으로 흐르며, 연중 고온 다습한 열대 우림 기후 영향으로 하천 유량은 풍부한 편이다. 동쪽 코트디부아르와 국경을 이루는 카발라강에는 수운도 발달해 있다.

라이베리아 인구는 약 473만 명2017이고, 16개 원주민 부족이 전체 인구의 95% 정도를 차지하며, 아메리코 라이베리안 비율은 3% 정도에 불과하다. 언어 계통에 따라 크게 만데Mande어 계통과 크루Kru어 계통으로 구분되며, 만데어 계통에 속하는 크펠레Kpelle족이 대략 400만으로 전체 인구의 20%를 차지하고, 주로 중부와 서부 지역에 분포하며, 아메리코 라이베리안 일부는 이 크펠레족 출신이 많다. 두 번째로 많은 종족은 바사Bassa족으로 전체 인구의 13%를 차지하고 주로 동부 해안 지역에 분포한다. 세 번째로 많은 종족은 크레보Crebo족으로 약 10%를 차지하며, 주로 동부 지역에 분포한다. 북동부 지역에 분포하는 기오Gio족이 8% 등이다. 특히 시에라리온을 비롯하여 서아프리카에 분포하는 만딩고족은 혈통이 우수하고 건강한 신체에 충성심이 강해 노예 시장에서 인기를 끌었다. 흑인 청년 노예 미드의 비극적인 이야기를 그린 영화 〈만딩고Mandingo, 1975〉 주인공은 서아프리카 만딩고족 출신이다. 라이베리아 공용어는 영어이나 사용 인구는 20% 정도이고 나머지 인구는 부족어를 사용한다. 원주민은 대부분 토착종교(40%)를 믿고, 기독교(40%)와 이슬람교(15%)도 분포한다.

라이베리아 주요 자원은 철광석·다이아몬드·천연고무·목재·커피·코코아 등이다. 철광석과 다이아몬드를 포함한 광업이 GDP의 20% 정도를 차지하며, 철광석이 전체 수출의 60%를 차지하지만 최근에는 그 비중이 낮아진 것으로 알려졌다. 라이베리아는 등록세를 비롯해 세금이 싸고 규제가 거의 없어 많은 외국 선박들이 라이베리아에 등록하기 때문에 선적 기준으로 세계 제2위 선박 보유국이다. 1위는 파나마이다.

영국에서 해방된 노예가 주축인 국가, 시에라리온

시에라리온Republic of Sierra Leone이란 국명은 '사자의 산'을 뜻한다. 1462년 경 서아프리카 일대를 항해한 포르투갈 탐험가 페드로 드 신트라Pedro de Sintra가 해안 지형이 사자 이빨처럼 생겼고, 사자 울음소리가 들려 'Sierra Leoa'라고 명명했다고 한다. 그리고 1787년 영국이 'Sierra Leone'이란 지명을 공식적으로 채택하면서 현재의 국명이 만들어진다. 1495년 포르투갈은 프리타운 Freetown이 위치한 시에라리온 반도 끝단에 요새를 만들고 항구로 이용하며, 15세기 이후 영국, 프랑스, 네덜란드 등은 프리타운을 아프리카 무역의 거점으로 활용한다. 프리타운은 수심이 깊고 반도로 둘러싸인 양항 조건을 가진 천연

시에라리온 지도

분쟁의 세계지도

항구였다.

하지만 시에라리온 반도에 도시를 만든 사람은 영국인이다. 영국은 미국 독립전쟁 후 미국에 있던 1,000여 명의 흑인 노예를 해방시켜 영국, 캐나다, 카리브해 영국령 식민지 등지로 이주시킨다. 영국에서 노예 폐지 운동을 펼친 그랜빌 샤프Granville Sharp, 1735~1813는 세인트조지만사St. George's Bay Company를 만들어 시에라리온 반도 남단에 '자유의 성'이란 뜻을 가진 해방 노예를 위한 정착촌 '프리타운'을 건설한다. 그랜빌 샤프는 1787년 5월 15일 미국에서 영국으로 이주한 해방 노예 400명을 프리타운에 처음으로 데리고 간다. 하지만 1차 이주자들은 풍토병과 원주민 공격으로 대부분 사망하였고, 미국 독립전쟁에서 영국을 위해 싸워 준 대가로 캐나다 노바스코샤 지역으로 이주시킨 흑인 1,200여 명과 자메이카에서 도망친 흑인들을 1792년 프리타운에 정착시킨다. 이들은 후에 시에라리온에서 크리올Creole(백인과 자메이카 흑인 사이의 혼혈) 사회를 만든다.

1808년 영국은 프리타운을 국왕 직할 식민지로 지정한다. 1818년 프리타운에 가나와 잠비아를 통치하는 식민 총독 본부를 설치하고 대학을 만들면서 프리타운은 서아프리카 교육·문화의 중심 도시로 발전한다. 1850년까지 프리타운과 인접한 정착촌에 이주한 해방 노예는 약 7만 5,000여 명에 달했다고 한다. 1896년 영국은 시에라리온 내륙을 보호령으로 만들고, 원주민에게 일명 가옥세Hut Tax를 부과한다. 이에 반발한 템네족이 부족 연합군을 만들어 1898년 영국을 상대로 전쟁을 벌이지만 역부족이었다. 1930년대에 민족주의 운동이 일어나고, 1950년대에 부족 중심 정당들이 독립 운동을 전개하면서 1961년 독립하지만 쿠데타 발생으로 늦어져 1971년에 4월이 되어서야 공화국이 출범한다.

시에라리온 면적은 약 7만 1,000㎢로 아프리카 국가 중 작은 나라로 분류된다. 대서양에 면해 있는 시에라리온은 북쪽과 동쪽은 기니, 남쪽은 라이베리아와 국경을 접한다. 시에라리온 지형은 해안의 늪과 평야지대, 내륙의 평원지대, 북부와 동부의 고원지대로 이루어져 있고, 초원·초지 30%, 삼림 25%, 농경지

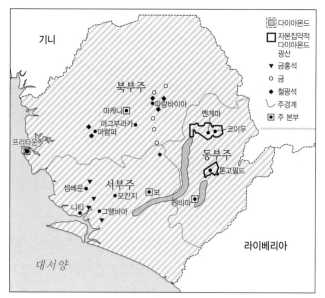

시에라리온의 주요 지하자원 산지
출처: Akiwumi, F. A., 2014

25% 등으로 구성된다. 동부 지역 세와Sewa강 중류 코이두Koidu 일대에는 다이 아몬드 광산이 집중 분포한다. 1935년경 다이아몬드 광산이 처음 발견되었고, 독점 채굴권은 세계 최대 다이아몬드 제조사인 영국계 드비어스De Beers에게 98년간 임대한 상태이다. 세와강 중류 지역을 놓고 원주민 부족 간, 이주한 흑 인과 원주민 간 다툼이 자주 일어났다.

시에라리온 인구는 약 772만 명2018이다. 토착 원주민이 전체 인구의 90% 를 차지하며, 남동부 지역에 멘데족(30%), 동부 지역에 코노족, 서부 지역에 템네족(30%)과 림바족(8.5%)이 주로 분포한다. 해방 노예 후손인 크리올인도 5% 정도 분포하며, 크리올인은 라이베리아의 아메리코 라이베리안처럼 시에 라리온에서 상류 계층을 형성한다. 특히 다수 종족 템네족과 멘데족은 서로 갈 등·대립하는 관계이며, 지지하는 정당도 각각 다르다. 템네족은 전인민회의All People's Congress, APC를, 멘데족은 시에라리온인민당Sierra Leone People's

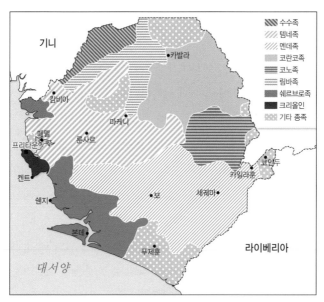

시에라리온 종족 분포
출처: Inisheer

Party, SLPP을 지지한다. 종교는 이슬람 60%, 기독교 10%, 전통종교 30% 등이다. 언어는 영어가 공용어이고, 크리올어도 통용된다.

100년 장기 집권이 잉태한 제1차 라이베리아 내전

라이베리아에서 아메리코 라이베리안이 1869년에 만든 트루휘그당TWP은 1980년까지 거의 100여 년간 라이베리아를 집권한다. 아메리코 라이베리안은 1930년대부터 시작한 고무 산업을 통해 그리고 1960~1970년대에는 철광석 채굴과 각종 이권 개입을 통해 부를 축적하며, 이를 바탕으로 장기 집권을 꾀할 수 있었다. 재산 소유자에게만 투표권을 주고, 재산이 없는 토착 원주민에게는 투표권을 주지 않는 독특한 선거 제도 때문에 트루휘그당은 장기 집권을 누렸다. 트루휘그당 집권 동안 권력과 시장을 독점한 아메리코 라이베리안은 토착 원주민을 지배하는 라이베리아식 신新식민 제도를 구축하면서 아메리코 라이베리안과 원주민은 각각 상류층과 하류층으로 분화된다.

하지만 1980년 4월 100여 년의 트루휘그당 장기 집권은 막을 내린다. 약관 28세 육군 상사 새뮤얼 도Samuel Doe, 재위 1980~1990가 쿠데타에 성공한 것이다. 라이베리아 전체 인구에서 4%에 불과하고 최하층으로 분류되는 크란족 출신 도 대통령은 크란족을 요직에 등용해 정권을 강화하지만 폭정과 부정부패, 경제 악화 등으로 아메리코 라이베리안을 비롯한 다른 부족의 반발을 불러일으킨다. 이에 1985년 11월 중북부 지역 지오족 출신 토머스 퀴원크파Thomas Quiwonkpa가 쿠데타를 일으키지만 실패하고, 이 과정에서 지오족과 마노족 등 3,000여 명이 도 정권에 의해 살상된다.

1989년 후반 찰스 테일러Charles Taylor는 반군 활동을 위해 '라이베리아국민애국전선National Patriotic Front of Liberia, NPFL'을 조직한다. 테일러는 수도 몬로비아 교외에서 태어난 아메리코 라이베리안이다. 미국에서 대학과 대학원을 다닌 엘리트였으며, 도 정권에서 조달청장까지 지내다 부패 혐의를 받자 미국으로 도망간다. 미국 교도소에서 탈옥한 테일러는 리비아에서 군사 훈련을 받고 코트디부아르로 돌아와 리비아·코트디부아르·부르키나파소 등의 지원을 받아 라이베리아국민애국전선을 결성한다. 테일러가 1989년 12월 24일 라이베리아국민애국전선을 이끌고 라이베리아로 진입하면서 내전이 시작된다. 이를 제1차 라이베리아 내전1989~1996이라고 한다.

반군 지도자 테일러는 도 정권에서 탄압받은 지오족과 마노족이 많이 분포하는 동북부 지역 님바Nimba주에 먼저 진입한다. 크란족 중심의 정부군이 님바주에서 지오족과 마노족을 상대로 살인과 약탈을 감행한 전력이 있어 님바주 주민 대부분은 라이베리아국민애국전선 반군에 쉽게 동조한다. 내전은 정부군, 라이베리아국민애국전선, 라이베리아국민애국전선에서 떨어져 나온 분파 조직 '라이베리아독립구국전선Independent National Patriotic Front of Liberia, INPFL' 등 3파전으로 확대된다. 내전 초기에 라이베리아국민애국전선은 라이베리아독립구국전선과 국토의 90%를 장악하면서 승기를 잡는다. UN과 서아프리카경제공동체 중재로 정전이 이루어지고, 나이지리아가 주도하는 평화유지 감시단Economic Community of West African States Monitoring Group, ECOMOG 이 수도 몬로비아에 들어오며 1990년 9월 9일 도 대통령이 생포된다. 한편 평화유지감시단인은 과도정부를 선포하고 라이베리아국민애국전선에 참여를 제안하지만, 테일러는 이를 거부하고 내전을 계속 이어 간다.

테일러가 지휘하는 라이베리아국민애국전선이 내전을 계속한 이유는 인접한 시에라리온 동부 코노Kono 지역을 차지하려는 속셈 때문이었다. 코노 지역은 시에라리온의 대표적인 다이아몬드 산지이다. 라이베리아국민애국전선은 철광석·고무·목재 등 자원을 기반으로 정부군과 다른 군벌 집단들을 상대로 내전을 이어 간다. 이 과정에 테일러는 수도 몬로비아 남쪽에 위치한 제2의 도시 뷰캐넌Buchanan을 중심으로 '대大라이베리아Greater Liberia'라는 독자적인 국가를 자의적으로 선포한다. 테일러는 금·다이아몬드·철광석 등을 외국에 수출해 많은 전쟁 비용을 확보하면서 세력을 유지한다.

한편 실각한 도 정권을 지지하는 부족 세력들이 북서부 지역을 기반으로 '라이베리아민주통일해방운동United Liberation Movement of Liberia for Democracy, ULIMO'을 만들어 내전에 뛰어들면서 상황은 더 복잡해진다. 라이베리아민주통일해방운동을 이끈 지도자들도 다이아몬드 채굴을 통해 전쟁비용을 확보하고, 평화유지감시단인에 협력해 라이베리아국민애국전선을 상대로 싸운다. 1995년 8월 테일러는 여러 정파 지도자들과 '아부자 협약'을 맺고 휴전에 들어간다. 다음해 4월 라이베리아국민애국전선과 라이베리아민주통일해방운동이 몬로비아 관할권을 놓고 다투면서 내전이 재개되지만 8월 다시 평화협약이 체결된다. 협정에 따라 1997년 7월 치러진 대통령 선거에서 테일러가 당선되면서 제1차 라이베리아 내전은 종료된다.

라이베리아 내전에서 '불똥'이 튄 시에라리온 내전(1991~2002년)
한편 시에라리온에서는 1971년 시아카 스티븐스Siaka Stevens, 재위 1971~

1985가 초대 대통령이 되면서 전인민회의APC 일당 독재와 부패 정치가 시작된다. 스티븐스는 국가와 국민을 위해 쓰여야 할 다이아몬드 채굴권을 개인적으로 사용하고, 많은 부를 축적한다. 80세로 은퇴하면서 후계자로 지목한 자신의 심복인 육군 참모총장 조지프 모모Joseph Momoh, 재위 1985~1992가 1985년 대통령으로 선출된다. 모모 대통령도 전임자와 비슷한 국정을 펼치면서 국민 생활은 더 피폐해지고, 정부에 대한 저항과 반발은 고조되기 시작한다.

이런 상황에서 육군 상병 출신 포다이 상코Foday Sankoh, 1937~2003가 반군 활동을 위해 '혁명연합전선Revolutionary United Front, RUF'을 조직한다. 1937년 시에라리온 북부 통콜릴리주에서 농부 아들로 태어난 상코는 교육을 거의 받지 못하지만 1971년 스티븐스를 축출하는 쿠데타에 가담해 실패하고 투옥생활을 한 후 리비아로 간다. 리비아에서 독재자 카다피가 만든 첩보대에 들어가며, 첩보대 훈련 과정에서 향후 라이베리아 대통령이 될 테일러를 만난다. 시에라리온으로 돌아온 상코는 정부 불만 세력, 라이베리아국민애국전선NPFL, 부르키나파소 출신 용병 등으로 혁명연합전선을 꾸린다. 리비아 카다피와 라이베리아 테일러가 혁명연합전선을 지원하고, 특히 테일러는 시에라리온산 다이아몬드를 공급받는다는 조건으로 혁명연합전선을 군사적으로 지원한다.

1991년 3월 23일 상코 지휘를 받은 혁명연합전선 무장 군인 100여 명이 시에라리온 동부 지역을 차지하면서 내전이 시작된다. 내전 초기 그는 다이아몬드

시에라리온 다이아몬드 채굴
출처: ⓒBrian Harrington Spier_Flicker

광부들에게 내전 필요성을 설파하고 부패 정권 축출, 다당제 민주주의 실시, 다이아몬드 생산이익의 공평한 분배, 무상교육과 무상의료, 인권 개선 등을 약속하면서 지지 세력을 확대한다. 하지만 상코는 내전 과정에서 초기 약속을 지키지 않고, 소년 병사를 앞세워 공포 정치를 펼친다. 소년 병사들에게 마약을 먹인 뒤 살인 훈련과 전투에 참여시키며, 병사들이 전투 중 민간인에게 무슨 짓을 해도 문제 삼지 않는다. 게다가 점령지 주민을 강제로 징집해 병력을 충원하고, 무자비한 만행과 폭압으로 공포감을 조성하면서 혁명연합전선은 빠르게 점령지를 넓혀 간다. 상코는 점령한 다이아몬드 광산에 민간인을 강제로 동원하고, 채굴 작업에 비협조적인 사람의 손목이나 발목을 자르기도 한다. 1993년 상코는 동부 지역 다이아몬드 산지 대부분을 점령하며 다음해에는 보크사이트와 티타늄 광산도 차지한다.

상코는 채굴한 다이아몬드를 라이베리아의 테일러에게 보낸다. 테일러는 다이아몬드 대가로 무기와 용병과 전쟁 비용을 상코에게 무제한으로 제공한다. 테일러는 시에라리온산 '블러드 다이아몬드'를 영국계 다국적 기업 드비어스에게 팔아 돈을 챙긴다. 테일러가 대통령이 된 이후에도 이런 거래는 계속되고, 덕분에 혁명연합전선은 내전을 계속 이어 간다. 한편 혁명연합전선과 대치한 상황에서 1992년 4월 모모 대통령이 쿠데타로 실각한다. 이후에도 크고 작은 쿠데타가 꼬리를 물고 발생하고, 1996년 3월 선거로 선출된 아마드 카바 대통령 Ahmad Kabbah, 재위 1996~1997도 쿠데타로 실각한다. 이후 UN 등 국제사회 지원으로 카바 대통령재위 1998~2007이 1998년 정권을 되찾는다. 1999년 3월 정부와 반군 간 평화 협정이 이루어지고, 2002년 1월 내전이 공식적으로 종료된다. 한편 체포되어 재판에 기소된 상코는 2003년 교도소에서 사망한다.

1991년부터 2003년까지 상코가 벌인 시에라리온 내전은 라이베리아 테일러 대통령 지원이 없었다면 불가능했을지도 모른다. 설령 가능했다고 해도 11년 동안이나 지속하지는 못했을 것이다. 혁명연합전선이 반출한 다이아몬드를 테일러가 받지 않고, 반군에게 무기와 전쟁 비용을 공급하지 않았다면 서아프리카 국가들과 서방 세계가 외면한 내전이 10여 년을 지속할 수 없었을 것이다. 다이아몬드를 차지해 부를 축적하려는 테일러 대통령의 욕심 때문에 인접한 시에라리온의 선량한 시민 수십만 명 팔과 다리가 잘려 나갔고, 5만여 명 사망자와 50만여 명 난민이 발생했다.

2014년 시에라리온에서는 에볼라 바이러스 전염병이 창궐해 1만여 명이 감염되고, 3,000여 명이 사망한다. 내전 상처가 채 아물기도 전에 발생한 비극은 지구촌을 안타깝게 만들었다. 해방된 노예가 돌아와 자신들의 아픈 과거 역사를 되돌아보며 토착 원주민과 통합된 국가를 만들어도 시원치 않을 판에 내전을 이어 갔고, 세계적인 다이아몬드 매장국을 세계 최빈국으로 만들어 버렸다. 부족 중심 문화가 집단 간 차별과 다름을 증폭·강화시켜 국가 통합을 방해하고 있는 곳이 시에라리온이다. 도대체 무엇이, 누가 이 땅을 그렇게 만들었을까? 시에라리온의 평화와 번영과 공존은 정녕 요원하기만 한가?

제2차 라이베리아 내전 재개와 테일러 대통령 축출

1997년 7월 대통령에 취임한 테일러는 라이베리아국민애국전선NPFL에 대립각을 세웠던 크란족에 대한 집단적인 탄압과 학살을 자행하고 크란족은 인접한 시에라리온으로 대거 탈출한다. 이에 크란족은 시에라리온에서 반反테일러 세력을 하나로 통합하는 작업을 펼친다. 1999년 여러 반군 조직이 연합하여 '화해와 민주주의를 위한 라이베리아연합Liberians United for Reconciliation and Democracy, LURD(이하 LURD)'을 결성한다. 그리고 기니 정부 지원을 받아 라이베리아 북서부 지역 로파Lofa주를 거점으로 내전을 벌인다. 이것을 제2차 라이베리아 내전1999~2003이라고 한다.

한편, 테일러 대통령은 시에라리온 내전을 통해 많은 부를 쉽게 축적한다. 혁명연합전선RUF이 시에라리온산 다이아몬드를 계속 생산·공급해 주기 때문이다. 테일러 대통령은 혁명연합전선뿐만 아니라 시에라리온에서 활동하는 다른 부족의 반군에게도 무기를 지원하고, 북부 국경을 맞댄 기니 정부에 대항하는 반군에게도 무기와 전쟁 비용을 지원한다. 테일러의 이런 행동에 기니 대통령은 테일러에 대항하는 LURD를 지원하게 되고 라이베리아 내전 구도는 더 복잡해진다. 블러드 다이아몬드를 싼값에 확보하려는 테일러 욕심이 불러온 결과였다.

서방 세계는 시에라리온과 기니 반군을 지원하면서 다이아몬드를 비롯한 자원을 확보하려는 테일러의 비열한 활동을 비판하기 시작한다. 미국을 비롯한 서방 세계는 라이베리아에 무역 제재를 가하고 LURD를 지원했으며, 인접국 기니도 이에 합세한다. 2003년 LURD는 북서부에서 몬로비아로 진격하고, 코트디부아르 지원을 받은 '라이베리아민주운동Movement for Democracy and Elections in Liberia, MODEL'은 남부와 동부 지역을 장악한다. 패색이 짙다고 판단한 테일러 대통령이 2003년 8월 나이지리아로 망명하면서 제2차 내전은 끝난다.

테일러 대통령 축출 이후 라이베리아는 정치적 안정을 되찾고 있다. 2005년 대통령 선거에서는 엘런 존슨 설리프Ellen Johnson Sirleaf, 재위 2006~2018가 라이베리아 최초로 여성 대통령이 된다. 설리프 대통령은 민주화 운동에 참여한 경험이 있으며, 노벨 평화상2011을 수상하기도 한다. 설리프 뒤를 이어 2018년 1월 조지 웨아George Weah가 제25대 대통령으로 취임한다. 그는 AC밀란, 첼시 FC, 맨체스터 시티 FC 등에서 활약한 유명한 축구선수로 2003년 은퇴한 후 라이베리아 정치계에 입문한 정치인이다.

라이베리아에서는 '블러드 다이아몬드'라는 나쁜 국가적 이미지가 서서히 지워지고 있다. 하지만 절반이나 되는 인구가 기아에 허덕이고 있어, 언제쯤 최빈국이라는 불명예를 씻어 낼 수 있을지 의문이다. 세계적인 카카오 생산국인 인접국 코트디부아르에서도 '블러드 초콜릿'이 정부군과 반군 전쟁 비용으로 충당되고 있어 안타깝다.

나이지리아

나이저강이 준 '축복의 땅'에서 '갈등의 땅'으로

나이지리아Nigeria라는 국가명은 '나이저Niger강이 흐르는 땅'을 뜻한다. 15세기 나이지리아는 인접한 베냉과 함께 아프리카 노예 무역 중심 무대였다. 아프리카에서 인구가 가장 많이 분포하는 지역으로 건강한 노예를 구하기 용이했기 때문이다. 인구가 밀집되다 보니 다양한 부족이 모여 총 250여 부족이 나이지리아에 거주하고 있다. 녹색과 흰색이 세로 방향으로 3등분된 국기도 북부·남부·서부에 분포하는 3대 부족을 상징한다.

영국은 19세기 초부터 100여 년간 나이지리아를 식민지로 지배한다. 특히 1914년 이후에는 남부와 북부 지역을 통합해 하나의 나이지리아로 통치한다. 역사적으로 나이저강 및 베누에Benue강 이남과 이북, 나이저강 동부와 서부에 전혀 다른 문화적 속성을 가진 부족이 분포함에도 불구하고 그런 정책을 취한 것이다. 게다가 북부 지역 이슬람계 부족보다 남부 기독교계 부족을 우대하였다. 하나의 국가 내에서 이루어진 영국의 분할 통치 정책은 나이지리아에서 지역·종족·종교 간 갈등을 심화시켰다. 독립 후 남동부 지역 석유 자원을 기반으로 분리 독립 운동을 펼친 비아프라Biafra 내전도 그 후유증이다.

남부와 북부 지역 간 경제적 격차는 북동부 지역에서 보코하람이 등장할 수 있는 토양을 제공하였다. 보코하람은 나이지리아 내에서 테러와 공격을 자행하는 것은 물론이고 인접한 차드·카메룬·니제르 등지까지 세력을 펼치면서 국지적으로 불안정하게 하고 있다. 최근에는 알카에다·IS 등과 연계돼 국제적 테러 집단으로 활동하면서 나이지리아의 새로운 고민거리가 되고 있다. 다양한 부족 분포를 고려하지 않은 식민 통치와 한 국가로 무리하게 통합했던 것이 부족 간 갈등과 내전을 일으키고 있다.

'아프리카의 거인국國'으로 불리는 나이지리아

나이지리아 인구는 1억 9,000만 명2017으로 아프리카 국가 중 1위이다. 그래서 '아프리카의 거인'이라는 별칭이 붙어 있다. 면적은 약 92만 3,700㎢이고 한반도 4.2배 크기이다. 나이지리아는 300여 부족과 520여 개 언어가 분포하는 다종족·다언어 국가이다. 나이지리아는 수도 아부자Abuja 특별구를 비롯해 36개 주로 구성된 연방공화국Federal Republic of Nigeria이다. 아부자는 아프리카에서 인구가 가장 많은 도시이다.

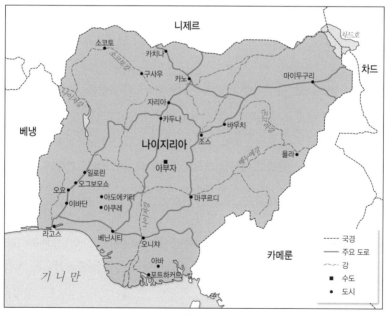

나이지리아 지도

나이지리아에는 해안 지역 습지대, 해안과 인접한 내륙 지역 열대 우림 및 삼림·초원지대, 북부 지역 산지 등이 해안에서 내륙 방향으로 발달하며 해안에서 내륙으로 갈수록 해발고도도 높아진다. 나이지리아에는 기니에서 발원해 국토 서쪽을 관통하는 아프리카 3대 하천에 속하는 나이저강과 카메룬에서 발원해 국토 북동쪽을 흐르는 베누에강이 있고, 이 두 강이 국토 중앙에서 합류해 남쪽 나이저 하구로 들어간다. 나이저강과 베누에강은 나이지리아를 북부와 남부로 나누는 자연적 경계선 역할을 한다. 기후는 전체적으로 열대 우림 기후에 속하지만 건기와 우기가 비교적 뚜렷하다. 인접한 니제르에서는 나이저강을 '니제르강'이라고 부르는데, 이는 프랑스어 표현으로 동일한 강이다.

현재 나이지리아에는 300여 부족이 살고 있지만 정치·경제·사회적으로 중요한 영향력을 행사하는 부족은 하우사·플라니Hausaand Fulani, 요루바Yoruba, 이보Igbo 등으로 전체 인구의 70% 정도를 차지하고, 이조Ijaw, 카누리Kanuri, 이비비오Ibibio, 티브Tiv 등이 전체 인구의 20~25% 정도를 차지한다. 그리고 이들 부족 내에는 언어·문화·생활방식이 다른 하위 씨족들이 또 존재한다. 최대 부족은 인구의 25% 정도를 차지하는 하우사·플라니족이다. 이들은 하우사어를 사용하며 북부와 북서부 지역에 주로 분포한다. 하우사족 대부분은 이슬람교도이고, 나이지리아 정치에서 매우 중요한 역할을 하며, 농업·목축업·무역업 등에 주로 종사한다. 두 번째로 많은 종족은 인구의 21% 정도를 차지하는 요루바족이다. 요루바족은 나이저강을 경계로 서쪽 내륙과 해안에 분포하며 요루바어를 사용하고 대부분 기독교를 믿는다. 세 번째로 인구가 많은 종족은 이보족으로 인구의 18%를 차지하고 나이저강이 흐르는 동부 남쪽에 분포한다. 9세기경부터 이보어가 '나이지리아식 피진어Pidgin' 역할을 하는데, 이는 나이저강 하류라는 지리적 위치로 상업에 종사하는 사람들이 많았기 때문이다. 이보족 대부분은 기독교도이고, 정상 교육을 받고 상업에 많이 종사하며, 부족 문화는 하우사족과 이보족에 비해 훨씬 개방적이고 개인적이다. 비아프라 내전 이후 지속적으로 분리 독립을 염원하는 부족이 이보족이다. 나이지리아에서 종

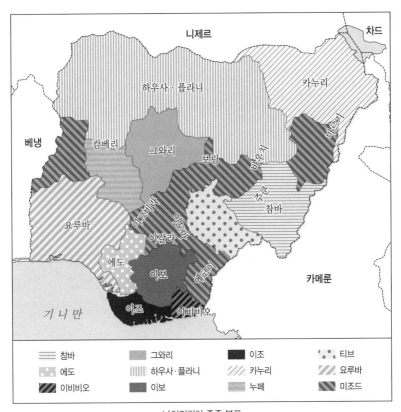

나이지리아 종족 분포
출처:U.S. Central Intelligence Agency

교 분포는 나이저강과 베누에강을 경계로 북쪽은 이슬람교, 남쪽은 기독교로 뚜렷하게 구분된다. 공용어는 영어이지만, 하우사어·요루바어·이보어·하우사어·이조어 등 4대 부족 언어가 지역적으로 통용되며, 많은 소수 부족 언어도 국지적으로 사용된다.

나이지리아는 다른 국가에 비해 경작 가능한 토지가 넓어 농업이 주요 산업이다. 남부 해안의 기름야자와 코코야자, 서남부의 카카오와 고무, 북부 사바나 지역의 면화 등이 대표적인 농산물이다. 하지만 나이지리아는 아프리카 최대 석유 산유국으로 매장량 기준 세계 10위, 생산량 기준 세계 13위이며, 국가 경제에서 석유 수출이 차지하는 비중은 막중하다. 석유뿐만 아니라 천연가스·석탄·주석 등의 자원도 풍부하지만, 국내 정치 불안으로 산업화가 더딘 편이다.

나이지리아는 다종족·다언어 국가에서 일반적으로 나타나는 집단 간 분열성을 그대로 보여 주고 있다. 부족과 종교의 지역적 분포 차이는 정당 및 정치권력과 연계되어 갈등과 대립을 조장하는 요인이 되고 있다. 즉, 특정 자원을 기반으로 독립이 가능하다고 판단한 부족은 분리 독립을 꾀하게 되고, 상대적으로 경제적 격차와 박탈감을 인지한 부족은 그렇지 않은 부족에 적대적인 감정을 가지면서 반발하는 구도가 형성되기 때문이다. 1960년대 후반 동부 지역에서 이보족이 석유를 기반으로 일으킨 비아프라 내전, 경제적으로 낙후된 북동부 지역에서 득세한 반反기독교 세력인 보코하람 등이 여기에 해당한다. 영국이 식민 지배 행정의 편의를 위해 복잡한 종족 분포를 무시하고 나이지리아를 하나의 영토로 통치했던 유산인 셈이다.

노예 무역의 중심지에서 160여 년의 영국 식민지로

기원전 4세기경 나이저강과 베누에강 북부 지역에 철기문화를 사용한 노크Nok 문명이 출현해 기원후 2세기까지 존속한다. 9세기경 요루바족이 옛 수도였던 라고스 북동쪽 이페Ife 일대에 거주하면서 왕국을 만들어 고유한 문화를 꽃피운다. 요루바족은 오늘날도 나이지리아 서남부 지역 주류 종족이다. 1180년경 이페 왕국은 베닌 왕국으로 확대되고, 13세기경 지금의 베닌시티Benin City에 베닌 왕국이 자리를 잡고 일정한 세력을 유지하면서 유럽 사람들과 노예 무역을 하며 번성하지만 18세기경 영국 식민지로 전락한다.

서아프리카 해안을 따라 나이지리아에 들어온 최초 유럽인은 포르투갈 상인이었다. 중세 유럽인은 지중해 연안 북아프리카에 사는 호전적인 무어인Moors(710년경 이베리아반도를 점령한 아랍계 이슬람교도) 때문에 아프리카 아래쪽으로 진출하는 것을 꺼렸다. 당시 유럽인 사이에 카나리아 제도Canary Islands(아프리카 북서부 대성양에 위치한 스페인령 제도) 너머에는 '어둠의 바다'Mare Tenebroso'가 있다는 소문이 돌아 더 이상 항해를 하려고 하지 않았다.

하지만 1440년대 원양 선박용 캐러벨선이 개발되면서 상황은 달라진다. 13세기부터 포르투갈에서는 소형 범선인 캐러벨선을 어선으로 주로 사용했지만 먼 바다까지 항해할 수 없다는 단점이 있었다. 포르투갈 국왕 주앙 1세의 아들 엔히크 왕자는 대서양 너머 먼 바다까지 항해할 수 있는 '포르투갈형 캐러벨선'을 개발하고, 이에 힘입어 포르투갈 탐험가들이 서아프리카 탐험에 성공한다. 페드로 드 신트라Pedro de Sintra는 1470년경 곡물해안과 상아해안을 거쳐 나이지리아 기니만에 도착한다. 영국에서도 계몽주의에 입각해 아프리카를 지원한다는 목적으로 왕립지리학회Royal Geographical Society 재정지원을 받은 탐험가들이 1840~1850년대 나이저강 내륙으로 들어가면서 나이지리아는 영국 세력권으로 편입된다. 영국 상인들은 초기에 노예 무역에 참여하지만 노예 무역이 금지된 1815년 이후에는 라고스를 거점으로 광물과 농산물 등 상업 무역으로 전환하며, 야자유·땅콩·생고무·코코아·면화 등이 주요 교역품이었다. 영국은 오늘날 서남부 지역에 거주하는 요루바족에게 코코아를 재배하도록 유도한다.

나이지리아 식민지 개척 역사는 포르투갈이 아닌 영국이 주도한다. 1861년 영국은 라고스 일대를 식민지로 만들고, 1886년 '라고스식민보호령'으로 지정한다. 1885년 베를린 회의 후, 나이저강 일대를 '해안보호령'으로, 나이저강 위쪽 북부 지역을 '북나이지리아보호령'으로 각각 만들어 남부와 북부로 구분해 통치한다. 그리고 1906년 남부 2개 보호령을 '남나이지리아보호령'으로 통합하고, 라고스에서 내륙을 연결하는 철도를 건설해 1914년 남부와 북부에 설치했던 보호령을 하나의 '나이지리아보호령 및 식민지Colony and Protectorate of Nigeria'로 통합해 지배한다.

영국은 나이지리아를 지배하면서 남부 지역에 기독교를 적극적으로 전파한다. 남부 지역에 분포하며 서로 경쟁적 관계였던 서쪽 요루바족과 동쪽 이보족은 기독교를 수용하며, 식민지 행정부에 협조해 정치적·사회적으로 일정한 지위와 영향력을 향유한다. 반면 북부 지역에 분포하며 이슬람교를 믿는 하우사·플라니족은 남부 지역의 두 종족에 비해 상대적으로 많은 차별을 받는다. 19세기 후반부터 영국은 하우사·플라니족을 내세워 토착 원주민을 통치하는 간접 통치 방식을 적용하고, 하우사·플라니족도 이보족과 비교할 수는 없지만 일정한 세력을 유지한다. 전술한 세 개 종족 분포를 고려해 분할 통치하는 영국의 정책 덕분에 남부와 북부 지역은 1946년까지 일정한 수준의 자치를 유지한다. 이런 분할 통치 방식은 결과적으로 독립 후 남부와 북부 지역이 서로 갈등·대립하는 중요한 배경이 된다.

이러한 식민 지배 유산 때문에 나이지리아 독립 운동을 주도한 민족주의자들은 독립 후 나이지리아 통치 방식과 영토 분할에 대해 고민하게 되고, 이 과정에서 다음과 같은 세 가지 방안이 논의된다. 첫째 하나로 통일된 중앙집권형 국가, 둘째 여러 개 자치 국가로 구성된 연방 국가, 셋째 서너 개 독립 국가로 완전히 분할하는 방안 등이다. 영국은 이들 방안 중 세 번째 방식에 대해서는 분명한 반대 의견을 제시하고, 당시 아프리카통일기구Organization of African Union도 영국 의견에 동의한다. 특히 영국이 나이지리아 독립 과정에서 고민한 문제는 두 가지였다. 하나는 북부 이슬람 세력이 아닌 남부 기독교 세력이 독립 과정을 주도해야 한다는 것이었고, 다른 하나는 남부 지역에서 동서로 나뉘어 경쟁 관계에 있는 요루바족과 이보족 간 긴장 관계를 완화시키는 것이었다. 전자는 문제없이 진행되지만 후자는 영국 바람대로 되지 않았고, 결국 독립 후 이보족이 비아프라 내전을 일으키고 만다.

1960년 10월 1일 독립한 나이지리아는 북부·서부·동부 등 세 개 지역으로 구성된 연방공화국이었다. 많은 사람들은 영국식의 민주주의 교육과 훈련을 받고 미국식의 대통령 중심 연방공화국 체제를 갖춘 나이지리아가 '아프리카 민주주의' 모델 국가가 될 것으로 기대한다. 하지만 1966년 발생한 1차 쿠데타를 시작으로 1993년까지 수차례 쿠데타가 일어나면서 기대감은 물거품으로 변한다. 북부 출신 세력이 쿠데타를 일으키면 남부 출신 세력이 진압해 정권을 차지하고, 이후 북부 출신 세력이 다시 쿠데타를 일으켜 정권을 잡으면 남부 출신 세력이 또다시 쿠데타를 일으키는 일련의 과정이 계속 반복되었다. 연이은 군사 쿠데타로 국내 정치는 불안정해지고, 이는 나이지리아 경제 발전의 걸림돌로 작용하였다. 뿐만 아니라 북부·동부·서부 지역에 각각 기반을 둔 특정 부족 중심의 정당 간 갈등은 곧 나이지리아라는 단일 연방 국가의 통일성을 저해하는 요인이 되었다. 빈번한 쿠데타 발생은 남부와 북부 지역 간 주도권 싸움에서 비롯된 것이지만, 보다 근본적인 이유는 남부 지역 기독교와 북부 지역 이슬람교라는 종교적 대립, 식민지 시절부터 축적된 친영 세력과 반영 세력이라는 정치·사회적 구조에 있었다.

남동부 지역의 이보족이 일으킨 비아프라 내전

비아프라 내전은 나이지리아가 다종족 국가라는 사실을 증명한 대표적 사건이다. 독립 초기부터 나이지리아 연방정부 지배권을 둘러싸고 북부·서부·동부 지역에 기반을 둔 정파 간 갈등과 대립은 치열했다. 독립 당시 연방정부 헌법에는 국토 면적의 70%, 인구의 50% 정도를 차지하는 북부 지역을 우대하는 조항이 많았다. 게다가 1959년 실시된 첫 연방 선거에서 북부 지역에 기반을 둔 정당 '북부인민회의'가 제1당이 되고, 북부인민회의는 동부 지역에 기반을 둔 이보족 중심 정당 '나이지리아전국국민회의'와 제휴해 연방정부를 구성한다. 연방정부가 북부 지역 중심으로 운영되면서 요로바족의 서부 지역이 정책적으로 소외되고, 연방정부 구성에 동참한 동부 지역도 북부 지역의 독주에 불만을 갖게 된다.

1962년 실시된 인구조사, 1964년과 1965년 실시된 선거 등을 거치면서 북부와 남부 지역 간 갈등과 대립은 더욱 증폭되고, 서부 지역에서 시작된 폭동과 방화로 수백 명 사상자가 발생하며 이런 사태는 전국으로 확산된다. 이런 상황에서 1966년 1월 남부 이보족 출신을 주축으로 하는 젊은 장교들이 쿠데타를 일으키고, 남부 출신 아그이 이론시Aguiyi Ironsi 장군이 이를 제압하고 정권을 잡는다. 나이지리아에서 군부 통치는 이렇게 시작된다. 정권을 인수한 이론시 장군은 1966년 4월 연방제를 폐지하고 중앙집권적 통일 국가를 위한 지방 행정 체계를 통합하는 포고령을 발표한다. 이론시 장군의 연방제 폐지에 북부 지역 주민들이 거세게 반발하고, 1966년 7월 북부 출신 육군 참모총장 야쿠부 고원 Yakubu Gowon 중령이 쿠데타를 일으켜 정권을 잡는다. 쿠데타에 성공한 고원 중령은 정치범을 석방하고 북부 지역이 반대한 연방제를 폐지하지 않는 대신 행정 구역을 12개 주로 확대·개편해 남부에 분포하는 이보족을 분리시키려는 정책을 추진한다.

하지만 동부 지역 군사령관이었던 이보족 출신 추쿠에메카 오두메구 오주쿠 Chukwuemeka Odumegwu-Ojukwu 중령은 고원 중령이 이끄는 군사정부를 인정하지 않고, 1967년 5월 30일 동부 지역 세 개 주를 통합해 '비아프라공화국'을 선포한다. 오주쿠 중령이 분리 독립을 선언한 비아프라 지역은 나이저강 하류 삼각주를 포함한 동부 지역을 말하며, 주민 대부분은 이보어를 사용하는 이보 족이고, 에피크, 오고니, 이자우, 안낭, 이비비오, 이도마, 이갈라 등 소수 부족

비아프라 지역 범위
출처: ⓒRowanwindwhistler_
Wikimedia Commons

들도 분포한다. 북부 지역과 '하나의 나라'를 만들 수 없다는 오주쿠 중령의 선언을 접한 북부 주민들은 북부 지역에 거주하는 이보족을 대량 살상하는 폭동을 일으킨다. 1966년 6월부터 10월 사이에 북부에 거주하는 이보족 8만~10만여 명이 죽는 대학살 사건이 벌어지고, 100만~200만 명이 동부 지역으로 피난한다. 이보족은 1966년 9월 29일을 '검은 목요일Black Thusday'이라고 부른다.

비아프라 내전이 일어난 배경에는 경제·정치·부족·종교 등이 복잡하게 얽혀 있다. 1958년부터 이보족이 많이 거주하는 나이저 델타 삼각주와 기니만 연안에서 석유 채굴이 시작되고, 석유 생산은 당시 국가 재정의 약 20%를 차지하였다. 그래서 남부 지역에 분포한 이보족은 '이보족 중심의 독립 국가'를 만들어도 경제적으로 큰 문제가 없다고 판단한다. 이런 상황에 1967년 5월 나이지리아 정부가 12개 주로 구분하는 행정 구역을 발표한다. 새로운 행정 구역에 따라 남동부 지역은 남동South Eastern주, 하천River주, 동중앙East Central주 등 세개 주로 분할되고, 동중앙주에 많이 분포하는 이보족은 남동주와 하천주에 매장된 석유 자원에 대한 영향력을 행사할 수 없게 된다. 그리고 1966년 6~10월 북부에 거주하는 이보족 대학살 사건이 일어나자 이보족은 북부 지역과 같은 나라를 지속하는 것이 힘들겠다는 인식을 갖게 되고 내전을 벌이게 된다.

북부 하우사·플라니족이 '비아프라공화국' 분리 독립에 반발하고 북부에 거주하는 이보족 주민을 대량 살상한 것은 영국 식민지 시절에 축적된 부족 간 갈

비아프라 전쟁 중 비아프라 측 군인

등의 유산이라 할 수 있다. 식민지 시절 해안과 가깝게 거주하던 남부 이보족은 영국이 식민지 개척 과정에 건설한 인프라를 바탕으로 일찍 경제 활동에 종사해 재산을 모을 수 있었고, 기독교를 받아들이고 서양식 근대교육을 받으면서 자연스럽게 식민지 기간 동안 사회적·경제적 상류계층을 형성하게 되지만 북부 지역 부족들은 그렇지 못했다. 그런데 북부 지역에서 이보족에 대한 차별이 심해지고 약탈과 살인이 행해지자 이보족은 북부 지역 주민과는 한 나라에 사는 것이 힘들겠다고 인식하고 분리 독립을 추동하게 된 것이다. 여기에 남부 이보족은 기독교, 북부 하우사·플라니족은 이슬람으로 나뉘기 때문에 종교 갈등도 큰 영향을 미쳤다.

1967년 5월 30일 '비아프라공화국'이 선포되자, 코트디부아르·가봉·탄자니아·잠비아 등은 비아프라 분리 독립을 지지한다. 1967년 7월 나이지리아 정부가 진압 작전을 개시하면서 본격적인 내전이 시작되고, 프랑스는 자국 이익을 고려해 비아프라군을 지원한다. 내전 초기에 비아프라군은 승승장구하지만, 이후 전쟁 비용 부족과 나이지리아 정부의 고립 작전으로 인해 세력을 확대하지 못한다. 게다가 동부 지역 인구의 35% 정도를 차지하는 이비비오족, 이자우족, 에피크족 등 소수 부족들이 비아프라군에 적극 동조하지 않고 소극적인 태도를 취한 것도 패배의 결정적인 요인으로 작용한다. 결국 이런 요인들이 겹쳐서 1970년 1월 내전은 비아프라군 패배로 끝난다. 오늘날 세계적인 네트워킹을 구축하고 있는 '국경 없는 의사회'는 비아프라 내전으로 발생한 부상자와 난민을 치료하는 과정에서 만들어졌다.

비아프라 분리 독립 내전은 1970년 패배로 끝났지만, 분리주의 운동은 소멸되지 않고 여전히 진행 중이다. 분리주의자들은 비아프라공화국을 선포한 5월 30일이면 기념행사를 열고, 분리 독립을 주장하는 시위를 벌인다. 그리고 무장 단체를 조직해 나이지리아 정부를 상대로 분리 독립시켜 줄 것을 계속 요구하고 있다. 이렇듯 비아프라 내전은 50여 년 전에 끝났지만, 분리주의 운동은 소멸되지 않고 지금도 계속되고 있다.

북부 지역에서 이슬람 원리주의 국가를 만들려는 보코하람

나이지리아 국가 통합을 저해하는 또 다른 핵심 요소는 앞에서 설명한 종교 갈등이다. 나이저강과 베누에강을 경계로 남부와 북부의 종교 분포가 다르다. 1980년대에 들어 북부 지역 일부 주州에서 이슬람 근본주의에 입각한 샤리아법을 적용하자 기독교계 주민이 반발하고, 이들에 대한 모슬렘의 테러와 폭행이 끊이지 않았다. 그런데 1999년 남부 요루바족 출신 기독교도 올루세군 오바산조Olusegun Obasanjo, 재위 1999~2007가 대통령으로 취임하면서 북부와 남부 간 종교적 긴장이 증폭된다. 1999년 북부 지역 잠파라주를 시작으로 12개 주에서 샤리아법을 공식화하자 이에 반대하는 기독교계 주민 시위가 자주 일어났기 때문이다.

샤리아법 적용을 계기로 북동부 지역에서 보코하람Boko Haram이란 이슬람

샤리아법(Shariáh Legal Codes)이 적용되는 지역
출처: Contitutionnet

극단주의 무장 단체가 등장한다. 모하메드 유수프Mohammed Yusuf가 2002년
만든 조직으로, '보코'는 하우사어로 '책'을, '하람'은 아랍어로 '금지'를 각각 뜻
한다. 원래 이름은 '수니파 모슬렘 전통과 성전의 전파를 위한 선지적 동반자들
의 모임Jama'atu Ahlis Sunna Lidda'awati wal-Jihad'으로, 보코하람 목표는 이슬
람 원리주의 국가를 나이지리아에 건설하는 것이다. 특히 비非이슬람식 교육은
모두 서구식 교육으로 간주하여 이를 죄악시하고, 서구 문명과 과학은 물론이
고 생활 양식까지도 거부·배척하기 때문에 이슬람식 교육을 받지 않은 여학생
들이 많은 피해를 입는다. 유수프는 초기에 북부 지역이 남부 지역보다 못사는
이유를 설파하면서 세력을 확대한다. 주요 활동 무대는 북동부 지역의 보르노
주이고, 특히 보르노주의 중심 도시 마이두구리Maiduguri가 핵심 거점이다. 보
코하람은 2009년부터 북동부 지역을 중심으로 크고 작은 테러 활동을 벌이고,

나이지리아 내 보코하람 활동 지역(2015년)
출처: The Economist

분쟁의 세계지도

정부군 주둔지, 친정부군 성향의 마을과 주민, 서구식 학교 등이 주요 테러 대상이 된다. 보코하람은 2014년 4월 동북부 지역 치복Chibok에 있는 공립 중학교 기숙사에 있던 여학생 276명을 납치하면서 세계적인 주목을 받았다.

보코하람이 본격적인 활동을 시작한 2009년 이후, 나이지리아에서는 2만여 명이 사망하고, 삶의 터전을 잃고 다른 곳으로 이주한 난민도 260만여 명에 이르는 것으로 알려졌다. 특히 UN아동기금UNICEF 발표에 따르면, 2013년 이후 나이지리아 북동부에서 어린이 1,000여 명이 보코하람에 납치된 것으로 추정된다. 2015년 보코하람이 IS에 동조하면서 나이지리아를 비롯한 서아프리카 국가와 주민을 긴장시키고 있다.

보코하람은 북동부 지역을 포함해 나이지리아 영토의 20%(2019년 8월 기준)를 장악하고 있고, 인접한 카메룬·차드·니제르 등지로 활동 영역을 확대하고 있다. 보코하람이 나이지리아는 물론이고 인접한 국가로 영향력을 펼칠 수 있었던 이유는 이슬람교도의 경제적 빈곤, 기독교를 비롯한 서구식 생활 양식에 대한 배척 의식, 극렬한 폭력성과 공포심을 유발한 복종 심리 등이 복합적으로 작용했기 때문이다. 나이지리아와 인접 국가들은 보코하람 소탕 작업에 골몰하고 있지만 해결이 쉽지 않은 상황이다.

나이지리아에서 벌였던 비아프라 내전, 그리고 현재 북부 지역에서 세력을 펼치고 있는 이슬람 극단주의 무장 단체 보코하람의 등장은 모두 영국 식민 지배의 유산 때문이다. 300여 부족이 분포하는 '나이저강이 흐르는 땅'을 제국주의 마음대로 국경을 획정한 결과에서 비롯된 것이다.

중앙아프리카

르완다 종족 갈등이 비화된 콩고민주공화국 내전

콩고민주공화국은 과거 '콩고자유국'으로 불렸다. 미국인 탐험가 헨리 모턴 스탠리가 벨기에 국왕 레오폴드 2세(이하 레오폴드)에게 헌사한 개인 식민지 private colony였다. 레오폴드는 자국에서 국가의 부와 세력을 증진시킨 인자한 국왕으로 칭송을 받았고 한때 유럽 언론은 레오폴드를 콩고민주공화국에서 자선 사업을 펼친 자비로운 왕으로 보도했다. 프랑스 베르사유 궁전과 같은 건축 양식으로 만들어 지금도 관광객 발길이 그치지 않은 브뤼셀 왕궁도 그의 작품이다.

하지만 레오폴드는 벨기에보다 76배나 큰 콩고민주공화국을 23년간 지배하면서 온갖 악행을 저지른 야만적인 군주였다. 영화 〈지옥의 묵시록Apocalypse Now, 1979〉 소재가 됐던 조지프 콘래드의 단편소설 『어둠의 심연Heart of Dark-ness』에는 레오폴드가 콩고민주공화국에서 1,000만여 명 원주민을 죽이고 자원을 약탈한 폭력과 탐욕의 광기가 잘 드러난다. 미국 작가 아담 호크쉴드가 펴낸 『레오폴드왕의 유령King Leopold's Ghost』에는 그의 만행이 유대인 대학살과 비슷하게 묘사되어 있다.

1960년 독립 이후, 인접한 르완다와 부룬디에서 일어난 투치족과 후투족 간 갈등이 콩고민주공화국으로 비화돼 1차 콩고내전1996~1997과 2차 내전1998~2003을 일으킨다. 2차 내전은 8개 국가가 참여한 국제적 성격을 띠었고, 250만여 명 이상이 사망하여 아프리카 최악의 분쟁으로 기록된다. 유럽의 작은 나라 벨기에가 자국보다 76배나 큰 땅 콩고민주공화국과 인접한 르완다 및 부룬디를 식민 통치하면서 생긴 종족 간 갈등이 아프리카 최악의 내전을 일으킨 것이다.

콩고강을 따라 유럽 식민지가 된 콩고 분지

콩고민주공화국을 처음으로 유럽에 소개한 사람은 포르투갈 탐험가이다. 포르투갈 국왕 주앙 2세1455~1495 특명을 받은 디오구 캉Diogo Cão이 적도 아래 대서양 연안을 항해하다가 하천을 따라 내륙에 있는 콩고 왕국으로 들어간다. 그리고 하천 유역에 사는 바콩고족 이름을 따서 이 일대를 '콩고'라고 부르면서

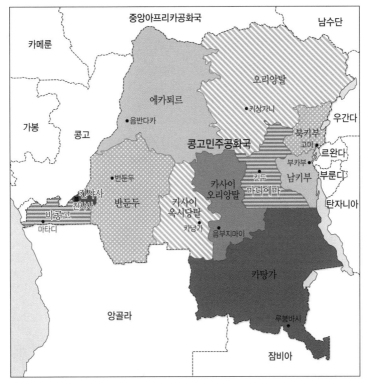

콩고민주공화국 행정 구역(주)

현재 지명이 만들어진다. 바콩고족이 사는 지역을 흐르는 하천이 콩고강이다. 16~17세기에 원주민은 콩고강을 '자이르'라고 부른다. 원주민이 사용하던 링갈라어로 '모든 강을 삼키는 큰 강'을 뜻하는 '응자디Mzadi' 또는 '음제레Mzere'에서 유래한 포르투갈어 표현이다.

콩고강은 적도 아래 잠비아Zambia에서 발원해 적도 위 북쪽으로 커다란 반원을 그리며 흐르다가 다시 적도 아래 대서양으로 들어가는 총길이 4,700㎞의 하천으로, 세계에서 9번째로 길고, 아프리카에서는 나일강에 이어 두 번째로 큰 강이다. 잠비아에서 발원한 콩고강은 열대 우림인 콩고 분지에서 우엘레강, 카사이강, 상쿠두강 등 여러 하천과 합류해 대서양으로 흘러들어 간다. 콩고강 중류와 앙골라 남부 고원에서 발원해 샤바주를 거쳐 콩고강에 합류하는 카사이강 일부 구간에서는 항행이 가능하다. 콩고강은 열대 우림을 관통하면서 흘러 수량이 연중 풍부하고 안정적이며, 수량 규모로는 아마존강에 이어 세계 2위이다.

콩고강은 지형 때문에 하구에서 내륙으로 선박 운항이 어려운 하천이다. 하구에서 약 160㎞ 위쪽 내륙에 위치한 마타디까지는 항해가 가능하지만 마타디에서 수도 킨샤사Kishasa까지 약 350㎞ 구간은 계속 오르막 경사인 데다 급류와 협곡이 많고, '리빙스턴 폭포Livingstone Falls' 때문에 선박 항행이 원천적으로 불가능하다. 리빙스턴 폭포란 리빙스턴이 탐험해서 찾아낸 32개 폭포에 붙여진 이름이다. 그래서 마타디에서 킨샤사 구간에는 철도가 만들어졌다. 그러나 킨샤사에서 중류 키상가니Kisangani까지 1,600㎞ 구간은 하천이 저지대를 흐르기 때문에 수운이 발달해 상류에서 생산된 농산물과 채굴된 구리 등 지하자원이 킨샤사로 쉽게 이동할 수 있었다. 1874년 미국인 탐험가 헨리 모턴 스탠리가 콩고강 유역을 답사하고, 그 과정을 기록한 『암흑 대륙 횡단기Through the Continent』가 출판되면서 콩고강과 주변 지역이 유럽인에게 본격적으로 알려진다.

콩고강은 현재 콩고Republic of the Congo와 콩고민주공화국 사이에서 국경을 이루고 있다. 1885년 독일 베를린 회의 이후, 콩고강 북부는 프랑스령으로,

콩고강 내륙은 벨기에령으로 각각 분할되며, 이후 프랑스령은 '브라자빌 콩고'로, 벨기에령은 '레오폴드빌 콩고'로 불렸다. 콩고강 중류에는 스탠리가 '스탠리풀Stanley Pool'이라고 명명한 하천 폭이 27㎞에 이르는 거대한 말레보Malebo 호수가 있고, 호수 북서쪽에는 콩고 수도 브라자빌이 남쪽에는 콩고민주공화국 수도 킨샤사가 서로 마주 보고 위치한다. 벨기에령 수도 킨샤사는 레오폴드가 만들었다고 해서 레오폴드빌Leopoldville이라고 불렀으며, 킨샤사는 이집트 카이로와 나이지리아 라고스에 이어 아프리카에서 세 번째로 큰 도시이다. 브라자빌Brazzaville이란 지명은 콩고 총독을 14년간 지낸 페에르 사보르냥 드 브라자Pierre Savorgnan de Brazza, 1852~1905 이름에서 유래한다.

콩고민주공화국Democratic Republic of the Congo 국명은 여러 차례 바뀐다. 레오폴드 개인 식민지였던 콩고자유국Congo Free State, 1885~1908을 시작으로 벨기에령 콩고Belgian Congo, 1908~1960, 콩고Congo, 1960~1971, 자이르Zaire, 1971~1996에 이어 다섯 번째로 현재의 국명 콩고민주공화국으로 변경된다. 잦은 국명 변경은 콩고민주공화국(이하 DR콩고)의 정치적 상황이 자주 바뀌었다는 것을 간접적으로 시사한다. 특히 1972년 집권한 모부투 세세 세코Mobutu Sese Seko, 1930~1997 대통령은 민족주의를 내세워 벨기에 식민지 시절에 불렸던 지명을 링갈리어 표기로 많이 바꾸면서 국명도 콩고강을 뜻하는 자이르로 바꾼다. 모부투 대통령은 레오폴드가 건설한 수도 '레오폴드빌'을 킨샤사로, 탐험가 스탠리가 만들었다는 콩고강 중류에 위치한 '스탠리빌'은 키상가니로, 남서부에 위치한 카탕가 지역 중심 도시이자 구리 생산 거점인 엘리자베스빌은 루붐바시Lubumbashi 등으로 바꾼다. 모부투 대통령이 실각한 후에는 콩고가 들어간 현재 국명으로 또다시 변경된다.

아프리카에서 두 번째로 큰 콩고민주공화국

DR콩고 면적은 약 233만여 ㎢로 세계 11위이고 한반도보다 11배 정도 크며, 아프리카에서는 알제리 다음으로 넓다. 콩고강 하류는 과거 반투족 중심의 콩고 왕국Kingdom of Kongo 지배를 받았다. 14세기경 앙골라 북부를 기반으로 건설된 콩고 왕국은 15세기 말 가톨릭을 수용한다. 1506년 콩고 왕국의 국왕 아폰수 1세는 가톨릭으로 개종하고, 유럽 문물을 적극 수용하면서 콩고 왕국은 서아프리카 서해안에서 다른 왕국에 비해 보다 서구화된 왕국으로 변모한다. 콩고 왕국은 16~17세기에 노예 무역에 힘입어 크게 번성하고, 17세기에는 노예 1만 5,000여 명 정도를 매년 수출했다고 한다. 그러나 포르투갈이 노예 무역 중심지를 앙골라로 옮기면서 경쟁력이 떨어지고, 1800년대 후반 레오폴드의 콩고자유국으로 편입된다.

국토 중앙을 동에서 서로 관통하는 콩고강 주변은 거대한 열대 우림이 발달해 있다. 열대 우림 면적은 브라질 아마존에 이어 세계 2위 규모이다. 국토 면적의 70% 정도를 차지하는 콩고 분지는 동부와 서부, 남부와 북부 지역 간 교류와 소통을 가로막는 자연적 장애물이다. 열대 우림 가장자리에서는 사바나성 초원이 펼쳐지고, 초원 너머 동부 탕가니카Tanganyika호 일대는 동아프리카 지구대 끝자락에 해당해 900~1,200m 높이의 고원이 발달하며 해발 5,000m 이상의 높은 산도 분포한다. 이곳은 전형적인 열대 우림 기후에 속하지만, 동부 고원에는 사바나 기후도 나타나며, 연강수량은 약 2,000㎜로 적도 지방에 위치한 국가 중 가장 많다. 아프리카 최대 호수이자 세계에서 두 번째로 깊은 탕가니카 호수가 동부 지역에 있다.

인구는 약 8,400만 명2018이고, 반투족 계열의 200여 종족으로 이루어져 있다. 반투족에 속한 콩고족·루바족·룬다족·벰바족·카사이족·몽고족이 대부분이지만, 북부 지역에서는 수단계인 잔데족과 망베투족 등이 상대적으로 많다. 르완다와 인접한 동부는 후투족 등 소수 부족이 분포하고 이들은 다른 부족과 광물 자원 및 영토 다툼을 벌이고 있다. 언어는 프랑스어가 공용어이지만, 링갈라어·스와힐리어·콩고(키콩고)어·쌀루바어 등 4대 부족어가 해당 지역에서 통용되고, 링갈라어는 북부와 북서부에서, 스와힐리어는 동부와 동남부에서 주로 사용한다. 종교는 벨기에 영향으로 가톨릭(50%)과 개신교(20%)가 많고,

이슬람교(10%)는 사헬 지역 국가에 비해 그렇게 많지 않다.

DR콩고는 세계적인 광물 자원 보고로, 1959년경 세계 구리 생산량의 10%, 코발트 생산의 50%, 공업용 다이아몬드의 70%를 차지하였다. 미국 지질조사국USGS 2015년 자료에 의하면, '하얀 석유'로 불리는 배터리 원자재인 코발트는 세계 생산량의 51%가 DR콩고에서 생산된다. 주요 광물 자원의 세계적 비율을 보면, 코발트 48.5%(340만 톤), 다이아몬드 20%(1억 1,000만 캐럿), 구리 2.7%(2,000만 톤), 주석 2.3%(11만 톤) 등이 매장된 것으로 알려졌다. 광업은 국내총생산의 45%2015를 차지하며, 중심 지역은 남부의 카탕가Katanga 지역이다.

DR콩고는 9개 나라와 국경을 접한다. 동쪽은 우간다·르완다·부룬디·탄자니아, 남쪽은 잠비아, 서쪽은 콩고공화국·앙골라, 북쪽은 중앙아프리카공화국·수단 등이다. 하지만 거대한 국토 면적에 비해 대서양으로 열린 해안은 매우 좁다. 또한 넓은 국경선은 인접국에서 내전과 갈등이 발생하면 난민들이 유입돼 인접국과 긴장 관계를 형성하거나 자국의 정치적 불안정을 만들어 내는 요인이 되고 있다. 르완다 내전이 콩고 내전으로 비화된 것이 구체적인 증거이다. 그리고 국경지대는 여러 부족들이 거주해 부족 간 갈등의 온상이 되고 있다. 특히 국경지대에 분포하는 지하자원은 부족 간 갈등을 더욱 부추기고 있다. 유럽 열강들이 자기들 마음대로 국경선을 그어 놓고 통치한 식민지 지배의 유산 때문이다.

콩고강을 따라 아프리카를 동서로 횡단한 헨리 모턴 스탠리

1841년 존 롤런드John Rowland라는 아이가 영국 웨일스 지방 덴비Denbigh의 작은 마을에서 태어난다. 아버지가 누구인지 모른 채로 외삼촌 집에서 자라다가 고아원으로 간다. 고아원에서는 지리에 흥미가 많고 글쓰기를 잘하는 영리한 어린이로 알려졌다. 17세부터 영국 항구도시 리버풀에 있는 먼 친척이 운영하는 정육점에서 일하다 18세1859 때 미국행 배를 타고 뉴올리언스로 간다. 뉴올리언스에서 면화 상점 점원으로 일하다가 사장으로부터 능력을 인정받아 사장의 양자가 되면서 헨리 모턴 스탠리Henry Morton Stanley, 1841~1904라는 새로운 이름을 얻는다.

스탠리는 남북전쟁이 발발하자 남군으로 참전하고, 테네시주 전투에서 북군 포로가 된다. 포로수용소에서 생활하던 중 북군으로 전향해 북군 해군으로 복무하다 탈영한다. 이후 스탠리는 뉴올리언스로 돌아가지 않고 중서부 세인트루이스에 머물면서 프리랜서 기자로 인도와 에티오피아에서 일어난 전쟁 관련 기사를 여러 신문사에 기고하며 생활한다. 1868년에는 뉴욕에서 발행되는 『뉴욕헤럴드』의 영구 순회 특파원으로 임명돼 이집트 카이로로 간다.

카이로에서 특파원 생활을 하던 스탠리는 신문사 사장의 특명을 받는다. 영국인 의료 선교사 겸 탐험가였던 데이비드 리빙스턴David Livingston, 1813~1873을 찾으라는 임무였다. 스코틀랜드 출신 리빙스턴은 아프리카 선교를 위해 1841년 남아프리카공화국 케이프타운을 방문하고 이후 잠베지강과 콩고강 하류 등지를 탐험한다. 1864년 영국으로 돌아온 리빙스턴은 백나일강 수원을 밝혀 달라는 영국 왕립지리학회 요청을 뿌리치지 못하고 영국 원정대를 이끌고 1866년 다시 아프리카로 되돌아간다. 탄자니아 잔지바르Zanzibar에서 내륙 탕가니카 호수 방향으로 3차 탐험을 하던 중 소식이 끊긴 것이다. 리빙스턴 실종 소식을 접한 신문사 사장이 스탠리에게 리빙스턴을 찾으라는 특명을 내린 것이다.

1871년 3월 스탠리는 190여 명으로 구성된 원정대를 이끌고 탄자니아의 동부 항구도시 잔지바르Zanzibar를 출발한다. 236일에 걸쳐 약 1,216km를 이동한 스탠리는 1871년 11월 10일 탕가니카 호수 동쪽 우지지Ujiji에서 마침내 리빙스턴을 만난다. 스탠리와 리빙스턴의 만남은 "리빙스턴 박사님이시죠?Dr. Livingstone, I Presume?"라는 제목으로 세계적인 특종이 된다. 스탠리는 불가능에 가까운 일을 해 내면서 당대 명실상부한 세계 최고 아프리카 탐험가로 인정을 받는다. 이후 스탠리는 1873년 가나 아샨티Ashanti에서 뉴욕 헤럴드가 파견한 전쟁 고문관으로 활동한다.

1874년 11월 12일 스탠리는 탄자니아 잔지바르를 출발해 중앙 내륙에 위치한 탕가니카호로 향한다. 미국『뉴욕 헤럴드』와 영국『데일리 텔레그래프』신문사 공동 지원을 받아 350여 명으로 구성된 '앵글로-아메리카 원정대' 목적은 중앙아프리카 호수와 강을 지도에 표기하는 작업이었다. 스탠리가 원정대 대장으로, 자신이 직접 선발한 핵심 탐험가 3명이 원정대를 지휘한다. 스탠리는 영국령 우간다를 거쳐 빅토리아Victoria호수를 측량하고 시미유Simiyu강을 발견한다. 이후 리빙스턴이 나일강에 합류한다고 생각한 루알라바Lualaba(콩고강이 시작되는 상류 구간을 당시에 그렇게 불렀다)강을 따라 서쪽으로 내려가 1877년 8월 12일 마침내 대서양 입구 보마Boma에 도착한다. 아프리카 중앙을 동서로 가로질러 장장 2년 반 동안 무려 1만 1,000㎞ 이상을 답사한 대역사이자, 콩고강을 따라 상류에서 하류로 내려간 최초 탐험이었다.

원정을 마치고 영국으로 돌아온 스탠리는 런던에서 환대를 받고, '아프리카를 가장 잘 아는 탐험가'라는 명예를 얻게 된다. 스탠리는 자신이 직접 탐험한 콩고분지에 영국 왕실이 관심을 가져 줄 것을 요청하지만, 당시 해외에 많은 식민지를 건설하고 있던 영국은 스탠리 제안에 관심을 두지 않는다. 이런 상황에서 벨기에 국왕 레오폴드 2세로부터 만나자는 초청을 받은 스탠리는 1878년 6월 10

벨기에 레오폴드 2세

헨리 모턴 스탠리

일 벨기에 왕궁에서 레오폴드와 첫 번째 만남을 가진다. 콩고강 주변의 역사가 결정되는 세기적인 만남이 이루어진 것이다. 스탠리가 쓴 콩고 원정 이야기가 『암흑 대륙 횡단기』라는 제목으로 출판될 즈음이었다.

식민지 개척에 골똘했던 벨기에 국왕 레오폴드 2세

1865년 레오폴드 2세Leopold II, 1835~1909는 아버지(레오폴드 1세) 뒤를 이어 유럽의 소국 벨기에 국왕에 취임한다. 네덜란드로부터 독립한 지 35년이 된 해에 혈기 왕성한 30세 왕이 등극한 것이다. 취임 전 레오폴드 관심은 지리와 외국에 집중되어 있었다. 레오폴드는 10대 후반에 발칸반도·터키·이집트·이베리아반도 등지를 여행한다. 20대에는 스페인 세비야를 방문해 아메리카 대륙 정복에 관한 자료를 공부하고 영국 동인도회사의 인도·스리랑카·미얀마 정복 과정과 네덜란드 동인도회사의 자바 식민지 통치 전략에 관한 정보도 입수한다. 그리고 이집트 수에즈 운하 건설회사에도 개인적으로 투자하고, 측근들에게 포르투갈 식민지였던 브라질과 남태평양 연안 섬들에 관심을 갖도록 주문한다. 지리학에 대한 흥미와 상상력을 가진 왕자다운 행동이었다. 그는 청년 시절부터 약소국 벨기에가 주변 강대국 사이에서 살아남기 위해서는 해외 식민지 개척을 통해 '부국富國'을 하는 방법밖에 없다고 생각한다. 이렇듯 레오폴드는 정치보다 지리학에만 관심을 가져 아버지 신임을 받지 못하지만 결국 국왕이 된다.

국왕 취임 후 레오폴드는 식민지 개척을 위해 외국으로 눈을 돌려야 한다고 설파하지만 주변 반응은 냉랭하였다. 주변 사람들은 해군력이 부족한 벨기에가 해외에 식민지를 개척한다는 것은 현실을 모르는 소리라고 냉소하였다. 식민지 건설에 대한 욕망을 억누르지 못한 레오폴드는 그 열정을 벨기에 내에 기념비가 될 만한 대규모 건축물을 짓는 데 쏟았다. 지금도 사용 중인 벨기에 왕궁을 비롯하여 대공원·광장·기념비 등을 만들어 브뤼셀을 '작은 파리'로 만든 장본인이 바로 레오폴드이다.

하지만 레오폴드는 식민지 개척에 대한 꿈을 저버리지 않는다. 그는 영국의 해외 식민지 개척 과정에 관한 자료를 수집하던 중 영국 왕립지리학회가 중요한 역할을 했다는 사실을 확인하고, 자신과 벨기에에 도움을 줄 지리학회 창설이 필요하다는 것을 인식한다. 레오폴드는 이를 확인하기 위해 영국을 방문해 왕립지리학회 회원들과 여러 탐험가들을 직접 만난다. 레오폴드는 영국 방문 중 탐험가 버니 러벳 캐머런Verney Lovett Cameron, 1844~1894을 만나 아프리카에 대한 귀중한 정보를 얻는다. 캐머런은 왕립지리학회 요청으로 1872~1875년 탄자니아 잔지바르에서 탕가니카 호수를 거쳐 앙골라 벵겔라Benguela까지 적도 아래를 횡단한 유럽 최초 탐험가였다. 캐머런은 영국이 관심을 갖지 않은 '무주공산無主空山'의 땅이 콩고강 위쪽에 있다는 정보를 레오폴드에게 제공하고, 레오폴드는 콩고강 내륙을 자신이 개척할 식민지 후보지 중 하나로 설정한다.

1876년 9월 레오폴드가 주도하는 지리학자 회의가 브뤼셀에서 열린다. 레오폴드는 아프리카 근대화를 선도할 특정 거점을 만들어 아프리카 사람들을 도와주자는 구상을 제안한다. 탐험가 캐머런이 추천한 콩고강 내륙을 염두에 둔 발언이자, 벨기에가 아프리카 자선 사업을 펼치기 위한 거점을 만드는 데 유럽 사회가 동의해 달라는 속셈을 우회적으로 공표한 것이었다. 회의에 초대받은 당시 저명한 지리학자들과 아프리카 탐험가들은 레오폴드 구상에 동의하고, 박애주의를 내세운 '국제아프리카협회International African Association'를 설립하기로 결정한다. 협회의 초대 의장은 레오폴드가 맡는다.

레오폴드 본인이 10대부터 준비했던 해외 식민지 개척 구상을 국제 아프리카협회를 통해 구체화시키던 즈음 아프리카로부터 반가운 뉴스가 들려온다. 탄자니아 잔지바르를 출발한 스탠리 원정대가 콩고강을 거쳐 대서양 연안에 도착했다는 뉴스였다. 캐머런이 추천한 주인 없는 콩고강 내륙 탐험을 스탠리가 성공한 것이다. 스탠리를 고용하면 콩고강 일대와 콩고 분지를 식민지로 만들 수 있다고 판단한 레오폴드는 그를 벨기에 왕궁으로 초청해 1878년 6월 10일 만나게 된다. 식민지 개척에 골똘했던 젊은 43세 국왕은 의기양양한 37세 탐험가에게 콩고강 내륙에 자신의 식민지를 만들어 줄 것을 정중하게 제안한다. 이 만남을 계기로 콩고강 유역을 레오폴드의 개인 식민지로 만드는 작업이 구체화된다.

스탠리가 개척한 레오폴드빌 콩고에서 신음했던 콩고인들

1879년 2월 스탠리는 콩고강 내륙에 레오폴드를 위한 식민지를 건설하는 작업을 지휘한다는 5년 계약서를 들고 DR콩고로 향한다. 스탠리는 레오폴드빌을 거점으로 5년에 걸쳐 콩고강 중류와 콩고 분지를 세밀하게 탐험하며, 400여 부족의 추장들을 설득하고 여의치 않으면 총으로 위협해 통치권을 레오폴드에게 넘긴다는 약정을 체결한다. 이런 과정을 거쳐 콩고 분지 일대는 레오폴드의 개인 식민지인 '콩고자유국'으로 탄생한다. 스탠리는 5년 동안 탐험과 조사 과정을 기록한 탐험기 『콩고강과 자유국의 건설: 탐험과 이야기The Congo and Founding of Its Free State: A Story of work and exploration』를 1885년 펴낸다.

한편 스탠리를 콩고로 보낸 레오폴드는 콩고 식민지 건설에 필요한 재원을 마련하기 위해 '국제콩고협회'를 조직한다. 1884년 4월 콩고 소유권에 대한 미국의 동의를 이끌어 낸다. 레오폴드는 콩고자유국 권리를 인정받을 목적으로 당시 독일 수상 비스마르크Bismarck, 1815~1898에게 국제회의 개최를 부탁한다. 영국이나 프랑스가 아닌 힘이 약한 벨기에가 콩고자유국을 지배하고 독일 상인에게 개방하는 것이 자국 이익에 도움이 되겠다고 판단한 비스마르크 수상은 레오폴드 제안을 받아들여 베를린 회의1884.11.15~1885.2.26를 소집한다. 회의에는 독일·영국·프랑스·러시아·스페인·포르투갈·네덜란드·덴마크·스웨덴·오스트리아-헝가리 제국·터키·미국·벨기에 등이 참석하고, 이 회의에서 두 가지 중요한 사항이 결정된다. 하나는 콩고 분지에 대한 레오폴드 독점권을 인정하고 콩고강과 콩고 분지 일대에서는 자유무역이 가능하도록 하자는 것이다. 베를린 회의를 일명 '콩고 회의'라고 부르는 까닭이 여기에 있다. 다른 하나는 특정 지역을 자국 영토라고 주장하기 위해서는 실효적으로 지배하고 있어야 한다는 것이다. '영토의 실효적 지배'라는 베를린 회의 결정은 향후 아프리카 식민지의 국경선을 확정하는 기본 원칙이 된다.

레오폴드는 5년 계약 종료 후에도 스탠리를 컨설턴트로 계속 고용하지만 당초 약속한 콩고자유국 총독 자리는 끝내 주지 않는다. 레오폴드의 컨설턴트 역할을 그만둔 스탠리는 영국과 왕립지리학회 요청으로 독일 출신 탐험가이자 영국령 수단 남부 총독 에민 파샤Emin Pasha를 지원하는 원정대를 조직해 1886년 아프리카로 다시 떠난다. 스탠리는 에민 파샤 지원 작전이라는 임무를 충실히 수행한 후 우간다와 DR콩고 간 국경을 이루는 '달의 산맥'으로 불린 루웬조리Ruwenzori산맥을 탐험하고 1890년 영국으로 돌아온다. 귀국한 후에는 아프리카 탐험에 대한 강연으로 시간을 보내고, 영국 국적을 회복해 하원의원1895~1990으로 활동하고 작위도 받는다. 1904년 63세로 생을 마친다.

베를린 회의 이후, 레오폴드는 콩고자유국에 대한 자원 약탈을 본격적으로 시작한다. 원주민에게 자신을 '콩고 황제'로 호칭하도록 강요하고, 상아와 고무 무역으로 많은 부를 축적한다. 특히 1890년대에 고무가 자동차용 타이어 제작에 사용되면서 수요가 폭발적으로 늘어나자 고무나무에서 야생고무를 채취하는 작업에 원주민을 강제적으로 동원한다. 원주민에게 채취할 작업량을 배정하고 작업량을 채우도록 하기 위해 그 가족을 볼모로 잡아 가두기도 한다. 뿐만 아니라 배정된 작업량을 채우지 못한 사람의 손목을 자르며, 고무 채취에 저항하는 원주민을 대거 학살한다. 정확한 통계는 없지만 노예노동에 저항하는 수천만 명 원주민이 목숨을 잃는다. 레오폴드의 폭압적인 노예노동으로 고무 생산량은 1890년 약 100톤에서 1901년 6,000여 톤으로 불과 10여 년 사이에 크게 증가한다.

1900년대에 접어들어 레오폴드가 콩고자유국에서 자행하는 폭정과 학살에 대한 국제사회 비난이 일기 시작한다. 1908년 레오폴드는 개인 식민지였던 콩고자유국에 대한 모든 권리를 벨기에 정부로 넘기고 콩고자유국은 '벨기에령 콩고Belgian Congo'로 불린다. 벨기에령 콩고는 벨기에 정부, 광산회사, 무역회사 등이 연합한 별도 조직을 통해 통치되고, 콩고자유국 시절보다 노동 착취와 원주민 탄압은 많이 완화된다. 하지만 벨기에 광산회사들은 남부 지역 카탕가 일대에서 구리 등 지하자원 채굴로 막대한 이익을 올린다.

루뭄바 등장과 콩고의 독립 그리고 정치적 분열

1957년 서아프리카에 위치한 가나Ghana 독립에 자극 받은 콩고인들이 독립을 위한 정치 세력을 조직한다. 바콩고족을 중심으로 바콩고협회가 만들어지고, 1958년 파트리스 루뭄바 Patrice Lumumba, 1925~1961는 사회주의 노선을 추종하는 콩고민족운동Movement National Congolais, MNC을 조직해 '자유로운 콩고의 자주 독립과 통합'을 기치로 내걸고 독립 운동을 주도한다. 초대 대통령 조제프 카사부부Joseph Kasa-Vubu, 카탕가 출신 지도자 모이스 춤베Moïse Tshombe 등도 루뭄바와 함께 독립 운동을 펼친다.

파트리스 루뭄바
출처: Wikimedia Commons

1960년 5월 치러진 총선에서 루뭄바가 이끄는 전국 규모 정당이었던 콩고민족운동이 다수당이 되고, 그해 6월 30일 콩고는 벨기에로부터 독립하는 데 성공한다. 민족주의자이자 사회주의자였던 루뭄바는 약관 35세에 신생 독립국 초대 총리로 취임한다. 반외세와 자주 독립을 외치던 그의 주장과 활동 때문에 루뭄바는 '아프리카의 카스트로'로 불렸다. 루뭄바는 콩고 독립 선포식에서 다음과 같은 연설을 한다.

"우리는 흑인들이 자유 속에서 일할 때 이룰 수 있는 것을 전 세계에 보여줄 것이고, 콩고를 아프리카 전역을 비추는 햇빛의 중심이 되게 만들 것입니다. … 우리는 총과 칼에 의한 평화가 아니라 마음과 의지를 통해 평화로이 나라를 운영할 것입니다. … 친애하는 흑인·형제·동지 여러분, 이것이 제가 완전한 독립을 이룬 이 감명 깊은 날에 정부의 이름으로 말하고 싶었

던 것입니다. 독립과 아프리카의 통일 만세! 독립 자주국가 콩고 만세!"(에
마뉘엘 제라스·브루스 쿠클릭, 이인숙 옮김, 2018, 『누가 루뭄바를 죽였는
가』, 삼천리, pp.54-55).

반미·사회주의자였던 루뭄바 총리가 이끄는 정부는 출범 직후 내분에 휩싸
이고, 독립 2주 만에 반공주의자 모이스 촘베가 남부 카탕가 지역을 중심으로
분리 독립을 선언하면서 위기를 맞는다. 루뭄바가 UN과 구소련에 도움을 청
하지만 벨기에를 비롯한 서방 국가들은 오히려 촘베 반군을 지원한다. 루뭄바
가 취한 급진적 사회주의 노선이 못마땅한 것이었다. 루뭄바 총리는 미국 견제
를 받게 되고, 급기야 1960년 9월 친미 성향 모부투 국방장관이 쿠데타를 일으
키면서 루뭄바는 실각하고 투옥된다. 그리고 1961년 1월 루뭄바는 암살당한다.
콩고 독립을 위해 모든 열정을 바친 젊은 사회주의 지도자는 이렇게 역사의 뒤

독립 당시 정치 세력 분할(1961년)
출처: ⓒDon-kun, Uwe Dedering_Wikimedia Commons

안길로 사라진다.

　1960년 9월 모부투가 쿠데타를 일으키면서 콩고는 4개 정치 세력 지역으로 분열된다. 서방세계가 지원하는 레오폴드빌 중심 카사부부·모부투 정부 지역, 구소련과 이집트 지원을 받은 스탠리빌 일대 중동부 앙투안 지장가Antoine Gizenga 정부 지역, 촘베가 독립을 선언한 남부 카탕가 지역, 그리고 앨버트 카론Albert Kalonji Ditunga이 주도하는 남카사이South Kasai 지역 등이 그것이다. 촘베가 이끄는 카탕가 지역은 1962년까지 약 2년간 독립국 지위를 누리지만 1962년 UN연합군에 의해 진압당한다. 1964년 루뭄바를 지지했던 세력이 중동부 스탠리빌을 중심으로 '콩고인민공화국'을 선언하고 쿠바·이집트·알제리 등이 지지하지만 미국과 벨기에 지원을 받은 육군 총사령관 모부투가 1965년 군사 쿠데타를 일으켜 정권을 잡고, 4개 지역을 통합한 자이르를 만든다.

인접국 르완다에서 벌어진 후투족과 투치족 간 갈등과 내전

　르완다Rwanda는 '천 개의 언덕이 있는 아름다운 나라'로 알려져 있다. 르완다 국가國歌 제목이 '아름다운 르완다'라는 것도 이를 상징한다. 면적은 2만 6,000 km²로 우리나라 서울·인천·경기·강원을 합친 면적보다 약간 작은 크기이다. 1899년부터 독일 식민 통치를 받다가 제1차 세계대전 후 독일이 벨기에로 이양하고, 1916년부터 45년간 벨기에 통치를 받다가 1962년 독립한다. 1994년 발생한 내전으로 약 100만 명 이상이 살해당한 '슬픈 열대'의 한복판에 있는 국가가 르완다이다.

　르완다 인구는 약 1,250만 명2018이다. 적도 아래에 있지만 동부를 제외한 국토 전역이 해발 1,000m 이상 산지이고 호수가 많아 연중 온화한 기후를 보여 정주 환경이 양호하다. 토양도 비옥해 농경 생활에 매우 유리하다. 이런 자연적 조건 덕분에 아프리카에서 인구 밀도가 가장 높다. 전체 주민 94% 정도가 기독교를 믿고, 국토 면적 40%는 경작지로 이용되며, 20%는 목초지가 발달해 염소·소·양 등 목축에 많이 이용된다.

르완다 지도

르완다 종족은 후투족과 투치족으로 구성되지만 후투족이 85%로 다수이다. 15세기경 사하라가 건조해지자 북부에서 목축업에 종사하던 호전적 성향의 투치족이 내려와 르완다 왕국을 건설하고 상류 계층을 형성한다. 후투와 투치는 동일한 언어·음식·풍습을 공유하기 때문에 외견상 두 종족을 구분하는 것은 쉽지 않았다. 1926년 벨기에가 인종 카드 제도를 실시하기 전까지 '후투' 또는 '투치'는 종족 구분이 아닌 개인의 소유 재산 규모와 직업 등 경제적 지위를 나타내는 일종의 '신분'을 상징했다. 목축업에 종사하는 부유한 계층을 투치로, 농업에 종사하는 부유하지 않은 계층을 후투로 분류했고, 후투로 분류된 사람이 재산을 모아 목축업에 종사하면 신분이 투치로 변경되었다.

하지만 이런 경제적 신분 제도는 벨기에 식민지 정책으로 변질된다. 벨기에는 투치가 후투보다 유전적으로 우수하다는 인종적 우세론을 만들어 확산시킨다. 유럽의 일부 인종학자들도 '투치는 아프리카 백인으로 어리석은 후투보다 더 영리하다'라는 식으로, 투치에게는 호평하고 후투에게는 혹평을 서슴지 않았다. 이로 인해 투치는 자신들이 에티오피아·수단·이집트 등지에서 남하해 야만국을 문명국으로 개조한 우수한 종족이라는 인식을 갖게 된다. 인위적으로 만들어진 이러한 사회적 인식 때문에 투치족은 공무원·사업가·지주 등으로 활동한 반면, 후투족은 소작농으로 전락하여 사회적으로 하위 계층 취급을 받았다. 벨기에는 1926년 인종 카드 제도와 1933년 주민 등록제를 실시하여 등록증에 출신 부족을 명시하면서 부의 축적을 통한 신분 이동이 구조적으로 불가능하게 만든다. 그리고 벨기에는 소수 투치를 앞세워 후투를 다스리는 간접 통치 방식을 활용하고, 이는 독립 후 내전 원인이 된다.

제2차 세계대전 후 아프리카에서 식민지 해방의 회오리가 불어닥치자 벨기에는 소수 투치족보다 다수 후투족으로 관심을 선회한다. 독립 후 치르게 될 총선에서 다수 집단인 후투족 집권이 분명하다고 판단한 정책적 전환이었다. 위기를 느낀 투치족은 1957년 전국르완다연맹Union Nationale Rwandaise, UNAR을 조직하고 반反벨기에 운동을 벌이자, 벨기에는 후투족이 주축인 후투인민해방당Hutu People's Liberation Party에 대한 지원을 더욱 강화한다. 1959년에는 르완다와 부룬디가 서로 분리되고 그해 후투족은 투치 왕정을 상대로 폭동을 일으킨다. 그리고 다음해 총선에서 후투 정당이 승리하면서 투치 왕정은 붕괴된다.

1962년 벨기에로부터 독립한 르완다에서 후투와 투치 간 갈등이 폭발한다. 집권한 후투인민해방당이 투치에 대한 테러와 학살을 자행하자 수만 명 투치족이 인접한 우간다로 피난을 간다. 1963년 인접한 부룬디에 거주하는 투치족이 르완다를 기습 공격하자 이에 대한 보복으로 후투 정부는 '투치 제거 정책'을 내걸고 르완다 내 투치족을 대량 학살한다. 1963년 벌어진 대학살을 피해 투치족은 자이르 동부 지역으로 피난하고, 이들은 후에 제1차 콩고 내전에 참여해 자이르 모부투 정권을 전복시키는 데 일조한다. 한편 우간다로 피난한 20만여 명 투치족 난민들도 당시 오보테 정권과 아민 정권으로부터 심한 탄압을 받는다. 난민 일부는 탄압을 피해 르완다로 되돌아오지만, 잔류한 투치 난민은 요웨리

무세베니Yoweri Museveni가 이끄는 우간다 반군에 참여해 1986년 정권 탈취에 도움을 준다. 이후 투치 난민은 우간다 지원을 받아 르완다애국전선Rwandan Patriotic Front, RPF을 결성하고 '조국 귀환 운동'을 준비한다. 1990년 10월 르완다애국전선이 르완다를 침공하자 후투족 출신 르완다 대통령 쥐베날 하브리마나Juvénal Habyarimana는 투치족에 대한 대대적인 탄압을 개시한다. 르완다애국전선 공세가 거세지자, 후투 정권을 지지하던 프랑스와 자이르가 개입해 반군과 '아루샤 협정'을 맺지만, 후투족 과격파는 이 협정에 불만을 갖는다.

1994년 4월 6일 르완다 키갈리 공항에서 20세기 최대 비극이 발생한다. 르완다 하브리마나 대통령과 부룬디 시프리앵 은타랴미라Cyprien Ntaryamira 대통령이 타고 있던 비행기가 미사일에 격추된 것이다. 르완다 정부는 르완다애국전선 소행이라고 했지만 후투 과격파들의 계획적 군사 행동일 가능성도 높았다. 이 사건 이후 르완다 후투 정부와 후투 과격파들은 투치족을 대규모로 학살하고, 르완다애국전선이 수도 키갈리에 입성하기 전까지 3개월 동안 투치족 80만여 명이 살해당하고, 일부는 인접국으로 피난을 간다. 캐나다 출신 테리 조지 감독이 만든 영화〈호텔 르완다Hotel Rwandas, 2004〉는 당시 참혹했던 내전 상황에서 1,000여 명의 난민을 구한 호텔 지배인 이야기이다. 르완다판〈쉰들러 리스트Schindler's List, 1993〉라 할 수 있다.

영화〈호텔 르완다〉

1994년 7월 르완다애국전선이 후투족 정부를 무너뜨리고 정권을 잡으면서 내전은 끝난다. 르완다는 현재 투치족 출신 정치 세력이 집권하고 있지만, 투치족과 후투족 간 갈등은 완전 봉합되지 않은 상태이다. 한편 패배한 강경 후투족 지도부는 인접한 자이르로 망명하여 자이르 동부 지역을 거점 삼아 민주주의수호군Forces for the Defense of Democracy, FDD과 민족해방군Forces Natio-

nales de Libération, FNL 등 반군을 결성해 활동하는데, 이들 후투 난민 반군은
제2차 콩고내전 도화선이 된다.

인접국 영향으로 발생한 제1 · 2차 콩고 내전

루뭄바 초대 총리 암살 이후, 1965년 11월 당시 육군 총사령관이었던 모부투
가 쿠데타를 일으켜, 1970년 10월 대통령에 취임한다. 모부투 대통령은 미·소
냉전 상황에서 미국 지원을 받으며 32년간 철권 독재 정치를 펼친다. 그런데 뜻
밖에도 르완다에서 발생한 후투와 투치 간 내전이 자이르 내전으로 비화되면서
모부투는 실각한다.

당시 모부투 대통령은 르완다 내전을 피해 동부 국경지대로 이주한 투치족의
소수 부족 바냐뮬렝게Banyamulenge족을 탄압한다. 모부투 대통령이 르완다
후투 정부와 우호적인 관계를 유지하고 있었기 때문이다. 탄압받은 투치족은
동부 지역에서 모부투 정부를 상대로 반군 활동을 펼치던 로랑 카빌라Laurent-
Désiré Kabila, 1939~2001와 협력해 '콩고-자이르 해방민주동맹Alliance des
Forces Democratiques pour de Liberation du Congo-Zaire, AFDL'을 결성한다.
콩고-자이르 해방민주동맹은 르완다·부룬디·우간다 등의 지원을 받으며 미
국 지원이 끊긴 모부투 정권을 상대로 1996년 11월부터 내전을 벌여 모부투 정
권을 붕괴시킨다. 로랑 카빌라는 1997년 5월 대통령에 취임하며 국가 명칭을
'콩고민주공화국'으로 바꾼다. 이것을 제1차 콩고 내전1996~1997이라 한다. 제
1차 콩고 내전에는 르완다에서 피난 온 투치족이 결정적인 기여를 한다.

카빌라 정부가 자국 내에서 활동하는 투치족을 비롯한 외국군 철수를 요구
하면서 제2차 콩고내전1998~2003이 재개된다. 카빌라 정권 창출에 기여한 투
치족은 카빌라 대통령이 후투족 난민촌을 제거할 것으로 내심 기대했으나 이
를 방치하고, 오히려 투치족 철수를 요구하자 투치족 불만이 고조된다. 투치족
은 카빌라 정권을 전복시키기 위해 싸우는 반군 세력 단체 '민주주의를 위한 콩
고인 모임Rassemblement Congolais pour la Democratie, RCD'에 참가해 카빌라

정부를 상대로 내전을 벌인다. 카빌라 정부를 지원하는 짐바브웨·앙골라·나미비아·차드 등과 민주주의를 위한 콩고인 모임을 지지하는 르완다·우간다·부룬디 등이 참여한 2차 내전은 5년간 지속되면서 아프리카판 국제전으로 확대된다.

2001년 1월 로랑 카빌라 대통령이 암살당하고, 아들 조제프 카빌라Joseph Kabila가 대통령에 취임한다. 2차 내전이 국제전으로 확대되자 UN은 프랑스가 주도하는 평화 유지군과 감시단을 파병한다. 2003년 7월 카빌라 대통령과 반군 세력이 만든 '과도정부 구성 법률안'이 통과되면서 내전은 끝난다. 이후 조제프 카빌라는 2006년 7월 대선에서 당선되고, 2011년 재선에 성공한다. 카빌라 임기는 2016년 12월에 종료되지만, 야당과 협상해 임기를 일부 연장한다. 3선 연임 제한법에 따라 카빌라 대통령은 측근 에마뉘엘 라마자니 샤다리Emmanuel Ramazani Shadary 전 내무장관을 여당 후보로 내세우지만 야당 후보에 패배한다. 2019년 1월 24일 야당 당수였던 펠릭스 치세케디Felix Tshisekedi가 대통령에 취임하면서 DR콩고 역사상 처음으로 평화적인 정권교체가 이뤄진다.

한편 2006년 조제프 카빌라 대통령 취임 이후에도 동부 국경지대와 인접한 키부Kivu 지역에서는 후투족이 참여한 로랑 은쿤다Laurent Nkunda 반군이 활동하지만 2014년 이후 세력이 약화된다. 그리고 투치족이 중심이 된 'M23' 반군(2013년 3월 23일 반란을 벌였다고 해서 붙여진 단체 이름)은 르완다 지원을 받아 세력을 키우지만 2013년 해체된다. 동부 키부 지역과 남부 카탕가 지역에서 반군이 득세하는 이유는 지하자원 채굴권을 둘러싼 경제적 이권 때문이다. 하지만 근본적인 이유는 벨기에가 여러 종족을 하나로 묶어 통치한 식민지 지배 유산이라 할 수 있다. 종족 분포를 고려해 벨기에령 콩고를 몇 개 국가로 분할했더라면 지금보다 종족·부족 간 내전은 줄어들었을 것이 분명한데 역사는 그렇지 못했다. 따라서 DR콩고 내 종족 갈등과 분열성은 콩고라는 거대한 영토에 다양한 종족이 거주하면서 발생한 것이다. 넓은 국토에 다양한 종족이 거주하는 콩고 땅의 숙명인 것이다.

수단과 차드

아랍계와 아프리카계 간 갈등을 만드는 단층선

수단Republic of the Sudan과 차드Republic of Chad는 예로부터 북쪽 이슬람 문화권과 남쪽 흑인 문화권을 연결하는 가교 역할을 했다. 수단과 인접한 차드의 북위 12°선은 이슬람교(북부)와 비이슬람교(남부), 아랍계(북부)와 아프리카계(남부)를 나누며 종교적·인종적 갈등을 끊임없이 만들어 내는 단층선이었다. 이 단층선은 영국과 프랑스가 북부와 남부를 분할 통치하면서 차이성을 더욱 뚜렷하게 만들었다.

수단과 차드는 독립 후 북부와 남부로 나뉘어 내전을 치렀다는 공통점이 있다. 하지만 내전이 발생한 요인은 서로 다르다. 1956년 독립한 수단은 북부 지역 아랍계가 정권을 차지하면서 남부 지역 아프리카계가 반란을 일으켜 내전이 촉발되었다. 반면 1969년 독립한 차드에서는 남부 지역 아프리카계 사라족 출신 초대 대통령이 북부 지역 아랍계를 탄압하면서 내전이 일어났다. 수단 내전은 결국 2011년 남수단Republic of South Sudan이 수단에서 분리 독립하는 것으로 끝났지만 차드는 남북이 분리되지는 않았다.

수단과 차드에서 발생한 남부와 북부 간 갈등은 오랜 역사적 산물이다. 예로부터 북부 지역의 아랍계 사람들은 노예를 구하려고 남부 지역을 자주 공격했다. 7세기경 수단과 차드에 이슬람이 전파되고, 북부에 아랍계가 대거 이주하자 아프리카계 원주민은 소수로 전락하면서 갈등의 골은 더욱 깊어졌다. 이런 역사적 적대감과 갈등이 일부 주변 국가 이해관계와 결합돼 수단과 차드 내전을 복잡한 양상으로 전개시켰다. 수단과 차드에서 내전은 끝났지만, 아랍계와 아프리카계 주민 간 갈등은 여전히 잠복하고 있어 휴화산인 셈이다.

사하라 사막 남쪽에 있는 '흑인들의 땅' 수단

수단이라는 국가명은 사하라 남쪽을 가리키는 지명으로, 아랍어로 '흑인들의 땅'을 뜻하는 말에서 유래한다. 예로부터 아라비아인과 베르베르인은 흑인들이 거주하는 사하라 사막 이남 지역을 '수단'이라고 불렀다. 남북 분리 전 수단은 아프리카 대륙에서 가장 넓은 국가였지만, 2011년 남수단이 독립하면서 면적 기준 1위라는 상징성은 사라져 버렸다.

남북 분리 전 수단 국경은 북쪽 이집트, 서쪽 리비아·차드·중앙아프리카공화국, 남쪽 콩고민주공화국·우간다·케냐, 동쪽 에리트레아·에티오피아 등과 접했다. 북동쪽은 홍해와 접하며, 수도 하르툼Khartoum은 청나일강과 백나일강이 합류하는 지점에 위치한 하천 교통 요충지이다. 전체적으로 서북부는 사막과 초원, 서남부는 산악지대, 나일강 유역인 중앙부는 평야 등으로 구성되고, 나일강이 국토 중앙을 남에서 북으로 관통해 흐른다. 기후는 북쪽에서 남쪽 방향으로 사막·스텝·사바나·열대 우림 등이 차례로 나타나는 특이한 분포를 보인다.

수단 면적은 약 188만㎢로 한반도 크기의 11.7배 정도이고, 인구는 약 4,053만 명2017이다. 주민 구성은 19개 종족에 600여 부족으로 이루어져 있고, 아프리카계가 55%, 아랍계가 39% 정도로 아프리카계 비율이 높다. 아프리카계 중 딩카Dinka족(12%), 베자족(6%), 누에르Nuer족(5%), 실루크족(2%) 등은 남부 3개 주에 집중 분포하며, 이들 4개 부족은 남북 분리 전 수단 인구의 25% 정도를 차지하였다. 영어와 아랍어가 공용어이지만 아랍어 사용 인구가 상대적으로 많고, 다양한 부족 언어도 국지적으로 통용된다. 종교는 이슬람교(64%), 기독교(27%), 토속신앙(9%) 등이다. 남부 지역(남수단)에서는 기독교(50%)가 이슬람

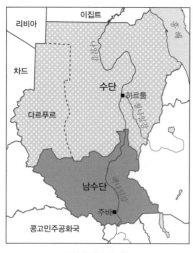

수단과 남수단 지도	수단과 남수단의 종교 분포
	출처: The New York Times

교(10%)보다 압도적으로 우위를 차지한다. 수단의 북부와 남부 지역, 즉 수단
과 분리 독립한 남수단은 이렇게 지형·기후·경제활동·문화 등에서 확연히 다
르다.

북쪽 사하라에서 남쪽 사바나 사이 그리고 동쪽 수단에서 서쪽 세네갈Sen-
egal까지의 땅을 사헬Sahel이라고 부른다. 사헬은 아프리카에서 사막 기후와
사바나 기후 중간에 나타나는 기후적·생물지리학적 점이지대이다. 사헬이란
지명은 해안을 뜻하는 아랍어 사힐Sahil에서 유래한다. 아랍인들은 사람이 살지
않은 사막을 바다로, 사람이 사는 초지를 육지로 인식하고, 바다에서 육지가 시
작되는 해안 지역, 즉 사바나 기후 지역을 사헬이라고 부른 것이다. 사헬은 아프
리카 대륙에서 매우 중요한 의미를 갖는 경계 역할을 하는데, 백인과 흑인을 나
누고, 아랍계와 아프리카계를 나누며, 이슬람과 비이슬람을 나누는 경계선이
다. 수단과 차드에 상존하는 북부와 남부 지역 간 갈등, 수단 서부 지역에서 발
생한 다르푸르Darfur 내전 등은 사헬이라는 지리적 환경이 만들어 낸 안타까운
작품이다.

'파쇼다 사건' 후 영국 식민지로 편입된 수단과 남북 분할 통치

수단 남부와 북부 지역 간 갈등은 기본적으로 인종적·종교적 차이에서 발생한 것이다. 하지만 노예 제도와 영국 식민 지배라는 역사적 배경 때문에 이런 차이는 더욱 확대·심화되었다. 고대 이집트·그리스·로마 사람들은 물론이고 이슬람 세력은 수단 북부 지역에 살던 누비아족을 노예로 거래하였다. 이런 노예무역은 노예무역이 폐지될 때까지 계속된다. 7세기경 에티오피아로부터 기독교가 전파되고, 8세기경 이슬람도 들어온다. 14세기를 전후로 아라비아반도와 이집트로부터 아랍계가 침입해 수단 북부와 중부 지역을 이슬람권으로 바꿔 버리고, 나일강 수계에서 기독교를 믿던 누비아 왕국과 알와 왕국은 사라져 버린다. 아랍계와 아프리카계 사이에 혼혈이 이뤄져 인종 차별은 다소 완화되지만, 비이슬람 문화권이던 남부 지역 아프리카계는 계속 노예 취급을 받는다.

시간이 흘러 1870년대 수도 하르툼을 비롯한 중북부 지역에서 '마흐디파'라는 급진 이슬람 집단이 출현한다. 북부 지역 출신 무하마드 아마드Muhammad Ahmad, 1844~1885는 자신이 구세주 마흐디라고 주장하면서 세력을 규합해 1881년 수단에 있는 이집트 군대를 몰아낸다. 영국은 1882년 이집트를 보호령으로 만든 후, 인접한 수단을 접수하기 위해 1885년 찰스 조지 고든Charles George Gordon, 1833~1885 장군을 파병한다. 그러나 고든이 하르툼에서 마흐디파 공격을 받고 참수를 당하는 끔찍한 비극이 발생한다.

이에 분개한 영국은 마흐디파를 진압하기 위해 1898년 허버트 키치너Herbert Kitchener 장군을 사령관으로 영국군과 이집트인으로 구성된 2만 5,000여 명 군대를 수단으로 다시 보낸다. 맥심 기관총으로 무장한 영국군은 하르툼 북부에서 칼로 무장한 마흐디파를 손쉽게 제압한 후 백나일강 근처 프랑스군이 점령한 파쇼다Fashoda(현재 남수단 서나일주 주도 코도크Kodok)로 향한다. 파쇼다는 백나일강에 위치한 지리적 결절이었다. 1898년 9월 18일 파쇼다에서 2만 5,000여 명 영국군은 프랑스 마르샹 소령이 이끄는 1,500여 명 군대와 대치한다. 후에 전략가와 역사가는 이를 카이로와 케이프타운을 연결하려는 영국의

키치너 장군에게 접근하는 프랑스 보트(1898년)
출처: Wikimedia Commons

'종단 정책'과 알제리에서 마다가스카르를 연결하려는 프랑스의 '횡단 정책'이 파쇼다에서 충돌한 것이라고 평한다. 프랑스 정부는 영국과 전쟁을 해야 한다는 여론에도 불구하고 남북으로 흐르는 나일강을 경계로 서쪽은 자국이, 동쪽은 영국이 차지한다는 영토 합의를 하고 파쇼다에서 철수한다. 이를 '파쇼다 사건Fashoda Incident'이라고 한다. 이후 영국은 이집트와 공동으로 수단을 통치하고, 이집트가 독립한 1922년 후 수단은 영국 단독 식민지가 된다.

수단을 식민지로 차지한 영국은 1924년 발생한 남부 지역 딩카족 봉기 사건을 계기로 북부와 남부를 분할해 통치한다. 민족주의 확산을 차단함과 동시에 북부와 남부 지역을 가상적으로 단절시키는 일종의 지역 폐쇄 전략을 채택한 것이다. 남부 지역에 이슬람 상인과 성직자 접근 통제, 남부 지역 주민에 대한 아랍어 교육 금지, 남부 지역 주민에 대한 영어 교육 장려 등이 핵심이었다. 이 정책은 수단 남부 지역을 북부와 분리시켜 영국이 지배하던 인접한 동아프리카 연방(우간다, 케냐 등)으로 합병하기 위한 전략이었다. 영국의 분할 통치 전략은 아랍계와 아프리카계 주민 간 적대적인 감정과 차별성을 더욱 증폭시켰고, 1950년대 수단에서 일어난 남북 간 내전 도화선이 된다.

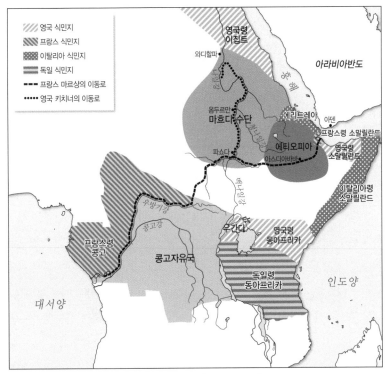

파쇼다 사건(1898년) 후의 영토 분할
출처: ⓒMozzan_Wikimedia Commons

　제2차 세계대전 후 영국 식민지 정책에 변화가 생긴다. 이집트가 수단을 자신들 영토라고 주장하면서부터이다. 영국은 수단 남부 지역을 분리시켜 남아프리카 연방으로 편입하면 북부 이슬람권이 경제력을 상실해 이집트에 합병될 가능성이 높다고 판단하고, 통치 정책에 변화를 꾀한다. 그리고 1953년부터 영국은 북부 출신 엘리트 계층이 주도하는 독립 운동을 지원하며, 식민지를 통치하던 영국 출신 공직자들이 떠난 자리에 북부 출신 아랍계를 충원하고 지금까지 우대했던 남부 출신 아프리카계는 철저히 배제시킨다. 식민지 정부의 이익에만 급급한 이중성이 그대로 노출된 것이다. 급기야 1955년 남부 지역에서 군인들이 반란을 일으키고, 북부와 남부 지역 정치 지도자들이 독립 후 연방제를 실시한다는 협상을 맺으면서 남북 갈등은 일단락된다.

독립 후 발생한 두 차례 내전과 북수단과 남수단의 분리

1956년 수단은 북부 출신 아랍계 정치 세력이 주도해 독립한다. 하지만 독립과 함께 북부와 남부 지역은 내전에 돌입하고, 1972년까지 17년 동안 내전이 이어지면서 약 50만 명이 사망한다. 내전 중이던 1969년 5월 가파르 니메이리Gaafar Nimeiry, 재위 1971~1985 장군이 쿠데타를 일으켜 사회주의 노선을 채택하고 국명을 '수단민주공화국'으로 바꾼다.

1972년 니메이리 대통령은 남부 분리주의자들과 아디스아바바 협약을 체결하고 남부 지역에 자치를 허용하는 조치를 취하면서 제1차 수단 내전은 일단락된다. 그리고 남부의 세 개 지역, 남수단 서부 지역Eguatoria , 남수단 북서 지역Bahral-Ghazal, 남수단 북동 지역Greater Upper Nile 등은 협약에 따라 입법권·행정권을 가진 독자적 자치지역이 되고, 이 지역에서 활동하던 반군은 정규군으로 편입된다. 1973년 만들어진 신헌법에 따라 종교 자유가 허용되고, 북부 이슬람교도에게는 이슬람 샤리아법이, 남부 농촌 지역 주민에게는 관습법이 적용된다. 아디스아바바 협약은 비교적 성공적이어서 아프리카 각국이 안고 있는 부족 간 갈등을 해결할 수 있는 좋은 모델로 간주되었다.

하지만 니메이리 대통령이 실시한 통합 정책에도 불구하고 남부 사람들 불만은 줄어들지 않았다. 아랍계가 주도하는 중앙정부가 남부 지역 경제 개발에 소홀하다는 인식이 주민들 사이에 팽배하였다. 게다가 1978년 남부 지역에서 석유가 발견되자 정유공장 입지를 놓고 정부와 남부 주민 사이에 갈등이 생긴다. 남부 주민은 석유 매장지 근처를 요구하지만, 정부는 북부에 정유공장을 건설하는 계획을 세운다. 이런 상황에서 1983년 니메이리 대통령은 남부 세 개 지역 자치정부를 해산하고, 균형적 종교 정책을 폐기해 샤리아법을 전국으로 확대 실시하는 이른바 '이슬람 혁명'을 선포한다.

니메이리 정부가 실시한 샤리아법 시행에 반대해 1983년 제2차 수단 내전이 시작된다. 제2차 내전은 남부 지역 딩카족 출신의 분리주의자 존 가랑John Garang de Mabior, 1945~2005이 주도한다. 그는 '세속적 이슬람주의'를 지향하는 사회주의 통일 국가 건설을 기치로 활동하다가 1972년 해체된 수단인민해방운동Sudan People's Liberation Movement, SPLM을 재조직한다. 그리고 에티오피아와 리비아 등 급진 사회주의 국가의 지원을 받아 수단인민해방군Sudan People's Liberation Army, SPLA을 무장시켜 내전을 일으킨다. 수단인민해방군은 비아랍계인 남부 지역 주민이 주축이었다. 에티오피아는 니메이리 정권이 에티오피아 내 에리트레아와 티그레이 분리주의자들을 지원했다는 이유로 반군을 지원한다. 내전 중 1983~1984년 발생한 대규모 기근으로 25만여 명이 죽고 인플레이션과 실업 등으로 엘리트 계층이 등을 돌리면서 16년을 집권한 친미 성향 니메이리 정권은 좌초한다.

1986년 북부 이슬람 세력 지원을 받은 움마당Umma Party이 집권하고, 이들은 완화된 샤리아법을 적용한다. 1988년 대기근이 다시 발생해 20만 명 이상이 사망하고 300만여 명 난민이 발생하며, 남부 지역에서는 내전이 계속되자 움마당은 수단인민해방군과 내전 종식을 위한 협상을 시작한다. 하지만 1989년 6월 30일 전국이슬람전선National Congress Party, NCP 지원을 받은 오마르 알바시르Omar al-Bashir 장군이 쿠데타에 성공하고, 알바시르가 니메이리 정권보다 더 강력한 샤리아법 이행을 천명하자 남부 지역은 내전을 이어 간다. 남부 지역에서 내전이 계속되자 알바시르 대통령은 남부 지역 분리주의자들과 휴전과 평화 협정을 체결한다. 그리고 마침내 2005년 1월 수단 정부는 남부 지역 10개 주를 대상으로 분리 독립을 묻는 주민 투표를 실시해 독립여부를 결정하기로 하는 내용의 '나이로비 포괄적 평화 협정'을 체결한다. 그리고 2011년 남수단을 상대로 실시한 주민 투표의 결과, 남수단 주민의 98%가 분리 독립에 찬성하면서 남수단이 수단에서 분리 독립하는 데 성공한다. 이로써 40여 년 지속된 내전이 완전히 종료된다.

한때 아프리카 제1위 면적을 자랑했던 수단은 남수단이 분리 독립하면서 서로 다른 두 국가로 나누어졌다. 북부 지역 이슬람교와 남부 지역 기독교라는 종교적 차이, 아랍계 상인의 노예 무역 대상지였던 남부 지역 주민의 상흔, 영국의 남북 분할 식민 통치, 이란 혁명 후 북부 지역에 등장한 이슬람 원리주의 등이 남부와 북부 지역 간 차별성을 더욱 두드러지게 만들었기 때문이다. 특히 1983년 수단 정부가 남부 지역에 이슬람 샤리아법 시행을 강요하면서 수단은 내전이라는 깊은 수렁에 빠지고 말았고, 수많은 희생자를 만들어 냈다. 보수적인 이슬람 원리주의가 팽배한 북부 지역과 기독교가 주류인 남부 지역 간 내전은 필연적이었다고 할 수 있다. 남부와 북부 지역 간 갈등과 내전은 오랜 역사적·사회정치적·문화적 산물이었다.

씨족 갈등으로 내전 중인 신생 독립국 남수단

2018년 11월 남수단 정부는 우리나라 고故 이태석 신부에게 대통령 훈장을 추서한다. 영화 〈울지마 톤즈Don't Cry for Me Sudan, 2010〉 주인공인 이 신부는 남수단 톤즈Tonj에서 2001년부터 8년 동안 의료봉사 활동을 펼쳤고, 이곳에서 '한국의 슈바이처'로 통했다고 한다. 톤즈는 수도 주바에서 북서쪽으로 525㎞ 정도 떨어진 톤즈주의 주도州都이다.

2011년 7월 남수단은 193번째 UN 회원국이 된다. 남수단 면적은 61만 9,745㎢로 한반도 3배 크기이고, 북위 3°~13°에 걸쳐 있다. 백나일강이 국토 중앙을 남쪽에서 북쪽으로 흐르며, 열대 우림·사바나·산악지대로 구성되어 있다. 남수단은 전통적으로 씨족 중심 공동체적 성격이 강하고, 딩카족이 35%, 누에르족이 10% 정도를 차지하며, 바리족과 아잔데족도 주류 씨족으로 분류된다. 공용어는 영어와 아랍어이고, 60여 종류 씨족 언어도 통

영화 〈울지마 톤즈〉

용된다. 종교는 수단과 달리 기독교도가 많다. 주민 대부분은 농업과 목축업에 종사하며, 딩카족과 누에르족 거주지인 국경 부근에 유전이 집중 매장되어 있다.

신생 독립국 남수단은 현재 내전이 완전히 끝나지 않은 상태이다. 2011년 7월 독립하고 정부가 출범하면서 딩카족 출신 대통령(살바 키르Salva Kiir)과 누에르족 출신 부통령(리크 마차르Riek Machar)은 사이좋게 권력을 나눠 가졌고, 두 사람 모두 수단인민해방군SPLA 출신이었다. 그러나 신정부 출범 이후 두 세력은 사사건건 충돌하고, 2013년 12월 두 세력 간 충돌이 내전으로 확대된다. 이는 수단 남부 지역 주류 씨족인 딩카족과 누에르족 간 오랜 갈등의 연장선에서 잉태된 것이다.

2013년부터 UN평화유지군이 파견되어 남수단 치안과 재건에 도움을 주고

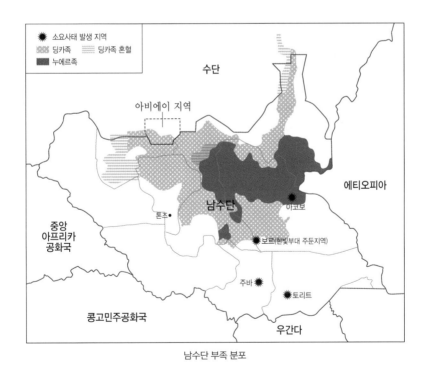

남수단 부족 분포

있고, 우리나라 한빛부대도 평화유지군으로 활동하였다. UN난민기구UNHCR 자료에 따르면, 내전 이후 지금까지 40만여 명이 사망하였고, 400만 명 이상의 난민이 발생하였다고 한다. 2018년 8월 두 세력은 5년간 지속된 내전을 종식하고 공동정부 구성을 위한 평화 협정을 체결한다. 하지만 두 씨족 간에 쌓인 오랜 역사적 갈등이 평화 협정으로 완전히 봉합될지는 여전히 불확실하다. 씨족 공동체를 우선시하는 유목·목축업사회에 부과된 숙명론적 현실이다.

기후 변화가 인종적·종교적 갈등을 폭발시킨 다르푸르 내전

다르푸르Darfur 내전은 서수단 다르푸르 지역에서 2003년 2월부터 2010년에 걸쳐 발생한 갈등을 말한다. 인종적·종교적으로 북부와 남부가 확실히 분리된 지역에서 지구 온난화·가뭄·사막화·인구 증가 등의 요인이 복합적으로 결합해 내전이 일어났다. 이 과정에서 이른바 인종청소genocide가 벌어져 수만 명의 사상자가 발생한다. 다르푸르 내전이 세계적인 이목을 끄는 이유는 기후 변화가 내전을 촉발시켰기 때문이다. 반기문 전 UN 사무총장은 다르푸르 내전을 '지구 온난화에 따른 기후 변화가 다르푸르 생태계에 영향을 미쳐 발생한 갈등'이라고 진단한다.

'푸르족의 땅'을 뜻하는 다르푸르는 차드와 인접한 수단 서쪽 지역으로 면적은 49만 4,000만㎢로 한반도보다 2배 이상에 달한다. 다르푸르는 해발 600~900m 고원에 위치하며, 북부 사막, 중부 고원, 남부 스텝 초원으로 이루어져 있다. 다르푸르 사람들은 기후 특성상 예로부터 목축과 정착 농업에 종사했다. 다르푸르는 세 지역으로 구분되는데, 목축업에 종사하고 이슬람 생활양식을 고수하는 아랍계의 북부 다르푸르, 아프리카계이면서도 이슬람을 믿는 푸르족이 거주하는 서부 다르푸르, 아프리카계로 농업에 종사하며 기독교를 믿는 남부 다르프르 등이다.

다르푸르에서는 과거부터 북부 아랍계 유목민과 남부 아프리카계 정착 농민 사이에 땅을 놓고 다툼을 자주 벌였다. 그런데 1980년대 초부터 북다르푸르에

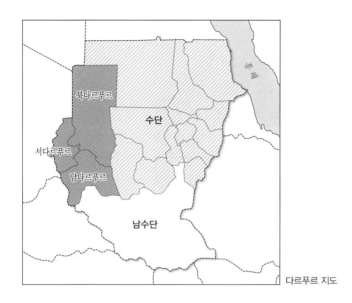

다르푸르 지도

서 가뭄과 사막화가 심화되면서 아랍계 베두인 유목 부족은 상대적으로 초지가 넓게 분포하는 푸르족·마살리트족·자가와족 등 이슬람교를 믿는 아프리카계 부족 거주지로 내려오기 시작한다. 원주민과 이주민 간 종교적 이질감은 없었지만, 문제는 가축 사육에 필요한 초지였다. 사막화가 남쪽으로 진행되면서 초지가 점차 축소되어 원주민도 가축을 사육할 초지가 부족한 상황에서 북쪽 아랍계 주민들이 가축과 함께 대거 이주하자 다르푸르 지역에서는 이용 가능한 초지가 더 줄어들게 된다. 그 결과 초지를 놓고 갈등이 생겨나기 시작한다.

원주민과 이주민 간 대립적 갈등은 1990년대 더욱 심화된다. 집단 간 갈등이 자주 발생하자 1990년대 중반부터 '말 등에 탄 악마'란 뜻을 가진 아랍계 이슬람 민병대 '잔자위드Janjaweed'는 아랍계 주민을 보호한다는 명목으로 원주민을 무차별적으로 살상한다. 당시 수단 정부는 잔자위드의 불법과 만행을 외면하고 오히려 이주한 아랍계를 비호하는 정치적 태도를 취한다. 이에 반발한 아프리카계 기독교 주민들은 수단해방군Sudan Liberation Army, SLA과 정의평등운동 Justice and Equality Movement, JEM이라는 반군을 조직해 대응하고, 2003년 2월

다르푸르 정의평등운동 반군
출처: ⒸKALOU KAKA_
Wikimedia Commons

부터 정부를 상대로 내전을 펼친다. 내전이 시작되자 정부군은 반군에 대대적인 공세를 가하고 잔자위드는 정부 묵인 아래 수많은 아프리카계 주민을 집단적으로 학살하면서 국제적인 비난을 받는다.

2004년 이후 UN과 아프리카연합AU이 주도한 평화유지군이 파견되고, 2006년 5월 수단 정부와 수단해방군 간 평화 협정이 체결되면서 내전은 일단 진정된다. 이후 추가 협상이 계속 이어지지만, 내전이 완전히 종식된 상태는 아니다. 40만여 명이 죽고 250만여 명 난민이 발생한 내전은 종전이 아닌 휴전 상태여서 다르푸르는 여전히 분쟁 지역으로 분류된다. 다르푸르 내전을 수수방관하고 잔자위드가 저지른 인종청소를 눈감은 알바시르 대통령은 2015년 재선에 성공한다. 특히 미국은 수단에 경제제재 조치를 취하며 내전 종전을 요구하지만 아직도 해결되지 않고 있다. 아프리카계 토착 원주민과 이주한 아랍계 유목민 간 토지 분쟁은 지금도 계속되고 있고, 다르푸르 주민들은 잔자위드 공격과 폭행에 여전히 시달리고 있다.

기후 변화로 시작된 21세기 최대 비극인 다르푸르 내전이 언제 끝날지 현재로서는 판단하기 어렵다. 사막화에서 비롯된 '땅 싸움'은 사헬 지역 사막화가 진행되면 될수록 앞으로 계속될 것이며, 아랍계와 아프리카계가 조우하는 단층선 일대에서는 제2·3의 다르푸르 내전이 일어날 개연성이 높다. 사헬 지역의 지리적 환경이 처한 가슴 아픈 현실이다.

남부와 북부가 인종·종교로 갈라져 치른 차드 내전

차드 면적은 128만㎢로 한반도보다 6배 정도 크다. 국경은 북쪽 리비아, 동쪽 수단, 남쪽 중앙아프리카공화국, 서쪽 니제르와 나이지리아 등과 접한다. 국토 대부분이 사막이기 때문에 '아프리카의 죽은 심장'이라는 별칭을 갖고 있는 국가이다. 서남쪽에 아프리카에서 네 번째로 큰 차드호가 있고, 북부는 고원과 사막이며, 샤리강과 로곤강이 남동쪽에서 흘러 차드호로 들어간다. 기후는 남부 열대 몬순 기후, 중남부 반건조 기후, 북부 건조 기후로 구분되며 국토 중앙부는 사헬 지역에 해당한다.

차드 인구는 약 1,490만 명2017이고, 주민은 북부·중부 지역의 아랍계, 남부 지역의 아프리카계로 구성되며 인접한 수단과 유사한 분포이다. 아프리카계는 200여 부족으로 이루어져 있고, 인구가 가장 많은 사라족(30%)은 주로 남부에 분포한다. 종교는 북부·중부에서 이슬람교(53%)를, 남부에서 기독교(34%)를 주로 믿는다. 북부와 중부 지역에서는 소·낙타 등의 목축업이, 남부 지역에서는 면화 재배업이 활발하며, 면화는 프랑스 식민지 시절부터 중요한 수출 품목이었다. 식민지 이전 차드에는 세 개 소왕국이 있었고 아랍 상인들과 노예 무역이 활발했다.

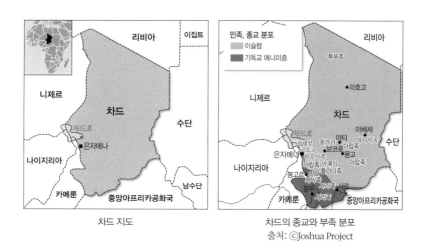

차드 지도

차드의 종교와 부족 분포

출처: ⓒJoshua Project

1885년부터 차드를 사실상 식민지로 지배한 프랑스는 남부와 북부를 분할해 통치했다. 프랑스 식민 정부는 아프리카계가 주로 분포하는 남부 지역은 '쓸모 있는 땅'으로, 아랍계가 거주하는 북부 지역은 '쓸모없는 땅'으로 간주해 남부를 우대하는 정책을 펼쳤다. 영국이 식민지 수단에 취했던 통치 방식과 거의 유사한 정책이었고 종교와 인종을 고려한 통치 방식이었다. 남부 지역 아프리카계 주민들은 프랑스식 교육을 받아 식민지 정부에 참여했고, 그중 주류 부족인 사라족 참여가 두드러졌으며, 이들은 면화 재배를 통해 부도 많이 축적한 부족이었다. 반면에 유목 생활을 영위하던 북부 아랍계 부족들은 이슬람식 방식을 고수하며 프랑스가 추천한 근대화 정책을 거부했다. 특히 사하라 지역에 거주한 아프리카계 이슬람 투부족은 1930년대까지 프랑스 정책에 반발하며 반란을 자주 벌였다.

차드 내전 징후는 1960년 독립하면서부터 나타났다. 식민지 시절 형성됐던 남부 지역 아프리카계 기독교 세력과 북부 지역 아랍계 이슬람 세력 간 갈등과 대립이 독립 과정에서 표출되는데 남부 지역에 기반을 둔 사라족 출신 프랑수아 톰발바예François Tombalbaye, 재위 1960~1975가 초대 대통령이 된다. 톰발바예는 사라족 중심 차드진보당Chadian Progressive Party을 기반으로 이슬람 억압 정책을 펼치면서 북부 아랍계를 철저하게 배제시킨다. 남부 지역 사라족 출신은 공무원으로 많이 채용하는 반면 소에 세금을 부과하면서 목축업에 많이 종사하는 북부 지역 아랍계 주민들이 불만을 갖기 시작한다. 1965년 중부 지역 만가메Mangalmé에서 세금 징수에 반발해 농민 폭동이 일어나고, 반정부 시위와 폭동이 북부로 확산되는 과정에 과거 프랑스에 적극 대항했던 투부족도 폭동에 가세한다. 북부 지역에서 폭동이 계속되자 1966년 6월 아랍계 민족주의자들이 차드민족해방전선Front de Libération Nationale du Tchad, FROLINAT을 조직해 내전을 일으킨다. 식민지 시절부터 누적된 남부 지역 우대와 북부 지역 차별이라는 갈등 구조가 폭발한 것이다. 내전이 발생하자 프랑스는 정부군을 지원하고, 차드 북부 지역을 호시탐탐 노리던 리비아는 차드민족해방전선을 지원하면서 1973년 남부 국경 아래에 있는 아오즈우Aouzou를 리비아 영토라고 선포한다.

1975년 남부 출신의 군부 지도자 펠릭스 말룸Félix Malloum, 재위 1975~1979이 쿠데타를 일으켜 정권을 잡고 차드민족해방전선 지도자 북부 출신 이센 아브레Hissène Habré를 수상으로 임명한다. 새 정부는 내전 종식을 위한 협상을 시작하지만 대통령파와 수상파 간 대립으로 대통령이 추방된다. 1979년 11월 남부 지역과 북부 지역 10여 개 정파가 참여한 국가통합임시정부Gouvernement d'Union Nationale de Transition, GUNT가 만들어지면서 주도권은 남부 지역에서 북부 지역으로 넘어간다. 1980년 3월 국가통합임시정부 양대 세력인 대통령 구쿠니 웨데이Goukouni Oueddei, 재위 1979~1982 파벌과 국방장관 아브레 파벌 사이에 내전이 발생하고 1982년 6월 아브레재위 1982~1990가 대통령에 취임한다. 아브레는 4만여 명 정치범을 고문·살해하는 폭정을 펼치고, 아브레 대통령의 폭압과 공포 정치에 군부가 등을 돌리면서 1990년 12월 실각하며, 이드리스 데비가 주도하는 애국적 구국 운동Patriotic Salvation Movement, PSM이 정권을 차지한다. '아프리카의 피노체트'로 알려진 아브레 전 대통령은 2015년 기소돼 재판을 받았다.

1990년 12월 대통령에 취임한 북부 출신 이드리스 데비ldriss Déby는 민주화 정책을 펼치고 통합 정치를 선보인다. 2016년 5選에 당선돼 세계 최빈국 대통령직을 계속 수행하고 있다. 남수단이 독립한 수단과는 달리 차드는 남북 간 갈등이 있지만 분리 독립으로 이어지지는 않았다. 하지만 북부 지역 아랍계 이슬람 세력과 남부 지역 아프리카계 기독교·비이슬람 세력 간 갈등이 언제든지 내전으로 비화될 가능성이 많은 곳이 차드이다. 북부 지역에 거주하는 아랍계를 배후에서 조종·지원하여 차드 북부 지역를 차지하려는 속셈을 가진 리비아는 내전을 유발할 잠재적 복병 중 하나이다. 반군 활동이 계속되는 한 차드의 정치적 안정은 속단할 수 없다.

소말리아

'아프리카의 뿔'에서 분열된 가난한 '해적의 나라'

　1993년 소말리아 수도 모가디슈에서 미군 주력 헬리콥터 'UH-60 블랙 호크'가 추락한다. 정부군을 지원하는 미군과 반정부 무장 세력 간 전투가 발생한 것이다. 하지만 이 뉴스는 세계인 시선을 사로잡지 못한다. 2001년 당시 전투를 소재로 한 리들리 스콧 감독의 영화 〈블랙 호크 다운Black Hawk Down, 2001〉이 개봉하면서 상황은 달라진다. 영화를 본 세계인들은 소말리아에서 무슨 일이 벌어졌고, 왜 헬리콥터가 추락하게 됐는지 알게 된다.

　물론 헬리콥터 추락 이전에도 소말리아는 월드 뉴스의 헤드라인을 자주 장식했다. 아덴Aden만을 항해하는 유조선을 비롯한 많은 선박이 소말리아 출신 해적에 나포되는 일이 종종 발생했기 때문이다. 사헬 지역 동부 끝자락 사바나 초원의 사막화, 사막화로 인한 기근 발생과 그로 인한 기아, 씨족 군벌 간 내전 등이 소말리아를 무정부 상태로 만들었고, 이런 상황이 계속되자 배고픈 선량한 주민들이 소형 무기로 무장하고 아덴만과 인근 인도양 바다에서 선박을 납치하는 해적질에 나선 것이다.

　소말리아는 아프리카에서 유일하게 단일 부족 '소말리족'으로 이루어진 국가이다. 하지만 아라비아와 홍해와 인도양을 연결하는 해상 교역 요충지라는 지리적 위치 때문에 19세기 이탈리아·영국·프랑스가 분할해 차지한다. 독립 후에는 정권을 차지하기 위한 씨족 간 갈등으로 오늘날까지 내전 중이다. 소말리

소말리아 지도

아인이 자주 쓰는 "나는 국가보다 종족을, 종족ethnic group보다 씨족clan을, 씨족보다 일족sub-clan을 중요시한다"는 표현처럼 국가보다 일족(씨족보다 협의의 혈연 집단)을 중시하는 공동체 인식이 소말리아를 내전의 늪으로 빠져들게 만들고 있다.

씨족 중심의 공동체 '소말리족의 땅'

소말리아는 고대와 중세에 '빌라도 알 바르바(베르베르인의 땅)'라고 불렸다. 유럽 지리학자들은 소말리아를 포함한 아프리카 대륙 북동쪽 반도를 '아프리카의 뿔Horn of Africa'이라고 한다. 코뿔소의 뿔과 같이 아라비아해로 튀어나왔다고 해서 붙여진 이름이다. 에티오피아·지부티Djibouti·소말리아 등이 '아프리카의 뿔' 영역에 속한다.

소말리아 면적은 약 63만 7,000㎢로 한반도 3배 크기이지만 전 국토의 70%는 초원이고, 산림은 26%, 농지는 겨우 2%에 불과하다. 소말리아는 '소말리족의 땅'을 뜻하고, 종족 이름 소말리는 '젖을 짠다'를 의미한다. 종족 명칭에서 알 수 있듯이 소말리족은 예로부터 소·낙타·염소를 기르는 목축업 중심 경제를 영위했다. 사바나 기후와 식생이 목축업에 적합했기 때문이다. 중남부 지역에 동서 60㎞에 걸쳐 발달한 고원은 강수량이 비교적 풍부해 연중 목초지가 조성돼 건기 때 많은 유목인이 이곳으로 이동한다. 농업 활동은 크게 유목인·목축인·정착 농경인으로 구분되고, 경제 활동 차이는 씨족 간 분열적 속성을 갖도록 하는 배경이 됐다.

소말리족은 소말리아를 비롯해 오가덴Ogaden, 지부티, 케냐 북부 등지에 분포하지만, 소말리아에 가장 많다. 소말리아가 아프리카 국가 중 보기 드물게 단일 종족으로 구성된 이유이다. 그래서 소말리아에서는 종족·언어·종교에서 지역별 차이가 별로 없다. 언어는 소말리어와 아랍어가 공식어이지만, 대부분 소말리어를 사용하고, 일부 지역에서는 영어와 이탈리아어도 통용된다. 종교는 대부분 수니파 이슬람이다.

소말리아에서 종족 차이는 없지만, 소말리족 하위 집단인 씨족 간은 매우 차

소말리아 주요 씨족 집단 분포

씨족	주요 분포 지역	구성(%)
다로드(Darod)	동부 푼틀란드, 에티오피아 오가덴, 남서부 및 케냐 북부 지역(바이주, 사벨라하 호세주, 게도주, 주다바 데헤주, 주바다 호세주)	35
하위예(Hawlye)	수도 모가디슈를 포함한 중부 시벨리강 주변 지역(갈구두그주, 히란주, 무두그주)	23
이사크(Issag)	아덴만 연안 소말릴란드 중부와 서부 지역(워코이 갈베드주, 토그데르주, 사나그주)	23
디르(Dior)	지부티와 인접한 푼틀란드 서부 지역(아우달주)	7
디길(Digil)	주바강과 시벨리강 사이 남부 농업 지역(바이주, 시벨라하 호세주)	6
라한웨인(Rahanwein)	주바강과 시벨리강 사이 북부 농업 지역(바콜주, 바이주)	5

자료: 국방부 군사편찬연구소(2012) 자료를 수정 보완함

별적이고 이질적이다. 6개 주요 씨족, 디르Dior·이사크Issag·다로드Darod·하
위예Hawlye·디길Digil·라한웨인Rahanwein 간에 특히 그렇다. 이들 6개 씨족은
특정 거주 지역을 기반으로 강력한 공동체를 형성하고 있을 뿐만 아니라 다른
씨족 공동체에 철저하게 배타적이고 공격적인 태도를 취한다. 오랜 씨족 중심
의 유목 생활에서 형성된 문화적 산물이라 할 수 있다. 이렇듯 소말리아인의 공
동체적 동질성과 충성심은 가족을 시작으로 직계 혈족血族, 혈족을 포함한 일족
一族, 여러 일족을 포함한 씨족氏族 등으로 이어지는 계층 구조를 갖는다. 소말
리아 내전이 40여 년 계속되는 이유도 강한 공동체적 결속력을 가진 씨족 간 갈
등이어서 그렇다.

소말리아는 현재 3개 국가로 분할되어 있다. 소말릴란드Somaliland, 모가디슈
중심의 소말리아연방공화국Federal Republic of Somalia, 푼틀란드Puntland 등

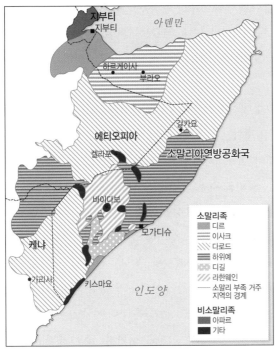

소말리아 씨족 분포
출처: BBC

이다. 과거 영국 식민지였던 소말릴란드(면적 약 13만 7,000㎢)는 1991년 5월 공화국으로 독립했다. 소말리아는 독립한 소말릴란드를 연방에 참여시킨다는 명분으로 2012년 국명을 '소말리아연방공화국(이하 소말리아)'으로 바꾸고, 소말릴란드에 연방 참여를 제의했지만 소말릴란드는 이를 거부하고 있다. 1998년 푼틀란드가 '자치공화국'을 선포해 중앙정부 영향력이 많이 떨어진 상태이지만 소말리아에서 분리 독립까지 할 분위기는 아니다. 국제사회는 소말리아를 제외한 2개 국가를 인정하지 않고 있다.

고대 무역 중심지이자 '신의 땅'으로 알려진 푼트 왕국

'아프리카의 뿔'의 지리적 위치는 흥미롭다. 아라비아반도와 아프리카 동부를 남북으로 연결하고, 4대 문명의 발상지였던 메소포타미아와 이집트를 페르시아 및 인도와 동서로 연결하는 해로 중간 지점이다. 고대 에티오피아 북부 악숨 왕국이 홍해를 건너 고대 예멘 힘야르 왕국을 침공한 사례가 '아프리카의 뿔'의 지리적 위치를 상징적으로 대변한다. 고대 페르시아와 아랍 사람들은 직선거리 20㎞에 불과한 바브엘만데브Bab-el-Mandeb 해협을 건너 소말리아와 교역하였다.

'아프리카의 뿔'에는 고대 이집트 사람들에게 잘 알려진 푼트Punt지방이 있었다. 이집트어로 '신의 땅'을 뜻하는 푼트 지방의 정확한 위치와 영역은 불명확하지만, 아라비아반도 남부와 '아프리카의 뿔'을 포괄하는 영역으로 추정된다. 소말리아반도를 가리키는 푼틀란드 지명도 고대 푼트 왕국에서 유래했을 개연성이 크다. 고대 이집트 사람들은 이곳이 유향과 몰약의 주산지라 향기로운 냄새가 가득해 마치 '신이 거처하는 곳'이라고 인식해 그런 지명을 붙였다고 한다. 고대 이집트 제18왕조 핫셉수트Hatshepsut 여왕, 재위 BC 1479~1458은 홍해를 따라 내려와 푼트 원정을 감행하는데, 여왕이 살던 신전 내부 벽화에서 푼트와 몰약 나무를 교역한 모습이 발견된다. 푼트 상인들은 고대 이집트, 페니키아, 미케네, 페르시아, 팔레스타인 등지에 유향·향신료·금반지·상아·표범 모피 등을 공급한 것으로 알려졌다.

또한 그리스인과 로마인도 푼트 일대를 '유향의 지방Aromatic Region' 또는 '계피의 지방'이라고 불렀다. 서기 1세기경 알렉산드리아에서 활동한 그리스 상인이 쓴 홍해 여행기에 따르면, 지금의 바브엘만데브 해협으로부터 '아프리카의 뿔' 일대에는 다양한 향신료가 거래되는 시장이 많았다고 한다. 이런 기록은 푼트가 고대 무역 중심지로 기능했다는 것을 시사한다. 하지만 고대에 해상 무역으로 많은 부를 축적했고 향기로운 냄새가 가득했던 푼트가 지금 세계 최빈국으로 전락하고, 그 후손들은 아덴만에서 해적질을 일삼고 있는 현실은 지극히 역설적이다.

아라비아반도와 인접한 지리적 위치 때문에 7세기경 이슬람교가 소말리아로 전파되고, 소말리족 대부분은 이슬람교를 수용한다. 종교를 전파한 아랍인과 페르시아인은 아라비아반도와 인접한 푼틀란드의 보사소Boosaaso, 소말릴란드의 베르베라Berbera 등 항구도시로 이주하고, 이들은 원주민과 혼혈이 많이 행해지는데, 적도 지방 아프리카계 주민보다 소말리아인 피부색이 그렇게 검지 않은 이유도 이 때문이다.

이슬람교 전파로 '아프리카의 뿔'에는 이슬람식 도시 건설과 건축물이 다수 만들어진다. 9세기경 아랍 상인들이 건설했다는 수도 모가디슈Mogadishu가 대표적인데 모가디슈는 페르시아어로 '왕King의 도시'를 뜻한다. 중세부터 푼트를 비롯한 소말리아가 아랍 제국 지배권으로 들어갔다는 증거이다. 중세에는 소말리아가 술탄이 지배하는 소지역으로 쪼개지는데, 13세기 초부터 17세기 말까지 존속된 모가디슈 중심의 아주란Ajuuraan 술탄국, 13~19세기까지 소말릴란드에 존속한 와르상갈리Warsangali 술탄국, 15세기 초에 지금의 지부티를 중심으로 등장한 아달Adal 술탄국 등이 대표적이다.

유럽 열강에 의해 사분오열된 '아프리카의 뿔'

1839년 영국이 아라비아반도 남단에 위치한 항구 아덴을 점령하면서 아덴만 건너 '아프리카의 뿔'에도 유럽 열강이 관심을 갖는다. 1880년대에 접어들어 '아프리카의 뿔'은 5개 영역으로 쪼개진다. 지부티 일대 프랑스령 소말릴란드, 소말리아 북부 영국령 소말릴란드, 동부 및 남부 모가디슈 중심 이탈리아령 소말릴란드, 에티오피아로 편입된 서부 오가덴 지방, 영국령 케냐로 편입된 남부 일부 지방 등으로 나뉜다. 홍해·아라비아해·인도양 등지를 연결하는 지리적 위치가 이 일대를 5개 영역으로 분할시킨 것이다.

소말리아에 가장 먼저 손을 뻗은 나라는 영국이었다. 아덴을 확보한 영국은 소말리아 북부 해안의 작은 섬들을 상업 및 보급 기지로 활용하기 위해 매입하기 시작한다. 프랑스도 1862년경 지부티의 일부 땅을 당시 술탄국으로부터 매입한다. '아프리카의 뿔'에 대한 전략적 중요성은 1869년 수에즈 운하가 개통되면서 더욱 커진다. 베를린 회의 이후, 영국은 1887년 지금의 소말릴란드를, 프랑스는 1888년 지금의 지부티를 각각 보호령으로 만든다. 영국령 소말릴란드에서 1890년대부터 1910년대 말까지 외세를 배격하는 다로드족 중심 이슬람 운동Somalia Dervish Movement이 일어나 영국은 식민지 통치에 어려움을 겪지만 1960년까지 소말릴란드를 통치한다.

이탈리아도 1880년 홍해에 면한 에리트레아Eritrea(1993년 에티오피아로부터 분리 독립)에 들어온다. 영국이나 프랑스보다 늦게 아프리카에 진입하는데, 이탈리아가 1870년에 통일되면서 해외 식민지 개척이 상대적으로 늦었기 때문이다. 이탈리아는 소말리아와 인접한 에티오피아를 점령하려고 시도하지만 여의치 않자 1889년 에리트레아를 보호령으로 만드는 것으로 만족한다. 이후 이탈리아는 영국과 프랑스 영향력이 상대적으로 약한 모가디슈를 비롯한 소말리아 남부로 세력을 뻗친다. 1890년경 이탈리아는 당시 남부 소말리아를 지배한 잔지바르 술탄국과 협상해 모가디슈에 진출하고, 1905년 소말리아 남부 지역을 장악하며, 1925년경에는 영국령 소말릴란드를 제외한 소말리아 전역을 차지한다.

한편 유럽 열강의 '아프리카의 뿔' 분할 지배는 에티오피아 입장에서 나쁘지 않았다. 이탈리아 침공을 격퇴하면서 '아비시니아 제국'의 위용을 전 세계에 과시했기 때문이다. 1895년 이탈리아가 에티오피아를 침공하지만 이탈리아는 에티오피아 군대에 효율적으로 대처하지 못하고, 1896년 3월 티그레이주 아두와 전투에서 이탈리아가 대패하면서 에티오피아 승리로 끝난다. 아프리카 대륙에서 유럽 열강과 싸워 최초로 승리한 영광을 에티오피아가 차지한 것이다. 에티오피아는 전쟁 중 소말리족이 많이 거주하는 동부 오가덴 지방을 차지한다. 이를 제1차 이탈리아–에티오피아 전쟁1895~1896이라고 한다. 이 전쟁에서 승리하면서 에티오피아는 아프리카에서 라이베리아와 함께 식민지 경험이 없는 국가가 된다. 우리나라 6.25 전쟁 때 아프리카 국가 중 유일하게 전투병을 파견한 나라도 에티오피아이다.

제2차 세계대전 후 이탈리아령 소말릴란드는 UN 신탁통치를 받았고, 1960

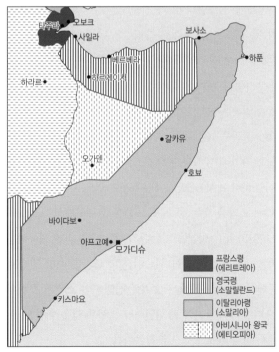

소말리아 식민지 분할 과정
(1930년)

프랑스령
(에리트레아)

영국령
(소말릴란드)

이탈리아령
(소말리아)

아비시니아 왕국
(에티오피아)

년 7월 영국령 소말릴란드와 통합해 '소말리아공화국'으로 독립한다. 대소말리아주의 운동의 결과였다. 하지만 소말리족이 분포하는 케냐 동부 지역과 에티오피아로 편입된 오가덴, 그리고 지부티(구 프랑스령 소말릴란드) 등은 통합하지 못한다. 이후 소말리아가 오가덴 지방을 되찾으려는 '고토회복 운동'이 소말리아 내전을 일으키는 방아쇠가 된다.

오가덴 분쟁으로 촉발된 소말리아 내전

에티오피아 동부 마하마투 산악지대 일대를 오가덴(면적 약 31만㎢)이라 부르는데, 100만여 명으로 추정되는 인구 대다수는 소말리족이다. 19세기 말 에티오피아가 자국 영토로 편입한 곳이다. 1950년대 후반 오가덴 지방과 접한 소말리아 서부 국경에서 갈등이 자주 발생하는데, 이는 에티오피아 정부가 가축세를 도입해 소말리족이 반발하면서부터이다. 오가덴에 거주하는 소말리족은 대소말리아주의와 연계해 '서소말리아해방전선Western Somali Liberation Front, WSLF'을 결성하여 에티오피아를 상대로 분리주의 운동을 벌인다. 1962년 오가덴에서 유전이 발견되면서 정부의 대대적인 진압 작전이 성공해 오가덴에 거주하는 소말리족의 분리주의 운동은 약화된다.

1969년 다로드족(마레한 일족) 출신 시야드 바레Siad Barre, 재위 1969~1991 장군이 쿠데타로 소말리아 정권을 잡는다. 오가덴 출신 바레는 독립된 공화국에서 육군 총사령관직을 맡다가 쿠데타를 일으킨 것이다. 바레는 대통령으로 취임해 국명을 '소말리아공화국'에서 '소말리아민주공화국'으로 바꾼다. 바레 정권은 구소련과 우호 협력 조약을 맺는 등 친소 노선을 추구하면서 대소말리아주의를 내세워 에티오피아와 잦은 마찰을 빚는다. 1977년 7월 바레 대통령은 오가덴 지역의 소말리족을 해방시켜 통합한다는 이른바 '오가덴 해방 전쟁'을 선포하고 오가덴을 침공한다. 전쟁 초기에는 승기를 잡았지만 소련과 쿠바의 군사 지원을 받은 에티오피아에 패하면서 1978년 3월 분쟁은 막을 내린다. 이후 바레 대통령은 친소에서 친미 외교 노선으로 전환한다.

'오가덴 해방 전쟁'에서 패한 바레 대통령은 책임 공방에 시달리면서 내분에 휩싸인다. '대소말리아' 실현을 위한 공동 목표를 위해 여러 씨족은 힘을 합쳐 에티오피아와 싸웠지만 공동 목표가 없어지면서 씨족들은 정치 조직을 만들어 경쟁하기 시작한다. 1978년경 쿠데타에 실패한 다로드족(마제르테인 일족) 일부가 소말리아구국민주전선Somali Salvation Democratic Front, SSDF을, 영국령 소말릴란드에 거주하는 이사크족은 소말리아민족운동Somali National Movement, SNM을, 오가덴에 거주하는 다로드족은 소말리아애국운동Somali Patriotic Movement, SPM을, 모가디슈를 중심으로 하위예족은 통일소말리아의회United Somali Congress, USC를 각각 조직해 씨족 본거지를 중심으로 무장한 군벌 세력을 키운다. 이런 과정에 다로드족(마레한 씨족)이 주축인 바레 정권은 반대 정치 세력을 처형·숙청하는 폭압적인 독재 정치를 펼친다.

1980년대 말 미국이 경제 원조를 중단하면서 바레 정권은 위기를 맞고, 통일소말리아의회 지도자 모하메드 파라 아이디드Mohamed Farrah Aidid, 1934~1996를 중심으로 여러 씨족 군벌이 연합해 바레 정권을 축출하는 데 성공한다. 1991년 정권을 잡은 통일소말리아의회는 '하바르 기드르 일족' 중심의 아이디드 세력(일명 아이디드파)과 '이브갈 일족'의 모하메드 알리 마흐디Muhammad Ali Mahdi(일명 마흐디파)로 갈라진다. 마흐디파는 모가디슈 북부 지역을, 아이디드파는 모가디슈 남부 지역을 거점으로 내전을 벌인다. 아이디드파는 UN평화유지군에도 적대적으로 대응한다.

끝이 보이지 않는 소말리아 내전과 불투명한 미래

아이디드파와 마흐디파 간 내전 상황에서 소말리아민족운동SNM은 1991년 5월 과거 영국령 소말릴란드를 소말리아공화국으로 독립시킨다. 1994년 미군이 철수하고, 1995년 2월 UN평화유지군이 완전 철수하면서, 소말리아 내전 상황은 더 복잡하게 전개된다. 국제사회 동의를 얻은 마흐디가 임시정부 수반으로 이미 선출되었지만 아이디드는 이를 무시하고 1995년 6월 독자적인 정부를 만들어 대통령으로 취임하지만, 1996년 8월 사망한다. 그의 아들이 아이디드파 후계자가 되어 내전을 이어 가다가 1998년 두 세력, 임시정부 측과 아이디드파는 정전에 합의한다. 2000년 8월 두 세력이 주축이 돼 과도국민정부Transitional National Government, TNG를 수립하고 2012년 8월 '소말리아연방공화국Federal Republic of Somalia'을 출범시킨다.

현재 소말리아 영토는 40여 년 내전으로 크게 6개 영역으로 분할되었다. ① 과거 영국령이었던 이사크족 주축의 소말릴란드공화국, ② 3개 씨족Sool, Sa-naag, Cayn을 중심으로 2007년 소말릴란드에서 떨어져 나온 중립 성향의 카투모Khatumo국, ③ 다로드족(마제르테인 일족) 중심 소말리아구국민주전선 SSDF이 1998년 자치공화국을 선언한 푼틀란드, ④ 푼틀란드와 모가디슈 중간에 위치하고 하위예족이 많이 분포하며 2006년 자치를 선언한 갈무두그

소말리아 정치 세력 분할
(2018년 2월)
출처: BBC

분쟁의 세계지도

Galmudug(갈구두그주와 무두그주의 합성어) 지역, ⑤ 모가디슈 중심의 연방정부 영역, ⑥ 알샤바브Al-Shabab가 차지하고 있는 주바란드Jubaland 일부와 모가디슈 북부 일부 등이다. 푼틀란드와 갈무두그 지방은 연방정부에 우호적이며, 특히 갈무두그는 연방정부와 힘을 합쳐 남부 알샤바브 세력을 척결하는 데 협조적이다. 푼틀란드는 현재 씨족 간 갈등으로 준準내전 상황이다. 해적들이 많이 양산되고 있는 이유도 여기에 있다.

2012년 소말리아 연방정부가 출범했지만 여전히 내전은 계속되고 있다. 남부 지역 주바란드를 장악한 '알샤바브' 세력이 반군 활동을 펼치고 있기 때문이다. 아랍어로 '청년'이란 뜻의 알샤바브는 사우디아라비아에서 시작된 보수 이슬람 운동인 '와하비즘' 노선을 따르며, 이슬람 근본주의 국가 건설을 지향한다. 이슬람 법정연대Islamic Courts Union, ICU에서 떨어져 나와 2006년부터 독자적으로 활동하고 있다. 알샤바브는 주민들에게 샤리아법을 강요하고 모가디슈를 비롯하여 케냐 등지에서 민간인을 죽이고 테러를 자행하는 등 악명 높은 이슬람 극단주의 무장 단체로 '소말리아판 IS'로 간주된다. 알카에다·IS 세력과 연계해 테러를 벌이고 해적 활동도 벌이고 있다.

소말리아는 아프리카에서 보기 드물게 소말리족이란 단일 종족으로 구성된 국가이다. 연방정부가 지배하는 모가디슈를 중심으로 한 중부 소말리아는 어느 정도 정치적 안정을 되찾고 있고, 1991년 폐쇄되었던 모가디슈 주재 미국 대사관이 2018년 12월 재개관한 것이 그 증거이다. 하지만 소말리아는 40여 년을 내전으로 지새우고 있고, 이 내전이 언제 끝날지 기약할 수 없는 상황이다. '국가보다 종족, 종족보다 씨족, 씨족보다 일족'을 중시하는 소말리아 유목인 특유의 동질적 속성이 권력 투쟁과 결합해 내전을 이어 가고 있기 때문이다.

라틴아메리카의
분쟁과 갈등 지역

콜롬비아

50여 년 좌파와 우파로 나눠 내전을 치른 국가

   많은 사람은 콜롬비아를 잘 모른다. 6.25 전쟁 때 UN군 일원으로 전투병을 보낸 유일한 남아메리카 국가라는 사실은 더욱 모른다. 콜롬비아는 1962년 우리나라와 수교 이후 계속 우호적인 관계를 유지하고 있다. 이런 사실들을 잘 몰라도 콜롬비아가 세계적인 커피 생산국이자, 세계 최대 코카인 생산국이란 사실은 익히 알고 있다. 콜롬비아는 브라질과 베트남에 이어 세계 3대 커피 생산국이다. 세계 커피 생산량의 9% 정도를 차지한다.

   콜롬비아 내 안데스 산지는 코카인 재배의 최적 환경을 제공한다. 산악으로 격리된 지리적 조건과 내전으로 중앙정부의 치안권이 미치지 못하는 안전지대여서 콜롬비아는 세계적인 마약 생산국이 될 수 있었다. 콜롬비아의 전설적인 마약왕, 파블로 에스코바르Pablo Emilio Escobar Gaviria를 검거하려는 미국 마약단속국 이야기를 다룬 넷플릭스의 드라마 〈나르코스Narcos〉는 이런 콜롬비아의 상황을 배경으로 탄생했다. 전 세계 코카인 시장의 80%를 점하는 콜롬비아 제2의 도시 메데인Medellín은 세계적인 도시·토지개발 싱크 탱크인 도시토지연구소Urban Land Institute가 2012년 선정한 그해의 '혁신도시'였다. 아이러니하게도 세계적인 마약 카르텔 거점 메데인이 세계적인 혁신도시로 탈바꿈한 것이다.

   '코카인의 왕'으로 알려진 파블로가 메데인을 거점으로 세계적인 마약 카르텔을 형성할 수 있었던 배경에는 콜롬비아 내전에 있다. 1930년대 등장한 좌익 세력의 반정부 투쟁이 1960년대 들어 본격적인 내전으로 전개되면서, 안데스 산계에 포함되는 북서부·중부·남서부 산지와 고원은 정부 치안권이 미치지 못하는 반정부 세력 거점이 된다. 도대체 향기로운 커피의 나라 콜롬비아에서 지난 수십 년 동안 어떤 일이 벌어졌던 것일까?

콜롬비아는 어떤 곳인가?

콜롬비아 정식 국가 명칭은 콜롬비아공화국Republic of Colombia이다. 국가 명칭은 크리스토퍼 콜럼버스 이름을 따서 지은 것인데, 독립 초기에는 '대콜롬비아'를 뜻하는 그란콜롬비아Gran Colombia로 불렸고 1886년 이후 지금의 국가명 콜롬비아공화국이 되었다. 파나마 운하 아래쪽에 위치한 콜롬비아는 서쪽으로 북태평양, 북쪽으로 카리브해에 맞닿아 있으며, 국경선은 북서쪽으로 파나마, 동쪽으로 베네수엘라와 브라질, 남쪽으로 에콰도르와 페루 등지와 각각 접한다. 남아메리카 대륙에 위치한 국가 중 유일하게 카리브해와 태평양을 모두 끼고 있는 국가로 해안선 길이가 약 3,200㎞에 달한다. 전체 면적은 113만 8,910㎢로 남아메리카 국가 중 4번째로 크고, 우리나라 면적보다 10배 이상 크다.

콜롬비아 지형은 크게 서북부 해안 평야, 중부 고지, 동부 저지 등으로 구분된다. 중부 고지는 안데스 산계를 구성하는 세 개의 산맥이 북동 방향에서 남서 방향으로 연이어 발달하는데, 이 일대를 스페인어로 '줄'을 의미하는 코르디예라스cordilleras라고 부른다. 안데스산맥을 이루는 세 개 산맥이란 태평양 연안 쪽의 코르디예라옥시덴탈산맥, 중앙의 코르디예라센트랄산맥, 동부 저지 쪽의 코르디예라오리엔탈산맥 등을 말하며, 이들 산지는 해발 3,000~5,000m에 달하는 고봉들로 이루어져 있다.

콜롬비아는 자연환경을 기준으로 크게 6개 지역으로 구분된다. 파나마와 베네수엘라로 연결된 북서쪽 안데스산맥 일대, 태평양 연안, 카리브해 인근, 베네수엘라와 맞닿아 있는 저지대, 남동쪽에 위치한 아마존 열대 우림지대 그리고 태평양과 카리브해에 산재한 섬들이다. 기후는 열대 우림을 비롯해 사바나, 스텝, 고산 기후 등 매우 다양하게 나타나고 있다.

인구 분포는 지역별로 큰 차이를 보이는데, 농경에 유리한 자연환경을 가진 해안 지역과 기후가 비교적 온화한 고지대 지역에 인구가 많이 분포한다. 수도 보고타Bogotá는 해발 2,640m에, 제2의 도시 메데인은 해발 1,500m 고원지대에 각각 위치한다. 보고타는 세계에서 가장 높은 해발고도에 위치한 대도시이다. 반면에 남쪽과 동쪽 저지대와 열대 우림은 국토 면적의 60% 정도를 차지하며 인구 분포가 매우 희박하지만 이 지역에서는 코카인 재배가 집중적으로 이루어지고 있다. 커피는 안데스 산지에서 주로 재배되고, 코르디예라오리엔탈산맥 주변에서 베네수엘라까지 이르는 저지대에는 유전지대가 넓게 분포한다.

콜롬비아 인구는 총 4,900만 명2019 정도로 우리나라보다 약간 적다. 주민의 80% 이상이 가톨릭을 믿으며, 공용어는 스페인어이다. 하지만 인종 구성은 무척 다양하며, 백인과 메스티소Mestizo(유럽인과 원주민 혼혈)가 전체 인

콜롬비아 지도

콜롬비아 내 코카인 생산 지역과 유통 경로
출처: World View, Stratfor

구의 85% 정도를 차지하고, 물라토Mulatto(유럽인과 아프리카인 혼혈)를 포함한 아프리카계가 10.5%, 아메리카 인디언이 3.4% 등이다. 복잡한 인종 분포는 스페인 식민 지배의 유산이다. 16세기경 콜롬비아를 점령한 스페인 정복자들은 이곳에 이베리아반도의 종교·언어·생활 양식을 이식시켰고, 부족한 노동력을 보충하기 위해서 아프리카에서 흑인들을 들여왔다. 그리고 수백 년에 걸친 원주민·유럽인·아프리카 흑인 간 혼혈로 인종 구성이 복잡해졌다. 20세기에 들어 유럽 여러 국가와 중동에서 이민자들이 유입되면서 콜롬비아 인종 구성은 더욱 다양해졌다.

콜롬비아는 동일한 종교와 언어라는 강한 동질성을 갖고 있음에도 불구하고 자연환경 차이로 지역 간 통합성이 약하고 지역별로 분리되어 있다. 특히 콜롬비아 인구의 20% 정도가 미국과 지리적으로 가까운 북쪽 카리브해 연안 지역에 거주하고 있음에도 불구하고 미국이라는 거대한 시장과 차단되어 있다. 이유는 1930년대 이후 계속된 갈등과 내전 때문이다. 게다가 오랜 갈등과 내전은 콜롬비아에게 세계적인 마약 생산국이란 불명예를 안겨 줬다.

'엘도라도'를 찾으려는 유럽인 탐험대와 콜롬비아

콜롬비아는 중앙아메리카와 카리브해에서 안데스 산지와 아마존 분지로 들어가는 길목에 위치한다. 이러한 지리적 위치 덕분에 오래전부터 인류가 이 지역에서 활동했고, 인디언 관련 유적도 많이 분포한다. 구석기 시대부터 고원지대 보고타를 중심으로 수렵 채집 생활이 이루어졌다. 신석기 시대 이후 수렵채

집을 하던 집단은 농경사회로 진화했으며, 보고타 일대에 정착한 아메리카 인디언들은 독자적인 정치·사회 체계를 갖춘다. 기원후 이들 치브차Chibcha족은 아메리카 문명을 꽃피우지만, 8세기에서 11세기 사이 급격히 몰락해 스페인이 콜롬비아를 식민지로 개척할 당시 120만여 명에 불과했다고 한다.

콜롬비아의 지리적 위치는 스페인 사람들이 잉카 제국 수도 쿠스코Cuzco로 들어가는 출입구이자 핵심 교통로 역할을 했다. 콜럼버스가 신대륙을 발견하고 후속 스페인 탐험대가 카리브해 일대를 탐험하면서 당시 스페인과 유럽에는 신대륙에 대한 매혹적인 소문이 퍼졌다. 아메리카 대륙 어딘가에 금은보화가 가득한 황금의 도시 '엘도라도Eldorado'가 있다는 것이 그것이다. 황금으로 만든 집에 온몸을 금으로 치장한 사람들이 살고 있으며, 이 도시의 왕은 매년 한차례 호수에 황금과 보석을 던지는 제례 의식을 치른다고 알려졌다. 이런 소문은 야망에 가득 찬 젊은이들 발걸음을 아메리카 탐험으로 옮기게 만들었다.

스페인 태생 바스코 누녜스 데 발보아Vasco Nunez de Balboa, 1475~1519도 그런 사람 중 한 명이었다. 발보아는 1500년 파나마 동쪽 해안을 탐험하고 1510년 마틴 페르난데스 데 엔시소Martin Fernandez de Enciso가 이끄는 '우라바만Gulf of Uraba(지금의 콜롬비아 우라바만) 원정대' 일원으로 '산타마리아 라 안티구아 델 다리엔Santa Maria la Antigua del Darién' 건설에도 참여한다. 다리엔은 파나마와 북쪽 국경을 이루는 콜롬비아 초코주의 아칸디Acandí에 해당하는 곳으로, 아메리카 대륙 본토에 건설된 최초 스페인 정착촌이었다. 1511년 다리엔 총독으로 임명된 발보아는 황금을 찾아 콜롬비아 아트라토Atrato강 일대를 1512년 탐험하고, 1513년 파나마 지협을 건너 유럽인 최초로 태평양 연안에 도착한다. 태평양 발견은 황금을 찾기 위한 원정 활동의 부산물이었다. 이후 발보아는 20여 차례에 걸쳐 파나마 지협을 통과해 주변 지역을 탐험하지만 남아메리카 대륙 어딘가에 있다던 엘도라도는 끝내 찾지 못하고, 1519년 반역죄로 참수형을 당한다.

발보아 이후 아즈텍 제국과 잉카 제국은 황금을 찾으려는 패기 넘치는 두 사람에 의해 바람처럼 쓰러진다. 한 사람은 에르난 코르테스Hernan Cortes, 1485 ~1547이다. 스페인 육군 대령 아들로 태어난 코르테스는 아즈텍 제국을 점령하기 위해 1518년 11척 배와 860여 명으로 구성된 탐험대를 이끌고 카리브해 산토도밍고를 출발한다. 총과 갑옷으로 무장한 스페인 기병에게 제국의 수도 테노치티틀란Tenochtitlan은 속수무책으로 당하고 아즈텍은 1521년 스페인의 손에 넘어간다. 이후 코르테스는 테노치티틀란에 '뉴스페인의 도시' 멕시코시티Mexico City를 건설한다. 하지만, 유럽인이 옮긴 전염병 때문에 멕시코 인구는 급격히 줄어 1520년경 2,200만 명에 달했던 인구가 1580년경 200만 명 이하로 감소한다.

또 다른 사람은 발보아 부하로 파나마 일대를 탐험한 경험이 있는 프란시스코 피사로Francisco Pizarro, 1475~1541이다. 피사로는 세 차례 원정 끝에 1532년 11월 16일 카하마르카 전투에서 잉카 제국의 왕 아타우알파를 생포하는 데성공한다. 이후 잉카 제국은 피사로 원정대에 유린당하고 스페인 식민지로 전

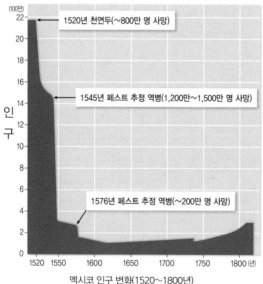

멕시코 인구 변화(1520~1800년)

출처: ⓒRodolfo Acuna-So to et al._Wikimedia Commons

락한다. 『총, 균, 쇠』 저자 재레드 다이아몬드Jared Diamond는 '아타우알파 생
포 사건'을 '유럽인이 아메리카를 정복한 힘의 원천이 어디에 있는가를 보여 준
근대사의 큰 사건'이라고 평했다. 피사로도 발보아처럼 거부巨富가 되지 못하고
1541년 페루 리마에서 사망한다.

'황금의 도시' 엘도라도가 오리노코Orinoco강 남쪽에 있다는 소문이 퍼지면
서 베네수엘라와 콜롬비아에 대한 탐험이 계속된다. 왜냐하면 오리노코강 본류
는 브라질과 국경을 이루는 기아나Guiana 고지에서 발원하지만 콜롬비아 안데
스 산지에서 발원하는 과비아레Guaviare강·메타Meta강·아푸레Apure강 등이
오리노코강으로 합류하기 때문이다. 스페인 코르도바 출신 곤살로 지메네스 데
케사다Gonzalo Jimenez de Quesada가 주도하는 엘도라도 탐험대는 1536년 카
리브해에 면한 콜롬비아 항구도시 산타마르타Santa Marta를 출발해 1537년 지

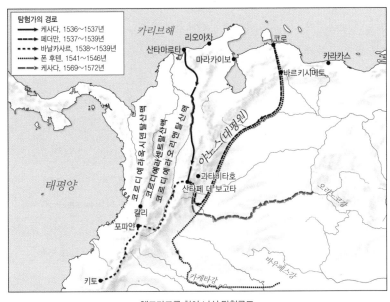

엘도라도를 찾아 나선 탐험루트
출처: 로버트 클랜시·마이클 곤 외 10인, 이미숙 옮김, 2012,
『위대한 탐험가들의 탐험 이야기』, 시그마북스, p.183.

금의 보고타에 도착한 후 '산타페 데 보고타Santa Fe de Bogota'를 건설한다. 엘도라도를 찾아 나선 그의 동생 에르난 페레스 데 케사다Hernan Perez de Quesada는 1545년 보고타 북동쪽에 있는 과타비타Guatavita 호수의 물을 빼 내려고 시도하지만 엘도라도를 끝내 찾지 못한다.

엘도라도를 찾는 탐험에는 독일과 영국 탐험가들도 동참한다. 독일 금융자본가 벨저 가문의 지원을 받아 1537~1539년 니콜라우스 페더만Nikolaus Federman, 1535~1538년 게오르크 호레무트 폰 슈파이어Georg Horemuth von Speyer, 1541~1546년 필리프 폰 후텐Philipp von Hutten 등이 베네수엘라를 거쳐 콜롬비아 안데스 산지 일대를 탐험한다. 특히 1539년 보고타에 도착한 페더만은 보고타 일대를 독일 영토라고 주장하지만, 스페인과 영토 경쟁에 밀리면서 1550년대 중반부터 보고타 일대는 스페인 수중으로 넘어간다. 엘도라도를 찾으려는 열풍은 스페인이 콜롬비아에 식민지를 개척하는 데 활력소가 된다. 콜롬비아 안데스 산지 근처에 존재한다는 엘도라도를 찾기 위해 많은 유럽인 원정대가 경쟁적으로 콜롬비아로 들어오면서 스페인은 콜롬비아 중요성을 인식하고 식민지 개척에 속도를 냈기 때문이다.

스페인의 남아메리카 식민지화의 교두보 역할을 한 콜롬비아

다리엔에 교두보를 확보한 스페인 원정대는 1525년 산타마르타Santa Marta, 1533년 카르타헤나Cartagena 등 카리브해에 면한 콜롬비아 북쪽 항구도시에 정착촌을 만든다. 그리고 곤살로 지메네스 데 케사다는 마그달레나Magdalena 강을 따라 내륙으로 들어가 1538년 안데스 산지 일대에 '산타페 데 보고타'를 건설하면서 식민지 개척이 본격화된다. 당시 스페인은 지금의 콜롬비아를 포함한 남아메리카 북부 지역을 '뉴그라나다 왕국New Kingdom of Granada'이라고 불렀다.

1542년 뉴그라나다 왕국은 페루 부왕령Viceroyalty of Peru으로 편입된다. 1500년대 중반 이후 스페인 정복자들은 천연두와 홍역을 비롯한 각종 전염병으로 원주민 인구가 급속히 줄어들자 부족한 노동력을 보충하기 위해 아프리카에서 노예를 수입한다. 1717년 지금의 콜롬비아를 비롯해 파나마·베네수엘라·에콰도르 등을 포함하여 뉴그라나다 부왕령Viceroyalty of New Granada, 1717~1819이 설치되고, 보고타가 수도가 된다. 부왕령이란 스페인 국왕이 총독을 파견해 통치하는 해외 영토로, 본국의 주州와 동일한 행정 계층으로 총독을 부왕이라고 불렀다. 1739년 영국이 뉴그라나다 부왕령에 속한 지금의 콜롬비아의 카르타헤나를 침공하면서 스페인-영국 간 전쟁이 일어나지만 스페인은 영국을 격퇴하고 부왕령에 대한 식민 지배를 강화한다.

뉴그라나다 부왕령의 지배 계층은 총독부 관료, 성직자, 신대륙에서 태어난 스페인계 후손 크리올Creole, 스페인어 Criollo 등으로 구성되었다. 특히 크리올은 본국 출신 페닌술라르Peninsular(이베리아반도에서 태어난 백인)에 미치지는 못하지만 아시엔다Hacienda라는 대규모 농장과 목장을 소유하고 원주민을 농노로 만들어 노동력을 착취하면서 부를 축적하여 콜롬비아 중·상류 계층을 형성한다. 스페인 정부는 크리올이 축적한 경제적 부富는 인정하지만 정치 세력화는 용인하지 않았고, 이런 상황은 식민 지배 300여 년 동안 계속된다. 스페인이 아메리카 부왕령과 크리올을 상대적으로 차별하면서 크리올은 불만을 갖게 되고, 1783년 미국 독립과 1789년 발생한 프랑스 혁명을 지켜보면서 크리올은 독립의 필요성을 인식한다.

1804년 카리브해에 위치한 아이티Haiti 독립은 콜롬비아 내 크리올에게 독립 운동을 추동하는 촉매제가 된다. 하지만 결정적인 동인은 나폴레옹 전쟁1797~1815이 제공한다. 1808년 프랑스 나폴레옹이 스페인을 침공하자 프랑스에 대항하기 위해 스페인은 물론 스페인 해외 식민지 전역에서 평의회가 구성되고 '산타페 데 보고타 평의회'도 결성되지만 1810년 콜롬비아 총독부는 이 단체를 불허한다. 이에 시몬 볼리바르Simón Bolívar, 1783~1830가 주도하는 민족해방 운동에 고무된 콜롬비아 크리올은 스페인을 상대로 독립 운동을 벌인다.

1819년 12월 베네수엘라와 뉴그라나다 대표들은 연방제 형태의 그란콜롬비아Gran Colombia를 결성한다. 영역은 콜롬비아·베네수엘라·에콰도르·파나마 전역과 코스타리카·페루·브라질·가이아나 등의 영토 일부로 구성되었다. 1830년 볼리바르 사망 후, 그란콜롬비아에서는 연방주의자와 분리주의자 사이에 갈등이 빚어지고 1831년 베네수엘라와 에콰도르가 분리 독립하면서 누에바그라나다Nueva Granada라는 새로운 연방체가 다시 만들어진다. 영역은 콜롬비아를 비롯하여 파나마·코스타리카·니카라과·베네수엘라 일부 지역 등이다. 1858년 니카라과가 분리 독립하자 누에바그라나다는 국명을 그라나다 연합Confederación Granadina으로 변경한다. 1863년 코스타리카가 분리 독립하자 그라나다 연합은 국명을 콜롬비아합중국으로 변경하고 1886년 지금의 콜롬비아공화국으로 다시 바꾼다. 파나마 운하 이권과 관련한 미국 개입으로 1903년이 파나마가 콜롬비아공화국에서 분리 독립하면서 콜롬비아는 현재의 영토로 남게 된다.

독립 이후 전개된 기나긴 내전

콜롬비아는 독립 이후 1848년 창당된 자유당과 1849년 설립된 보수당에 의한 양당 정치가 자리를 잡고, 선거를 통한 권력 교체가 비교적 순조롭게 이루어진다. 그러나 보수당 정권 시절이었던 1948년에 자유당 대표 호르헤 엘리에세르 가이탄Jorge Eliécer Gaitán이 피살되면서 한 세기 이상 비교적 평화롭게 유지되던 콜롬비아 양당 정치가 삐걱거리기 시작한다. 가이탄은 콜롬비아에 만연한 극심한 빈부격차 해소를 위해 투쟁한 정치인이었기에 시민들은 매일 수도 보고타에서 대규모 시위를 벌인다. 시위 과정에 많은 상점이 약탈당하고 보수당 내 강경파들 자택과 주요 공공건물이 방화 대상이 된다. 보고타에서 시작된 시위와 폭력사태가 전국으로 급속히 확산되면서 10여 년간 불안정한 정국이 계속되고, 약 20만 명이 희생된다.

1958년 보수당과 자유당은 정치적 합의를 이끌어 낸다. 16년이라는 한시적인 기간 동안 4년 임기 대통령 선거를 통해 양당이 순서대로 집권하기로 결의하고 '국민전선Frente Nacional'이라는 새로운 정당을 만든다. 국민전선이 만들어지면서 정권 교체는 거대 양당 사이에 평화적으로 이루어지고 정국도 안정된다. 하지만 군소 정치 세력 및 신흥 정치 세력들은 정권 획득이 원천적으로 차단되면서 정치적 변화와 개혁은 불가능해졌고, 양당 세력은 더욱 강화된다. 국민전선의 협정은 1974년 종료된다.

한편 제1차 세계대전 이후 공산주의자들이 콜롬비아 전역에서 활동하기 시작하며, 이들은 1930년 콜롬비아 공산당을 결성한다. 주요 지지 세력은 정부의 대규모 농장 지원 정책으로 농토를 잃은 농민과 도시 노동자들이었다. 공산당원들은 콜롬비아 곳곳에서 정부에 반대하는 게릴라 활동을 벌였으며, 1960년대에는 게릴라단체들을 중심으로 자체적인 독립공화국도 만든다. 콜롬비아 정부가 게릴라들이 만든 독립공화국 해체를 시도하는 과정에서 게릴라 단체들은 무기로 무장한다.

1960년대 콜롬비아 공산당은 산하에 무장 투쟁 조직을 만든다. 규모가 가장 큰 반정부 무장단체는 1964년 결성된 콜롬비아 공산당 산하 조직인 콜롬비아무장혁명군Fuerzas Armadas Revolucionarias de Colombia, FARC으로 구성원은 1만 6,000여 명이나 되었다. 콜롬비아무장혁명군는 콜롬비아 공산당 거점인 '마르케탈리아Marquetalia 독립공화국'을 해체하려는 정부 탄압 과정에서 농민들이 무장 투쟁으로 대응하면서 만들어졌다. '제1반군'으로 알려진 콜롬비아무장혁명군은 콜롬비아 전역으로 세력을 확대하며, 정부를 전복시키고 반미反美정부를 세우는 것이 이들의 목표였다. 콜롬비아무장혁명군은 코카인을 재배해 필요한 자금을 충당하며, 정부 주요 관료와 민간인을 납치·살해하고 많은 테러 활동을 벌인다. '제2반군'으로 알려진 반정부 단체는 1964년 조직된 국민해방군Ejército de Liberación Nacional, ELN이다. 국민해방군은 차별받는 농부와 농촌 지역 주민에 기반한 콜롬비아무장혁명군과는 달리 마르크스주의와 해방신학에 심취한 대학생, 지식인, 가톨릭 강경론자 등이 주축을 이루었다.

내전으로 갈라진 콜롬비아의 열대 우림

1960년대에 결성된 콜롬비아무장혁명군FARC과 국민해방군ELN이 활동하는 상황에서 1970년대에 또 다른 반정부 단체 M-1919th of April Movement가 등장한다. M-19는 국민전선의 선거부정에 반대하며 조직된 게릴라 집단으로 주로 도시 지역을 기반으로 활동한다는 점이 특징이다. 1980년대 초반에 집권한 보수당 출신 대통령 벨리시오 베탕쿠르Belisario Betancur, 재위 1982~1986는 M-19와 휴전 협정을 맺었고 콜롬비아무장혁명군을 비롯한 다수 무장 세력과도 평화 협상을 시도한다. 이 과정에서 수천 명에 달하는 반군들이 무장을 해제하고, 1985년 애국동맹Union Patriotica, UP이라는 좌파 정당을 만들어 제도 정치권으로 편입된다.

1985년 11월 6일 M-19는 정부가 휴전 협정을 지키지 않았다고 비판하며 대법관을 인질로 잡고 베탕쿠르 대통령을 재판에 회부하라고 요구한다. 대법원에서 M-19 세력을 진압하다가 12명의 대법관을 포함해 120여 명이 목숨을 잃는 끔찍한 사태가 발생한다. 정부와 M-19는 서로에게 책임을 미루면서 베탕쿠르 대통령의 평화 협정을 향한 노력은 여기에서 끝이 난다. 또한 1987년과 1990년에 애국동맹 대선후보였던 하이메 파르도Jaime Pardo와 베르나르도 하라미요 오사Bernardo Jaramillo Ossa가 암살되면서 제도정치권에 참여하던 세력들이 다시 정글 속으로 들어가 반군 활동을 전개한다.

1990년대로 들어 무장 투쟁에 가담하는 콜롬비아무장혁명군 조직원이 급격하게 증가하면서 정부와 반군 간 대립이 더욱 심화된다. 콜롬비아 정부는 마약과의 전쟁을 선포한 미국 지원을 받아 반군 근거지에 대한 대대적인 공격을 벌이고, 이에 대한 대응으로 반군들도 정부 인사들을 납치하거나 국가 시설을 파괴하면서 투쟁 수위를 높인다. 반군들의 주요 자금원은 마약이었는데, 이들은 마약 재배업자들을 보호해 준다는 명분으로 마약을 세금으로 받고, 마약을 팔아 활동 자금을 충당하는 방식을 활용하였다. 1990년대에 콜롬비아 지역에서 내전이 심화되면서 살길이 막막한 농민이 마약 재배에 참여하면서 마약 재배

지역은 열대 우림 전역으로 확대된다. 한편 1997년에는 우익단체 콜롬비아통합자위대Autodefensas Unidas de Colombia, AUC가 등장하고, 준군사 조직인 콜롬비아통합자위대는 반군과 반군을 지원하는 사람들을 상대로 무장 투쟁을 벌이면서 내전 양상은 더욱 복잡해진다.

1998년 취임한 보수당 출신 안드레스 파스트라나 아랑고Andres Pastrana Arango 대통령은 반군 제압과 마약 퇴치를 선포한다. 미국은 콜롬비아 정부 활동에 동조하며 재정을 지원하고 반군 조직에 대한 정보도 제공한다. 정부 공세가 강해지자 콜롬비아무장혁명군과 국민해방군 등 반군도 투쟁 수위를 높이며 정부군과 반군 간 갈등은 더욱 심해진다. 파스트라나 대통령은 반군들에게 평화 협상을 제안하고, 콜롬비아무장혁명군도 정부에 협상안을 제시하면서 상황은 반전된다. 콜롬비아무장혁명군과 체결된 협상에 따라 파스트라나 대통령은 콜롬비아 남부 지역에 파견된 정부군을 철수시키지만 얼마 지나지 않아 정부군·반군·우익 세력 사이에 다시 내전이 벌어져 2000년부터 2006년까지 매년 수천여 명이 사망하였다.

2002년 5월 반군에 대한 강경책을 공약으로 내건 무소속 출신 대통령 후보 알바로 우리베Alvaro Uribe Velez가 54.5% 지지율로 대통령에 당선된다. 그는 공약대로 반군에 대한 대규모 공격을 전개하지만 내전 상황을 크게 호전시키지 못한다. 우리베 대통령은 정부에 우호적인 우익 민병대에게 무기를 공급하면서 반군과 대항하는 전략을 취하지만 콜롬비아통합자위대를 비롯한 우익 무장 세력의 피해가 커지자 2006년에는 이를 중단한다.

내전은 종식됐지만 여전히 지울 수 없는 또 다른 그림자

2010년 8월 후안 마누엘 산토스Juan Manuel Santos가 제41대 대통령으로 취임한다. 반군 소탕에 적극적이었던 우리베 대통령 밑에서 국방부 장관을 맡았던 산토스는 반군에 대한 강경책만 고수하지 않았다. 그는 2012년 말부터 콜롬비아무장혁명군FARC과 평화 협상을 통해 콜롬비아무장혁명군의 정치참여, 마약 밀매 퇴치, 토지 개혁 등에 합의한다. 4년에 걸친 정부와 콜롬비아무장혁명군 간 평화 협상은 2016년 11월 성공적으로 종료되고, 합의안은 국회에서 만장일치로 통과한다. 50여 년 내전이 종식된 것이다. 산토스 대통령은 내전을 종식시킨 공로를 인정받아 2016년 노벨평화상을 받는다.

평화 협상 합의안에 따라 콜롬비아무장혁명군은 2017년 6월 무장을 완전 해제하고 정치조직으로 탈바꿈한다. 정부가 콜롬비아무장혁명군을 비롯해 반군 활동에 가담한 조직원을 사면해 주면서 가능해진 것이다. 정당으로 탈바꿈한 콜롬비아무장혁명군는 사회정의 실현과 농촌 개발을 목표로 정치활동을 개시하였다. 2017년 10월 '제2반군' 국민해방군ELN도 임시 휴전에 들어가고 정부와 협상을 시도하지만 아직까지 합의안에 이르지 못한 상황이다. 국민해방군 주요 활동 지역은 베네수엘라와 국경을 마주한 동북부 지역으로 현재 활동 조직은 1,500~2,000명으로 추정된다.

콜롬비아 정부는 과거 반군으로 활동하다 붙잡혀 감옥에 갇힌 수천여 명을 사면하였고, 콜롬비아무장혁명군 조직원들의 사회 복귀를 지원하는 프로그램도 운영하고 있다. 하지만 콜롬비아무장혁명군 지도부가 체결한 평화 협정에 불만을 가진 일부 조직원들은 무장 해제를 거부하고 동부 저지대와 남동부 아

콜롬비아 내전 종식 기념식(2017.06.27)에서 산토스 대통령(좌측)과 FARC 지도자 로드리고 론도뇨(우측)
출처: 연합뉴스

마존 열대 우림으로 숨어들어 반정부 활동을 여전히 펼치고 있다. 이들 규모는 약 1,200여 명으로 추정되며, 코카인 생산과 유통에 관여하면서 세력을 존속하고 있는 것으로 알려졌다. 또한 이들은 인접한 베네수엘라와 페루 국경지대로 이동하면서 주변국들은 이들의 무장 해제를 위한 진압 활동을 펼치고 있다.

2016년 콜롬비아 내전은 공식적으로 종료됐다. 하지만 반정부 무장 세력이 완전히 사라진 것은 아니다. 이는 콜롬비아 제2의 도시 메데인에 대한 이중적 시각에서도 쉽게 드러난다. 세계적인 코카인 유통 거점에서 혁신도시로 선정되었으나, 여전히 외부인 시각에서 볼 때 메데인은 치안이 불안한 곳으로 꼽히기 때문이다. 내전과 마약의 그림자를 걷어 내고 경제적 비약을 도모하려는 콜롬비아 사람들의 염원이 언제쯤 실현될지 지켜볼 일이다.

Chapter 24

포클랜드

아르헨티나와 영국 간 영토 분쟁의 섬

북극해와 가까운 남대서양에 위치한 780여 개 섬으로 이루어진 포클랜드 제도Falkland Islands는 현재 영국 해외 영토British Overseas Territories에 속한다. 포클랜드는 아르헨티나와 500㎞가량, 영국과 1만 2,000㎞ 이상 떨어져 있지만 영국이 실효적으로 지배하는 땅이다. 반면에 아르헨티나는 지리적 인접성과 스페인 지배의 역사적 과정 등을 근거로 영국령 포클랜드를 인정할 수 없다고 항변하고 있다.

아르헨티나가 포클랜드를 자국 영토라고 주장하는 데에는 이유가 있다. 포클랜드는 과거 스페인 땅이었기 때문에 스페인에서 독립한 아르헨티나가 포클랜드를 영토로 편입하는 것이 국제법적으로 합당하다는 것이다. 특히 독립 이후 아르헨티나가 포클랜드를 관할·통치하던 중 미국과 군사적 충돌로 어수선한 상황에서 1833년 영국이 과거 인연을 내세워 포클랜드를 점령한 것은 분명한 위법이라는 것이 아르헨티나 주장의 핵심이다.

1981년 '포클랜드 전쟁'이 일어난 이후 포클랜드 제도는 아르헨티나와 영국이 서로 자국 영토라고 주장하는 국제적인 분쟁 지역 중 한 곳이 됐다. 남극과 가까운 척박한 땅을 서로 차지하려는 의도는 무엇일까? 아르헨티나는 왜 이 제도에 대한 주권을 지속적으로 주장하는 것일까? 반대로 영국은 왜 아르헨티나 주장을 지속적으로 묵살하는 것일까? 3,200여 명이 살고 있는 포클랜드 속으로 들어가 보자.

포클랜드는 어디에 있는 섬인가?

포클랜드 제도는 아르헨티나 남동쪽 남대서양에 위치한 영국의 해외 영토이다. 동포클랜드East Falkland와 서포클랜드West Falkland 주변에 780여 개 작은 섬으로 이루어진 군도群島이다. 제도의 총면적은 1만 2,200㎢로 전라남도 크기와 비슷하다. 포클랜드 제도에서 가장 큰 섬인 동포클랜드 면적은 6,605㎢이고, 주민 대부분은 수도인 스탠리Stanley를 비롯한 동포클랜드에 분포한다. 서포클랜드 면적은 4,532㎢이고, 거주하는 인구는 동포클랜드에 비해 매우 적다. 아르헨티나에서는 포클랜드 제도를 말비나스 제도Islas Malvinas라고 부른다.

포클랜드 제도는 남극과 가까워 습윤한 날씨를 보인다. 또한 남반구에서 대륙 동안에 위치하여 편서풍 영향도 많이 받으며, 1년의 절반 이상 비가 내리고, 여름을 제외하고는 때때로 눈이 내리기도 한다. 이런 기후적 특징 때문에 강한

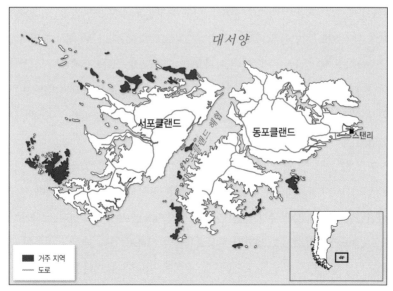

포클랜드 지도

바람이 불고 구름이 잔뜩 낀 하늘이 포클랜드의 전형적인 날씨이다. 포클랜드 제도는 생물지리학적으로 남극권에 속하며, 펭귄과 날개가 아주 긴 앨버트로스가 많이 서식하고, 바다코끼리, 물개, 고래 등 수생 포유류가 이 지역에 자주 나타나기도 한다.

포클랜드는 언덕과 산이 면적의 대부분을 차지한다. 해안선은 매우 복잡하지만, 들쑥날쑥한 해안선은 오히려 항구 이용에 양호한 자연적 환경을 제공한다. 포클랜드 수도인 스탠리도 이런 자연적 조건을 활용해 건설된 항구 도시이다. 동포클랜드와 서포클랜드 섬의 토양은 매우 척박하여 나무가 자랄 수 없는 환경이기 때문에 농업 활동은 거의 이루어지지 못하지만, 목축업이 소규모적으로 행해지고 최근에는 어업과 관광업의 비중도 커지고 있다. 1987년부터 포클랜드 정부는 외국 선박들이 포클랜드 내 배타적 조업 구역에서 활동할 수 있는 조업권을 판매하여 매년 4,000만 달러 이상 수익을 내고 있다. 2001년부터 포클랜드 정부가 수출 목적으로 들여와 기르기 시작한 순록은 양과 함께 주요 사육 품종이 되었다.

포클랜드 인구2016는 3,198명이다. 인구 대부분은 수도 스탠리와 그 주변에 모여 살고 있고 주민들은 대부분 영국계 또는 그 후손들이다. 이 때문에 영어가 공용어이고, 주민들은 주로 영어를 사용한다. 종교적으로는 전체 인구의 절반 이상이 기독교를 믿는다. 기독교를 믿지 않는 주민 대부분은 종교가 없는 이른바 '무종교無宗敎' 층이어서 종교를 가진 인구 대비 기독교인 비율은 90%에 달한다.

포클랜드 제도는 영국 해외 영토에 속하기 때문에 주민은 영국 시민과 동등한 권리를 누린다. 영국은 1983년부터 포클랜드에 거주하는 주민들에게 영국 시민권을 부여하고, 영국과 동일한 사회·복지 제도를 제공하고 있다. 교육제도 또한 영국과 동일하게 16세까지 무상교육을 실시하고 있다. 대학을 비롯한 고등교육을 받으려는 주민들은 외국으로 유학을 떠나는데, 대다수 학생들은 문화적 유사성을 가진 영국 대학을 주로 선택한다. 포클랜드 정부는 이들 학업을 돕기 위해 재정 지원 프로그램을 운영하고 있으며, 영국에서 유학하는 젊은 학생들은 포클랜드와 영국 간 긴밀한 유대 관계를 이어 주는 촉매자 역할을 하고 있다.

포클랜드 발견과 주민 정착 과정

포클랜드를 가장 먼저 발견한 사람은 누구일까? 선사 시대까지 거슬러 올라가면 파타고니아에 살던 원주민이 포클랜드 제도에 들어와 거주했다고 한다. 이후 유럽인이 이곳을 처음 발견했을 때 이 제도는 무인도였다. 하지만 포클랜드 발견에 대해서 아르헨티나와 영국 주장이 각각 다르다.

아르헨티나는 16세기 초에 마젤란 탐험대가 포클랜드를 제일 먼저 발견했다고 주장한다. 포르투갈 출신 항해가 페르디난드 마젤란Ferdinand Magellan, 1480~1521은 인도에서 교역 활동을 하다가 1521년 포르투갈로 돌아온다. 마젤란은 아프리카 희망봉 루트가 아닌 서쪽을 돌아 향신료 보고로 알려진 말루쿠 제도로 갈 수 있다는 항해 계획을 당시 포르투갈 국왕 마누엘 1세에게 제안하지만 거절당한다. 1518년 카스티야 왕국 카를로스 1세에게 항해 계획을 제출해 승인을 받은 마젤란 탐험대는 1519년 12월 브라질 리우데자네이루만灣에 도달한다. 이후 남극 방향으로 내려가 칠레의 푼타아레나스Punta Arenas 근처 좁은 해협을 1520년 10월경 통과해 태평양으로 나간다. 약 600㎞ 길이의 좁고 긴 해협의 이름이 '마젤란 해협'으로 붙여진 이유이다. 마젤란 해협을 스페인어로는 마가야네스Magallanes 해협이라고 부른다. 마젤란 해협은 파나마 운하가 개통된 1914년 이전까지 남아메리카 대륙에서 대서양과 태평양을 연결하는 유일한 항로였다.

반면에 영국은 16세기 말 영국 항해사 존 데이비스John Davis가 디자이어De-sire호를 타고 항해하다가 이 제도를 발견했다고 주장한다. 특히 영국은 포클랜드가 마젤란이 통과한 해협 항로와 멀리 떨어져 있다는 근거를 제시하며 마젤란 탐험대가 포클랜드를 발견했다는 주장을 일축한다. 하지만 섬의 발견에 관

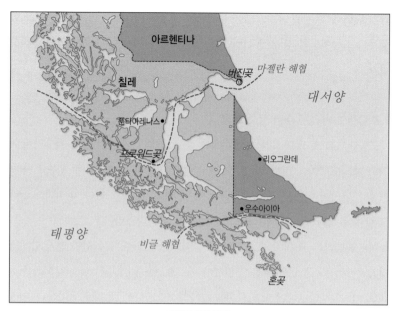

마젤란 해협 위치

한 기록이 남아 있지 않아 어느 쪽 주장이 옳은지는 판단하기 어렵다.

그렇다면 포클랜드에 최초로 발을 디딘 사람은 누구일까? 최초 상륙자에 대한 영국과 아르헨티나 주장이 각각 다르다. 영국 주장에 의하면 포클랜드에 가장 먼저 상륙한 사람들은 영국 해군 대위 존 스트롱John Strong이 지휘한 영국 탐사대였다. 영국 탐험대는 페루와 칠레를 향해 항해하던 중 1690년 이 제도에 도착했고, 동쪽, 서쪽 두 섬 사이 해협을 포클랜드 해협이라 명명한다. 존 스트롱이 당시 탐사대를 후원해 준 스코틀랜드 귀족 안토니 캐리Anthony Cary에 감사를 표시하기 위해 그의 직책인 '포클랜드 자작Viscount of Falkland'에서 따와 포클랜드 해협이라고 명명했다고 한다. 현재 통용되는 포클랜드 제도라는 지명은 바로 이 해협 명칭에서 유래한 것이다.

하지만 1764년 루이 앙트안 드 부갱빌Louis Antoine de Bougainville, 1729~1811이 이끈 프랑스 탐험대가 동포클랜드 북동쪽 해안에 도착하고, 프랑스 탐험대는 이곳을 말루인 제도ile Malouines라고 명명한다. 스페인과 프랑스 간 경쟁이 시작된 것이다. 그리고 프랑스 탐험대는 루이 15세 승인을 받아 생루이 Saint Luis항을 건설하고 프랑스령으로 공식 선언한다. 그러나 스페인은 프랑스 주장에 강력히 반발하면서 1494년 교황 승인으로 체결된 토르데시야스 조약을 토대로 동포클랜드 영토 소유권은 자국에 있다고 항변한다. 1767년 2월 스페인은 프랑스에게 보상금으로 2만 4,000파운드를 지불하고 포클랜드 땅을 양도받는다. 포클랜드를 스페인어로는 '말비나스'라고 부르는데, 이는 프랑스인이 건설한 최초의 마을 지명 '생말로St. Malo'에서 유래한 것이다. 한편 영국도 포클랜드 개발과 정착을 시도한다. 프랑스 탐험대보다 늦은 1765년 1월 영국 해군 장교 존 바이런John Byron이 지휘하는 탐험대가 서포클랜드에 도착하여 조지 3세의 명령으로 에그몬트Egmont항을 건설한다. 그리고 1766년 1월 영국 해군 장교 존 맥브라이드John MacBride가 이끈 원정대가 에그몬트항에 정박하고 이곳을 영국 기지로 선언한다.

동포클랜드를 자국령으로 편입시킨 스페인과 서포클랜드에 기지를 건설한 영국 간 본격적인 영토 갈등은 1770년부터 시작된다. 1770년 스페인 함대가 영국령 에그몬트항을 공격하지만 전면적인 전쟁으로 확대되지 않고 이내 종료된다. 전쟁 후 1774년까지 포클랜드 제도에는 영국 사람들과 스페인 사람들이 각각 서포클랜드와 동포클랜드로 나뉘어 거주한다. 하지만 1774년 이후 영국 사람들은 서포클랜드가 영국 영토라는 표식을 남기고 포클랜드에서 철수한다. 영국이 철수하자 서포클랜드는 사람이 살지 않은 무인도로 방치되었고, 동포클랜드에만 스페인 사람들이 거주하면서 포클랜드 제도는 스페인 식민지였던 리오 데 라플라타 부왕령Viceroyalty of the Río de la Plata 관할로 편입된다. 그리고 1811년 동포클랜드를 관리하던 총독부와 거주하던 스페인 사람들이 모두 철수하면서 포클랜드는 완전히 무인도로 전락한다.

포클랜드를 둘러싼 아르헨티나와 영국 간 영토 갈등에서 쟁점이 되는 요소 중 하나는 1774년 영국인 철수와 관련된 것이다. 영국은 1774년 자국민들이 경제적 이유로 서포클랜드를 철수한 것이지, 서포클랜드에 대한 주권까지 포기한 것은 아니라고 주장한다. 반면에 아르헨티나는 1774년 이후 영국은 서포클랜드에 대한 주권을 행사하지 않았고, 포클랜드 제도를 실질적으로 지배·관리한 주체는 리오 데 라플라타 부왕령 총독이었기 때문에 부왕령을 계승한 아르헨티나 땅으로 귀속되는 것이 합당하다고 주장하면서 영국이 포클랜드 주권을 주장하는 것은 어불성설이라는 논리를 펼친다. 특히 아르헨티나가 스페인에서 독립한 이후 영토 획정 과정에서 영국이 뒤늦게 포클랜드에 대한 주권을 행사하려는 것은 타당하지 않다고 비판한다.

포클랜드를 둘러싼 아르헨티나와 영국 간 갈등은 아르헨티나가 스페인에서 독립한 1816년 이후 본격적으로 시작된다. 아르헨티나는 독립할 때 포클랜드 제도에 대한 주권을 스페인에게서 넘겨받았다는 사실을 밝히면서 1820년 포클랜드에 대한 주권을 주장한다. 그리고 1823년 독일 상인 루이스 베르네트Luis Vernet에게 어업과 수렵을 허가한다. 그는 1826년 섬에 정착하여 일반인 거주가 가능한 환경을 조성하고 이에 대한 공로를 인정받아 포클랜드 총독에 임명된다. 총독이 주변 해역 어업권과 수렵권을 총괄하고 거주민들을 이주시켜 스페인 식민지로 만든 것이다. 1831년 포클랜드 해역에서 조업을 하던 미국 포경선을 포클랜드 총독이 나포하면서 미국 해군이 포클랜드를 공격한다. 미국이 포클랜드를 공격하자 영국도 서포클랜드에 대한 기득권과 주권을 내세워 해군을 포클랜드 제도에 파견한다. 1833년 영국군은 몇 명 남지 않은 아르헨티나 관리들을 내쫓고 포클랜드 제도가 자국 영토라고 선포한다.

미국과 아르헨티나 간 군사적 충돌 상황에서 포클랜드를 손쉽게 장악한 영국 해군은 포클랜드에 자국 정부를 구성하지 않고 잠시 방치하면서 거주민 사이에서 혼란이 발생한다. 하지만 1840년 영국은 포클랜드를 식민지로 만들고 관리를 파견하면서 본격적인 통치를 시작한다. 영국은 포클랜드에 해군기지를 만들고 영국인 이주를 본격화하였으며, 이때 이주한 사람들이 주로 모여 살았던 곳이 잭슨항으로 후에 현재의 수도 스탠리가 된다. 스탠리는 1845년 이후 수도 역할을 하고 있다. 포클랜드에 들어온 영국인들은 영국 해군 보호를 받으며 어업과 목축업을 하면서 정착하게 된다. 포클랜드가 아르헨티나와 가까운 곳에 위치하면서도 주민 대부분이 영국계인 이유가 여기에 있다.

1965년 UN은 식민지 독립을 지지하는 탈식민지 결의(UN 결의안 2065호)를 채택한다. 아르헨티나 정부는 이를 자신들에게 유리하게 해석하고, 포클랜드가 영국으로부터 독립해 아르헨티나 영토로 귀속돼야 한다고 주장한다. 식민 지배를 끝내야 하는 당위성, 지리적 위치, 스페인과 포르투갈 간 체결된 신대륙 분할 합의 등을 고려하면 포클랜드 제도는 아르헨티나 영토로 편입돼야 한다는 주장이다. 반면에 영국은 자신들이 1833년 이래 포클랜드를 효과적·지속적으로 관리하고 있으며 민족자결주의에 따라 거주민들이 원하지 않는 아르헨티나로의 합병은 불가하다는 입장이다. 포클랜드가 아르헨티나에 귀속되는 것은 또 다른 식민지를 만들어 내는 것과 다름없다는 것이 영국 측 주장이다. UN은 아르헨티나와 영국 사이에서 평화로운 해결안을 찾기 위한 논의를 지속했으나 최종 합의에는 이르지 못한다.

포클랜드를 놓고 전쟁을 치른 아르헨티나와 영국

1981년 아르헨티나와 영국 간 협상이 최종적으로 결렬되자 1982년 4월 2일 아르헨티나는 2,500여 명 병력을 투입해 포클랜드를 침공한다. 전쟁 발발 초기에 아르헨티나는 비교적 쉽게 포클랜드를 점유한다. 당시 포클랜드는 물론이고 남태평양 일대에 주둔한 영국 해군 병력이 상대적으로 적어 아르헨티나 무력 대응에 적절하게 방어하지 못했기 때문이다. 하지만 영국이 군사적 대응을 신속하게 하지 않을 것이라는 아르헨티나 군부 예측과는 달리 영국은 해군을 파병하여 적극 대응했고 당시 대처 총리는 전시 내각War Cabinet을 구성하여 매일 전황을 살폈다. 그리고 영국은 UN 안전보장이사회에 아르헨티나의 즉각적 퇴각을 요구하는 안건을 상정하여 통과시킨다. 다수 국가들이 영국을 지지하는 상황으로 바뀌면서 가능하게 된 것이다. 전쟁 개시 10주 만에 영국의 일방적인 승리로 끝나는데 이 전쟁에서 영국군 255명, 아르헨티나군 649명이 사망한 것으로 알려졌다.

전쟁이 발발한 1980년대 영국 국력과 군사력은 아르헨티나에 비해 월등하게 우세하였다. 그런데도 아르헨티나는 포클랜드를 무력으로 공격하였다. 영국에 비해 군사력이 열세였던 아르헨티나가 포클랜드를 공격한 것은 국내적 요인 때문이었다. 당시 아르헨티나는 높은 인플레이션과 실업률, 은행 파산 등으로 인해 경제가 매우 어려운 상황이었고, 게다가 오랜 군부 통치에 국민들이 등을 돌리기 시작한 때였다. 이런 내부적 문제에서 국민의 시선을 다른 곳으로 돌리고 군부에 대한 지지를 높이기 위해 외부에 공공의 적을 만들어 전쟁을 일으켰다는 것이 지배적인 해석이다.

그런데 포클랜드 전쟁 결과는 아르헨티나 권력 지도에 결정적인 변곡점을 제공한다. 전쟁을 추동한 군부 의도와 달리 전쟁에서 패배하면서 자신들의 권력 기반이 붕괴되는 상황이 연출되기 때문이다. 전쟁 이후 아르헨티나에서는 민주화 바람이 거세게 불었고 1983년 자유선거를 통해 민간 정부가 등장한다.

한편 아르헨티나 침공에 즉각적인 무력 대응으로 승리를 쟁취한 당시 대처 총리의 리더십에 영국인들은 환호했으며, 대처 총리가 이끄는 보수당은 재집권에 성공한다. 그리고 전쟁을 계기로 포클랜드에 대한 영국인 관심이 커지면서 포클랜드 주민들은 1983년부터 영국인과 동등한 수준의 시민권을 누리게 된다. 또한 영국인들 투자 확대와 경제 자유화로 포클랜드 경제 상황이 호전되며, 전쟁 이전보다 큰 규모의 영국 군대가 주둔하면서 포클랜드를 안정적으로 관리하고 있다. 현재는 약 2,000여 명 영국군이 포클랜드에 상주해 있다.

포클랜드는 어느 국가에 속해야 하는가?

아르헨티나와 영국은 1990년 포클랜드 전쟁으로 단절했던 외교관계를 회복한다. 하지만 양국 간 영토 갈등과 긴장이 완전히 사라진 것은 아니다. 포클랜드를 실효적으로 지배하고 있는 영국과 달리 아르헨티나에서는 포클랜드 영유권 문제가 여전히 뜨거운 이슈로 잠복 중이다. 실제로 아르헨티나 정부는 지지율이 떨어지거나 국가적인 위기 상황에 직면하면 포클랜드 문제를 거론하는 경우가 있었고, 무엇보다도 일부 정치인은 선거 때마다 포클랜드를 아르헨티나로 귀속해야 한다고 주장하면서 국민의 애국심을 자극했다. 아르헨티나는 영국에게 섬의 영유권 문제를 재논의해야 한다고 제안하지만 영국은 이를 무시하고 있다. 2009년 영국 수상 고든 브라운이 아르헨티나 대통령 크리스티나 페르난데스를 만난 자리에서 포클랜드 주권에 대한 논의는 더 이상 없을 것이라고 천명하기도 한다. 하지만 영국 입장과 달리 포클랜드 문제는 아르헨티나가 이를 정치적으로 이용할 경우 언제든지 분쟁이 다시 발생할 수 있는 휴화산이다.

아르헨티나가 포클랜드 영유권 문제를 재논의해야 한다고 주장하는 배경에는 국내 정치적 논리뿐만 아니라 자원 이용과 관련한 경제적 문제도 자리 잡고 있다. 포클랜드 제도 인근에 석유와 천연가스가 다량 매장되어 있다는 사실이 밝혀졌기 때문이다. 양국은 석유와 천연가스 매장 정보가 공식적으로 확인되기 전까지 서로 협조하는 태도를 보였고, 공동유전 지역 개발 계획을 발표하기도 한다. 그러나 2007년 아르헨티나는 영국과 맺은 공동개발 계획을 파기하고 탐사 활동에 참여하는 기업에 대한 지원을 거부한다. 그렇지만 영국은 이에 아랑곳하지 않고 포클랜드 근해에 대한 탐사 활동을 계속해 2011년 석유와 천연가스 매장에 대한 정보를 공식적으로 확인·발표한다. 그러자 2014년 아르헨티나는 포클랜드 해역에서 석유 개발을 하는 기업에 벌금을 부과하고 해당 기업 임원에게 징역형을 선고할 수 있는 법령을 제정한다. 포클랜드 해역에서 활동하는 석유개발 업체의 다수가 영국 기업이라는 점을 고려할 때 이런 활동은 영국을 압박하기 위한 수단이었다.

영국은 포클랜드에 대한 실효적 지배를 강화하고, 이를 국제사회에 알리기 위해 2013년 3월 포클랜드 주민을 대상으로 찬반을 묻는 주민 투표를 실시하였다. '포클랜드가 영국과 아르헨티나 중 어느 국가에 속해야 된다고 생각하는가'를 묻는 주민 투표였다. 참정권을 가진 주민 92%가 참여한 투표 결과는 영국령으로 판결된다. 전체 투표자의 98.8%가 영국 시민이기를 선호한 것이다. 투표 결과에 대해 당시 아르헨티나 페르난데스 대통령은 주민 투표를 인정할 수 없다는 입장과 함께 포클랜드 영유권 회복 문제를 국가 차원의 과제로 다룰 것이라고 천명한다. 현재 거주하는 주민들은 영국 보호 아래 불법적으로 이주한 사람들이기 때문에 주민 자결권을 인정할 수 없다는 논리도 편다. 반면에 당시 영국 총리 데이비드 캐머런은 주민 투표 결과는 영국이 포클랜드를 지켜야 하는 이유를 보여 줬다고 주장하면서 아르헨티나 주장을 무시한다.

2013년 실시된 포클랜드 주민 투표 이후, 아르헨티나는 자국 군사력을 강화하기 위해 이스라엘과 러시아 등으로부터 전투기와 무기를 구매하면서 국제사회의 따가운 눈총을 받는다. 이런 상황에서 여전히 영국과 아르헨티나는 포클랜드 영유권에 대한 자국의 정당성을 주장하는 외교전을 펼치고 있다. 영연방 국가들은 대체로 영국 영유권을 인정하지만 남아메리카 대륙 국가들은 아르헨티나 입장을 지지하는 분위기이다. 중국은 홍콩 사례를 들어 포클랜드가 아르헨티나에 반환되어야 한다는 입장인 반면, 남아메리카 대륙에 확고한 영향력을 행사하고 있는 미국은 포클랜드 문제에 대해 침묵으로 일관하며 중립을 지키고 있다.

포클랜드는 대표적인 영토 분쟁 지역 중 하나이다. 포클랜드가 자국 영토라고 주장하는 아르헨티나와 영국 사이에 분명한 입장 차이가 있고, 이는 역사적·국제법적 관점에서 쟁점이 되는 사안이기 때문에 그렇다. 특히 최초 발견자, 주민 정착 과정, 관리·관할의 역사적 과정, 거주민 입장과 태도 등에서 국제법적 쟁점들이 완벽하게 해결되지 않았다. 그래서 아르헨티나가 영국에게 영토를 반환하라고 요구하는 주장에 합리적인 측면이 없지 않다. 하지만 포클랜드를 실효적으로 지배하는 영국은 요지부동이다. 포클랜드가 분쟁 지역 리스트에 포함되는 이유이다.

구니에다 마사키, 이용빈 옮김, 2012, 『시리아, 아사드 정권의 40년사』, 한울 아카데미.

구동회·이정록·노혜정·임수진, 2010, 『세계의 분쟁』, 푸른길.

국립외교원 외교안보연구소, 2017, 『최근 콩고민주공화국 정치위기의 분석과 전망』.

국방부 군사편찬연구소, 2012, 『상록수부대 파병사: 소말리아 PKO 활동의 교과서』.

권희석, 2017, 『아프가니스탄 왜?: 분쟁의 역사를 넘어선 평화로의 희망』, 청아출판사.

김국신, 1993, 『예멘통합 사례연구』, 민족통일연구원.

김병호, 2015, 『우크라이나, 드네프르 강의 슬픈 운명』, 매일경제신문사.

김성진, 1997, 『발칸 분쟁사: 유고슬라비아 내전의 역사』, 우리문학사.

김한규, 1987, 『티베트와 중국』, 소나무.

김행복·황원식·강창구, 1996, 『20세기 지구촌 전쟁』, 병학사.

노먼 핀켈슈타인, 김병화 옮김, 2004, 『이스라엘·팔레스타인 분쟁의 이미지와 현실』, 돌 베개.

니콜라스 존 스파이크먼, 김연지·모준영·오세정 옮김, 2019, 『평화의 지정학』, 섬앤섬.

다카사키 미치히로, 노길호 옮김, 2003, 『민족분쟁의 세계지도』, 깊은강.

랜스 램버트, 유평애 옮김, 2010, 『이스라엘의 본질』, 램프레스.

로렌스 리머, 정영문 옮김, 1995, 『케네디 가의 신화』, 창작시대사.

로버트 D. 카플란, 이순호 옮김, 『지리의 복수』, 미지북스.

로버트 케이플러, 황건 옮김, 1996, 『지구의 변경지대: 21세기로 가는 마지막 여행』, 한국경 제신문사.

로버트 클랜시·마이클 곤 외 10인, 이미숙 옮김, 2012, 『위대한 탐험가들의 탐험 이야기』, 시 그마북스.

리처드 J. 리드, 이석호 옮김, 2013, 『현대 아프리카의 역사』, 삼천리.

마틴 메러디스, 이순희 옮김, 2014, 『아프리카의 운명』, 휴머니스트.

모리무라 무네후유, 신은진 옮김, 2007, 『대항해시대』, 들녘.

무타구치 요시로, 박시진 옮김, 2009, 『상식으로 꼭 알아야 할 중동의 역사』, 삼양미디어.

박정동·박혜영, 2011, 『아프가니스탄을 가다』, 기파랑.

박종귀, 2000, 『아시아의 분쟁』, 새로운 사람들.

버나드 루이스, 이희수 옮김, 1998, 『중동의 역사』, 까치.

사미 무바예드, 전경훈 옮김, 2002, 『IS의 전쟁』, 산처럼.

서울대학교 라틴아메리카연구소 기획, 이성훈 편, 2015, 『변화하는 콜롬비아』, 한울아카데미.

세계 정세를 읽는 모임, 박소영 옮김, 2005, 『지도로 보는 세계분쟁』, 이다미디어.

송호열 엮음, 2006, 『세계지명 유래사전』, 성지문화사.

스테판 버크, 박경혜 옮김, 2012, 『중동의 역사: 문명 탄생의 요람』, 푸른길.

스테판 태너, 김성준·김주식·류재현 옮김, 2010, 『아프가니스탄: 알렉산더 대왕부터 탈레반까지의 전쟁사』, 한국해양전략연구소.

신영덕 편저·김성월 사진, 2015, 『인도네시아 사람들 이야기: 다양한 종족들에 관한 이야기』, 글누림.

신정환·전용갑, 2011, 『두 개의 스페인: 알타미라에서 재정위기까지』, 한국외국어대학교 출판부.

신태수, 2009, 『위구르와 중국 이슬람: 이슬람으로 가는 징검다리』, 종려나무.

아담 호크쉴드, 이종인 옮김, 『레오폴드왕의 유령』, 무우수.

아사다 미노루, 이하준 옮김, 2004, 『동인도회사』, 파피에.

아사이 노부오, 윤길순 옮김, 1991, 『종교분쟁지도』, 자작나무.

아서 코터렐, 김수림 옮김, 2013, 『아시아 역사: 세계의 문명 이야기』, 지와사랑.

안위공, 한양환 옮김, 1996, 『아프리카 탐험: 나일강의 수원을 찾아서』, 시공사.

안토니 파그덴, 한은경 옮김, 2003, 『민족과 제국』, 을유문화사.

양승윤 엮음, 2014, 『인도네시아사』, 한국외국어대학교 출판부.

양승윤, 2017, 『인도네시아, 많이 알려지지 않은 이야기들』, 한국외국어대학교 지식출판원.

에마뉘엘 제라르·브루스 쿠클릭, 이인숙 옮김, 2018, 『누가 루뭄바를 죽였는가』, 삼천리.

역사교육자협의회 편, 채정자 옮김, 1994, 『중동·아프리카』, 비안.

오쓰카 가즈오 외, 남소영 옮김, 2004, 『세계의 분쟁 바로알기』, 다미.

우스키 아키라, 김윤정 옮김, 2015, 『세계사 속 팔레스타인 문제』, 글항아리.

이병렬, 1990, 『이스라엘 역사와 지리』, 요단출판사.

이병주·정영제·이춘주, 2001, 『은자의 나라, 동티모르』, 한국생산성본부.

이정록·구동회, 2005, 『세계의 분쟁지역』, 푸른길.

이정록·이상석·김송미, 1997, 『20세기 지구촌의 분쟁과 갈등』, 푸른길.

이정희, 1986, 『동유럽사』, 대한교과서주식회사.

임영상·황영삼, 1996, 『소련과 동유럽의 종교와 민족주의』, 한국외국어대학교 출판부.

장 마리 펠트, 김중현 옮김, 2005, 『향신료의 역사』, 좋은책만들기.

장병옥, 2005, 『쿠르드족, 배반과 좌절의 역사 500년』, 한국외국어대학교 출판부.

장서우밍·가오팡잉, 김태성 옮김, 2008, 『세계 지리 오디세이』, 일빛.

전병환, 2005, 『캐슈미르 분쟁과 유엔의 PKO 활동』, 21세기군사연구소.

전종한·김영래·홍철희·장의선·한희경, 2015, 『세계지리 경계에서 권역을 보다』, 사회평론.

전홍찬, 2003, 『팔레스타인 분쟁의 어제와 오늘』, 부산대학교 출판부.

정수일, 2001, 『실크로드학』, 창작과비평사.

정재남, 2008, 『중국의 소수민족』, 살림.

조길태, 2009, 『인도와 파키스탄: 대립의 역사』, 민음사.

조정원, 2009, "포클랜드 전쟁(Falklands War)의 원인에 대한 재고찰: 오인, 국가이미지, 속
    죄양론적 측면의 분석을 중심으로," 『사회과학 담론과 정책』, 2(2), pp.309-334.

조지프 나이, 양준희·이종삼 옮김, 2000, 『국제분쟁의 이해』, 한울아카데미.

조홍래, 2012.04.10., "30년 만에 잠 깬 "포클랜드 전쟁"," 『시사저널』.

즈비그뉴 브레진스키, 김명섭 옮김, 2000, 『거대한 체스판』, 삼인.

케네스 C. 데이비스, 이희재 옮김, 2003, 『지오그래피』, 푸른숲.

콜린 플린트, 한국지정학연구회 옮김, 2007, 『지정학이란 무엇인가』, 길.

테오 W. 무디·프랭크 X. 마틴 엮음, 박일우 옮김, 2009, 『아일랜드의 역사』, 한울아카데미.

토머스 레어드, 황정연 옮김, 2008, 『달라이 라마가 들려주는 티베트 이야기』, 웅진지식하
    우스.

팀 마샬, 김미선 옮김, 2018, 『지리의 힘』, 사이.

팀 부처, 임종기 옮김, 2012, 『악마를 찾아서』, 에이도스.

파스칼 보니파스, 최린 옮김, 2019, 『지정학 지금 세계에 무슨 일이 벌어지고 있는가?』, 가
    디언.

폴 인그램, 홍성녕 옮김, 2008, 『티베트 말하지 못한 진실』, 알마.

프레드 차라, 강경이 옮김, 2014, 『향신료의 지구사』, 휴머니스트.

피터 자이한, 홍지수·정훈 옮김, 2018, 『21세기 미국의 패권과 지정학』, 김앤김북스.

피터 홉커크, 정영목 옮김, 2018, 『그레이트 게임』, 사계절.

하름 데 블레이, 황근하 옮김, 2009, 『공간의 힘』, 천지인.

한국우크라이나학회, 2009, 『우크라이나의 이해』, 써네스트

한동일, 2018, 『작지만 강한 나라 아일랜드: 켈트인의 역사와 문화를 찾아서』, 동인.

허승철, 2011, 『우크라이나 현대사, 1914-2010』, 고려대학교 출판부.

허승철, 2016, 『조지아의 역사』, 문예림.

홍미정, 2016, 『21세기 중동 바르게 읽기』, 서경문화사.

홍성표, 2010, 『스코틀랜드 분리 독립운동의 역사적 기원』, 충북대학교 출판부.

홍준범, 2015, 『중동 테러리즘: 중동의 새로운 질서와 IS의 탄생』, 청아출판사.

후쿠오카 마사유키, 김희웅 옮김, 2001, 『21세기 세계의 종교 분쟁』, 국일미디어.

21세기 연구회, 박수정 옮김, 2001, 『세계의 민족지도』, 살림.

R.A 스켈톤, 안재학 옮김, 1995, 『탐험지도의 역사』, 새날.

高崎通浩, 1997, 『世界の民族地圖(改訂版)』, 東京, 作品社.

大泉光一, 1993, 『バスク民族の抵抗』, 東京, 新潮社.

每日新聞外信部, 1999, 『世界の紛爭』, 東京, 東京書籍.

富岡倍雄, 1993, 『パレステナ問題の歷史と國民國家』, 東京, 明石書店.

山內昌之, 1993, 『21世紀の民族と國家』, 東京, 日本經濟新聞社.

小川忠, 1993, 『インドネシア: 多民族國家の摸索』, 東京, 岩波新書.

松尾太郎, 1994, 『アイルランド民族のロマンと反逆』, 東京, 論創社.

松井茂, 1995, 『世界紛爭地圖』, 東京, 新潮社.

沈見公子, 『今わかる時代がわかる世界地圖 2015年販』, 成美當出版編集部.

日本經濟新聞社編, 2000, 『世界の紛爭地圖』, 東京, 日本經濟新聞社.

千田善, 1993, 『ユーゴ紛爭: 多民族·モザイク國家の悲劇』, 東京, 講談社現代新書.

總合研究開發機構編, 1993, 『民族に關する基礎研究: 國家と民族』, 東京, 總合研究開發
　　機構.

インターカルチャー研究所, 1999, 『世界 民族·宗教のすべて』, 東京, 日本文藝社.

Akiwumi, F. A., 2014, "Strangers and Sierra Leone mining: cultural heritage and sustainable development challenges," *Journal of Cleaner Production*, 84(1), pp.773-782.

Baerwald, F., 2000, *World Geography: Building a Global Perspective(7th Edition)*, New

York, Prentice Hall.

Bard, M. G., 2002, *The Complete Idiot's Guide to Middle East Conflict*, New York, Alpha.

Bradshaw, M. J.(ed)., 1991, *The Soviet Union, A New Regional Geography*, London, Bellhaven Press.

Burke, E., 2002, *Struggle and Survival in the Modern Middle East*, Berkley, University of California Press.

Chapman, G. P. and Baker, K. M., 1992, *The Changing Geography of Africa and the Middle East*, London, Routledge.

CIA, *The World Factbook*(https://www.cia.gov/library/publications/the-world-factbook/).

Clawson, D. L. and Fisher, J. S., 2003, *World Regional Geography; A Development Approach(8th Edition)*, New York, Prentice Hall.

Cleveland, W. L., 2003, *A History of the Modern Middle East*, Boulder, Westview Press.

Clout, H., et al., 1994, *Western Europe: Geographical Perspectives*, Harlow, Longman.

Cole, J., 1994, *Geography of the World's Major Regions*, London, Routledge.

Davies, D. W., 1961, *A Primer of Dutch Seventeenth Century Overseas Trade*, Hague, Springer Science+Business Media Dordrecht.

De Blij, H. J. and Muller, P. O., 2004, *Geography: Realms, Regions, and Concepts(11th edition)*, New York, John Wiley & Sons.

Fouberg, E. H. and Moseley, W. G., 2015, *Understanding World Regional Geography*, Hoboken Wiley.

Findlay, A. M., 1994, *The Arab World*, London, Routledge.

Gettleman, M. E. and Schaar, S., 2003, *The Middle East and Islamic World Reader*, New York, Grove Press.

Held, C. C.(ed.), 1993, *Middle East Patterns: Places, Peoples, and Politics*, Boulder, Westview Press.

Hobbsw, J. L., 2017, *Fundamentals of World Regional Geography(4th Edition)*, Boston, Cengage Learning.

Hoffman, G. W.(ed.), 1989, *Europe in the 1990's: A Geographic Analysis*, New York, John Wiley & Sons

Joffe, G.(ed.), 1993, *North Africa: Nation, State and Region*, London, Routledge.

Karadawi, A., 1999, *Refugee Policy in Sudan 1967-1984*, New York, Berghahn Books.

Latz, G., 2002, *The Power of Place: World Regional Geography*, New York, CPB.

Les Editions Du, Jaguar, 2000, *Atlas of Africa*, Paris, Bietlot.

Livingstone, G., 2004, *Inside Colombia: drugs, democracy, and war*, Rutgers University Press.

Marson, S. A., Knox, P. L., Liverman, D. M., Del Casino.V. J., and Robbins, P. F., 2017, *World regions in global context: people, places, and environments(Sixth Edition)*, Boston, Pearson.

Magocsi, P. R., 2002, *Historical Atlas of Central Europe: History of East Central Europe*, Seattle, The University of Washington Press.

Munro, D. and Day, A. J., 1990, *A World Record of Major Conflict Areas*, London, Edward Arnold.

Pinder, D.(ed.), 1991, *Western Europe: Challenge and Change*, New York, Guilford.

Rothschild, J., 1990, *East Central Europe Between the Two World Wars: History of East Central Europe*, Seattle, The University of Washington Press.

Salter, C. L. and Hobbs, J. J., 2002, *Essentials of World Regional Geography(4th Edition)*, London, Brooks Cole.

Strauss, Steven D., 2002, *The Complete Idiot's Guide to World Conflicts*, New York, Alpha.

http://www.bbc.co.uk/news.world-europe-27308526

http://news.bbc.co.uk/shared/spl/hi/south-asia/03/kashmir_future/html

http://www.conflicts.rem33.com/images/abkhazia/Czerwon_E.htm

http://www.ethiopiadaily.com

http://www.kida.re.kr

http://www.mfa.gov.lv

http://www.nationalgeographic.com

http://www.newsdeeply.com/sytia/articles/2018/03/06/how-sectarianism-can-help-explain-the-syrian-war

http://www.riik.ee

http://www.rwanda1.com

https://archive.nytimes.com/www.nytimes.com/interactive/2011/01/16/world/africa/
  sudan-graphic.html?_r=0

https://commons.wikimedia.org/wiki/File:Almohad1200.png

https://commons.wikimedia.org/wiki/File:Britain.Anglo.Saxon.homelands.settle-
  ments.400.500.jpg

https://commons.wikimedia.org/wiki/File:Crimean_Khanate_1600.gif

https://commons.wikimedia.org/wiki/File:Crimean_Khanate_1600.gif

https://commons.wikimedia.org/wiki/File:Darfur_JEM.png

https://commons.wikimedia.org/wiki/File:Evolution_of_the_Dutch_East_Indies.png

https://commons.wikimedia.org/wiki/File:Fashoda_Incident_map_-_en.svg

https://commons.wikimedia.org/wiki/File:Georgia_map_1762-es.svg

https://commons.wikimedia.org/wiki/File:Population_of_Ireland_and_Europe_1750_
  to_2005.svg

https://commons.wikimedia.org/wiki/File:Portuguese_discoveries_and_explorations-
  V2en.png

http://constitutionnet.org/news/sharia-and-nigerian-constitution-strange-bedfellows

https://d-maps.com

https://en.wikipedia.org

https://en.wikipedia.org/wiki/File:Democratic_Republic_of_Georgia_map.jpg

https://fanack.com/

https://icds.ee/a-hundred-years-of-attempts-to-create-an-independent-kurdistan/

https://joshuaproject.net/people_groups/12489/CD

https://ko.wikipedia.org

https://ko.wikipedia.org/wiki/%ED%8C%8C%EC%9D%BC:Kongo_1961_map_en.
  png

http://news.bbc.co.uk/2/shared/spl/hi/south_asia/03/kashmir_future/html

https://upload.wikimedia.org/wikipedia/commons/3/38/Route_of_Marco_Polo.png

https://worldview.stratfor.com/article/cocaine-complicates-peace-talks-colombia

https://www.bbc.com/news/world-africa-15336689

https://www.cia.gov/library/publications/the-world-factbook/rankorder/2147rank.html

https://www.flickr.com/photos/naotakem/31273245344/in/album-72157678758597135/

https://www.institutkurde.org

https://www.institutkurde.org/en/kurdorama/map_of_kurdistan.php

찾아보기